CORONA DE SOMBRA
CORONA DE FUEGO
CORONA DE LUZ

RODOLFO USIGLI

# CORONA DE SOMBRA
# CORONA DE FUEGO
# CORONA DE LUZ

Editorial**Porrúa**®

Primera edición de *Corona de sombra*, 1947; de *Corona de fuego*, 1963
y de *Corona de luz*, 1965 (esta última se incluye con la autorización
del Fondo de Cultura Económica).
Primera edición en la colección "Sepan cuantos...", 1974
Décimaprimera edición, primera reimpresión, 2022

Esta edición y sus características son propiedad de
EDITORIAL PORRÚA, SA de CV    6
Av. República Argentina 15 altos, col. Centro,
06020, Ciudad de México
www.porrua.com

ISBN 970-07-6403-6 (Rústica)
ISBN 970-07-6404-4 (Tela)

IMPRESO EN MÉXICO
*PRINTED IN MEXICO*

# CORONA DE SOMBRA
# CORONA DE FUEGO
# CORONA DE LUZ

# CORONA DE SOMBRA

PIEZA ANTIHISTÓRICA EN TRES ACTOS Y ONCE ESCENAS

[1943]

# PERSONAJES

## *Por orden de aparición*

EL PORTERO
EL PROFESOR ERASMO RAMÍREZ
LA DAMA DE COMPAÑÍA
CARLOTA AMALIA
EL DOCTOR
LA DONCELLA
MAXIMILIANO
MIRAMÓN
LACUNZA
BAZAINE
LABASTIDA
PADRE FISCHER
MEJÍA
BLASIO

UN LACAYO
EL DUQUE
NAPOLEÓN III
EUGENIA
EL PAPA
UN MONSEÑOR
EL CARDENAL
EL ALIENISTA
LA DAMA DE HONOR
EL CHAMBELÁN
UN CENTINELA
EL CAPITÁN
EL REY DE BÉLGICA

## ESCENARIOS

### ACTO I

Doble salón de un castillo en Bruselas – 1927 (19 de enero)
(Derecha)  Alcoba de Carlota en Miramar – 1864 (9 de abril)
(Izquierda) Alcoba de Maximiliano en Chapultepec – 1864 (12 de junio)

### ACTO II

(Derecha)  Salón de Consejo – 1865
(Izquierda) *Boudoir* de Carlota en Chapultepec – 1866 (7 de julio)
(Derecha)  Salón en el Palacio de St. Cloud – Agosto de 1866
(Izquierda) Despacho del Papa en el Vaticano – 1866

### ACTO III

(Derecha)  Salón en el castillo de Miramar – 1866
(Izquierda) Salón en el castillo de Bruselas – 1927
(Derecha)  Celda de Maximiliano en el Convento de Capuchinas – 1867
(19 de junio)
El doble salón del principio – 1927

# PRÓLOGO A *CORONA DE SOMBRA*

Debo empezar por decir que la pieza que ofrezco ahora tiene un decidido carácter antihistórico. Es hija de un impulso, de ese estado de ánimo que las pocas personas sin pretensiones de escribir literatura denominan supersticiosamente inspiración. Mi impulso obedeció quizá a una conciencia puramente poética de que, hasta ahora, las figuras de Maximiliano y Carlota han sido mucho peor tratadas, en general, por los dramaturgos, escritores y productores de cine mexicanos, que por los liberales y juaristas. Hay muchas cosas que poner en su punto, y la poesía es probablemente lo único que puede hacerlo.

Aunque la originalidad no me interesa más allá de un moderado límite de ornamento, reclamo para mi pieza la calificación de original. Quizá la idea flotó siempre en el aire, a disposición de todos esos cazadores ciegos que buscan a tientas la literatura y el teatro del país —y que a veces los encuentran con los pies— en vez de valerse de la inteligencia y de la imaginación. En todo caso, sé que desde 1927 se convirtió para mí en una idea fija el deseo de aprovechar teatralmente la muerte de Carlota Amalia después de sesenta años de insania. Comuniqué mi propósito, como se cuenta un sueño inconcluso, a varios amigos míos. Si figuraba o no entre ellos el autor de una reciente "comedia de gran espectáculo" sobre el mismo tema, es cosa que no recuerdo con precisión, pero que, en el fondo carece totalmente de importancia. Quiero decir simplemente que los procesos de la creación artística son complejos y elementales a la vez, y que a menudo la obra mala o la idea errónea de otra persona puede servir como elemento de composición, y aun de determinación, para la obra buena o la idea justa. El error es siempre necesario.

Mis primeros recuerdos del Imperio de Maximiliano y Carlota tienen la categoría de emociones de infancia, y los debo todos a mi madre, mujer santamente iletrada, pero desbordante de ese sentido común y de esa humanidad que sólo se encuentran en los héroes y en los santos. Cómo ella, que no leía libros por falta de tiempo y de letras, víctima de su pobreza y de la educación de su tiempo, conocía tan profundamente este capítulo de la historia de México, fue cosa que me pareció milagrosa largo tiempo. Ahora que conozco la trayectoria oral y popular de las tradiciones que no ha estropeado la literatura; las sutiles relaciones que el pueblo establece entre acontecimientos y épocas, me parece más maravilloso aún ese sentido de captación y de síntesis de mi madre, que es el mismo que pocos poetas han conseguido alcanzar. Gracias a ella pude sentir, desde temprano, la palpitación de una tragedia humana en este caso. Vergonzante inventora de axiomas y preceptos, mi madre solía esconder a menudo su originalidad y experiencia tras la frase: "Como dice el dicho". Y a menudo era evidente que si el dicho no lo decía, ni nadie había acuñado antes ese concepto, tanto peor para el dicho. A través de ese sentido común, de ese poder de formulación, conocí la historia de Maximiliano y Carlota y el trágico desenlace del Cerro de las Campanas. Después vinieron las novelas de Juan A. Mateos y un volumen de *La Intervención y el Imperio,* y, más adelante, un tomo que contenía el proceso seguido contra Maximiliano en Querétaro, y el estudio de la historia dentro del marco que imponen las tendencias políticas instantes a la obra de cada historiador. Hubo también frecuentes, deleitosas visitas al Museo de Historia, donde me fascinaron siempre los enormes retratos, aunque son poco valiosos como pintura; las extraordinarias carrozas —sobre todo la dorada llena de angelotes—; las joyas, las vajillas y los deshilachados vestidos del Segundo Imperio. En especial recuerdo un anillo de plata, con las iniciales de Maximiliano talladas en plata y sobrepuestas a una piedra azul, y el ajedrez chino cuya propiedad se atribuía al archiduque. Lector ferviente de novelas policíacas, traté de idear varias veces el medio de substraer esos objetos por un fetichismo particular que me parece justificable a los doce años. Pero carezco de habilidades para robar —no sé si deplorarlo— y todo siguió y seguirá guardado en las vitrinas del Museo.

LA LITERATURA

Al igual de la conquista de México, el trágico episodio del Imperio se ha prestado a gran número de artefactos literarios y dramáticos. Uno de los especímenes sobresalientes es el magnífico soneto de Rafael López, que tiene la virtud de fascinar a los lectores jóvenes y reclutarlos ciegamente para las filas republicanas; pero que pierde verdad, y con ella belleza, al reducir el drama a las proporciones de una farsa y al confundir el inefable lirismo histórico de todo el acontecimiento con la utilería y el *atrezzo.* Carece de la penetración aneja a la poesía. De las obras teatrales escritas en el siglo XIX poco podría decir, puesto que no las he leído. Un empresario italiano, Gualtieri, esposo de la Pezzana, puso en México un *Maximiliano* "fríamente acogido", aunque quizá trataba de halagar a la República. *La Intervención y el Imperio* no obstante su estructura, parcial o totalmente dialogada, dista mucho de acercar el tema al teatro y se queda en los confines del *Renacimiento,* de Gobineau. Las novelas de Mateos, escritas con un confuso sentido de lo romántico, tampoco parecen acertar. Omito muchas cosas, claro. La magnitud de los sucesos, su movimiento y frecuencia, la complicación técnica implícita en la enorme variedad de decorados y en la persistencia de dos campos políticos igualmente dignos de ser mostrados al público en la escena, hacían casi inasequible el tema para el teatro, tal como ocurre con la Conquista. Por otra parte, allí estaba la historia, vivida y escrita en un país como México, cuya columna vertebral es la historia, desde el siglo XVI; la historia, que impedía severamente toda emancipación de orden imaginativo. La muerte de Carlota, fríamente insertada en los diarios de todo el mundo, suscitó esa pequeña sensación que suscitan las primeras hojas del otoño al caer. Al día siguiente todo el mundo pasó sobre ella, como pasan las gentes sobre las hojas muertas. Un dramaturgo austriaco, judío, excelente escritor, recogió el tema, movido quizá por la caída de aquella hoja. Franz Werfel escribió *Juárez y Maximiliano*, pieza universalmente representada, si no me equivoco, y que en México alcanzó una permanencia de seis meses en las carteleras (1932), traducida por Enrique Jiménez Domínguez y epilogada, en la edición respectiva, por un ensayo sobre Juárez del Dr. Puig Casauranc. Werfel es un dramaturgo de técnica segura. Comprendiendo que no podría comprimir en su pieza todas las facetas del drama, redujo sus proporciones, y, dando prueba de gran habilidad y malicia teatral, logró que la figura de Juárez fuera el eje de todo, el centro del movimiento, sin hacerla aparecer una sola vez sobre la escena. Con menor éxito inventó una relación entre Maximiliano y Porfirio Díaz, apartándose de la historia en todos los momentos que le pareció oportuno. Realista unas veces, artificial otras, romántica en su visión de Juárez y de México, de todas maneras su pieza es la mejor escrita sobre el tema hasta ahora, y debe su éxito menos a su validez histórica que a su técnica teatral y a su actividad imaginativa.

No podría yo omitir los intentos mexicanos de este siglo: un señor Granja Irigoyen, Julio Jiménez Rueda y Miguel N. Lira escribieron obras que han sido representadas. La de Jiménez Rueda pasó casi inadvertida, y tengo la impresión de que su escaso éxito obedeció a razones de orden histórico.[1] La de Miguel N. Lira la he comentado ya en la revista *Hoy* (Nº 344, 25 de septiembre de 1943), de la que por hoy soy crítico en lucha.[2]

Poco a poco, sin embargo, y precisamente a raíz de la muerte de Carlota, empezó a formarse en mí un criterio definido sobre esta materia. El problema consistía en transportar al teatro, es decir, al terreno de la imaginación, un tema encadenado por innumerables grilletes históricos, por los pequeños nombres, por los mínimos hechos cotidianos, por las acciones de armas registradas y por el hecho político imborrable. Todos los intentos que cito, incluso el de Werfel, a la vez que apelan ocasionalmente a la imaginación, se mantienen sumisos en gran parte a la historia externa, de tal suerte que adolecen de una falta de unidad más o menos absoluta y se acercan al drama y a la novela románticos, inexactos a medias. Cuando la historia cojea, o no conviene a sus intereses, los autores apelan a las muletas de la imaginación; cuando la imaginación cojea o se acobarda, los autores apelan a las muletas de la historia. En cuanto a las películas, repiten, amplificándolos, los errores del teatro y la literatura, y las hechas en México son muchísimo menos justificables que la confeccionada en Hollywood. Este limitar por igual la historia y la imaginación, este neutralizar la una con la otra, este cojear alterno e inevitable en apariencia, acabó por encender en mí un pensamiento heterodoxo y arbitrario. Si no se escribe un libro de historia, si se lleva un tema histórico al

---

[1] Esta obra no es sino un comentario en forma dialogada de los acontecimientos del Imperio, y casi una conversación entre sirvientes.

[2] Hay que agregar, en 1946, un intento cuya conclusión me parece vaga: *Segundo Imperio*, del pintor Agustín Lazo.

terreno del arte dramático, el primer elemento que debe regir es la imaginación, no la historia. La historia no puede llenar otra función que la de un simple acento de color, de ambiente o de época. En otras palabras, sólo la imaginación permite tratar teatralmente un tema histórico.

## LA HISTORIA

Temo que esta afirmación parecerá sacrílega en México, país productor en masa de historiadores, cuyo único progreso en la visión histórica consiste en haber pasado de la historia a la arqueología —de la palabra a la piedra. No debe entenderse, sin embargo, que se trate de hacer tabla rasa de la historia, como querrán creer todos aquellos a quienes no agrade mi pieza. Mis palabras no encierran desprecio para la historia —"la severa Clío", como la llaman aún los cursis— ni, menos aún, para los laboriosos historiadores mexicanos, entre los cuales hay algunos dignos de respeto y admirables, y, como en cualquier otro oficio, numerosas medianías perdidas por su buena intención y su pasadismo incurable.

Vivimos en un mundo de progreso, de civilización y destrucción mayormente mecánicos. En lo moral hemos aprendido, desde hace mucho, que el hombre no cambia; que, a pesar del comunismo, el ambiente y la alimentación pueden minar o fortalecer su cuerpo y saturar su cabeza y su conducta de una buena o una mala educación; pero que él sigue siendo el mismo en los puntos primarios: sus ambiciones, sus vicios o sus virtudes, su vida sexual, sus sueños, sus funciones fisiológicas. Todo aquello, en suma, que el hombre tendrá que hacer siempre individual y solitariamente. Pero, sin duda, la educación y la experiencia del hombre han mejorado en muchos aspectos por la simple razón de que, mientras más siglos transcurren, más cosas podrá ver, conocer, comprender, relacionar y vivir el hombre. Más sabe el diablo por viejo que por diablo. Y el diablo, como el hombre, es la suma y la cifra de la experiencia humana acumulada tras él. Más aún, pasada su propia acción, el hombre se incorpora a esa experiencia universal para servir al hombre del futuro. Y esta bola de nieve que rueda sin fin va enriqueciéndose y engrosando con todo lo nuevo, pero sin perder por un segundo la materia de la pequeña bola original. Esta época que revive precisamente las guerras y los mitos de hace siglos y vuelve a poner de moda los lugares de las viejas batallas a través de procedimientos que engloban las prácticas de César, el caballo de Troya, el camino de Aníbal, etc., con la estrategia y el preciso armamento contemporáneos, nos da la clave de que nada está aislado ni muere en el transcurso del tiempo; de que el pasado espera reunirse con el presente, y de que la única razón del presente es reunirse con el futuro. En otras palabras, el mundo que a nuestros ojos parece estar creándose y ser original, no podría lograr su objeto de creación si no se recreara a la vez, si prescindiera de sus muertos y se consagrara sólo a sus vivos. Esta ley me parece ineludible.

La historia, como se hace en México, aun la de la Revolución, parece no ser hasta ahora más que una zambullida en el pasado y carecer de todo sentido de actualidad. En México se cree que la historia es ayer, cuando en realidad la historia es hoy y es siempre. Carlota, por ejemplo, acabó para el historiador mexicano en 1867, como la Colonia en 1821 y la gran revolución de este siglo en 1920, con la muerte de Carranza. Se habla de la revolución delahuertista para distinguirla de la Revolución, de la que es parte: las fechas no mienten, los hechos no engañan. Por eso he inventado, en Erasmo Ramírez, a un historiador mexicano que busca en el presente la razón del pasado; que conoce todas las fechas, pero que sabe que todos los números son convertibles y no inmutables. Si Erasmo Ramírez hubiera existido, la historia que se escribe en México sería otra —exenta por igual de las tendencias políticas contemporáneas y del letargo de los siglos discurridos. Una historia sin polvo. El hombre pasa, la casa permanece, decían los latinos. Pero hemos visto que el hombre tiene que volver siempre a pasar por la misma casa. Es cierto que Erasmo Ramírez no existe, pero podría existir a juzgar por la influencia que el periodismo, con la presión urgente y fatal de su actualidad, empieza a ejercer sobre la historia. Erasmo Ramírez no existe, pero debería existir.

Pasando por sobre la cifra, la fecha y la ficha, he cometido diversas arbitrariedades e incurrido en anacronismos deliberados, que responden todos a un objeto. Por ejemplo, Pío IX sólo alcanza la aceptación de la infalibilidad pontifical después del 70, y en mi pieza habla de ella en 1866. Vista a la distancia, reducida a las cuatro presurosas y heladas líneas de los mortuarios enciclopédicos, y amplificada por la memoria y por la actualidad, la gran acción, la línea maestra de la vida de Pío IX es ésa. Su obra, en definitiva, es haber contrarrestado en lo posible la pérdida del poder temporal de la Iglesia con el reconocimiento de los dogmas. Dudo que pudiera reprocharse a un sonetista el encerrar su tema en catorce versos, y este procedimiento me parece teatralmente intachable. ¿Qué es Pío Nono sino el símbolo original de la infalibilidad del Papa? Como esta violación hay otras que no me interesa mayormente explicar.[3]

Por otra parte, la historia escrita desde 1867 a la fecha me parece poco convincente por cuanto divorcia a Maximiliano y a Carlota de sus antecedentes más profundos y de su medio natural, limitándose a atribuirles una simplista actitud de príncipes de seda y de brocado, y una confusa serie de irregularidades de carácter. Tan pronto Maximiliano es liberal, poético y valiente —repite las Leyes de Reforma, firma la notificación de su sentencia de muerte "sin vacilar"— como es maquiavélicamente intrigante —diluye la responsabilidad del poder en numerosos consejos y hombres—. Tan pronto es humano como inhumano;

---

[3] No se puede perder tiempo en el teatro, pues el primer elemento del teatro es el tiempo. En realidad Bazaine nunca cruzó palabras violentas con Maximiliano o con Carlota. Sin embargo, es culpable de muchos de los errores del Imperio, y, a la vez es el jefe invasor que se piensa superior a los monarcas. Por eso se le dan un tratamiento y una acción teatrales tendientes a demostrar todo esto, a trazar su figura psicológica en el tiempo y al mismo tiempo.

leal a sus ideas y cobarde, puesto que arría la bandera blanca; y traidor, puesto que se le atribuyen pactos con López para la acción más increíble: para venderse a sí mismo, con todas sus ideas, a cambio de la vida. En ningún texto de historia he visto siquiera la insinuación de que, al pretender abdicar el trono en Orizaba, antes de la Junta de Notables, lo hiciera movido por la conciencia humana de poner fin a una lucha inhumana, como probablemente lo hizo. Los hombres ocultan siempre su pensamiento de los hombres, y los monarcas a menudo lo ocultan hasta de sí mismos. Por lo que hace a Carlota, no es mejor tratada que María Antonieta. Su orgullo, su ambición, su distancia de los simples mortales y su desprecio por el pueblo que gobernaba son los caballos de batalla, los motivos favoritos de los historiadores —los motivos del lobo, podríamos decir. En otras palabras, la historia hace deliberada o mecánicamente borrosas a dos de las más extraordinarias figuras que han existido. Si se piensa un poco en las fechas, descuidadas por esta vez, podrá tenerse un concepto mejor de los frustrados monarcas. Pertenecen al siglo XIX, heroico entre todos por su magnífica actitud de entusiasmo, desinterés, heroísmo y desesperación ante la vida. Son figuras esencialmente románticas y pertenecen a la familia del gran Napoleón, de Lamartine, de Dumas y de Víctor Hugo, de Musset y de Werther. Maximiliano mismo, Werther de otra Carlota, es el suicida magnífico de su siglo.

Los psiquiatras pueden explicarnos ahora —¿ha muerto el pasado?— el orgullo de Carlota como un complejo sumergido, como una *suite* de miedos que asumían la forma de la altivez. No sería la única princesa de la historia que no se atreviera a hablar con cualquiera de sus humildes súbditos a causa de una invencible timidez. En realidad, Carlota habló a menudo con sus súbditos, se interesó por sus problemas —especialmente el de la tierra—, y llegó a amarlos como lo predice Maximiliano en la pieza, en tanto que desconfiaba de muchos de los cortesanos y políticos, y aun los despreciaba. Pero estos detalles son obvios. El punto que me interesa establecer es el de la *originalidad* de Maximiliano y Carlota, y su relación con el sentido de la tragedia. Sus principales elementos son el complejo de ambición de Carlota y el complejo de amor de Maximiliano. Porque está fuera de duda que Maximiliano obedecía ante todo a su amor por Carlota. Un sentimiento al que la esterilidad acabó por prestar la forma de la desesperación y el sacrificio. Creo que, a la inversa de la mayoría de matrimonios sin hijos, ellos se amaron más por esto. No son los únicos príncipes de la historia llamados a gobernar en país extranjero. La reina Victoria y el príncipe Alberto son ejemplos bastante cercanos. Napoleón I, en el mismo caso, inauguró además en su siglo la moda de los monarcas extraños. Pero, por una parte, Maximiliano y Carlota son víctimas de sus respectivas pasiones personales y, por otra parte, son víctimas de Europa. Son, por ejemplo, muchísimo más originales que Juárez que, sin tener nexos dinásticos, repite a más de un legislador romano y en ocasiones al mismo Santa-Anna —véanse el tratado McLane-Ocampo y el célebre incidente de Antón Lizardo— y llega hasta a repetir a Enrique III. Cuando el cadáver embalsamado de Maximiliano, por ejemplo, yacía en la iglesia de San Andrés, Juárez le hace su única visita, acompañado por Sebastián Lerdo de Tejada, y, frente al cuerpo, emite observaciones de carácter fisionómico y antropométrico. Esto es la repetición de la visita de Enrique III al cadáver del duque de Guisa, y la misma actitud ("Es más alto muerto que vivo"), a la vez que la repetición de la frase: "El cadáver de un enemigo es siempre un espectáculo agradable". Por lo demás, es evidente que esta falta de originalidad, que estas ligas de Juárez con el lugar común de la historia constituyen su fuerza, así como la originalidad misma de Maximiliano determina su perdición.

Un elemento importante de la originalidad de Carlota y Maximiliano aparece, por ejemplo, en el tiempo que se tomaron para aceptar el trono de México. Pasaron casi dos años entre la propuesta y la aceptación. Compárese esto a la celeridad con que, en el siglo xx, como en el xix, todo político mexicano acepta su candidatura presidencial. Se aducirá que el ritmo del tiempo era más lento entonces; pero el ritmo de la ambición y del orgullo es siempre rápido, y la vida y la muerte duraban entonces esencialmente lo mismo que ahora. Casi dos años de luchas internas, de dudas hamletianas por parte del archiduque; casi dos años de fuego sostenido por parte de la archiduquesa. Es decir, casi dos veces trescientos sesenta y cinco días y trescientas sesenta y cinco noches en una época en la que, justamente, el ritmo del tiempo era más lento y los días y las noches deben de haber parecido mucho más largos.

Por otra parte, como Carlos I de Inglaterra, y como Luis XVI, Maximiliano muere a manos de sus súbditos, sujetos o no. Pero al contrario de ellos, muere —y muere valientemente— en un país que no es el suyo, por un país en el que no tiene raíces aparentes. ¿Va a salvar con ello el futuro de su dinastía, o a reivindicar un principio imperial de gobierno, o una idea arraigada en la ceniza de los mausoleos de sus antepasados? En primer lugar, Maximiliano desentona en Europa. Sus procedimientos liberales en el gobierno del Lombardo-Véneto le atraen la desaprobación de la archiduquesa Sofía, su propia madre, y de su hermano Francisco-José. Es el verdadero precursor de un nuevo punto de vista: el príncipe demócrata; el precursor del sombrío héroe de Mayerling —castigo de Francisco-José por su traición a Maximiliano—; precursor, en la actitud romántica del amor, de Eduardo VIII (Maximiliano se resigna a conquistar un imperio para su esposa; Eduardo renuncia, por su esposa, a un Imperio). Resulta de aquí que si Maximiliano no muere por defender una tradición ni un principio de gobierno ni un orgullo dinástico, muere por otra cosa. Es sentenciado viciosamente por traición —la ausencia de una liga de nacionalidad y de sangre invalida este juicio. Muere por haber transgredido una ley de clan, por tener el destino de un intruso, por haber matado mexicanos, diréis. ¡Como si fuera el único! ¿Cuántos gobernantes de México —incluyendo al propio Juárez— no hubieran merecido igual pena? Pero ellos eran mexicanos, diréis. ¿Los autorizaba eso a salvarse, si fundamentalmente habían cometido el mismo crimen: gobernar mal? Recuérdense la agitación de los últimos años de la vida gubernamental de Juárez, la rebelión "ahogada en sangre" por Sóstenes Rocha; los crímenes falsa o verazmente atribuidos a Porfirio Díaz para conservar el poder, y otros incidentes del mismo género que llegan a los gobiernos de Obregón y Calles. ¿Acaso el mexicano goza de una patente de privilegio para matar al mexicano? Creo que es más comprensible, menos brutal, que sea el extranjero el que mate al mexicano, en último término. Maximiliano me aparece, en suma, desprovisto de toda razón exterior para morir, excepto como gran liquidador del crimen cometido por Europa al pretender apoderarse de América. Y esto significa entonces que Maximiliano, que no muere por ninguna razón repetida, que Maximiliano, príncipe europeo que no muere por su país natal, sino por México, se sale de la lógica elemental, y que su muerte hace de él un extraordinario, insubstituible elemento de composición para México. El error gubernamental de Maximiliano es visible ahora. Déspota y absoluto, quizá hubiera fascinado al pueblo y muerto en el trono; pero su sistema de gobierno pretendió ser de tal suerte mexicano, que el pueblo no pudo ya distinguir entre el príncipe austriaco y el legislador nativo, y el Emperador muere, sin ser mexicano, por la misma razón que otros han caído: por serlo. Cruel paradoja.[4]

Maximiliano es, por lo demás, el último príncipe europeo que muere por procedimiento jurídico. Compáreselo con Napoleón III, con Guillermo II y con Carlos de Austria, con Alfonso XIII, con Carol de Rumania, y con el propio Leopoldo III, que entrega a Bélgica a los nazis para salvarla de la destrucción, pero que reserva su vida. Es el último príncipe heroico de Europa —los zares, por ejemplo, murieron por sorpresa en 1917—, y podría decirse que paga hasta por Napoleón I. Su originalidad consiste en que con él muere un símbolo a la vez que nace otro. En él muere la codicia europea; en él nace el primer concepto cerrado y claro de la nacionalidad mexicana. ¿Qué monarca europeo, por ejemplo, se ha atrevido a venir a América, a fundar su imperio sobre una tierra virgen? Ni Napoleón el Grande, derrotado, que lo sueña a veces; ni Fernando VII, podrido, que lo necesita; ni siquiera los monarcas ingleses, que pierden en 1786 una vasta colonia. El caso de Don Pedro y el Brasil es muy otro. Todos ellos pudieron sentirse con derechos. Maximiliano, en cambio, exigió pruebas de la conformidad de la mayoría mexicana, y no aceptó hasta tenerlas. Original y cristiana buena fe ésta, que no creía que los papeles y las firmas fueran cosas falsificables.

En cuanto a Carlota, no existe en la tragedia griega misma registro de un castigo semejante. Su caso se asemeja más al de Edipo, proporcio-

---

4 En otras palabras, el error político de Maximiliano consiste en haber tratado de ser un gobernante democrático, en un país cuya estructura era ya democrática en sí, un país que no necesitaba de él para crearse una conciencia nacional, como lo habría necesitado cualquier Estado europeo. En realidad, un demócrata es una entidad tan invisible, o imposible de discernir, en una democracia, como un chino en China. Por esto México fue ciego hacia las tendencias democráticas de Maximiliano, y vio en él sólo al Emperador, al Anticristo de la democracia. Por la misma razón más de un agitador comunista ha fracasado en su propósito en épocas en que el propio gobierno mexicano hacía la propaganda comunista. Y en esto, a su vez, reside parte de la originalidad de México.

nalmente, que a ningún otro. Un oráculo debe de haberle dicho: "Matarás a tu esposo; tu ambición sembrará el odio y la muerte en torno tuyo; tu vientre será infecundo,[5] y sobrevivirás sesenta años a todo esto. El tiempo será tu castigo." ¿Sin objeto?

La supervivencia física de Carlota, tramada de momentos de demencia, de accesos de cólera en los que destruía pinturas famosas y jarrones de China o de Sèvres; y de etapas de angustiosa lucidez, en las que escribía cartas, le da un sello de originalidad absoluta. Iría yo más lejos, y llegaría a decir que Edipo se arranca los ojos y que Carlota se arranca la razón. Por eso he dado otro giro a la historia del veneno. Existió un veneno, en efecto, y fue, en efecto, administrado por Napoleón III. Pero se trataba del veneno del poder, no de un agente químico salido de una farmacia de melodrama.

Un hombre que muere por un pueblo que no es el suyo, por un Imperio que no existe; una mujer loca que sobrevive sesenta años a su tiempo, podrán ser lo que se quiera, pero son personajes absolutamente originales.

## EL MAPA DE EUROPA

En mi pieza, Carlota acusa a Napoleón III de ser el veneno y el cáncer de Europa, y esto me parece bastante exacto. La alianza tripartita —Francia, Inglaterra y España— es obra de Napoleón III, y quizá idea original de Eugenia de Montijo. ¿Para qué quiere Napoleón, sobre el endeble pretexto de una deuda internacional, apoderarse de un país potencialmente tan rico como México? ¿Para qué, si no para dominar a Europa? ¿Para qué defiende a Italia y la libra de Austria en Solferino, si no para hacerse de un doble aliado: Italia y la Iglesia? Inglaterra acepta el pacto como una medida extracomercial para cobrar la deuda que México tiene con ella. España lo acepta por otra razón. España se ha empobrecido; han pasado cuarenta años desde la emancipación, pero para España, con la garra puesta todavía en Cuba, la conquista sigue siendo un hecho, la colonia sufre sólo un eclipse. No hay que olvidar que Eugenia es española. "Más que reina", según le fue profetizado, es emperatriz de Francia; puede ser señora de México y, a través de estas dos fuerzas, puede llegar a ser reina de España. ¿No es Napoleón III el enemigo natural de los Borbones? ¿No impuso Napoleón I a Pepe Botellas? ¿No fue Carlos V emperador de Alemania y rey de España? ¿No hubo acaso monarcas ingleses que reinaron en Francia, y viceversa? La historia está viva siempre, es siempre repetible. Imaginemos estos sueños deslizados en la oreja sensual de Napoleón en las noches de amor y en las horas de duda, y todo parece simple y claro, menos absurdo que la acción del mismo Hitler, que tiene los ojos puestos en César, en

---

[5] Se ha especulado mucho sobre un hijo de Carlota —y quizá de Maximiliano—, que sería el general Weygand. El Conde Corti, historiador fidedigno de la aventura imperial, nada formal dice, salvo que Maximiliano había perdido en sus viajes de juventud el poder de engendrar, a resultas de un mal venéreo; pero deja entender siempre la fidelidad de Carlota. Por otra parte, corren mil historias de hijos dejados por Maximiliano en México.

Carlomagno y en Napoleón el grande. Y lo curioso es que todo parece claro a la luz misma de la historia. El presente se alía al pasado y el pasado se convierte en la base del futuro. La bola de nieve que ha venido rodando puede seguir creciendo.⁶ Sin embargo, la ambición de Napoleón se transparenta pronto. Inglaterra y España se apartan de la alianza tripartita porque ven claro. Si le ayudan a poseer a México, si le hacen el juego, acabarán por salir perdiendo. Nada impediría entonces que, logrado este primer paso, Napoleón III vengara a su antepasado privando a Inglaterra del dominio de los mares, e hiciera a un lado a España, como una carta gastada.

La abstención aparentemente inexplicable de los demás países de Europa, fuera de las súplicas por la vida de Maximiliano, es clara también. Si Pío IX rechaza el concordato es porque, como Austria, desconfía de las tendencias liberales de Maximiliano, de las que ha tenido pruebas en la legislación sobre las relaciones entre la Iglesia y el Estado y sobre la propiedad eclesiástica, en la cual ha seguido, espíritu moderno, las pisadas de Juárez. Bismarck se abstiene, porque ayudar a Napoleón equivaldría a sacrificar el juego que prepara en la sombra, y para el cual tendrá reunidos sus triunfos sólo en 1870. Atávicamente, a Bismarck le interesa conquistar a Francia, no a México. Austria se abstiene, porque ayudar a Maximiliano, a más de una ruptura con Francia, lujo que no puede permitirse, representa en mayor modo la contingencia de un regreso de Maximiliano a Europa y la recuperación de sus pretensiones eventuales a un trono al cual lo hicieron renunciar. Si Austria ayudó originalmente a Maximiliano fue por alejarlo de Europa y del Imperio austriaco. Además, todos temían a Napoleón. Bélgica es débil; Suecia, Holanda, Dinamarca, Noruega, tienen problemas locales tan absorbentes como Polonia, etc. Rusia está lejos.⁷

Se pretende que el desenvolvimiento material de los Estados Unidos inquietaba a Europa y a Napoleón en especial, y que la medida de crear una monarquía europea en América era estrictamente defensiva; que se aprovechó la confusión de la guerra civil para enfrentar a nuestros por hoy buenos vecinos un poderío invencible. Pero esta opinión se compagina mal con la indiferencia de Europa hacia Maximiliano y con el desdén con que Europa, todavía en años recientes, ha mirado a América en general. Hay, sobre todo, una inconsecuencia a la vista. Si tan grande era el recelo, si tan importante y vital parecía poner un límite a los Estados Unidos, ¿por qué todos, desde Napoleón, acaban por renunciar a ello? La participación misma de los norteamericanos en la acción juarista habría justificado la continuación de una lucha mayor, más

---

⁶ Dicho crudamente, Napoleón III es en realidad el inaugurador del fascismo en la Europa moderna, sólo que es incapaz de ir más allá de un intento semejante a una opereta de aficionado. Es el Marivaux del fascismo y del imperialismo, y su conquista de México es sólo el preludio del imperialismo europeo moderno, el experimento de laboratorio, tal como la guerra civil española en 1936 es el preludio y el campo experimental de la presente guerra, a un ritmo bastante más acelerado.

⁷ Hubo, sin embargo, un intento o plan para establecer un imperio ruso en el estado norteño de Sonora, pasando por Alaska. Se supone generalmente que los documentos relativos existen en Moscú.

seria y más prolongada. Ni siquiera había crecido en forma tan alarmante la república del norte. Uno de sus primeros actos de mayoría de edad internacional fue precisamente el apoyo a Juárez, como la invasión del 47 fue efecto del sarampión de la edad legal.⁸ El nuevo rico Napoleón, que acabó por pagar novecientos millones de francos por los pasteles apachurrados, era el centro de Europa. Quizá Eugenia fuera el centro de Napoleón. Las razones de Estado y la historia nos apartan de las razones humanas. Napoleón III era un mercader que quiso hacer un buen negocio y sólo hizo uno malo. Advenedizo, castigó en Maximiliano junto con la raza, lo mismo que castigaron en él las viejas dinastías: un espíritu profundamente original. Despachó a América la amenaza que se cernía sobre Europa. Napoleón, con toda la modernidad de su ambición, era un europeo: no veía más allá de Europa. Si no hubiera estado podrido, como Europa, no se hubiera hecho proclamar emperador *faisandé*. Maximiliano, en cambio, desarraigado de Europa, era original en otro punto: era un príncipe que había viajado, un príncipe internacional, un fruto inesperado y prematuro de la graduada evolución de Europa. Perseguido por cifras y por símbolos, ahogado en un continente de fórmulas, descendió del rango a la aventura; ascendió de lo viejo a lo nuevo. Esto, en 1864, era sumamente original.

Considerados el poder de Napoleón y la situación de Europa, piénsese en que si Maximiliano hubiera aceptado vender a México, si hubiera sido un traidor, habría cambiado totalmente el curso de la historia. Son las virtudes humanas de Maximiliano las que se interponen en el camino político de Napoleón. Por esto el juicio que debe formularse por sobre todos es el del hombre para el hombre.

Imagínese, en medio de este mar de civilización política y militar, de intereses creados de Europa, al intrigantillo José Manuel Hidalgo, amigo de Eugenia y generador del proyecto, ligado con los microcatólicos mexicanos, y a todos los mexicanuelos que, sin sentido de nacionalidad, buscaban un gobierno monárquico para México, obedeciendo por igual a la conciencia del fracaso republicano y a la romántica idea del príncipe. En este retablo de Maese Pedro, Napoleón fue el titiritero y Eugenia la apuntadora. Y todo lo demás fue fácil.⁹

## El mapa de México

Para la época en que Maximiliano aceptó el trono de México, a partir de su emancipación de España, México había padecido cuarenta y tres presidentes. Cuarenta y tres fantasmas que no ofrecían entre sí

⁸ Bien meditada, esta afirmación parece demasiado lata, y puede ser refutada por consideraciones de intereses y desarrollo materiales, esto es, políticos. La fuerza física de los Estados Unidos era ya un hecho. Sin embargo, creo que no hay exageración en el aspecto puramente *moral* del problema.
⁹ No podría negarse que la reacción de los católicos mexicanos se dirigió, sobre todo, contra las Leyes de Reforma y la expropiación de los bienes del Clero. Pero no es el mismo resorte el que pone en movimiento a Napoleón, aunque haya influido sobre Roma.

mayor diferencia que un apellido de origen español o francés, europeo en suma. Sólo Santa-Anna, fantasma recurrente que parecía marcar sus apariciones con reloj, había apasionado y mutilado a México por sobre todos los demás. Y Santa-Anna, el gallo ególatra que se miraba en las peleas de gallos, que inició su carrera cortejando a la vieja hermana de Agustín de Iturbide por vanidosa ambición, había aproximado poco a poco a la monarquía sus vertiginosos períodos de gobierno. Antes de esta republicana pesadilla, México había presenciado tres siglos de dominio monárquico español, con una permanencia fantástica de jerarquías y de mitos. La república, como en la definición de Quevedo, era la re-pública, la mujer con quien cualquiera podía pasar una noche. Que Juárez y los republicanos o liberales tenían razón; que una nueva fórmula de gobierno era vital para un continente nuevo, son cosas confirmadas hasta en la historia. Pero los pueblos marchan a pasos contados hacia su destino, y parece justificable que en un siglo romántico por excelencia muchas gentes pensaran en un rey o emperador permanente como en la quinta rueda del carro de Estado. Muerto Maximiliano, todavía vemos que Porfirio Díaz adquiere el respeto y el amor del pueblo —amor mezclado con odio como todo buen amor— gracias a su permanencia en el poder. Muerto Porfirio Díaz, todavía vemos que Plutarco Elías Calles adquiere, si no el amor, la credulidad y aun la sumisión del pueblo, porque se le atribuyen quince años de caudillismo. Muerto políticamente Plutarco Elías Calles, todavía vemos que Lázaro Cárdenas gana simpatías inesperadas porque, después de su criticado gobierno oficial, el pueblo le confiere esa presencia permanente detrás del trono que en México se designa con el nombre de mangoneo. Y si esto ocurre en un siglo no romántico, no cabe alarmarse ante cosas acaecidas en el siglo de Napoleón I, de Werther y de Maximiliano.

Invadido, además, el país por los cobradores armados de Napoleón III; desconfiado de Juárez por su falta, aparente desde su primera gestión presidencial, de ese teatral ornato que todo gobierno que se respeta debe tener, y por las leyes de Reforma, la modificada situación del clero y el tratado con McLane —éste es el país de la Guadalupana—; distanciado de los voraces Estados Unidos por el humillante episodio del 47, ¿a dónde podía volver los ojos si no a Europa?

Hoy sabemos, por ejemplo, que en este pueblo de trompetillas y de relajo, Hitler o Mussolini habrían sido objeto de las caricaturas más sangrientas y de la risa más feroz. Los pueblos débiles y esclavizados tienen la difícil virtud del escepticismo. Pero es curioso observar que este mismo pueblo se ha sometido al caudillaje de Díaz, a las combinaciones de Obregón y Calles y a otras cosas mucho más contemporáneas. Sabemos que este mismo pueblo trompetillero, burlón y libre, acepta la demagogia política y se apocha a pasos agigantados a la vez que protesta por la campaña contra los pachucos. Sabemos, en suma, que sigue siendo tan joven y contradictorio como lo fue en los años del 59 al 62, cuando la pugna política en la oscuridad lo hizo llamar y aceptar en buena parte, durante tres años, a un gobernante europeo.

No hablemos del deslumbramiento que una corte con órdenes y grados, con rangos y lenguaje convencionales representa para un pueblo cuya realidad es el maíz, el pulque, el chile, la pobreza, el oro robado por los gobiernos republicanos en mayoría y la necesidad de una dorada fuga. Todavía en nuestros días he escuchado decir a mexicanos inteligentes que preferían el gobierno de los ladrones al gobierno de los imbéciles. ¿Cómo no preferir, entonces, el gobierno de la pompa al gobierno desnudo?

Si Maximiliano hubiera sido un príncipe tiránico, imbuido en el derecho divino y otras permanentes patrañas, el problema parecería más fácil de emplazar y de resolver. Pero Maximiliano era un demócrata —por eso pongo en sus labios la frase sobre la griega carrera de las antorchas. Pero Maximiliano, sensible como un poeta a las vibraciones populares, confirma las leyes juaristas —grave error: aleja del gobierno a los conservadores; pasa su primer 15 de septiembre en Dolores Hidalgo, dándose un baño de historia revolucionaria; inaugura una estatua de Morelos en la Plaza de Guardiola —¿qué se ha hecho, por cierto, de ella? Maximiliano, en suma, se ofrece a la imaginación con todas las contradicciones del mexicano. Eso es lo que le da una inequívoca calidad mexicana, y Juárez lo hace fusilar como si hubiera sido un mexicano. Hay quien pretende que la ejecución de Maximiliano puso coto de una manera feroz a la ambición europea: "Europa vio", dice más o menos una inteligente amiga nuestra, "que México no era un tablero de ajedrez; que aquí no resolvíamos las cosas con abdicaciones ni con palabras, sino que matábamos como salvajes. Y Europa cobró miedo". El razonamiento es falso y romántico a más no poder, y acusa un desconocimiento absoluto de la mentalidad de Europa. Maximiliano, destronado, corrido con petardos en la cola, humillado con la abdicación y el destierro, habría sido para Europa un barbudo y grotesco tenorino de Strauss o de Auber. Maximiliano lo sabía, y quizá esto influyó en su actitud. Europa se habría dicho entonces: "México es un país civilizado. Hace lo mismo que Francia: destruir con una canción. Estamos entre iguales, tratemos y respetémonos". Por lo demás, la barbarie europea poco tendría que aprender de México, según hemos visto. Aquí la canción fue un corolario estúpido y cruel de la tragedia, una superflua y bárbara vegetación americana. Europa no retrocedió ante la muerte, sino ante el miedo a la absorción. Europa se dijo: "América, México, pueden absorber a un hombre-tipo de Europa hasta hacerle perder todo sentido de su origen; México puede mexicanizar a Maximiliano hasta la muerte. No nos metamos con México". Éste es un punto de vista que los Estados Unidos, por ejemplo, no aceptan aún.

Hay, por otra parte, el especialísimo detalle de que nadie confunde a México con América. México se destaca, para el europeo, por razones anejas a la barbarie, pero propincuas al espíritu. Cuando se habla de arqueología y de monumentos coloniales, se cita a México. Cuando se habla de civilización y de progreso, se cita a los Estados Unidos y, por europeos, al Brasil y a la Argentina; cuando se habla de revoluciones se cita a México; cuando se cita a México hay un no sé qué especial. El único extranjero que no se mexicaniza en México, por razones históricas, es el español. No lo separan de México, como al inglés, al francés o al alemán, como al norteamericano mismo, un idioma hostil, una sintaxis diferente o una religión opuesta. Lo separan de México la *c*, la *z* y la *ll* y la conciencia de una conquista. Nacido en México, de padres europeos no españoles, he descubierto, por ejemplo, que nada me separa de esta tierra; que disfruto para ver sus problemas, de una perspectiva extraordinaria, orgullosa y apasionada, y de una presencia sin retorno a Europa. Al contrario: un afán de hacerlo, de vivirlo y de morirlo todo aquí parece ser el signo de los criollos de mi tipo. He conocido franceses muchas veces millonarios que mexicanizan el francés —dicen "le despachó", "je me suis fixé", etc.— y que no piensan en volver a Francia más que para unas vacaciones; cuyos hijos hablan un francés defectivo y desacentuado; y he conocido holandeses, ingleses y norteamericanos que defienden su rayo de sol en México como defenderían su vida, aun cuando no tienen el poder poético de percepción de Maximiliano. Rodríguez Lozano pretende que esto es porque detrás de nosotros no hay más que la selva, en tanto que en Europa, detrás de Picasso están desde el Renacimiento al post-impresionismo, y detrás del hombre todas las fórmulas.

ACTOS

Reducida a sus términos estrictamente filosóficos o místicos, la tragedia se desnuda, se reconcentra y se resuelve en dos actos: el acto del diablo y el acto de Dios. Carlota lo define cuando grita que Napoleón III es el diablo y, sin saberlo, define a Europa. La ambición de Carlota, que es en sí un acto del diablo, no sería activa sin los horizontes que le abre Napoleón y el incentivo que le presta la situación de emperatriz de Eugenia. Si Carlota no hubiera sido, como su esposo, una princesa de sangre, podría creerse que sintió envidia de la antigua condesa de Montijo; cuyo destino parecía tan deslumbrador. Probablemente Carlota sintió rabia —nueva intervención del diablo.

La conspiración europea urdida por el emperador de Francia, reúne todas las características más endiabladas o diabólicas, y sería suficiente en sí misma para absolver de toda culpa directa a los pobres archiduques de Habsburgo. Pero el hecho evidente es que, a partir de esa época, Europa es un continente entregado al diablo. Bismarck, Guillermo II y Hitler son, como Napoleón III, activos poderes infernales, y todos buscan más o menos lo mismo por medios bastante parecidos. Ninguno, sin embargo, apela como Guillermo al nombre y a la representación de Dios. Él, mejor que nadie, define su única nacionalidad posible: Dios es alemán. En buena teología se sabe que solamente el diablo es capaz de pretender apoderarse de Dios en vez de entregarse a él. La actitud misma de Pío IX y de sus sucesores, con una primera culminación en la Encíclica *Rerum Novarum,* atestigua mejor que nada la lucha del papado contra el diablo, que incuba en Europa sus monstruos y sus nuevos arcángeles negros. Por esto podemos decir que la Europa que envía a Maximiliano a México está ya dada al diablo o a los diablos. No hay que perder de vista que es sobre todo la intervención francesa, combinada con las emanaciones fascinadoras de Eugenia, la que mueve a José Manuel Hidalgo primero, a Gutiérrez de Estrada y a los demás muñecos después. El diablo entra en México con la Intervención y, buen conocedor de sus humanidades, apela a la apariencia divina de las monarquías dinásticas para ligar el destino de México al de Francia y, en suma, al de toda Europa, donde opera ya con manos libres. Todo marcha a pedir de boca; pero entonces sobreviene el acto de Dios, que empieza con la elección de Maximiliano, sigue cuando Pío IX rechaza el concordato, y culmina con la muerte del Emperador y la locura de Carlota. No es sólo esto, sino que ocurre que Dios abandona entonces a su suerte a los quintacolumnistas del diablo en que se han convertido los monarcas y los ministros europeos, y viene a América, a situarse al lado de los liberales y de los salvajes, al lado de Lincoln y de Juárez, a quienes el diablo no ha sabido aprovechar por tener las manos llenas en Europa.

La muerte de Maximiliano, que es uno de los medios divinos, parece un castigo; pero es, en realidad, la única forma en que Dios puede salvarlo. La locura de Carlota es el otro acto, pero, mejor que castigo, parece prevención. Cuerda, poseída por el diablo napoleónico y europeo, probablemente habría destruido la obra divina implícita en la muerte de Maximiliano. Era lo bastante soberbia, lo bastante ambiciosa y lo bastante inteligente para luchar. Quizá también, asesinando a Napoleón, por ejemplo, habría torcido el sentido profundo de la tragedia, y como hubiera servido a Dios en toda apariencia, y combatido al demonio, se habría hecho acreedora, por este truco, a la recompensa y a la redención, colocando a Dios en un grave caso de conciencia. Y, si hubiera asesinado a Juárez, habría vuelto a traer al diablo a México. Carlota es castigada por lo único irredimible: por el tiempo. Pero el tiempo, que es su castigo, se convierte al final en su perdón —prueba de perfección cíclica— puesto que antes de morir ella pudo saber, aunque sólo fuera en el último fondo de su subconsciencia, que el tiempo había segado a todos los héroes y a todos los villanos de la tragedia, y que el acto de Dios había borrado totalmente el acto del diablo.

Podría especularse más sobre la razón de la supervivencia de Carlota, pero me parece inútil. Lo que, en todo caso, hay que desear, es que el diablo, que libra ahora su batalla final en Europa, no aproveche su derrota para volver a México o para instalarse en algún otro país de América. "Detrás de cada acto del diablo hay un acto de Dios", hago decir a Pío IX. Pero después de cada acto de Dios hay casi siempre otro del diablo, que es lo que sostiene el interés dramático de la vida humana.

## Conclusión

No alcanzamos conclusiones, las conclusiones nos alcanzan, es cosa que me gusta sostener. Vuelvo ahora al teatro, que es mi elemento. Si la imaginación humana lo permite, imagínese una pieza

china, dividida en sesenta y dos escenas, para comunicar a un público
contemporáneo o futuro una visión estricta y ampliamente histórica
de la tragedia de Maximiliano y Carlota. Quizá una trilogía, a la manera griega, pudiera fundir todos los elementos mejor que esta pieza
anti-histórica. Pero, en realidad, no hay sino dos culminaciones y, por
otra parte no tenemos aún los medios físicos —teatro, actores, público—, para realizar un sueño semejante.

Sé que mi conclusión moral chocará a muchas gentes. Si fuera de
otro modo, la conclusión que me ha alcanzado sería estrictamente
inmoral. He escrito esta pieza movido sobre todo por un acto de
indignación, por la colérica conciencia de que la sangre de Maximiliano y la locura de Carlota merecen algo más de México que el soneto
de Rafael López, que las cuadrillas y las oraciones en malos versos, y
que los intentos formalmente históricos. Si la historia fuera exacta
y fiel como la poesía, me avergonzaría haberla eludido. Pero un viejo
proverbio descarga mi conciencia: "Así se escribe la historia". En México cada quien la escribe como puede, y para el que puede, y la filosofía de la historia me parece mejor que ella misma.

Para quien piense que defiendo románticamente la monarquía
y la intervención, que abogo por el catolicismo o que estoy contra
Juárez, reservo una gran desilusión. En principio, Juárez no necesita
defensores, y después, el poder que me protege es precisamente la
historia, que desatiendo en el detalle, pero que interpreto en la trayectoria del tiempo. Es la historia misma la que fija los límites: la que
nos dice que Maximiliano murió porque su destino debía pasar por
encima de todo. Es la historia la que nos cuenta que Bazaine fue un
traidor, y que todos los personajes no citados en mi pieza no son más
que polvo. Es la historia la que nos dice que Carlota sobrevivió sesenta
años al derrumbamiento de su sueño de poder por alguna razón tan
categórica como inefable. Es la historia la que nos prueba que Maximiliano salvó a Juárez de morir como Madero o como Carranza. Nos
lo prueba en el hecho de que Madero no habría muerto a manos de
Huerta, ni Carranza a manos de la política obregonista, si los Estados
Unidos hubieran invadido a Veracruz en 1912 en vez de 1914; si
Villa no hubiera derrotado a Pershing, y si los Estados Unidos no hubieran condenado la jactancia constitucional en Carranza. Es la historia contemporánea misma la que nos prueba que Díaz no habría caído
—manera de morir como otra cualquiera—; que Calles no habría
reinado, si los mexicanos hubieran tenido que unirse contra un verdadero enemigo venido de afuera. Es la historia la que nos prueba
que el mexicano, buen jugador, no mata jamás al mexicano cuando
existe una amenaza externa, y que lo mata sólo, por deporte, cuando
la lucha se reduce a los intereses internos del país. Es la historia repetida, aumentada, bola de nieve madurada al través de los siglos,
la que nos dice hoy que Avila Camacho no viviría como gobernante
si no fuera porque la amistad norteamericana se presenta como una
profunda duda en el ánimo del pueblo. Es la historia, en fin, la que
nos dice que sólo México tiene derecho a matar a sus muertos, y
que sus muertos son siempre mexicanos.

En medio de muchas sombras y de grandes dudas, México parece ahora rebuscar en el tiempo perdido su unidad y su destino, relacionar todos los elementos que lo componen, y soplar en todos, para animar el barro, en una función hecha a imitación de aquella que, a falta de un nombre mejor, que no han hallado veinte siglos, es preciso llamar divina.

Puede pensarse que he caído, víctima de una demagogia sostenida, en el abismo de lo absurdo. Se trata de susceptibilidades heridas al correr de la pluma —escribo a mano mis obras originales, no es metáfora—, y que hago demagogia contra la demagogia, que es la peor forma de la demagogia. Un pueblo, una conciencia nacional, son cosas que se forman lentamente, y para mí la conciencia y la verdad de un pueblo residen en su teatro.

Si me he equivocado, profusamente, en lo que hace a la historia y al pueblo, me queda la esperanza de haber acertado en lo que hace al teatro en esta primera pieza antihistórica. Si me equivocara yo en el teatro, estaría definitivamente perdido; pero eso todavía está por ver.

México, D. F. Septiembre 27-29, 1943.

R. U.

# ACTO PRIMERO

## ESCENA PRIMERA

*La escena representa un doble salón, comunicado y separado a la
vez por una división de cristales. El fondo de la sección izquierda
consiste en una puerta de cristales que lleva a una terraza, la que se
supone comunica con un jardín por medio de una escalinata. En la
pared divisoria de cristales hay una puerta al centro, que comunica
los dos salones. Puerta a la derecha. Un balcón al fondo. Pocos
muebles. En el lado derecho hay una consola con candelabros de
cristal cortado, un costurero, un sillón, una mecedora y cortinajes.
En el salón de la izquierda hay, además, dos puertas en primero y
segundo términos, una gran mesa de mármol y dos sillones.
Al levantarse el telón la escena aparece desierta. Es de mañana
y la luz del sol penetra tumultuosamente por el balcón y la terraza.
Por la puerta de primer término izquierda entra un hombre. Es viejo
y lleva un uniforme cuyo exceso de cordones dorados denuncia una
posición enteramente subalterna. Mira en torno suyo, asoma por la
terraza y luego va a la pared de cristales para atisbar. Al satisfacer-
se de la absoluta ausencia de personas vuelve a la puerta de primer
término izquierda, adelanta el brazo, asoma la cabeza y habla.*

PORTERO.—Puede usted pasar.

*Se aparta para dejar paso a un segundo hombre, que entra y mira en
torno suyo a su vez, pero sin recelo o zozobra, con una moderada curiosidad. Es el profesor Erasmo Ramírez, historiador mexicano. De
mediana estatura, que por un poco sería baja; de figura un tanto espe-
sa y sólida, Erasmo Ramírez tiene por rostro una máscara de indudable origen zapoteca. Su pelo es negro, brillante y lacio, dividido por
una raya al lado izquierdo. Viste de negro, con tal sencillez que su traje parece fuera de época: el saco es redondo y escotado, el chaleco
cruzado y sin puntas, el pantalón más bien estrecho. Lleva un sombrero
negro, de bola, un paraguas y un libro en la mano. Habla con lentitud,
pero con seguridad, sin muchos matices o inflexiones, y su voz es clara,
pero sin brillo. Parece continuamente preocupado por algo que está*

23

*dentro de su manga izquierda, cuyo puño mira con frecuencia mientras habla. Su corbata de lazo, anticuada y mal hecha, completa una imagen un tanto impresionista y vaga que juraría uno haber visto hace mucho tiempo.*

ERASMO.—¿Qué es esto?

PORTERO.–Es el salón.

ERASMO.—Eso parece, en efecto. ¿Y allá? (*Señala una terraza.*)

PORTERO.–Una terraza.

ERASMO.—También lo parece. Pero, ¿allá, más lejos?

PORTERO.–El jardín.

*Erasmo se acerca a la terraza y mira hacia fuera. El Portero da señales de nerviosidad. Tose para hablar. Erasmo se vuelve.*

ERASMO.—También, visto desde aquí, parece un jardín. (*El Portero tose.*) ¿Tiene usted tos?

PORTERO.–Ya que lo ha visto usted todo, caballero, será mejor que nos vayamos.

ERASMO.—Desearía ver primero el otro salón.

PORTERO.–Imposible.

ERASMO.—¿Por qué?

PORTERO.–Porque comunica con las habitaciones privadas.

ERASMO.—(*Mira su reloj.*) Tengo entendido que me dijo usted que a estas horas no hay nadie aquí. Tenemos tiempo. (*Se dirige a la puerta del centro*).

PORTERO.–Podría venir alguien. No me atrevo. (*Tose.*)

ERASMO.—(*Sacando metódicamente una cartera y de ella un billete.*) Esto le curará la tos. Es una medicina infalible.

PORTERO.–(*Tomando el billete.*) No debería yo... no debería...

*Erasmo empuja sencillamente la puerta de la pared divisoria y pasa al salón de la derecha. Mira en torno suyo. El Portero lo sigue después de mirar a todos lados.*

ERASMO.—Esto parece un costurero.

PORTERO.–Lo es.

ERASMO.—¿Esa puerta?

PORTERO.–Da a la recámara; después hay un baño, y la recámara de la dama de compañía, al fondo del pasillo.

*Erasmo deposita su sombrero, su paraguas y su libro en el sillón, saca una libreta de notas y un lápiz y hace anotaciones mientras va preguntando.*

ERASMO.—¿Usted la ve a menudo?

PORTERO.—Muy poco, caballero. Claro que la he visto muchas veces, pero a distancia.

ERASMO.—¿Y habla con usted?

PORTERO.—No. Nunca. Ayer nada menos...

ERASMO.—¿Hay alguien con quien hable? ¿Podría yo hablar con esa persona?

PORTERO.—No, no lo creo. Quizá hable con la Dama de compañía o con el Doctor. No sé. Pero sé que habla siempre. Ayer precisamente...

ERASMO.—No habla nunca, pero habla siempre. No entiendo.

PORTERO.—Es decir que ayer, por ejemplo...

ERASMO.—(Interrumpiéndolo otra vez.) ¿Por qué no acaba usted? ¿Quiere decir que ayer le dijo algo?

PORTERO.—No, pero...

ERASMO.—(Distraído otra vez.) ¿Hace alguna labor de costura?

PORTERO.—No, ella no, la Dama de compañía. Pero ayer dijo algo. (Erasmo alza la cabeza.) Y es curioso, porque dijo la misma frase que le oí decir cuando vine aquí por primera vez, hace treinta años. (ERASMO espera.) Dijo: "¡Todo está tan oscuro!"

ERASMO.—¿Qué hora era?

PORTERO.—Las diez de la mañana, caballero, y había más sol que hoy. Da dolor, usted comprende —es una enfermedad inventada por el diablo. Se lo dije a la Dama de compañía: ¿Por qué le parece oscuro todo cuando hay tanto sol? Y ella se afligió mucho y me dijo: Sí, ayer precisamente pidió luces toda la mañana. Hubo que encender la luz eléctrica, pero ella misma prendió unas bujías...

ERASMO.—(Señalando.) ¿Éstas?

PORTERO.—(Asiente.) ...y se las acercó a los ojos a tal grado que parecía que iba a quemárselos. Y siguió pidiendo luces toda la mañana.

ERASMO.—Extraño. Tiene ochenta y siete años, ¿verdad?

PORTERO.—No lo sé. Parece tener más de cien. ¿Se ha fijado usted, caballero, que los viejos nos encogemos primeramente, pero que, si seguimos viviendo, volvemos a crecer? Le pasó a mi abuelo, que murió a los ciento siete años y era tieso como un hueso. Le pasa a ella. No sé, pero da un gran dolor todo esto. (Se sobresalta como si hubiera oído algo.) Por favor, salgamos ya, caballero. Me hará usted sus preguntas afuera. Pueden venir...

ERASMO.—(Mirando en torno.) ¿Ningún retrato de su marido?

PORTERO.—No, no, no —usted comprende. Desde aquella horrible desgracia no...

ERASMO.—¿Sabe usted si habla de él a veces?

PORTERO.—No lo sé. Yo he oído decir que nunca. Se lo ruego, caballero, vayámonos.

ERASMO.—Me gustaría ver su alcoba.

PORTERO.—Oh, no, no. Es imposible, caballero. Por favor. Me siento como si estuviera cometiendo un crimen, una deslealtad.

ERASMO.—(*Interesado*.) ¿Siente usted eso? ¿Por qué?

PORTERO.—Si alguien se enterara de que lo he hecho entrar a usted aquí —¡a un mexicano! (*Desesperado*.) No me perdonaré nunca. ¿Por qué ha venido usted aquí?

ERASMO.—Ya se lo he dicho. Soy historiador, he querido ver este lugar histórico, esta tumba; pero no por pura curiosidad, sino porque era necesario para el libro que preparo.

PORTERO.—No me perdonaré nunca.

*Erasmo saca filosóficamente otro billete de su cartera, pero el Portero lo rechaza con dignidad. Cobrando valor, saca de su bolsa dos o tres billetes más, y los devuelve a Erasmo, que rehúsa..*

PORTERO.—Por favor, tómelos, para que pueda yo perdonarme. Y ojalá Dios y ella me perdonen también.

*Erasmo recoge su paraguas, su sombrero y su libro.*

PORTERO.—¿No hablará usted mal de ella, por lo menos, en ese libro? ¡Dígame! ¿No hablará mal de ella?

ERASMO.—Yo soy historiador, amigo. La historia no habla mal de nadie, a menos que se trate de alguien malo. Esta mujer era una ambiciosa, causó la muerte de su esposo y acarreó muchas enormes desgracias. Era orgullosa y mala.

PORTERO.—(*Ofendido*.) Tendrá usted que irse en seguida.

ERASMO.—(*Mirándose la manga*.) Me gustaría hablar con ella, hacerle preguntas, pero está peor que muerta. (*Con súbita decisión*.) Hablaré con ella.

PORTERO.—Señor, me echarán de aquí. Soy un viejo. — (*Transición*.) Un viejo imbécil y desleal.

ERASMO.—Ayudará usted a la historia, habrá hecho un servicio al mundo civilizado, mejor que su gobierno, que me negó el permiso. Le prometo que nadie se enterará de que usted me hizo entrar. Déjeme aquí.

PORTERO.—Eso nunca, señor. Prefiero que me despidan, prefiero morirme.

ERASMO.—¿La quiere usted?

PORTERO.—No es más que una anciana mayor que yo, pero la quiero como a nadie. Y usted me engañó. Primero me dijo que la admiraba mucho, y ahora la llama ambiciosa y mala.

ERASMO.—La admiro. ¿Cómo no admirarla si todavía hay un hombre que quiere morir por ella cuando es ya nonagenaria? Tengo que hablarle, no tiene remedio.

PORTERO.—Señor, por Dios vivo, váyase de aquí.

*Erasmo pasa tranquilamente al salón de la izquierda, deja su sombrero y su paraguas, se instala en un sillón y abre su libro.*

PORTERO.—(*Que lo ha seguido.*) En ese caso llamaré a la guardia.

ERASMO.—Y entonces pasará usted por un desleal, por un traidor. Lo echarán ignominiosamente a prisión. Váyase de aquí y déjeme.

PORTERO.—No, señor. Correré todos los riesgos, pero usted saldrá de aquí.

*Se prepara al ataque. En este momento se oye, detrás de la segunda puerta izquierda, un ruido de pasos.*

LA VOZ DE LA DAMA DE COMPAÑÍA.—Si Vuestra Majestad quiere esperar aquí, yo lo traeré.

*Erasmo alza un rostro transfigurado por la expectación. El Portero junta las manos. Erasmo se levanta, y los dos salen rápida y sigilosamente por la terraza. Casi en seguida, la Dama de compañía, mujer de aspecto distinguido y de unos cincuenta años, entra en el salón, busca en la mesa, luego pasa al salón de la derecha y sigue buscando algo, sin encontrarlo. Entre tanto entra en el salón izquierdo Carlota Amalia. Es alta, delgada y derecha. Viste un traje de color pardo y lleva descubierta la magnífica cabellera blanca en un peinado muy alto. No habla. Va lentamente al sillón donde estuvo sentado Erasmo, apoyándose en un alto bastón con cordones de seda. Mira el sillón y recoge de él el libro olvidado por Erasmo. Sonríe, toma el libro y abre varias veces la boca sin emitir sonido alguno. Se sienta con el libro en la mano. La Dama de compañía regresa.*

DAMA DE COMPAÑÍA.—Vuestra Majestad debe de haberlo dejado en el jardín. (*Carlota no contesta. En su mano descarnada levanta el libro y sonríe. La Dama de compañía lo toma.*) ¿No prefiere Vuestra Majestad leer en el costurero? ¡Hay tanto sol aquí!

*Carlota mueve negativamente la cabeza. La Dama de compañía se dirige al otro sillón, lo acerca un poco y se instala, abriendo el libro. En seguida levanta la cabeza, extrañada.*

DAMA DE COMPAÑÍA.—¿Qué libro es éste? (*Lee trabajosamente.*) Historia de México.

CARLOTA.—(*Muy bajo.*) México... (*Sube la voz.*) México... (*Colérica de pronto.*) ¡México!

DAMA DE COMPAÑÍA.—(*Levantándose.*) Aseguro a Vuestra Majestad que no entiendo...

CARLOTA.—Luces, ¡pronto! ¡Luces!

*La Dama de compañía mueve la cabeza con azoro. El sol entra a raudales.*

CARLOTA.—¡Tan oscuro, tan oscuro! ¡Luces!

*La Dama de compañía corre a la puerta de la terraza y deja caer las cortinas. Pasa rápidamente al costurero, busca cerillos en una bolsa de costura, corre las cortinas del balcón, enciende las velas de un candelabro y pasa al salón izquierdo. Deposita el candelabro cerca de Carlota, sobre la mesa.*

CARLOTA.—¡Luces!

*La Dama de compañía sale precipitadamente por la segunda puerta izquierda. Carlota se levanta y se acerca a la mesa apoyándose en su bastón. Alza su mano libre y la pasa cerca de las llamas de los velones, mirándolos, como fascinada. Deja caer el bastón y aproxima sus dos manos a las velas, como acariciando las llamas. De pronto algo parece resonar en su memoria. Busca el libro dejado por la Dama de compañía sobre la mesa, lo acerca a las luces y lo abre.*

CARLOTA.—(*Leyendo.*) Historia de México. (*Repite muy bajo.*) México... México...

*De pronto se lleva la mano a la boca con un gesto de horror. Sus ojos se dilatan. Hace un terrible esfuerzo, echando la cabeza hacia atrás. Al fin puede articular y lanza un grito horrendo y desgarrado.*

CARLOTA.—¡Max!

*Se tambalea y, falta de apoyo, cae. Su mano levantada derriba el candelabro.*
*Un hombre entra. Es de edad madura y usa una levita de la preguerra. Tras él viene la Dama de compañía. Una ojeada basta al hombre para comprender la situación. Se acerca a Carlota, arrodillándose, y le toma el pulso.*

DAMA DE COMPAÑÍA.—(*Viendo a Carlota tirada en el suelo.*) ¡Majestad!

DOCTOR.—Deme usted pronto el aceite alcanforado, la jeringa hipodérmica, el alcohol, el algodón.

*La Dama de compañía va rápidamente al salón derecha y desaparece por la puerta de la derecha. Entre tanto, el Doctor levanta el candelabro y reenciende las velas. Ve el libro, lo abre y mira con extrañeza al aire. La Dama de compañía regresa con los objetos pedidos.*

DOCTOR.—Ayúdeme usted a levantar a Su Majestad.

*Entre los dos acomodan el cuerpo de Carlota en un sillón, detrás de la mesa, hablando siempre.*

DOCTOR.—¿Qué fue exactamente lo que ocurrió?

DAMA DE COMPAÑÍA.—Su Majestad me ordenó que le leyera la historia de Bélgica. En realidad nunca atiende a la lectura, pero usted me ha dado órdenes de no contradecirla, Doctor.

*Metódicamente, el Doctor pone a hervir la jeringa. Mientras lo hace, y mientras el agua hierve, sigue el diálogo.*

DOCTOR.—¿Y luego?

DAMA DE COMPAÑÍA.—Busqué el libro, pero Su Majestad debe de haberlo olvidado o escondido en el jardín, como hace a veces. Pasé al salón de al lado, y cuando volví ella tenía este libro en las manos. Lo tomé, pensando que era el otro, y resultó ser algo de México...

DOCTOR.—*(Preparando la ampolleta para cargar la jeringa.)* ¿Y cómo vino a dar aquí ese libro?

DAMA DE COMPAÑÍA.—No lo sé. Entonces gritó México tres veces. Parecía enfadada. Y pidió luces, a pesar del sol. Como usted me lo ordenó, corrí las cortinas y encendí estas bujías.

DOCTOR.—*(Procediendo a cargar la jeringa.)* ¿Oyó usted el grito de Su Majestad cuando llegábamos?

DAMA DE COMPAÑÍA.—Sí, Doctor. ¡Me asustó tanto!

DOCTOR.—¿Qué fue lo que gritó?

DAMA DE COMPAÑÍA.—Me pareció que gritaba: ¡Max! Pero es imposible. No ha pronunciado ese nombre en los veinte años que llevo cuidándola. Nunca. Probablemente oí mal.

DOCTOR.—Yo oí lo mismo. Probablemente también oí mal. Tenga usted la bondad de ayudarme.

*Los dos cubren a Carlota, y el médico aplica la inyección. Callan. El Doctor vuelve a tomar el pulso de la emperatriz.*

DAMA DE COMPAÑÍA.—*(Recogiendo los objetos de la mesa.)* ¿Vive, Doctor, vive?

DOCTOR.—Vive. Quizá éste sea el último ataque, la crisis definitiva. Toda resistencia tiene un límite. Me pregunto quién puede haber traído aquí ese libro.

*Volviéndose a mirar a Carlota una vez más, la Dama de compañía cruza el salón derecha, sale por el fondo, llevando los objetos, y vuelve un instante después. Los dos observan atentamente a Carlota. La Dama de compañía cruza las manos y baja la cabeza, como si rezara. El Doctor espera con intensidad. Carlota hace uno, dos, tres movimientos como de pájaro. Abre los ojos y se incorpora lentamente.*

CARLOTA.—Más luces.

*La Dama de compañía pasa al salón derecha y regresa con otro candelabro. El Doctor la ayuda a encender los velones. Carlota mira en torno, se yergue. A la luz de las velas sus cabellos blancos parecen resplandecer.*

CARLOTA.—Eso es, claro. ¡Todo está claro ahora!
DAMA DE COMPAÑÍA.—¿Se siente mejor Vuestra Majestad?
CARLOTA.—Haced decid a Su Majestad que debo verlo en seguida. En seguida.
DAMA DE COMPAÑÍA.—¿A Su Majestad el Rey de...?

*El Doctor la hace callar con un signo negativo.*

CARLOTA.—Haced decir a Su Majestad el Emperador que tengo que hablarle con urgencia.

*El Doctor hace una señal afirmativa.*

DAMA DE COMPAÑÍA.—Sí, Majestad.
CARLOTA.—Esperad un instante. (*Se lleva las manos a la frente.*) ¿Por qué estoy fatigada? ¡Oh, claro! Ese viaje tan largo. Debo de estar espantosa. (*Se toca los cabellos.*) Haced decir a Su Majestad el Emperador que me vea dentro de media hora. (*Mira su traje pardo.*) Debo quitarme primero este horrible· traje de viaje... peinarme un poco. Pero decidle que es importante que no hable con ninguno de los ministros hasta que me vea. Nadie debe saber que he regresado. Nadie.

*Se levanta. La Dama de compañía y el Doctor la ayudan.*

CARLOTA.—Creí que no llegaría nunca. Quiero mi traje azul más reciente.

*La Dama de compañía mira con desaliento al Doctor, que le hace seña de seguir adelante. Carlota, hablando siempre, se dirige al salón derecha. El Doctor toma uno de los candelabros.*

CARLOTA.—Por fortuna llego a tiempo. Ahora veremos. Decid a Su Majestad que... (*Se detiene.*) No, no; se lo diré yo misma. El traje azul estará bien. ¿Habéis desempacado ya todo?

DAMA DE COMPAÑÍA.—(*Alentada por el Doctor.*) Sí, Majestad. Todo está listo.

CARLOTA.—Luces. Traed más luces.

*El Doctor entrega a la Dama de compañía el candelabro que lleva, pasa al salón de la izquierda y regresa con el otro.*

CARLOTA.—Sobre todo, que nadie se entere de mi regreso más que el Emperador. Y que venga dentro de media hora. No tardaré más. Sólo mi traje azul y un retoque en el pelo. Y mis peinetas de carey con rubíes. Mi traje azul y mis cabellos. Me disgusta sentir así mis cabellos. Es la brisa del mar. (*Sale.*)

DAMA DE COMPAÑÍA.—Es espantoso, Doctor. ¿Qué quiere decir esto? ¿Qué haremos?

DOCTOR.—¿Se conservan algunos de los antiguos trajes de Su Majestad?

DAMA DE COMPAÑÍA.—Quedan dos o tres en su armario —todos ajados.

DOCTOR.—No importa, ojalá haya uno azul. ¿Tiene las peinetas?

DAMA DE COMPAÑÍA.—Sí, Doctor. (*Reflexiona.*) Creo que hay un traje azul, precisamente.

DOCTOR.—Tanto mejor. Deje usted a Su Majestad al cuidado de una doncella. Que no se la contradiga en nada. Y en seguida haga usted avisar por teléfono a Su Majestad el Rey y a la familia real.

DAMA DE COMPAÑÍA.—(*Conmovida.*) ¿Acaso...?

DOCTOR.—Creo que Su Majestad la Emperatriz morirá pronto, señora.

DAMA DE COMPAÑÍA.—Pero... ¿ha recobrado la razón?

DOCTOR.—(*Mirando las llamas de las velas.*) Señora, la muerte se parece a la vida como la locura a la razón. Las llamas crecen mucho para apagarse. Haga usted lo que le he dicho. Yo veré si puedo hacer algo aún. Debo comunicarme con algunos colegas.

*La Dama de compañía sale por el fondo derecha. El Doctor, después de reflexionar un momento, pasa al salón de la izquierda, deja el candelabro sobre la mesa y sale por la primera puerta izquierda. Al cabo de un momento, la Dama de compañía reaparece y sigue rápidamente el mismo camino del Doctor, dando indicios de mayor tristeza a pesar de su evidente premura. Un momento después el viejo Portero asoma por entre las cortinas de la terraza, mira en torno y hace una señal hacia afuera. Entra Erasmo Ramírez.*

PORTERO.—Por fortuna no se han quedado. ¿Va usted a irse ahora, caballero?

ERASMO.—Vuelvo a suplicarle que me deje aquí.

PORTERO.—Sea usted humano, se lo ruego, sea usted...

ERASMO.—(*Interrumpiéndolo.*) ¿Por qué han corrido las cortinas, y
qué quieren decir estas velas?

PORTERO.—No lo sé, señor, pero...

ERASMO.—Es curioso. Quizá ella ha vuelto a pedir luces. (*Ve su libro
de pronto.*) ¡Ah, mi libro! (*Lo toma. Mira al viejo Portero, que
da muestras de abatimiento.*) No se desespere, amigo. Si no quiere usted ayudarme no me quedará más remedio que renunciar a
mi idea. Pero voy a explicarle una vez más lo que busco. Busco
la verdad, para decirla al mundo entero. Busco la verdad sobre
Carlota.

PORTERO.—Su Majestad la Emperatriz.

ERASMO.—(*Suave y persuasivo.*) En México la llamamos todos Carlota —no se ofenda usted. Es ya una anciana, una enferma. Puede
morir de un día a otro, y nadie en el mundo podrá saber ya nada
sobre ella. Quizá en lo que diga habrá algo, algo que me ayude
en mi trabajo, que me ayude a entenderla mejor.

PORTERO.—Usted la odia —todos los mexicanos la odian. Es natural
que la odien.

ERASMO.—La historia no odia, amigo; la historia ya ni siquiera juzga.
La historia explica. Piense usted que he venido desde México
para esto. Si usted no me ayuda, perderé mi esfuerzo y no tendré
qué decir. Yo no creo, como todos en mi país, que Carlota haya
muerto porque está loca. Creo que ha vivido hasta ahora para
algo, que hay un objeto en el hecho de que haya sobrevivido sesenta años a su marido, y quiero saber cuál es ese objeto. Usted
me dijo en el jardín que ha dedicado toda su vida a la Emperatriz;
yo he dedicado toda mi vida a la historia, y las dos son lo mismo.

PORTERO.—(*Persuadido a medias.*) Puede hacerle daño —puede pasar algo terrible. No, ¡no puede ser! ¡Por favor!

ERASMO.—Piense que será usted, un servidor de este castillo, el que
habrá ayudado a hacer la historia. Le prometo ponerlo en mi libro, cerca de la Emperatriz. Allí vivirán los dos hasta después de
muertos —los dos: la emperatriz más orgullosa, el portero más
humilde. Pero no voy a obligarlo.

*El Portero calla. Erasmo suspira, se encoge de hombros y se dirige a
la primera puerta izquierda.*

PORTERO.—¿Es verdad todo eso? ¿Me dará usted un pequeño lugar,
muy humilde, en su libro sobre la Emperatriz?

ERASMO.—Le prometo dedicarle mi libro. A usted, sí, a usted. ¿Cómo
se llama?

PORTERO.—Étienne...

*En ese momento se oye abrirse la puerta de la recámara. Erasmo y el Portero retroceden, adosándose a la pared, semiocultándose en los pliegues de la cortina de la terraza. Carlota aparece vestida de azul, con un traje 1866, arrugado y marchito, pero de seda aún crujiente. Sus cabellos blancos, su máscara de vejez, realzan la majestad de su figura erguida. La precede una Doncella vieja con el otro candelabro. Carlota camina mirando al vacío. Al llegar a la puerta divisoria se detiene. Habla sin volverse.*

CARLOTA.—Ved si avisaron a Su Majestad el Emperador que le aguardo aquí. Yo dije media hora, pero no ha pasado tanto tiempo. Sin embargo, parece que ha pasado mucho tiempo. ¿Y qué es el tiempo? ¿Dónde está el tiempo? ¿Dónde lo guardan? ¿Quién lo guarda? (*Acaricia un poco su traje.*) Mi traje azul. Parece que hace un siglo que no vestía yo de azul. Decid a Su Majestad que se dé prisa. Tengo que decirle que... ¿No recuerdo? Callad, indiscreta. Sí, recuerdo, pero sólo a él puedo decírselo. Por eso he callado durante todo el viaje —un viaje tan largo que parecía que no alcanzaría el tiempo para hacerlo. Pero el tiempo está guardado. Yo sé dónde está el tiempo. Pero no puedo decirlo. Sólo a Su Majestad el Emperador. Decidle que venga pronto. Id, id ya.

*La Doncella, instruida sin duda por la Dama de compañía, se inclina y desaparece por la puerta del fondo. Carlota pasa al salón de la izquierda. Se acerca al candelabro, lo mira y pasa su mano por entre las llamas de los velones.*

CARLOTA.—(*Como cantando.*) Max, Max, Max. El tiempo está en el mar, naturalmente. No cabría en otra parte. Lo descubrí al hacer el viaje de regreso. Me di cuenta de que no teníamos nada más. Pero tenemos mucho. Con eso triunfaremos. ¿Estás aquí, Max? (*Se vuelve.*) ¿Quién ha corrido estas cortinas? (*Con creciente imperio.*) Vamos ya. Decid a Su Majestad que se dé prisa. Tenemos mucho tiempo, pero no debemos perder un minuto. ¿Quién ha corrido estas cortinas? ¡Descorredlas en seguida!

*Las descorre apenas, y al hacerlo deja al descubierto la figura del viejo Portero, que se inclina desconsolado.*

PORTERO.—Señora...
CARLOTA.—¿Habéis avisado a Su Majestad? ¿Vendrá pronto? Id a llamarlo otra vez. Decidle que... No. Sólo puedo decírselo a él. Pero está claro. Ése es el secreto de todo. Con eso triunfaremos.

*Abre las cortinas por el centro, sin objeto aparente, sin mirar siquiera,
y deja al descubierto la figura desconcertada, pero inmóvil, solemne y
respetuosa de Erasmo Ramírez.*

CARLOTA.—¿Sois vos? ¿Hace mucho que estáis aquí?

PORTERO.—¡Perdón, señora! ¡Perdón, Majestad!

CARLOTA.—(*Al Portero.*) Debisteis avisarme antes. (*A Erasmo.*) Pasad, señor y sentaos. (*Le tiende la mano. Erasmo, vencido, la
toca con la punta de los dedos. Al Portero.*) ¡Id pronto! Decid a
Su Majestad que tenía yo razón. (*El Portero, petrificado, duda.*)
Vamos, ¡id ya de una vez! No me gusta mandar dos veces la misma cosa. Decid al Emperador Maximiliano que lo esperamos
aquí. ¿Entendéis? Que lo *esperamos.*

*Levanta la mano con tal imperio, que el Portero obedece y sale por la
terraza. Erasmo ha permanecido inmóvil, de pie, como fascinado por
la figura de la emperatriz.*

CARLOTA.—Sentaos.

ERASMO.—Señora...

CARLOTA.—Sentaos, os lo ruego. Yo no puedo sentarme. Tengo demasiada energía para sentarme. No me sentaré mientras no venga
el Emperador.

*Siempre digno y respetuoso, Erasmo se sienta en uno de los dos sillo-
nes. Sigue mirando a Carlota y espera.*

CARLOTA.—(*De pie frente a él.*) Yo sabía que vendríais, que no po-
díais desoír mi mensaje. Lo sabía todo el tiempo mientras venía
en ese barco tan largo. Y oía todo el tiempo las palabras de Max
en mis oídos. "Es un hombre honrado, es un hombre honrado",
me decía. Ese barco tan largo. Sois vos, claro, sois vos. Nadie
quería oírme, nadie quería creerme. Pero sois vos. Ya lo sabía.
Yo sabía que vendríais. (*Pausa. Luego, con el tono de quien confiere una alta distinción.*) Os lo agradezco tanto, señor Juárez.

*Erasmo se levanta, electrizado pero siempre solemne y se inclina. Se
apagan las luces y se corre la cortina parcial en el salón de la
derecha.*

CARLOTA.—Sentaos. Me sentaré yo también. Es curioso, señor
—siempre que oía vuestro nombre, siempre que pensaba en vos,
me parecía sentir que os detestaba, que os odiaba. Oí vuestro
nombre cuando veníamos de Veracruz a México en una diligen-
cia. Una voz gritó desde un lado del camino: "¡Viva Juárez!" Un

camino tan largo. Y me pareció desde entonces que os odiaba. Pero ahora os veo aquí, frente a mí, y sé que no es verdad. Yo no os odio —nunca os he odiado. Es curioso: nadie me inspira confianza ya, nadie —parece que hace mucho tiempo. ¿Qué es el tiempo? Pero vos me inspiráis confianza. Debo decíroslo antes de que venga Max —debo decíroslo todo.

ERASMO.—(*En su papel de historiador, pero siempre solemne y respetuoso*.) Señora, ¿por qué fueron ustedes a México?

CARLOTA.—Estoy segura de que vos podréis entenderme. Debo decíroslo, señor Juárez. Parece haber pasado tanto tiempo. No, no es eso, no. (*Se levanta y toma el candelabro, acercándolo al rostro de Erasmo.*) Yo se lo expliqué todo a Max, se lo expliqué aquella noche en Miramar. Aquella noche.

*Echa a andar, con el candelabro en la mano, hacia la puerta divisoria. Cuando va a transponerla se apaga la luz en el salón de la izquierda, sobre la figura inmóvil de Erasmo, y se corre la cortina parcial un momento después. No hay interrupción entre las escenas.*

## ESCENA II

*Se ilumina el salón de la derecha con la luz de los velones, pero quien tiene ahora el candelabro es Maximiliano, envuelto en una bata de época. Deposita el candelabro sobre una mesilla. El salón derecha está convertido en la recámara de Carlota. Se ve una parte del gran lecho y un tocador al fondo. La iluminación baja debe completar la ilusión de ambiente. Maximiliano parece pensativo. Un instante después entra Carlota por el fondo, envuelta en un peinador. Es joven ahora, como en 1864, y, despojada de la peluca blanca, lleva sueltos sus cabellos, que peinará ante el tocador durante la primera parte del diálogo.*

CARLOTA.—(*Sorprendida.*) ¡Max!

MAXIMILIANO.—Quiero hablar contigo. Estoy preocupado, Carlota.

CARLOTA.—¡Es tan tarde, querido! Estaré hecha un horror en la ceremonia de mañana.

MAXIMILIANO.—Tú siempre estarás bien y siempre serás bella. Es tu privilegio. La princesa más bella de Europa.

CARLOTA.—Y el archiduque más hermoso.

MAXIMILIANO.—Deja tus cabellos un momento, querida, escúchame.

CARLOTA.—Tengo que peinarme.

MAXIMILIANO.—He venido a pedirte una cosa —quizá sea demasiado pedir. (*Ella espera, mientras se peina.*) He venido a pedirte que sigas siendo la princesa más bella de Europa.

CARLOTA.—(*Volviéndose a mirarlo.*) Y tú, ¿qué serás entonces?

MAXIMILIANO.—Un archiduque cualquiera —tan feliz a tu lado como un cualquiera que no fuera siquiera archiduque.

CARLOTA.—(*Dejando sus cepillos.*) Max, no hablas en serio. Mañana vas a aceptar la corona. ¿Qué ocurre? (*Se acerca a él.*)

MAXIMILIANO.—He pensado si tenemos derecho a... si tengo derecho a arrastrarte a una aventura semejante —a destruir nuestra felicidad.

CARLOTA.—(*Muy lenta.*) ¿Eres feliz tú, Max?

MAXIMILIANO.—Más que en toda mi vida. Te tengo a ti, tenemos este castillo, una vida tranquila para amar, para escribir y leer, para ver el mar. He pensado que podríamos emprender viajes, ahora que hay nuevas rutas, nuevos medios de transporte —ver el Oriente. ¡Hay tantas cosas en la naturaleza sola, amor mío, que no alcanzaría la vida para verlas! ¿Qué más queremos?

CARLOTA.—¿Te has preguntado si soy feliz yo, Max?

MAXIMILIANO.—(*Después de una pausa.*) Creía que lo eras. Perdóname, soy un egoísta.

CARLOTA.—(*Cerca de él.*) Eres un niño bueno. Yo no soy feliz, Max. No soy feliz aquí encerrada. Si tuviéramos hijos me dejaría engordar como las princesas alemanas, y dedicaría mi vida a cuidarlos con la esperanza de que alguno de ellos llegara a reinar un día —en Bélgica o en Austria, por un azar cualquiera. Creo que haría calceta y política, y si tuviera una hija la casaría con un monarca poderoso. Pero, ¿puedo alimentar esa esperanza? ¿Qué nos detiene, Max? No tenemos nada que nos encadene a Europa. Allá seríamos emperadores.

MAXIMILIANO.—(*Paseando un poco.*) A mí me detienes tú, Carlota; tu amor, tu felicidad, tu tranquilidad. Nacimos tarde para los tronos, y llegará un día en que los tronos se acaben. Entonces los pobres príncipes serán felices, libres.

CARLOTA.—Nacimos tarde. ¿Y tú te resignas? No digas disparates, Max. Los tronos no se acabarán nunca, y es preferible que se sienten en ellos príncipes de sangre, educados para eso, que usurpadores o dictadores. ¿Qué somos aquí, Max? ¿Qué somos, te lo pregunto?

MAXIMILIANO.—Dos amantes. Todos los príncipes de Europa nos envidian.

CARLOTA.—No, Max; no, Max; no. Somos dos parias, dos mendigos dorados, dos miserables cosas sin destino. Tendrían que morir tu hermano y sus hijos para que pudieras reinar en Austria. Y eso si no sobrevivía tu madre.

MAXIMILIANO.—¡Carlota!

CARLOTA.—Tendría que acabar toda mi dinastía para que tuviéramos una débil esperanza de reinar en Bélgica. Por ningún lado tenemos derechos ni esperanzas.

MAXIMILIANO.—¿Por qué no confiar en la vida? A veces la vida nos trae sorpresas. Somos jóvenes, tenemos tiempo.

CARLOTA.—No, mi ciego adorado, no, ¡no tenemos tiempo! El poder sería nuestro tiempo, los hijos serían nuestro tiempo. No tenemos nada. ¿Y no es ésta, justamente, la sorpresa que nos trae la vida? ¿No crees que es nuestro destino que aparece al fin?

MAXIMILIANO.—Eres ambiciosa, amor mío. El poder no dura, no es más que una luz prestada por poco tiempo al hombre. Una luz que se apaga cuando el hombre trata de retenerla demasiado. Por eso se han acabado y se acabarán las dinastías. El poder sólo sigue siendo luz cuando pasa de una mano a otra, como las antorchas griegas —y nosotros estamos fuera de la carrera.

CARLOTA.—¿Estás ciego, Max? Mira en torno tuyo. Mira a Victoria, tan poderosa ya; mira a mi padre buscando colonias; mira cómo Italia y Alemania se unifican para hacerse fuertes; mira a Napoleón, emperador. ¡Da risa! Si creyéramos a las malas lenguas, tú tendrías más derecho que él a ocupar el trono de Francia.

MAXIMILIANO.—¡Carlota!

CARLOTA.—No te ofendas, amor mío. Se dice que el duque de Reichstadt fue tu padre.

MAXIMILIANO.—Carlota, te ruego que...

CARLOTA.—Si es que a nadie le importaría. Nuestras familias están llenas de esas cosas. Pero dime si no es irrisorio, mi Max, ¡irrisorio! Bonaparte emperador, y tú mendigo con uniforme y con medallas. ¡Eugenia, emperatriz! Una pequeña condesa española —ni siquiera es más bella que yo— emperatriz de los franceses. Y yo una mendiga cualquiera. ¿Tú sabes lo que piensa mi familia de mí? ¿Mi padre, mi hermano? ¡Pobre Carlota Amalia! De niña quería ser la reina siempre en todos los juegos —y no es más que la reina de Miramar.

MAXIMILIANO.—La reina de Maximiliano.

CARLOTA.—La reina de Miramar, la reina de su casa, una pobre burguesa sin importancia. Y alrededor de nosotros se forjan los grandes imperios, Max, y todo se nos va de las manos —no tenemos raíces en Europa.

MAXIMILIANO.—¿Las tenemos acaso en América?

CARLOTA.—No, ya lo sé, no las tenemos, no; pero entonces no te das cuenta de lo maravilloso de eso mismo. En la tierra de Europa no hay savia para nuestras raíces, Max; en México, la tierra es nueva y nos absorberá. En México conquistaríamos como en los siglos más valientes. ¡Comprende!

MAXIMILIANO.—No, Carlota. Yo conozco la naturaleza, la he observado, la he estudiado. No es posible trasplantar ciertas raíces. Si fuéramos a México como conquistadores, tendríamos que regar nuestras raíces con sangre, y yo no nací para derramar la sangre de los hombres.

CARLOTA.—Eres débil —tan débil como el duque de Reichstadt.

MAXIMILIANO.—¡Carlota, por favor! ¿Estás loca?

CARLOTA.—Débil como Hamlet. ¿Te vas a pasar la vida esperando a que las gentes acaben de orar, o de comer, para decidirte? ¿Vas a esperar hasta que una flor muera para atreverte a cortarla? Eres débil, Max, débil, ¡débil!

MAXIMILIANO.—(Levántandose.) Basta, Carlota. Me creo más fuerte que tú, que te dejas arrastrar por la ambición; me creo más fuerte que Napoleón, porque tengo escrúpulos; porque es más fuerte el que se abstiene que el que se rinde; porque hay a veces más valor en no hacer ciertas cosas que en hacerlas; porque se necesita ser muy fuerte para no delinquir. Lo que tú llamas mi debilidad es mi fuerza. Y no cortaré la flor viva, si tú quieres, porque no tengo derecho a cometer la cobardía de privarla de la vida.

CARLOTA.—¡Sofisma todo, Max, sofisma, mentira!

*Maximiliano hace ademán de salir. Carlota cambia de actitud de pronto. Se sienta, como vencida, en la cama. Habla con una voz quebrada.*

CARLOTA.—Max, no te vayas.

*Él se vuelve, se inclina sobre ella y le pasa las manos por los cabellos. Ella toma sus manos, se las lleva al rostro, las besa y lo hace sentar a su lado.*

MAXIMILIANO.—Pobrecita mía —¿no te das cuenta de que todo es un sueño?

CARLOTA.—Por eso lo creía posible, Max. Por increíble, por maravilloso. ¿No hablabas de un viaje por Oriente? ¿Crees que podría ser más maravilloso que un imperio? Además, es el destino —ni tú ni yo lo buscamos. Los mexicanos vinieron solos, cayeron de las nubes. Es algo más milagroso que el reinado de Victoria; es el único cuento de hadas de este siglo. Conquistar, gobernar una tierra nueva, un imperio de oro y plata...

MAXIMILIANO.—Despierta, Carlota, por favor. Tengo la idea muy clara de que los mexicanos no cayeron del cielo. Napoleón los mandó a nosotros con algún fin tortuoso y sórdido como él. Es cierto que yo lo admiro, pero esta noche he sentido crecer en mí una gran desconfianza. ¿No invadió a México en '62? ¿Nos dejaría reinar acaso? ¿No intentaría reinar sobre nosotros y conseguir beneficios para Francia? Es un mal hombre.

CARLOTA.—¿Y qué importa eso? Lo venceríamos. ¿No eres bueno tú, no dices que el bien es más fuerte que el mal? ¿No te sientes capaz de reinar con justicia? Te llaman, te quieren más que a mí, querido mío. Por algo es. ¿Qué has esperado entonces todo este tiempo de tu vida si no eso? Cuando veías a tu alrededor el mal y la injusticia de nuestros primos y de nuestros hermanos, los monarcas de esta Europa podrida para nosotros, ¿no sentías el deseo, la esperanza de gobernar bien, de hacer justicia?

MAXIMILIANO.—Es cierto —pero era un sueño. ¿Quién sabe en México de mí, pobre archiduque segundón de una familia tan vieja que su vejez me infunde miedo? ¿Quién puede quererme allá?

CARLOTA.—Tu destino. ¿No te han dado prueba los mexicanos? ¿No te han mostrado los documentos del plebiscito que te llama?

MAXIMILIANO.—Nombres desconocidos todos, de seres de otra raza, de otro clima, de otro paisaje —¿qué pueden esperar de mí?

CARLOTA.—(Levantándose.) Esperan amor y justicia, creen en el sol de la sangre y del rango. Me he informado, Max, tú lo sabes; he aprendido el español al mismo tiempo que tú, he leído mil cosas sobre México. Es el país del sol, y tú te pareces al sol. Te lo dije siempre —y siempre deseé que el príncipe que me desposara se pareciera al sol como tú.

MAXIMILIANO.—Un país rico de gentes pobres, de mendigos sentados sobre montañas de oro. Una lista de nombres desconocidos para mí como yo lo soy para ellos. Pudieron firmar todos con cruces y sería lo mismo. Cruces. El nombre mismo del país tiene una x que es una cruz.

CARLOTA.—Quiere decir que allí se cruza todo, ¿no lo ves? Nuestra sangre y la de ellos.

MAXIMILIANO.—Es verdad, Carlota, ¡es verdad! Todo se cruza allí. Las viejas pirámides mayas y toltecas y la cruz cristiana; los sexos de las mujeres nativas y de los conquistadores españoles; las ideas de Europa y la juventud de la tierra. Todo puede hacerse allí, ¿no crees que todo puede hacerse?

CARLOTA.—Todo puedes hacerlo tú, Max.

MAXIMILIANO.—(*Levantándose.*) Un imperio en el que cada quien haga lo que debe hacer.

CARLOTA.—Esto es una democracia, Max.

MAXIMILIANO.—Ahora ya sabes mi secreto. Lo que no he podido hacer en Europa: ni en Venecia, ni en Austria, sobre todo, quisiera hacerlo en México, y quizá solamente por eso voy, y por ti, mi mendiga, mi reina. Pero no será una corona de juego, Carlota. Habrá otras cosas —habrá lágrimas tal vez. ¿Serás feliz así?

CARLOTA.—¿Lo preguntas?

MAXIMILIANO.—"Todo puedo hacerlo yo." ¿Qué podría yo hacer sin ti, que eres mi voluntad y mi sangre y mi fuerza?

CARLOTA.—No digas eso, Max, no digas eso. Tu fuerza es tu bondad —yo soy tu esclava.

MAXIMILIANO.—Me pregunto si no nos odiarán, si no nos sentirán intrusos hasta el odio.

CARLOTA.—(*Volviendo a sentarse.*) ¿Tú crees que pueden odiar el sol en parte alguna? Nos admirarán, los deslumbraremos, son una raza mixta, inferior...

MAXIMILIANO.—No digas eso. No hay razas inferiores. El hombre está hecho a semejanza de Dios; ¿cómo podría una semejanza de Dios ser más baja que otra? No digas nunca eso. Si vamos, iremos con amor.

CARLOTA.—(*Sintiéndolo ya vencido.*) Tu pondrás el amor, Max.

MAXIMILIANO.—Los dos, Carlota. Ésa es la condición. Además, sé que tú los amarás.

CARLOTA.—Los dos.

*Callan un momento. Las llamas de los velones consumidos a medias se agigantan. Carlota se reclina en un cojín, con los ojos en lo alto. Maximiliano se arrodilla al pie del lecho, descansando la cabeza en el regazo de Carlota.*

CARLOTA.—(*A media voz, como quien arrulla a un niño.*) Maximiliano emperador —Maximiliano emperador...

MAXIMILIANO.—(*Con la voz soñolienta.*) Es un sueño, Carla.

CARLOTA.—Por eso es verdad, Max. ¿Quieres apagar esas luces?

*Bajo la mirada de Carlota, Maximiliano apaga las bujías, una a una.*

CARLOTA.—(*En la oscuridad.*) Ven, Max. Aquí estoy.

OSCURO

## ESCENA III

*En la oscuridad se escucha la voz de Carlota, vieja.*

LA VOZ DE CARLOTA.—Nuestra primera noche en México, ya acostada, en mi alcoba, sentí un deseo imperioso de ver a Max. Me acerqué a la puerta de comunicación. Oí voces, y esperé hasta que las voces se apagaron.

*Una como procesión de sombras, guiada por la luz de las velas encendidas, pasa de derecha a izquierda. Se ilumina la escena al entrar en el salón de la izquierda primero, un lacayo con el candelabro; detrás Maximiliano, detrás Miramón y Lacunza. Otras figuras confusas quedan atrás.*

MAXIMILIANO.—Buenas noches, señores.

*El lacayo sale, las sombras pasan del centro a la derecha y desaparecen. Se corre el telón parcial sobre el salón de la derecha. Miramón y Lacunza se inclinan para salir.*

MAXIMILIANO.—No, quedaos, general Miramón. Quedaos, señor Lacunza.

*Los dos se inclinan.*

MIRAMÓN.—Su Majestad debe de estar muy fatigado. Mañana habrá tantas ceremonias que...
MAXIMILIANO.—No sé bien por qué, general, pero sois la única persona, con Lacunza, que me inspira confianza para preguntarle ciertas cosas. Ya sé que sois leal —otros lo son también, pero nunca les preguntaría yo esto. (*Miramón espera en silencio.*) Será porque sois europeo de origen como yo. Bearnés, es decir, franco. Habéis sido presidente de México, ¿no es verdad?
MIRAMÓN.—Dos veces, *sire.*
MAXIMILIANO.—¿Y eso no os impidió llamarme a México para gobernar?
MIRAMÓN.—No, Majestad.
MAXIMILIANO.—¿Por qué? (*Pausa.*) Os pregunto por qué.
MIRAMÓN.—Pensaba cuál podría ser mi respuesta sincera, *sire.* Nunca pensé en eso. Hay motivos políticos en la superficie, claro.
MAXIMILIANO.—¿Aceptasteis la idea de un príncipe extranjero sólo por odio a Juárez?
MIRAMÓN.—No, *sire.*
MAXIMILIANO.—¿Entonces?

MIRAMÓN.—Perdone Vuestra Majestad —pero todo se debe a un sueño que tuve.

MAXIMILIANO.—¿Podéis contármelo?

MIRAMÓN.—No sé cómo ocurrió, *sire*, pero vi que la pirámide había cubierto a la iglesia. Era una pirámide oscura, color de indio. Y vi que el indio había tomado el lugar del blanco. Unos barcos se alejaban por el mar, al fondo de mi sueño, y entonces la pirámide crecía hasta llenar todo el horizonte y cortar toda comunicación con el mar. Yo sabía que iba en uno de los barcos, pero también sabía que me había quedado en tierra, atrás de la pirámide, y que la pirámide me separaba ahora de mí mismo.

MAXIMILIANO.—Es un sueño extraño, general. ¿Podéis descifrar su significado?

MIRAMÓN.—Me pareció ver en este sueño, cuando desperté, el destino mismo de México, señor. Si la pirámide acababa con la iglesia, si el indio açababa con el blanco, si México se aislaba de la influencia de Europa, se perdería para siempre. Sería la vuelta a la oscuridad, destruyendo cosas que ya se han incorporado a la tierra de México, que son tan mexicanas como la pirámide —hombres blancos que somos tan mexicanos como el indio, o más. Acabar con eso sería acabar con una parte de México. Pensé en las luchas intestinas que sufrimos desde Iturbide; en la desconfianza que los mexicanos han tenido siempre hacia el gobernante mexicano; en la traición de Santa Anna, en el tratado Ocampo-McLane y en Antón Lizardo. En la posibilidad de que, cuando no quedara aquí piedra sobre piedra de la iglesia católica, cuando no quedara ya un solo blanco vivo, los Estados Unidos echaran abajo la pirámide y acabaran con los indios. Y pensé que sólo un gobernante europeo, que sólo un gobierno monárquico ligaría el destino de México al de Europa, traería el progreso de Europa a México, y nos salvaría de la amenaza del Norte y de la caída en la oscuridad primitiva.

MAXIMILIANO.—(*Pensativo.*) ¿Y piensan muchos mexicanos como vos, general?

MIRAMÓN.—No lo sé, Majestad. Yo diría que sí.

LACUNZA.—Todos los blancos, Majestad.

MIRAMÓN.—Tomás Mejía es indio puro y está con nosotros.

*Maximiliano pasea un poco.*

MAXIMILIANO.—Quiero saber quién es Juárez. Decídmelo. Sé que es doctor en leyes, que ha legislado, que es masón como yo; que cuando era pequeño fue salvado de las aguas como Moisés. Y siento dentro de mí que ama a México. Pero no sé más. ¿Es popular? ¿Lo ama el pueblo? Quiero la verdad.

MIRAMÓN.—Señor, el pueblo es católico, y Juárez persigue y empobrece a la Iglesia.

LACUNZA.—Señor, el pueblo odia al americano del Norte, y Juárez es amigo de Lincoln.

MIRAMÓN.—Juárez ha vendido la tierra de México, señor, y el pueblo, además, ama a los gobernantes que brillan en lo alto. Juárez está demasiado cerca de él y es demasiado opaco. Se parece demasiado al pueblo. Ése es un defecto que el pueblo no perdona.

LACUNZA.—Señor, el pueblo no quiere ya gobernantes de un día, y Juárez buscaba la república.

MIRAMÓN.—El mexicano no es republicano en el fondo, señor. Su experiencia le enseña que la república es informe.

LACUNZA.—El mexicano sabe que los reyes subsisten en Europa, conoce la duración política de España, y aquí, en menos de medio siglo, ha visto desbaratarse cuarenta gobiernos sucesivos.

MAXIMILIANO.—Iturbide quiso fundar un imperio.

MIRAMÓN.—Se parecía demasiado a España, señor, y estaba muy cerca de ella. Por eso cayó.

MAXIMILIANO.—Decidme una cosa: ¿odia el pueblo a Juárez, entonces?

*Los mira alternativamente. Los dos callan.*

MAXIMILIANO.—Comprendo. Juárez es mexicano. Pueden no quererlo, pero no lo odian. Pero entonces el pueblo me odiará a mí.

MIRAMÓN.—Nunca, señor.

LACUNZA.—El pueblo ama a Vuestra Majestad.

MAXIMILIANO.—¿Me ama a mí y ama a Juárez? Eso sería una solución, quizá: Juárez y yo juntos.

MIRAMÓN.—¿Se juntan el agua y el aceite? El pueblo no os lo perdonaría nunca.

MAXIMILIANO.—Si el pueblo nos amara a los dos, ¿no sería posible ese milagro?

LACUNZA.—Nunca, señor.

MAXIMILIANO.—Pero vosotros sois mexicanos y me aceptáis y me reconocéis por vuestro emperador. Los que me buscaron en Miramar también lo eran. ¿Os alejaréis de mí si Juárez se acercara? (*Los dos hombres callan.*) Si el pueblo odia a los Estados Unidos del Norte, ¿cómo puede amar a Juárez? Comprendo bien: Juárez es mexicano. Pero si se acercara a mí, eso os apartaría. Luego entonces, vosotros, toda vuestra clase, que está conmigo, lo odia.

MIRAMÓN.—No lo odiamos, señor. No queremos que la pirámide gobierne, no queremos que muera la parte de México que somos nosotros, porque no sobramos, porque podemos hacer mucho.

MAXIMILIANO.—Como ellos.

MIRAMÓN.—Yo no odio a Juárez, señor. Lo mataría a la primera ocasión como se suprime una mala idea. Pero no lo odio.

MAXIMILIANO.—Pero lo mataríais. No me atrevo a comprender por qué. Decidme, ¿por qué lo mataríais?

LACUNZA.—Porque Juárez es mexicano, Majestad.

MAXIMILIANO.—Ése era el fondo de mi pensamiento: la ley del clan. Adiós, señores.

*Los dos hombres se inclinan y van a salir.*

MAXIMILIANO.—Me interesan mucho vuestros sueños, general Miramón. Si alguna vez soñáis algo sobre mí, no dejéis de contármelo, os lo ruego. Señor Lacunza, quiero leer mañana mismo las Leyes de Reforma, y escribir una carta a Juárez. Buscadme a Juárez.

*Lacunza y Miramón levantan la cabeza con asombro. Maximiliano los despide con una señal, y salen después de inclinarse. Solo, Maximiliano pasea un momento. Se oye, de pronto, llamar suavemente a la segunda puerta izquierda. Maximiliano va a abrir. Entra Carlota.*

MAXIMILIANO.—¡Tú!

CARLOTA.—No podría dormir hoy sin verte antes, amor mío. (*En tono de broma.*) ¿Vuestra Majestad Imperial está fatigada?

MAXIMILIANO.—Mi Majestad Imperial está molida. ¿Cómo está Vuestra Majestad Imperial?

CARLOTA.—Enamorada.

*Se toman de las manos, se sientan.*

MAXIMILIANO.—¿Satisfecha por fin?

CARLOTA.—Colmada. Tengo tantos planes, tantas cosas que te diré poco a poco para que las hagamos todas. Ya no hay sueños, Max, ya todo es real. Verás qué orden magnífico pondremos en este caos. Tendremos el imperio más rico, más poderoso del mundo.

MAXIMILIANO.—El más bello desde luego. Me obsesiona el recuerdo del paisaje. He viajado mucho, Carla, pero nunca vi cosa igual. Las cumbres de Maltrata me dejaron una huella profunda y viva. Sólo en México el abismo puede ser tan fascinante. Y el cielo es prodigioso. Se mete por los ojos y lo inunda a uno, y luego le sale por todos los poros, como si chorreara uno cielo.

CARLOTA.—Max, ¿recuerdas ese grito que oímos en el camino? Yo lo siento todavía como el golpe de un hacha en el cuello. "¡Viva Juárez!" Por fortuna mataron al hombre, pero su voz me estrangula aún.

MAXIMILIANO.— (*Levantándose.*) ¿Qué dices? ¿Lo mataron?

CARLOTA.—Oí sonar un tiro a lo lejos.

MAXIMILIANO.—¡No! ¡No es posible! Tendré que preguntar...

*Va a tirar de un grueso cordón de seda.*

CARLOTA.—(*Levantándose y deteniendo su brazo.*) ¿Qué vas a hacer?

MAXIMILIANO.—A llamar, a esclarecer esto en seguida. ¡No, no, no! No es posible que nuestro paso haya dejado tan pronto una estela de sangre mexicana. ¡No!

CARLOTA.—(*Llevándolo.*) Ven aquí, Max, ven, siéntate. Quizá estoy equivocada, quizá no hubo ningún tiro —quizá el hombre escapó.

MAXIMILIANO.—¡Carla!

*Se deja caer junto a ella, cubriéndose la cara con las manos.*

CARLOTA.—¿Si no hubiera escapado oiría yo su grito aún? Tienes razón, Max, no es posible. No puede haber pasado eso.

MAXIMILIANO.—No, ¡no puede haber pasado!

*Ella lo acaricia un poco; él se abandona. Pausa.*

CARLOTA.—Max, escuché involuntariamente al principio, deliberadamente después de tu conversación. ¿Para qué quiere escribir a Juárez?

MAXIMILIANO.—(*Repuesto.*) Éste es el país más extraordinario que he visto, Carlota. Ahora puedo confesarte que todo el tiempo, en el camino, al entrar en la ciudad, a cada instante sentí temor de un atentado contra nosotros. Hubiera sido lo normal en cualquier país de Europa. Pero he descubierto que aquí no somos nosotros quienes corremos peligro: son los mexicanos, es Juárez. Por eso quiero escribirle.

CARLOTA.—¿Qué dices?

MAXIMILIANO.—Quiero salvar a Juárez, Carlota. Lo salvaré.

CARLOTA.—Max, olvida a ese hombre. No sé por qué, pero sé que lo odio, que será funesto para nosotros. Tengo miedo, Max.

MAXIMILIANO.—¿Tú, tan valiente? ¿La princesa más valiente de Europa? ¿O conoces a otra que se atreviera a esta aventura? No, amor mío, no tengas miedo. Tú me ayudarás. Nosotros salvaremos a Juárez.

CARLOTA.—¡Oh, basta, Max, basta! No he venido a hablar de política contigo, no quiero oír hablar nunca más de ese hombre. Olvidemos todo esto.

MAXIMILIANO.—Es parte de tu Imperio.

CARLOTA.—Esta noche no quiero Imperio alguno, Max. He sentido de pronto una horrible distancia entre nosotros. Estaremos juntos y separados en el trono y en las ceremonias y en los bailes; tendremos que decirnos vos, señor, señora. ¡Oh, Max, Max! Nunca ya podremos irnos juntos de la mano y perdernos por los jardines como dos prometidos o como dos amantes.

MAXIMILIANO.—¡Mi Carlota, mi emperatriz!

CARLOTA.—No me llames así, Max. Carla, como antes. Dime, Max, ¿no podremos ser amantes ya nunca?

MAXIMILIANO.—¿Y por qué no?

CARLOTA.—¿No nos separará este imperio que yo he querido, que yo he buscado? ¿No tendré que arrepentirme un día de mi ambición? ¿No te perderé, Max?

MAXIMILIANO.—(Acariciándola.) ¡Loca!

CARLOTA.—No. ¿Acaso no vi cómo te miraban estas mexicanas de pies asquerosamente pequeños, pero de rostros lindos? Todas te miraban y te deseaban como al sol.

MAXIMILIANO.—¿Me haces el honor de estar celosa? Por ti acepté el imperio, Carlota; pero ahora sólo por ti lo dejaría. Vayámonos ahora mismo, si tú quieres, como dos amantes. (Sonríe ampliamente.) Qué cara pondrían mañana los políticos y los cortesanos si encontraran nuestras alcobas vacías y ningún rastro de nosotros. ¡Cuántos planes, cuántas combinaciones, cuántas esperanzas no se vendrían abajo! ¡Sería tan divertido!

CARLOTA.—Si hablas en serio, Max, vayámonos. Te quiero más que al imperio. Me persigue todavía aquella horrible canción en italiano...

MAXIMILIANO.—(A media voz.) "Massimiliano —non te fidare..."

CARLOTA.—No sigas, ¡por favor!

MAXIMILIANO.—(Mismo juego, soñando.) "Torna al castello — de Miramare." (Reacciona.) No podemos volver, Carla. Tú tenías razón: nuestro destino está aquí.

CARLOTA.—Si tú quieres volver, no me importaría dejarlo todo, Max.

MAXIMILIANO.—(Tomándole la cara y mirándola hasta el fondo de los ojos.) ¿Quieres volver tú, renunciar a tu imperio? Di la verdad.

CARLOTA.—No, Max. Hablemos con sensatez. Yo lo quería y lo tengo; es mi elemento, me moriría fuera de él. Pero soy mujer y no quiero perderte a ti tampoco. ¡Júrame...!

MAXIMILIANO.—¿Desde cuándo no nos bastan nuestra palabra y nuestro silencio? Sólo los traidores juran. (*La acaricia.*) Hace una noche de maravilla, Carla. ¿Quieres que hagamos una cosa? (*Ella lo mira.*) El bosque me tiene fascinado. Chapultepec, lugar de chapulines. Quisiera ver un chapulín: tienen un nombre tan musical... (*Se levanta, teniéndola por las manos.*) Escapemos del imperio, Carlota.

CARLOTA.—¿Qué dices?

MAXIMILIANO.—Como dos prometidos o como dos amantes. Vayamos a caminar por el bosque azteca cogidos de la mano. ¿Quieres? (*La atrae hacia él y la hace levantar.*)

CARLOTA.—¡Vamos! (*Se detiene.*) Max...

MAXIMILIANO.—¿Amor mío?

CARLOTA.—He estado pensando... No quiero perderte nunca de vista. ¿Sabes qué haremos ante todo? (*Maximiliano la mira, teniendo siempre su mano.*) Haremos una gran avenida, desde aquí hasta el palacio imperial.

MAXIMILIANO.—Es una bella idea; pero, ¿para qué?

CARLOTA.—Yo podré seguirte entonces todo el tiempo, desde la terraza de Chapultepec, cuando vayas y cuando vuelvas. ¡Dime que sí!

MAXIMILIANO.—Mañana mismo la ordenaremos, Carla. Vamos al bosque ahora.

CARLOTA.—Con una condición: no hablaremos del imperio, te olvidarás para siempre de Juárez.

MAXIMILIANO.—No hablaremos del imperio. Pero yo salvaré a Juárez.

CARLOTA.—(*Desembriagada.*) Hasta mañana, Max.

MAXIMILIANO.—¡Carlota! Espera.

CARLOTA.—¿Para qué? Has roto el encanto. Yo pienso en ti, y tú piensas en Juárez.

MAXIMILIANO.—No podemos separarnos así, amor mío. Vamos, te lo ruego.

*Le besa la mano; luego le rodea por la cintura con un brazo. Ella apoya su cabeza en el hombro de él. En la puerta de la terraza, Carlota habla.*

CARLOTA.—Quizá sea la última vez.

*Salen. La puerta queda abierta. Un golpe de viento apaga los velones semiconsumidos. Cae el*

TELÓN

# ACTO II

## ESCENA PRIMERA

*El telón se levanta sobre el salón derecha, mientras el de la izquierda permanece en la oscuridad. Maximiliano y Carlota descienden del trono. Bazaine está de pie, cerca de la puerta divisoria. Mejía, Blasio y Labastida componen otro grupo, a poca distancia del cual está, a la derecha, el Padre Fischer.*

MAXIMILIANO.—He satisfecho al fin vuestro deseo, Mariscal. Tenéis el apoyo de ese decreto. Procurad serviros de él con moderación, os lo encarezco.

BAZAINE.—Vuestra Majestad sabe que el decreto era necesario. No es cuestión de regatear ahora.

CARLOTA.—Su Majestad el Emperador no es un mercader ni el Imperio de México es un mercado, señor Mariscal. Se os recomienda moderación, eso es todo.

BAZAINE.—Permitidme, señora, que pregunte a Su Majestad el Emperador por qué firmó el decreto si no estaba convencido de que no había medio mejor de acabar con la canalla.

*Mejía hace un movimiento. Maximiliano se vuelve a él y lo contiene con una señal.*

MAXIMILIANO.—Ocurre, Mariscal, que esa canalla es parte de mi pueblo, al que vos parecéis despreciar.

BAZAINE.—¿Quiere Vuestra Majestad que admire a gentes desharrapadas que se alimentan de maíz, de chile y de pulque? Yo pertenezco a una nación civilizada y superior, como Vuestras Majestades.

CARLOTA.—Es cosa que a veces podría ponerse en duda, señor Mariscal. ¿No casasteis con una mexicana?

BAZAINE.—Como mujer, aunque extraordinaria, Vuestra Majestad pierde de vista ciertas cosas, señora.

*Esta vez Mejía lleva la mano al puño de la espada y adelanta un paso.*

MAXIMILIANO.—Basta, señor Mariscal. Todo lo que os pido es que conservéis mi recomendación en la memoria. Habláis de los alimentos del pueblo, pero olvidáis dos que son esenciales: el amor y la fe. Yo vine a traer esos alimentos al pueblo de México, no la muerte. (*Se vuelve a Labastida.*) Su Ilustrísima comparte mi opinión sin duda.

LABASTIDA.—Señor, Jesucristo mismo tuvo que blandir el látigo para arrojar del templo a los mercaderes. Vuestra Majestad ha sacrificado, por razones de Estado, a muchos conservadores leales, en cambio. Lo que es necesario es necesario.

BAZAINE.—Eso es lo que nos separa a los militares de las gentes de Iglesia: ellos hacen política, nosotros no. Ellos creen en el amor y en el látigo; nosotros creemos en el temor y en la muerte. Todo gobierno tiene dos caras, señor, y una de ellas es la muerte.

MAXIMILIANO.—No mi gobierno, señor Mariscal.

BAZAINE.—En ese caso, anule Vuestra Majestad su decreto. Yo dudo mucho que sin una garantía de seguridad por parte de vuestro gobierno consienta el Emperador Napoleón en dejar más tiempo a sus soldados en México.

CARLOTA.—¿Pretendéis dar órdenes o amenazar a Su Majestad, señor Mariscal?

BAZAINE.—(*Con impaciencia.*) Lo que pretendo, señora, es que Su Majestad haga frente a la verdad de las cosas. Pero Su Majestad es un poeta y cree en el amor. Excusadme por hablar libremente: soy un soldado y no un cortesano. Como soldado, encuentro vergonzoso el pillaje del populacho, la amenaza de la emboscada contra mis soldados, que son como hijos míos, que son la flor de Francia: valientes y galantes. Me importa la vida de mis soldados, no la de los pelados de México.

MAXIMILIANO.—Os serviréis retiraros y esperar mis órdenes, señor Mariscal.

*Bazaine hace un altanero saludo.*

MEJÍA.—(*Temblando de cólera.*) Si Vuestras Majestades me dan su graciosa venia para retirarme...

*Tiene los ojos en alto y la mano en la espada. Bazaine se vuelve a mirarlo. Todos comprenden la inminencia del choque.*

MAXIMILIANO.—Quedaos, general os lo ruego. (*Mejía hace un movimiento.*) Os lo mando.

*Pero la tensión persiste un momento aún. Mejía y Bazaine se miden lentamente de pies a cabeza.*

BAZAINE.—(*Sonriendo a media voz.*) *Mais regardez-moi donc le petit Indien.*

MAXIMILIANO.—(*Conteniendo a Mejía.*) Mariscal, voy a...

PADRE FISCHER.—(*Interponiéndose.*) Con perdón de Vuestra Majestad desearía hacer algunas preguntas al señor Mariscal antes de que se retire.

MAXIMILIANO.—Podéis hacerlo, Padre.

*Bazaine, que tenía la mano en el picaporte, la baja y espera sin acercarse. Mejía se retira junto a Blasio y Labastida. Carlota se acerca a Maximiliano.*

PADRE FISCHER.—¿No estimáis acaso, señor Mariscal, que el decreto de Su Majestad, grave como es, encierra un espíritu de cordialidad hacia el Emperador Napoleón y hacia el ejército francés?

BAZAINE.—Así parece, en principio.

PADRE FISCHER.—Entonces, ¿por qué no dais prueba de un espíritu análogo acatando el deseo de moderación que os ha expresado Su Majestad? Aun así, haríais menos de lo que ha hecho el Emperador.

BAZAINE.—Yo no soy político, Padre Fisher. Entiendo lo que queréis decir, sin embargo, debería plegarme en apariencia al deseo de Su Majestad y hacer después lo que me pareciera mejor, ¿no es eso?

PADRE FISCHER.—(*Descubierto.*) Interpretáis mal mis palabras, señor Mariscal. No añadiré nada. Yo no soy un traidor.

BAZAINE.—Si insinuáis que yo...

CARLOTA.—Había yo entendido que el señor Mariscal se retiraba.

BAZAINE.—(*Asiendo el toro por los cuernos.*) Ya sé, señora, que en vuestra opinión no soy más que una bestia. (*Carlota se vuelve a otra parte.*) Mi elemento es la fuerza, no la política. Soy abierto y franco cuando me conviene, y ahora me conviene. Mis maneras son pésimas, pero mi visión es clara. El imperio estaba perdido sin ese decreto, que no es más que una declaración de ley marcial, normal en tiempos de guerra. El imperio estará perdido si lo mitigamos ahora. Lo único que siento es que Su Majestad lo haya promulgado tan tarde. Unos cuantos colgados hace un año, y estaríamos mucho mejor ahora. El único resultado de la indecisión del Emperador es que ahora tendremos que colgar unos cuantos miles más.

MAXIMILIANO.—Creía yo que vuestro ejército se batía, Mariscal, y que se batía por la gloria.

BAZAINE.—No contra fantasmas que no luchan a campo abierto, señor, y la gloria es una cosa muy relativa si no está bien dorada.

MAXIMILIANO.—Se ha pagado a vuestros soldados, ¿o no?

BAZAINE.—Con algún retraso, sí. Hasta ahora.

MAXIMILIANO.—¿Creéis que he cerrado voluntariamente los ojos ante el pillaje innecesario de vuestro ejército? No, señor Mariscal. Tengo que esperar por fuerza el momento oportuno para ponerle fin. Pero le pondré fin.

BAZAINE.—Con mi bestial franqueza diré a Vuestra Majestad que no hay que impedir que los soldados se diviertan. Para algo se juegan la vida, ¡qué diablo!, si Su Majestad la Emperatriz me permite jurar. No os aconsejo que reprimáis a mis soldados, *sire*. Sabéis de sobra que sin ellos vuestro imperio no duraría un día más. Seamos francos.

CARLOTA.—Seamos francos, sí. ¿Pretendéis acaso gobernar a México en nombre del Emperador de Francia, imponernos vuestra ley?

BAZAINE.—Señora, yo tengo mis órdenes y las cumplo.

MAXIMILIANO.—¿Órdenes de quién?

BAZAINE.—De Napoleón III, señor.

MEJÍA.—Permitidme deciros, Mariscal, que el único que puede daros órdenes en México es el Emperador Maximiliano.

BAZAINE.—Para eso sería precioso que tuviera yo la dudosa fortuna de ser mexicano, general.

MEJÍA.—Retiraréis esas palabras. (*Bazaine ríe entre dientes.*)

MAXIMILIANO.—¡Señores! ¿Qué significa todo esto? Si no podéis conteneros en nuestra presencia...

MEJÍA.—Pido humildemente perdón a Sus Majestades. Yo también soy soldado, pero creo en la gloria, en la devoción y en el heroísmo. Si el ejército francés se retirara, como lo insinúa el Mariscal, aquí estaríamos nosotros, señor, para morir por vos, para que nuestra muerte diera vida al Imperio.

BAZAINE.—Yo no pienso morir por nadie, aunque mate por Vuestra Majestad.

MEJÍA.—(*A Maximiliano.*) Y he pensado que me gustaría, señor, encontrarme con el Mariscal y su ejército en mi pueblo y en mi sierra.

LABASTIDA.—Majestad... (*Maximiliano le hace seña de que hable.*) Señor Mariscal, creo que nos hemos salido del punto. Yo comprendo los nobles escrúpulos del Emperador. Son los escrúpulos de un alma cristiana, pero creo que no hay que exagerarlos. Toda

causa tiene sus mártires y sus víctimas; los del otro partido son
siempre los traidores. Quizá esta nueva actitud del Emperador
cambie la penosa impresión que subsiste en el ánimo de Su Santidad Pío IX, y traiga nuevamente al gobierno a los leales conservadores. Mi impresión es que la índole tan drástica del decreto
impondrá el orden y el respeto a la ley que Vuestra Majestad necesita para gobernar en paz, y que es una garantía contra los facciosos juaristas, enemigos de su propio país. Por una parte, veo
sólo efectos benéficos en lo moral, y por la otra creo que se de-
rramará muy poca sangre —la estrictamente necesaria— gracias
a la amplitud misma del decreto.

BAZAINE.—No se hace una tortilla sin romper los huevos, señor. Lo
que me maravilla, Ilustrísima, es que la Iglesia siempre se las
arregla para tener razón.

LABASTIDA.—La Iglesia es infalible, señor Mariscal, gracias a Su
Santidad Pío IX. (*Se acerca a Maximiliano.*) Tranquilizad vuestra
conciencia, Majestad, con la idea de que un poco de sangre juarista no agotará a México, en tanto que el triunfo de Juárez sería
la destrucción y la muerte del país. Y meditad en mi consejo, os
lo ruego. (*Va a Carlota.*) Señora, en vuestras manos está el devolver la paz al ánimo de Su Majestad el Emperador con vuestro
inteligente y dulce apoyo y con vuestra clarísima visión de las
cosas.

MAXIMILIANO.—Agradezco a Su Ilustrísima este consuelo —es el de
la Iglesia.

*Labastida palidece, va a añadir algo más, pero se contiene. Da su ani-
llo a besar a Carlota y a Maximiliano, en vez de hablar, y sale sonriendo ante esta pequeña venganza.*

BAZAINE.—En todo caso, señor, me permitiré indicar a Vuestra Majestad que escribiré sobre esta entrevista al Emperador Napoleón.

MAXIMILIANO.—Os ruego que lo hagáis, señor Mariscal. Quizá el
mismo correo pueda llevarle mi versión personal de las cosas.

*Bazaine se inclina ligeramente ante los monarcas y sale. Carlota se
acerca al trono en cuyo brazo se apoya. Allí permanece, de pie, mirando al vacío, durante la escena siguiente.*

MAXIMILIANO.—Padre Fischer, os ruego que penséis en una manera
de poner fin a esta situación.

MEJÍA.—Si Vuestra Majestad me diera permiso, yo tendría mucho
gusto en pedir su espada al Mariscal Bazaine.

MAXIMILIANO.—No, general. Hay que evitar la desunión en nuestras filas.

PADRE FISCHER.—Aunque el Mariscal me ha ofendido, autoríceme Vuestra Majestad para conversar con él en privado. Parece como si la presencia de la Emperatriz y la vuestra propia, *sire*, lo exasperaran siempre. Procede groseramente por no sé qué sentimiento de humillación, porque cree que así se pone a la altura. Es una especie de... No encuentro la palabra precisa. (*Piensa.*) Creo que no la hay. En todo caso, Majestad, no hay que precipitar la enemistad de Francia. El Mariscal es un hombre con intereses humanos. Permitidme...

MAXIMILIANO.—(*Cansado.*) Habladle, Padre. Gracias.

*El Padre Fischer sale después de saludar.*

MAXIMILIANO.—General Mejía, sois un hombre leal.

MEJÍA.—Gracias, señor. Quisiera poder hacer algo más. Quizá si enviáramos a Napoleón un embajador de confianza, un hombre hábil...

MAXIMILIANO.—Se necesitaría vuestra lealtad...

MEJÍA.—(*Sonriendo.*) El indio es cazurro y es valiente, pero no es diplomático.

MAXIMILIANO.—(*Pensativo.*) De confianza... Gracias otra vez, General. (*Mejía se inclina y va hacia la puerta.*) Blasio. (*Blasio se acerca.*) Hoy no trabajaremos en mis memorias. (*Blasio se inclina y se dirige a la puerta.*) Y, Blasio... (*Blasio se vuelve. Maximiliano duda.*)

BLASIO.—¿Sí, Majestad?

MAXIMILIANO.—Y omitiremos esta conversación de ellas. Id, amigos míos.

BLASIO.—Comprendo, *sire*.

MEJÍA.—(*Desde la puerta.*) Majestad, permitidme desafiar al Mariscal entonces. No puedo soportar su insolencia para con el Emperador.

MAXIMILIANO.—No, Mejía, reservad vuestra vida y vuestro valor para el Imperio.

*Mejía suspira, se inclina y sale. Blasio lo imita. Una vez solos, Maximiliano y Carlota se miran. Él va hacia ella.*

MAXIMILIANO.—¿He hecho bien? ¿He hecho mal, Carlota mía? Los mexicanos me odiarán cuando yo quería que me amaran. ¡Oh, si sólo me atreviera yo a deshacer lo hecho! Pero me siento inerte, perdido en un bosque de voces que me dan vértigo. Nadie me dice la verdad. Sí, quizá Bazaine.

CARLOTA.—Ese bajo animal.

MAXIMILIANO.—¿He hecho bien? ¿He hecho mal, Carlota? Dímelo tú —necesito oírlo de tus labios. Tu voz es la única que suena clara y limpia en mí. ¡Dímelo!

CARLOTA.—Has hecho lo que tenías que hacer, Max. Para gobernar, para conservar un imperio, hay que hacer esas cosas. No me preocupa tanto eso como la insolencia desbocada de ese cargador, soldado de fortuna, detestable palurdo. Ya sabía yo que Napoleón no haría bien las cosas, pero nunca creí que nos infligiera la humillación de este hombre repulsivo y vil.

MAXIMILIANO.—¿Por qué hablas así, Carla, por qué?

CARLOTA.—Detesto a Bazaine —me estremezco a su sola presencia, como si estuviera cubierto de escamas o de gusanos.

MAXIMILIANO.—Pero yo he hecho lo que tenía que hacer, dices. Y yo no lo sé y no sé cuándo sabré si eso es verdad. No traía más que amor, no buscaba más que amor. Ahora encuentro muerte.

CARLOTA.—La muerte es la otra cara del amor también, Max. Era preciso defendernos. Tu amor lo han pagado con odio y con sangre. ¿No te das cuenta? Nos matarían si pudieran.

MAXIMILIANO.—Cuando llegamos aquí, aun antes de llegar, cuando el nombre de México sonaba mágicamente en mis oídos, sentí que había habido un error original en mi vida —que no pertenecía yo a Europa, sino a México. El aire transparente, el cielo azul, las nubes increíbles me envolvieron, y me di cuenta de que era yo mexicano, de que no podía yo ser más que mexicano. Y ahora se matará en mi nombre —quizá por eso. "Por orden de Maximiliano matarás." "Por orden de Maximiliano serás muerto." Me siento extranjero por primera vez y es horrible, Carlota. Mejía hablaba de un embajador de confianza. Y yo busqué entonces mi confianza de antes y no la encontré ya en mi alma. Estamos solos, Carlota, entre gentes que sólo matarán o morirán por nosotros.

CARLOTA.—Yo siento esa soledad como tú —más que tú. Me mato trabajando para olvidar que a ti te han amado las mujeres.

MAXIMILIANO.—Carlota, ¿cómo puedes ahora...?

CARLOTA.—No siento celos, Max —no hablo por eso. He dejado de ser mujer para no ser ya más que emperatriz. Es lo único que me queda.

MAXIMILIANO.—¿No me amas ya?

CARLOTA.—Me acuerdo siempre de nuestra primera noche en México, cuando nos fuimos cogidos de la mano a caminar por el bosque —nuestra última noche de amantes. Ese recuerdo llena mi vida de mujer y te amo siempre. Pero el poder ha cubierto mi cuerpo como una enredadera, y no me deja salir ya, y si me moviera yo, me estrangularía. No puedo perder el poder. Tenemos que hacer algo, Max. Napoleón nos ahoga con la mano de ese insolente Bazaine con algún objeto. Cuando nos haya hecho sentir toda su fuerza, nos pedirá algo, y si no se lo damos se llevará su ejército y nos dejará solos y perdidos aquí. Hay que impedir eso de algún modo.

MAXIMILIANO.—¿Qué piensas tú?

CARLOTA.—Tu familia no quiere mucho a Napoleón desde Solferino. Si explotas eso con habilidad, Austria puede ayudarnos.

MAXIMILIANO.—Tienes razón. Escribiré a Francisco-José, a mi madre. Pero tú sabes que mi familia...

CARLOTA.—No vas a explotar ahora sentimientos de familia, Max, sino a tocar resortes políticos, a crear intereses. Tampoco a Bismarck le gusta Napoleón —lo detesta y lo teme, y lo ve crecer con inquietud. Estoy segura de que haría cualquier cosa contra él. Pero hay que ser hábiles. Yo recurriré a Leopoldo, aunque no es muy fuerte ni muy rico. ¡Si mi padre viviera aún! Pero no caeremos, Max. No caeremos. Yo haré lo que sea.

MAXIMILIANO.—Pero, ¿no es aquí más bien donde habría que buscar apoyo y voluntades? Ni los austriacos, ni los alemanes ni los belgas nos darían tanta ayuda como un gesto de Juárez.

CARLOTA.—El indio errante, el presidente sin república que nos mata soldados en el Norte. No, Max. Ése es el peor enemigo.

MAXIMILIANO.—¡Quién sabe! Carlota... he vuelto a escribirle.

CARLOTA.—¿A quién?

MAXIMILIANO.—A Juárez. Lo haría yo primer ministro y gobernaríamos bien los dos.

CARLOTA.—¡Estás loco, Max! Has perdido el sentido de todo. El imperio es para ti y para mí, nada más. Seríamos los esclavos de Juárez. Lo destruiremos, te lo juro. Podemos... eso es. Mandemos a alguien que acabe con él.

MAXIMILIANO.— (*Dolorosamente.*) ¡Carlota!

CARLOTA.—¿Qué es un asesinato político para salvar un Imperio? ¡Max, Max! Vuelve en ti, piensa en la lucha. ¿O prefieres abdicar, convertirte en el hazmerreír de Europa y de América, en la burla de tu madre y de tu hermano; ir, destronado, de ciudad en ciudad, para que todo el mundo nos tenga compasión y nos evite? No puedes pensarlo siquiera.

MAXIMILIANO.—No lo he pensado, Carlota. Pero he pensado en morir: sería la única forma de salvar mi causa.

CARLOTA.—¿En morir? (*Muy pausada, con voz blanca.*) Yo tendría que morir contigo entonces. No me da miedo. (*Reacciona.*) Pero es otra forma de abdicar, otra forma de huir, Maximiliano.

MAXIMILIANO.—Tienes razón.

CARLOTA.—No tenemos un hijo que dé su vida a la causa por la que tú darías tu muerte.

*Maximiliano pasea pensativo. Carlota se sienta en el trono y reflexiona.*

CARLOTA.—Victoria es demasiado codiciosa y no nos quiere, pero con los ingleses siempre se puede tratar de negocios. Sería bueno enviar a alguien, ofrecer alguna concesión...

*Maximiliano, de pie junto a la mesa, no responde.*

CARLOTA.—Max. (*Él se vuelve lentamente.*) ¿En qué piensas?

MAXIMILIANO.—En ti y en mí. Hablamos de política, hacemos combinaciones, reñimos, como si el poder nos separara.

CARLOTA.—No digas eso, ¡por favor! Ven aquí, Max. (*Él se acerca al trono. Ella le toma las manos.*) Esta crisis pasará pronto, y cuando haya pasado nos reuniremos otra vez como antes, como lo que éramos.

MAXIMILIANO.—(*Con una apagada sonrisa.*) ¿Una cita en el bosque mientras el Imperio arde?

CARLOTA.—(*Suavemente.*) Eso es, Max. Una cita en el bosque, dentro de muy poco tiempo. Ahora hay que luchar, eso es todo —y hay que desconfiar— y hay que matar.

*Maximiliano se deja caer en las gradas del trono y se cubre la cara con las manos.*

MAXIMILIANO.—"¡Por orden del Emperador!"

*Carlota baja del trono, se sienta a su lado en las gradas y le acaricia los cabellos.*

CARLOTA.—¡Niño! (*Lo abraza.*)

*Maximiliano solloza. Las luces de las velas se extinguen, una a una, sobre las pobres figuras silenciosas y confundidas en las gradas del trono.*

OSCURO

## ESCENA II

*En la oscuridad se escucha:*

LA VOZ DE CARLOTA.— Entonces vino la última noche. Luces. ¿Dónde están las luces? La última noche.

*Se enciende una bujía en el salón de la izquierda. Es el* boudoir *de Carlota. Hay un* secrétaire, *un sillón, una otomana y cortinas. Es una doncella quien enciende las luces. Permanece de espaldas mientras lo hace y sale por la segunda puerta izquierda, apartando la cortina. Se oye afuera, por la primera puerta:*

LA VOZ DE MAXIMILIANO.—Carlota. ¡Carlota!

*Maximiliano entreabre la puerta y entra. Se acerca al* secrétaire *y toma un sobre cerrado que hay en él. Lo mira pensativamente y lo deja otra vez en el mueble. Pasea, pensativo. Va al fondo y llama de nuevo.*

MAXIMILIANO.—¡Carlota! ¿Estás allí?

LA VOZ DE CARLOTA.—¿Eres tú? Un instante, Max.

MAXIMILIANO.—Te lo ruego.

*Maximiliano se abandona en la otomana. Tiene aspecto de gran fatiga. Su voz es opaca. Carlota entra al cabo de un momento, cubierta con un chal o una manteleta.*

CARLOTA.—¿Qué ocurre, Max?

MAXIMILIANO.—Es preciso que hablemos cuanto antes con Bazaine. (*Carlota hace un gesto negativo, lleno de desdén.*) Es preciso, Carlota. Tiene algo malo para nosotros. ¿Me permites que lo haga entrar aquí?

CARLOTA.—¿Aquí? ¡Oh no, Max, por favor!

MAXIMILIANO.—Es preciso que nadie nos oiga, te lo suplico.

CARLOTA.—(*Dominándose.*) Bien, si es necesario… (*Va al* secrétaire *y toma de él el sobre.*) Max… escribo otra vez a mi hermano Leopoldo.

MAXIMILIANO.—Gracias, Carlota.

*Se dirige a la primera puerta izquierda y llama.*

MAXIMILIANO.—Pasad, señor Mariscal.

*Bazaine entra. Su saludo a Carlota es más profundo, pero parece más irónico esta vez.*

MAXIMILIANO.—Os escuchamos.

BAZAINE.—Nadie podrá oírnos, ¿no es cierto? (*Maximiliano no contesta.*) ¿No nos oirá nadie, Majestad?

MAXIMILIANO.—Podéis hablar libremente.

BAZAINE.—(*Después de una pausa deliberada.*) Y bien, tengo noticias importantes para Vuestras Majestades —noticias de Francia. (*Se detiene deliberadamente, Maximiliano permanece inconmovible, Carlota espera sin moverse.*) He recibido orden del Emperador Napoleón de partir con mis tropas.

*Carlota se yergue; Maximiliano sonríe.*

MAXIMILIANO.—¿Y para eso tanto misterio, Mariscal? Hace mucho que esperaba oír esa noticia. Veo que Napoleón se ha acordado al fin de nosotros...

CARLOTA.—(*Interrumpiéndolo.*) En la única forma en que podía acordarse.

MAXIMILIANO.—¿Habéis esparcido ya tan misteriosa noticia en el palacio, señor Mariscal?

BAZAINE.—Hasta el momento nadie sabe nada fuera de nosotros, *sire*.

MAXIMILIANO.—En ese caso debéis de tener algo más que decirnos.

BAZAINE.—Vuestra Majestad ha acertado.

*Espera la pregunta, que no viene. Maximiliano se pule dos o tres veces las uñas de la mano derecha en la palma de la izquierda. Bazaine espera, sonriendo. Carlota lo mira y se adelanta hacia él.*

CARLOTA.—¿Qué es lo que pide Napoleón ahora?

BAZAINE.—Como sea, señora, no podrá negarse que sois una mujer práctica. Señora, el Imperio se hunde sin remedio. Lo que os dije cuando Su Majestad firmó el decreto empieza a realizarse.

MAXIMILIANO.—Olvidáis, señor Mariscal, que asegurasteis entonces que ese decreto nos salvaría.

BAZAINE.—Vuestra Majestad me recomendó moderación.

CARLOTA.—Si no estuvierais ante el Emperador de México, a quien debéis respeto, Mariscal, creería que estáis jugando a no sé qué siniestro juego.

MAXIMILIANO.—Las pruebas de vuestra moderación me son bien conocidas, señor Mariscal. Decid pronto lo que tengáis que decir.

BAZAINE.—Si mis soldados dejan el país, señor, las hordas de Juárez no tardarán en tomar la capital. Pero antes de que eso ocurra, las turbas de descamisados y de hambrientos asaltarán el palacio y el castillo, y las vidas de Vuestras Majestades se encontrarán en un serio peligro.

MAXIMILIANO.—¿No pensáis que nos hacéis sentir miedo?

BAZAINE.—Conozco el valor personal de Vuestras Majestades. Sin duda que sabréis hacer frente al peligro, pero eso no os salvará. Sabéis de sobra que vuestros soldados no sirven. Y no hablo de Miramón, de Mejía o de Márquez, sino del ejército, que no cuenta, porque en este país parece que no hay más que generales. Si salváis la vida, señor, tendréis que hacer frente a la deshonra, a la prisión; o podréis huir, y entonces —perdonad mi franqueza de soldado— tendréis que hacer frente al ridículo. Claro que yo, personalmente, os aconsejo que abdiquéis. Pienso que vale más un archiduque vivo que un emperador muerto. Pero yo no soy más que un plebeyo.

CARLOTA.—Decid de una vez lo que pide Napoleón.

BAZAINE.—Ya he tenido el honor de poner a Vuestras Majestades al corriente de los deseos del Emperador. Un pedazo de tierra mexicana no vale los cientos de millones de francos que México cuesta a Francia, pero sí la vida y el triunfo de Vuestras Majestades.

MAXIMILIANO.—¿Cree Napoleón que conseguirá amenazándome lo que no consiguió con halagos, con trampas y mentiras? Conozco sus deseos y hace ya tiempo que veo sus intenciones con claridad. El glorioso ejército francés fracasó en sus propósitos en 1862, y Napoleón pensó entonces que podía mandar a México, en calidad de agente de tierras, a un príncipe de Habsburgo.

CARLOTA.—Sacar las castañas con la mano del gato. (*A Maximiliano*, *graciosamente*.) Perdonad mi expresión, señor, pero no se puede hablar de Napoleón sin ser vulgar.

MAXIMILIANO.—Decid a Napoleón, señor Mariscal, que se equivocó de hombre. Que mientras yo viva no tendrá un milímetro de tierra mexicana.

BAZAINE.—Si ésa es la última palabra de Vuestra Majestad, me retiraré con mi ejército previo el pago de las soldadas vencidas, que Francia no tiene por qué pagar, señor.

MAXIMILIANO.—No escapa a vuestra malicia, Mariscal, que estáis en México, y que el Emperador de México tiene todavía la autoridad necesaria para pediros vuestra espada y someteros a un proceso.

BAZAINE.—¿Declararía Vuestra Majestad la guerra a Francia de ese modo? No tenéis dinero ni hombres, señor. Y si me pidierais mi espada, como decís, aparte de que yo no os la entregaría, no serían las hordas juaristas sino el ejército francés el que tomaría por asalto palacio y castillo.

MAXIMILIANO.—Exceso de confianza. ¿No sabéis que vuestros hombres os detestan ya? No pueden admirar a un Mariscal de Francia vencido siempre por hordas de facciosos. Y sería milagrosa cosa: si los franceses nos atacaran, México entero estaría a mi lado.

BAZAINE.—Hagamos la prueba, señor.

CARLOTA.—Conocéis mal a Napoleón, Mariscal. No movería un dedo por un soldado de vuestra clase, que no ha sabido dominar una revuelta de descamisados mexicanos.

BAZAINE.—(*Herido*.) Señora, Vuestra Majestad olvida que hice la guerra de la Crimea y que soy Mariscal de Francia. Ya os dije una vez que tenía órdenes, ¿no es cierto? ¿Creéis que no hubiera podido hacer polvo a los facciosos y colgar a Juárez de un árbol hace mucho tiempo?

MAXIMILIANO.—Vos lo decís.

BAZAINE.—Pero Napoleón III es un gran político. Me dijo: Ponedles el triunfo a la vista, pero no se lo deis si no es en cambio del engrandecimiento de Francia. Me dijo: Hacedles entrever la derrota, pero no la dejéis consumarse a menos que sea necesario para Francia. Y ahora es necesario para Francia, Majestad.

MAXIMILIANO.—Pongo en duda eso, y añadiré algo más, Mariscal. Os diré que es difícil vencer a soldados que, como los de Juárez, defienden desesperadamente a su patria. Su valor os escapa porque no sois más que el invasor.

BAZAINE.—¡*Sire*!

CARLOTA.—Eso es lo que yo sentía en su presencia, Maximiliano. El estremecimiento, la repulsión invencible de la traición.

BAZAINE.—Yo soy leal a mi Emperador.

CARLOTA.—Dejaréis de serlo un día, Mariscal. Lo presiento. Sois un hombre funesto. Traidor a uno, traidor a todos.

BAZAINE.—(*Colérico*.) ¡Señora!

MAXIMILIANO.—(*Enérgicamente, con grandeza*.) Esperaréis mi venia, señor Mariscal, para proceder al retiro de vuestras tropas. Podréis retiraros ahora.

BAZAINE.—Esa orden, señor, se opone con la que he recibido del Emperador de Francia.

MAXIMILIANO.—Sabed que el ejército que me envía Francisco-José llegará de un momento a otro. Servíos hacer vuestros arreglos y esperad mis noticias.

BAZAINE.—(*Desmontado*.) ¿Un ejército austriaco? Pero eso sería la guerra con Francia, contra Napoleón.

MAXIMILIANO.—Creíais saberlo todo, ¿no es verdad?, como Napoleón creía dominarlo todo. La guerra contra él tenía que venir de todos modos, desencadenada por su ambición y por su hipocresía, y está muy lejos de ser el amo de Europa. (*Bazaine quiere hablar.*)

Se os odia mucho en México, señor Mariscal: no publiquéis demasiado vuestra partida —podría atentarse contra vos.
BAZAINE.—¿Debo sentir miedo, Majestad?
MAXIMILIANO.—Recordad solamente que, para vos, vale más un mercenario vivo que un Mariscal muerto.
CARLOTA.—Buenas noches, señor Mariscal.

*Bazaine duda. Está tan furioso que podría matar. Con un esfuerzo, se
inclina tiesamente ante Maximiliano, luego ante Carlota, y sale.*

CARLOTA.—(*Corriendo hacia Maximiliano.*) ¡Estuviste magnífico,
Max! ¿Es cierto, dime, es cierto?
MAXIMILIANO.—¿Qué?
CARLOTA.—El ejército de tu hermano. ¿Viene en camino? ¿Llegará
pronto?
MAXIMILIANO.—(*Lentamente, con amarga ironía.*) Cuando un monarca necesita apoyar su trono sobre bayonetas extranjeras, eso quiere decir que no cuenta con el amor de su pueblo. En un caso semejante, hay que abdicar o que morir.
CARLOTA.—¿Qué es lo que dices?
MAXIMILIANO.—Repito, más o menos, las palabras de Francisco-José.
Estamos perdidos, Carlota, abandonados por el mundo entero.
CARLOTA.—¡No!
MAXIMILIANO.—Toda Europa odia a Napoleón, pero nadie se atreve
aún contra él —ni los franceses. Tengo otros informes que me
prueban que no valemos la pena para nadie allá. Si Austria nos
enviara soldados —Bazaine lo dijo— sería la guerra con Francia;
si Inglaterra nos prestara dinero, sería a cambio de tierras, y yo
no puedo vender la tierra de México. Además, eso sería la guerra
con los Estados Unidos. Te digo que es el fin.
CARLOTA.—¡No, Max!
MAXIMILIANO.—Y ahora es tarde ya para buscar ayuda aquí, para
atraer a Juárez o a Díaz a nuestro partido —o para destruirlos. ¡Y
yo que sentía que mi destino era proteger, salvar a Juárez del
odio de México! ¿Por qué salimos de Miramar, Carlota? Por un
Imperio. Por un espejismo de tres años, por un sueño. Y ahora no
podemos irnos de aquí, porque eso sería peor que todo. Ni el ridículo ni la abdicación ni la cobardía de la fuga me detienen.
Estoy clavado en esta tierra, y arrancarme de ella sería peor que
morir, porque tiene algo virginal y terrible, porque en ella hay
amor y hay odio verdaderos, vivos. Mejor morir en México que
vivir en Europa como un archiduque de Strauss. Pero tú tienes
que salvarte.

CARLOTA.—¡No, Max, no!

MAXIMILIANO.—Tenías razón tú, como siempre: aquí está nuestro destino.

CARLOTA.—(*Creciendo como fuego mientras habla.*) Nuestro destino está aquí, Max, pero es otro. Éramos la pareja más hermosa y más feliz de Europa. Seremos los emperadores más felices del mundo. Max, yo iré a Europa.

MAXIMILIANO.—¿Qué dices?

CARLOTA.—Iré a Europa mañana mismo: sé que hay un barco. Veré a ese advenedizo Napoleón, lo obligaré a cumplir. Y si no quiere, veré a Bismarck y a Victoria; veré a tu hermano y a tu madre; veré a Pío IX; buscaré un concordato y una alianza, intrigaré; desencadenaré sobre Napoleón la furia y el aborrecimiento de toda Europa —interrumpiré el vals en que vive con los cañones de Alemania. Es fácil, Max, ¡es fácil! Les prometeré a todos el tesoro de México, y cuando seamos fuertes, cuando estemos seguros, ¡que vengan a reclamar su parte! Sabremos cómo recibirlos. Haré luchar a Dios contra el diablo o al diablo contra Dios, pero venceremos. No perderemos nuestro imperio, Max, ¡te lo juro! Seré sutil y encantadora, tocaré todos los resortes, jugaré a todas las cartas. Mañana mismo, Max, mañana mismo. No tenemos tiempo. ¡No tenemos tiempo que perder! Triunfaremos: ¿no dices tú que el bueno es más fuerte que el malo?

MAXIMILIANO.—No, amor mío, no te irás. ¿Qué haría yo sin ti? Es preciso no perder la cabeza. Todavía hay mucho que intentar en México, y lo intentaré todo. Te ofrecí un imperio y he de conservarlo, y México tendrá que abrir los ojos a mi amor.

CARLOTA.—¡Iluso, iluso, iluso! Nuestro mal no está en México, está en Europa, en Francia. Nuestro mal es Napoleón, y hay que acabar con él.

MAXIMILIANO.—¡No te vayas, Carlota!

CARLOTA.—Tú defenderás nuestro Imperio aquí; yo lo defenderé allá. No podemos perder.

*Maximiliano se levanta, pasea, reflexiona mientras Carlota habla.*

CARLOTA.—Ya sé que aquí parece una locura, un sueño, pero lo mismo nos pareció el Imperio cuando estábamos allá. Y no tomará mucho tiempo lograrlo. Si es preciso, provocaré una revolución en Francia —¡yo, una princesa de Sajonia-Coburgo! Es fantástico, Max, te digo que es fantástico. Los Borbones siguen ambicionando el trono, y si ellos no quieren, allí están Thiers y Lamartine,

Gambetta y Víctor Hugo. ¡Conspiraré con ellos y Napoleón caerá!

MAXIMILIANO.—(*Suavemente.*) Carlota.

CARLOTA.—(*Saliendo de su sueño de furia.*) ¿Sí?

MAXIMILIANO.—No digas locuras, amor mío.

CARLOTA.—¡Locuras! Ahora veo que no confías en mí. Te han dicho que eres débil y que yo te manejo a mi capricho. Te han dicho que el odio del pueblo no se dirige contra ti sino contra mí, que te impongo mi voluntad, que soy yo quien gobierna. Te lo han dicho, ¿no es cierto?

MAXIMILIANO.—Nadie sabe lo que hay entre nosotros.

CARLOTA.—Hace mucho que lo sé, Max. Dicen que te dejo en libertad de amar a otras para que tú me dejes en libertad de gobernar. Soy ambiciosa y soy estéril, soy tu ángel malo. Te digo que lo sé todo.

MAXIMILIANO.—Te prohíbo que hables así, Carlota.

CARLOTA.—No quieres que parezca que yo voy a servirte de agente en Europa, y prefieres que perezcamos aquí mientras Napoleón baila y festeja. Ya no tienes confianza en mí, Max. Me duele muy hondo saber, sentir que desconfías de mí.

MAXIMILIANO.—No, amor mío, no es eso. Lo que hay entre tú y yo es sólo nuestro. Tengo miedo a que te forjes ilusiones excesivas, a que sufras una humillación en Europa. ¿No ves en la actitud de Bazaine un indicio claro de que Europa nos desprecia y no quiere nada con nosotros?

CARLOTA.—Bazaine es un servil y un traidor. No, Max, no me forjo ilusiones —no es imaginación ni es locura. Sé que ésa es la única forma de triunfar, y tienes que ayudarme. ¿O prefieres que nos quedemos aquí los dos, inertes, vencidos de antemano, y que caigamos como Luis XVI y María Antonieta?

MAXIMILIANO.—(*Reaccionando violentamente.*) No. Tienes razón, Carlota. Siempre tienes razón. Es preciso que partas. Confío en ti, y me devuelves mi esperanza.

CARLOTA.—(*Dubitativa de pronto.*) ¿Estás seguro?

MAXIMILIANO.—Tienes razón, claro. Es lo que hay que hacer. Pero verás a Napoleón antes que a nadie. No sabemos si Bazaine ha estado jugando con cartas dobles. Si Napoleón duda o niega, verás a Su Santidad. Si el Papa aceptara el concordato...

CARLOTA.—(*Tiernamente.*) Y así dicen que soy yo la que gobierna. (*Seria de pronto.*) Max, ¿estás completamente seguro?

MAXIMILIANO.—(*Mintiendo.*) He pasado semanas preguntándome a quién podría yo enviar a Europa. Perdóname por no haber pensado antes en ti.

CARLOTA.—Júrame que estás seguro, Max.

MAXIMILIANO.—¿Es preciso? (*Ella asiente.*) En ese caso, te lo juro, amor mío.

CARLOTA.—¿Te cuidarás en mi ausencia? No quiero que te expongas demasiado en los combates.

MAXIMILIANO.—Me cuidaré por ti y por México.

CARLOTA.—¿Y me amarás un poco mientras esté ausente?

MAXIMILIANO.—Nunca he amado a nadie más que a ti.

CARLOTA.—Entonces, esos devaneos de que te acusan... Cuernavaca...

MAXIMILIANO.—Carlota.

CARLOTA.—Perdóname, no debí decir eso. Es vulgar y estúpido. Max, ¿sabes lo que siento?

MAXIMILIANO.—¿Qué?

CARLOTA.—Que ha llegado la hora de nuestra cita en el bosque. Ya no hay nada que nos separe —volvemos a estar tan cerca como al principio, mi amor. (*Maximiliano mira su reloj.*) ¿Qué pasa?

MAXIMILIANO.—Tengo dos o tres cosas urgentes —órdenes para mañana; instrucciones especiales para impedir que Bazaine desmoralice a nuestra gente con la noticia de su partida; el dinero para sus soldados. Tendrás que perdonarme, Carlota.

CARLOTA.—No podría. Estaré esperándote, Max. Dentro de media hora, en el bosque.

MAXIMILIANO.—Dentro de media hora, amor mío.

*Besa la mano de Carlota, profundamente. Luego la atrae hacia él. Se miran a los ojos un momento.*

MAXIMILIANO.—¡Carlota!

CARLOTA.—¿Por qué me miras así, Max? Tienes los ojos tan llenos de tristeza que me dan miedo. ¿Qué te pasa?

MAXIMILIANO.—(*Desprendiéndose.*) Media hora. ¿No es demasiado esperar? Carlota...

CARLOTA.—¿Qué?

MAXIMILIANO.—No quería decírtelo. Tengo que dar órdenes de campaña a mis generales. La situación es grave. Quizá pasaré toda la noche en esto. Tú tienes que preparar tu viaje...

CARLOTA.—Estamos condenados, ya lo sé.

MAXIMILIANO.—¡No lo digas así!

CARLOTA.—Nos veremos en el bosque, Max, pero a mi regreso. Sólo entonces podremos volver a ser nosotros mismos.
MAXIMILIANO.—A tu regreso...
CARLOTA.—En el bosque, Max.

*Sale por el fondo, no sin volverse a dirigir una sonrisa melancólica a Maximiliano, que la sigue con la vista. Cuando ha desaparecido la figura de Carlota, Maximiliano toma el candelabro y sale por la segunda puerta izquierda.*

O S C U R O

## ESCENA III

LA VOZ DE CARLOTA.—Ahora sé por qué Max me hizo ese juramento entonces.

*Un lacayo penetra en el salón de la derecha llevando un gran candelabro con velas encendidas, y desaparece. La luz, sin embargo, es diurna. Ángulo de un salón en Saint-Cloud. Entra Carlota. Tras ella, el Duque.*

CARLOTA.—Creía encontrar aquí al Emperador.
DUQUE.—Su Majestad vendrá en seguida, señora. Si Vuestra Majestad quiere tomarse la molestia de sentarse un momento.
CARLOTA.—Estoy tan cansada que no podría sentarme, señor Duque.
DUQUE.—¿Vuestra Majestad tuvo un viaje agradable?
CARLOTA.—Largo. Un viaje largo.
DUQUE.—Debo decir a Vuestra Majestad que la sorpresa del Emperador Napoleón y de la Emperatriz Eugenia no reconoce límite. Están fuera de sí del gusto de tener a Vuestra Majestad con ellos, y cuentan con organizar un baile en vuestro honor, aunque yo no debía decirlo.
CARLOTA.—*(Impaciente.)* Decidme otra cosa, señor Duque. ¿Va a permitirse Napoleón el lujo de hacerme esperar?
DUQUE.—*(Desconcertado, pero impertinente.)* Dios mío, señora, si así fuera, sería con el más profundo pesar por parte de Su Majestad. El Emperador tiene graves quehaceres y preocupaciones.
CARLOTA.—Pero seguramente...

*Se oye, fuera de escena, una risa prolongada.*

CARLOTA.—¿Quién ríe?
DUQUE.—El Emperador, señora.

LA VOZ DE NAPOLEÓN.—¡Linda pierna! Pensé que era una dama que se recataba. Me acerqué y pellizqué. ¿Y sabéis quién estaba detrás de la cortina? ¡El Arzobispo de París en persona arreglándose una liga! (*Risas.*)

*Se escucha de nuevo su risa, a la que hace eco una risa de mujer. Carlota se yergue y se vuelve hacia la puerta, como una estatua. Un instante después entra Napoleón III, riendo aún.*

NAPOLEÓN.—¡Señora! (*Saluda profundamente y besa la mano de Carlota.*) La visita de Vuestra Majestad es una sorpresa magnífica, magnífica. Lucís espléndidamente, señora, tan bella como siempre... Felices los mexicanos, que os ven más a menudo.

CARLOTA.—*Sire,* he venido desde México para...

NAPOLEÓN.—Os ruego que os sentéis, querida prima. ¡Qué sorpresa magnífica! La Emperatriz vendrá en seguida. Nos sorprendéis en plenos preparativos de un baile que ahora será para vos, si tenéis la gentileza de permitirlo. La pobre Eugenia está loca de gusto desde que os vio en París. ¿Cómo habéis dejado a nuestro querido primo Max? *Quel bougre de prince!* No le envidio tanto el Imperio como la vista de las mexicanas. Bazaine me cuenta en sus cartas que son deliciosas. ¿Os sentís mal?

CARLOTA.—Quisiera hablar con Vuestra Majestad a solas, como lo indiqué a la Emperatriz. También le dije que estaba dispuesta a hacer irrupción aquí, si era preciso.

NAPOLEÓN.—Por supuesto, si lo deseáis. Mi querido Duque...

DUQUE.—(*Inclinándose.*)—Con la venia de Vuestras Majestades...

*Eugenia de Montijo entra en ese momento. En su traje, en su sonrisa, palpita toda la frivolidad de su Imperio. Se dirige a Carlota con un tumulto de gasas y volantes y encajería.*

EUGENIA.—¡Querida Carlota! (*La besa en ambas mejillas.*) ¡Qué belleza siempre, y qué cutis! ¿Qué hacéis para conservaros tan linda? ¿Habéis visto, señor?

NAPOLEÓN.—Es todo lo que he podido hacer, señora: ver y admirar. (*Hace disimuladamente seña al Duque de quedarse.*)

EUGENIA.—Me siento feliz de teneros con nosotros. La Emperatriz de México será el sol de nuestro baile.

CARLOTA.—Perdonadme, señora. Llevo luto por mi padre, y no he venido a Europa a bailar.

EUGENIA.—Dadme nuevas noticias de Maximiliano, os lo ruego. ¿Tan hermoso como siempre? Nos acordábamos de él el otro día. Mérimée hizo un concurso de ortografía francesa entre nosotros

—ya sabéis que es mi maestro de francés. ¿Y quién creéis que ganó? El príncipe de Metternich, querida. Derrotó al Emperador, a Feuillet y a Dumas. Pero no os dejo hablar. ¿Cómo está vuestro esposo?

CARLOTA.—Maximiliano se enfrenta con la muerte, señora.

EUGENIA.—¿Qué decís?

CARLOTA.—(*Exasperada.*) Por culpa del Emperador vuestro esposo.

NAPOLEÓN.—Señora, esa acusación... No comprendo.

CARLOTA.—No, no. He dicho mal. No es culpa vuestra. Es culpa de Bazaine, ese palurdo...

NAPOLEÓN.—Buen soldado.

CARLOTA.—Os traicionará un día también a vos, señor. Os ha traicionado ya al decirnos que le habíais ordenado tenernos en jaque y retirarse con sus soldados si no accedíamos a vuestras demandas. No puede ser cierto, *sire.* Fue otra cosa la que nos ofrecisteis.

NAPOLEÓN.—Señora, querida prima, en vuestras palabras entreveo una mala inteligencia que es preciso aclarar. Os amamos demasiado, a vos y a vuestro esposo el Emperador, para permitir que una falsa impresión nos separe.

EUGENIA.—Por supuesto.

CARLOTA.—¿Ordenasteis o no a Bazaine que se retirara con sus tropas?

NAPOLEÓN.—A fe mía, señora...

CARLOTA.—Decidme sí o no.

NAPOLEÓN.—No escapará a vuestra inteligencia, querida prima, que nos era difícil mantener un cuerpo de ejército en México durante tanto tiempo.

CARLOTA.—¿Y por qué, si lo paga el Emperador de México?

NAPOLEÓN.—No hablo de eso, señora. Lo pagaría yo mismo —aunque México nos cuesta ya cerca de novecientos millones de francos— si creyera que servía de algo; pero sé que es superfluo. Si el pueblo mexicano os ama, como yo creo, las tropas francesas son innecesarias. Pero si no os amara, no serían ellas las que os ganarían su amor, aunque me parece una tontería que puedan no amaros.

CARLOTA.—Nada de frases, señor. Decidme —¿es cierto que ordenasteis a Bazaine que no acabara con Juárez mientras no os diéramos las tierras y las concesiones que pedíais?

NAPOLEÓN.—¿Os dijo eso Bazaine? Es un buen soldado, pero un pobre diplomático.

EUGENIA.—Vamos. Conocéis demasiado al Emperador para creerlo capaz de una cosa semejante, querida.

CARLOTA.—Tenéis razón. En ese caso, *sire*, os pediré una cosa.

NAPOLEÓN.—Pedidme el Imperio de Francia, señora. Os lo daré entero si es para contribuir a su grandeza.

CARLOTA.—Os pido solamente que no privéis de apoyo a Maximiliano. Hacéis bien retirando a Bazaine. Ha robado, saqueado, matado sin escrúpulo —ha hecho que los mexicanos odien a Francia, a la que adoraban antes. Enviad otro jefe, reforzad las tropas, levantad un empréstito que os será reembolsado íntegramente. Cumplid la palabra que nos disteis.

NAPOLEÓN.—Señora, tengo la impresión de haberla cumplido hasta el límite. ¿No es cierto, Eugenia? ¿Y qué recibo en cambio? El odio de México para Francia. Me parece injusto.

EUGENIA.—Calmaos, querida mía, calmaos.

CARLOTA.—Me he expresado mal sin duda. Ese viaje interminable puso a prueba mis nervios. Los mexicanos amarán a Francia si enviáis a un hombre honrado y justo, si hacéis lo que os pido.

NAPOLEÓN.—En Francia, que es el país del amor, os dirán, señora, que el amor entretiene, pero que no alimenta. Bazaine os habrá explicado cuáles eran mis deseos —qué esperaba yo a cambio de mi ayuda a vuestro Imperio.

CARLOTA.—¿Ignora Vuestra Majestad que Maximiliano juró conservar y defender la integridad del territorio de México?

NAPOLEÓN.—Estamos entre monarcas, querida prima. Yo también he jurado cosas... Son los lugares comunes de todo gobierno.

CARLOTA.—¡Ah! Pero vos... Vos nos habíais hecho otras promesas, a nosotros también. Mirad: tengo aquí extractos de vuestras cartas —vos las escribisteis, vos las firmasteis, ¿no es eso? (*Saca de su bolso varios papeles que tiende, uno tras otro, a Napoleón, quien los lee mordisqueándose el bigote.*)

NAPOLEÓN.—(*Interrumpiéndola.*) Echo de menos a Morny, señora. Si no hubiera tenido la humorada de morirse hace un año, él os explicaría la cosa mucho mejor que yo. Trataré de hacerlo, sin embargo. Tenéis un gran Imperio, pero os faltan dinero, armas y hombres. ¿Qué importan unos palmos de tierra más o menos en esa extensión territorial? Francia os ayudaría a civilizar a México. Max no es un ingenuo —no puede haber esperado un apoyo gratuito de Francia. Y si él lo esperaba, vos sois demasiado inteligente para que os escapara eso. ¿Comprendéis ahora?

CARLOTA.—Comprendo que no comprendéis lo que os he dicho, se-

ñor. Es natural. Max es un Habsburgo, no un Bonaparte. Tiene
costumbre de cumplir su palabra.

EUGENIA.—¿Os sentís mal, querida?

NAPOLEÓN.—Los hechos contradicen vuestra afirmación, señora. El
Bonaparte ha cumplido; el Habsburgo, no. Os amamos mucho,
pero la política es la política, como decía el cardenal Mazarino.

CARLOTA.—¿Queréis asesinarnos entonces?

EUGENIA.—¡Válgame Dios!

NAPOLEÓN.—Lejos de mí ese horrible pensamiento, señora. Os amo
demasiado para que esa atrocidad...

CARLOTA.—Claro. Así hablasteis a la República francesa, y sin embargo os hicisteis coronar emperador.

NAPOLEÓN.—Señora, creo que no estáis en vos.

CARLOTA.—Abandonaré mi orgullo entonces, si es lo que queréis, y
os pediré de rodillas ayuda para Maximiliano. ¡No lo dejéis morir! Vos lo hicisteis entrar en esto. Ayudadlo ahora. ¡Os lo
supli...!

*La frase se ahoga en su garganta, Eugenia se acerca a abanicarla con
su pañuelo y le pasa la mano por la frente.*

EUGENIA.—Estáis ardiendo, Carlota. ¿Por qué no reposáis un poco?
Después seguiremos hablando.

NAPOLEÓN.—Querido Duque, haced traer un vaso de naranjada para
Su Majestad, os lo ruego.

*El Duque se inclina y sale.*

CARLOTA.—No, estoy bien, gracias. Os lo suplico, Napoleón: cumplid
vuestra palabra.

NAPOLEÓN.—Señora, querida prima, me hace daño veros así. Eugenia
dice bien. Descansad. Os haremos preparar habitaciones en
Saint-Cloud o en las Tullerías y hablaremos de todo esto después
del baile. Sois demasiado inteligente para que no podamos
entendernos.

CARLOTA.—Os digo que estoy bien, señor. Vuestra promesa me ali-
viará más que todo el descanso del mundo.

*El Duque vuelve, seguido por un criado que lleva una charola con una
jarra de cristal, llena de naranjada, y vasos. Deja la charola sobre
una mesa y sale. El Duque llena un vaso que el Emperador toma y
ofrece a Carlota.*

NAPOLEÓN.—Esto os hará sentir mejor, señora. Tomadlo.

*Carlota toma el vaso, lo mira, va a llevárselo a los labios, pero lo deja
caer de pronto, como asaltada por un pensamiento.*

EUGENIA.—Su pulso tiembla. Es preciso que os reposéis, querida.

*El Duque llena otro vaso. Napoleón lo toma, besa la mano de Carlota y le entrega el vaso, que Carlota acerca apenas a sus labios y devuelve en seguida.*

CARLOTA.—Estoy dispuesta a tratar sobre otra base, *sire.* Tengo aquí un proyecto. (*Lo saca de su bolso y lo tiende a Napoleón.*) No hablemos de territorio. Pero hay otros medios. Pensadlo bien, señor, y cumplid vuestras promesas.

NAPOLEÓN.—(*Después de una pausa.*) Excusadme. Yo tampoco me siento muy bien. ¿Queréis que os diga la verdad, señora? Estamos rodeados de políticos voraces. Tenemos que fomentar las obras públicas, la agricultura, el comercio, la industria, para subsistir, y tenemos poco dinero. Traicionaría yo a Francia si os diera lo que pedís. ¿Por qué no recurrís al Emperador de Austria y le recordáis que tiene obligaciones de familia para con el bueno de Max? Fue él sobre todo quien lo lanzó a esta aventura, para privarlo de sus derechos a la corona austriaca.

EUGENIA.—Naturalmente, lo que Maximiliano debe hacer es salvar su vida, abdicar.

NAPOLEÓN.—Que luche, si quiere: admiro a los espíritus de lucha. Pero si las cosas se ponen demasiado difíciles en ese país de salvajes, dejadlo. Ellos serán quienes pierdan. Que abdique Max, como dice Eugenia. Vuestro cubierto estará puesto siempre en las Tullerías.

CARLOTA.—(*Levantándose.*) ¡Canalla!

EUGENIA.—Carlota, os excitáis en exceso.

CARLOTA.—¿Qué había en ese vaso?

EUGENIA.—Sólo un poco de naranjada, querida.

CARLOTA.—¡Oh, mi cabeza! Si no tuviera yo esta jaqueca atroz...

EUGENIA.—Tengo unos polvos de milagro para eso. Voy a daros una dosis, querida. (*Va hacia la puerta.*)

CARLOTA.—No. No quiero nada de vosotros. ¿Qué había en ese vaso?

NAPOLEÓN.—Señora, la Emperatriz os lo ha dicho ya. Un poco de naranjada.

EUGENIA.—Apenas si lo rozasteis con los labios.

*Napoleón se acerca para reponer sobre los hombros de Carlota la manteleta, que ha resbalado.*

CARLOTA.—No me toquéis. Sois vos, claro, sois vosotros. No es Austria, no son los católicos mexicanos. ¿Cómo no me di cuenta antes? Vosotros sois los culpables de todo.

EUGENIA.—Mi querida Carlota.

CARLOTA.—Él y vos con vuestra ambición. ¡Y hay aún quien hable de la mía! Conozco vuestros sueños como si yo los hubiera soñado. Vuestros sueños de pequeña condesa. Os profetizaron que seríais más que reina y sois emperatriz de los franceses, pero eso no os basta. Quisierais ser reina de España, Emperatriz de México, dueña del mundo entero. Hacer retroceder toda la historia en una sola noche de amor con este hombre, con este demonio a quien os vendisteis. Vos lo habéis hecho todo. (*Eugenia hace un movimiento hacia ella.*) Lejos de mí —¡lejos! Ahora me doy cuenta. Claro. Estoy envenenada.

EUGENIA.—¡Carlota!

NAPOLEÓN.—¡Señora!

CARLOTA.—Me habéis envenenado... Dejadme ya. Ahora me doy cuenta. Veneno —veneno por dondequiera. Veneno por años y años. ¿Qué hace el veneno de Europa en el trono de Francia? Estoy saturada de vuestro veneno. No me toquéis. ¡Advenedizo! Se lo dije bien claro a Max. ¿Qué puede esperarse de un Bonaparte? Veneno, nada más que veneno. Os haré caer del trono, Bonaparte. Cáncer de Europa —veneno de Europa. Veneno de México. Os haré caer. Haré que os derroquen, que os persigan, que os maten, y vuestro nombre será maldito para siempre. ¡Dejadme!

*Se dirige hacia la puerta.*

NAPOLEÓN.—Acompañad a Su Majestad, querido Duque. Atendedla en todo. (*Más bajo.*) Alojadla en el ala opuesta, donde no nos moleste.

CARLOTA.—(*Cerca de la puerta.*) Veré a Pío IX, veré a Bismarck, a Leopoldo, a Victoria. Pagaréis cara vuestra traición, os lo aseguro.

DUQUE.—(*Ofreciendo el brazo.*) Si Vuestra Majestad se digna concederme el honor.

CARLOTA.—Apartad. Dejadme. Veneno —veneno— ¡maldito!

*Sale, seguida por el Duque. Napoleón y Eugenia se miran.*

NAPOLEÓN.—No sé qué decir. Es de un mal gusto inconcebible.

EUGENIA.—Yo me siento avergonzada. ¡Qué modales absurdos!

NAPOLEÓN.—De princesa, querida mía. A mí me ha fastidiado la digestión.

EUGENIA.—Olvidadla. Tenemos que pensar en el baile de esta noche. ¿Creéis que pueda hacer algo?

NAPOLEÓN.—¿Quién?

EUGENIA.—Carlota.

NAPOLEÓN.—Oh, no, no. Está loca de atar. *Dommage! avec ce galbe superbe!*

EUGENIA.—Decidme, querido, ¿en qué momento preferís el baile español? ¿Al principio o al final?

NAPOLEÓN.—En cualquier momento. (*Se sirve un vaso de naranjada.*) Esa mujer me ha dejado la boca seca. (*Bebe.*) En cualquier mo-. mento, en cualquier momento Las bailarinas españolas son deliciosas siempre. (*Dentro de la trivialidad buscada de este diálogo se siente una tensión. El ánimo de los emperadores de Francia está perturbado por un amargo, estéril remordimiento.*)

OSCURO


ESCENA IV

*Primeramente vemos que un candelabro con bujías encendidas es instalado en una mesa del salón de la izquierda. La luz se hace un momento después en el despacho del Papa Pío IX, en el Vaticano. El Papa estará de espaldas al público todo el tiempo.*


LA VOZ DE CARLOTA.—(*Mientras son instaladas las luces.*) Veneno, Santo Padre, ¡veneno! Veneno de Europa —cáncer de Europa.

*Se hace la luz.*

EL PAPA.—Serenaos, hija mía querida. Vuestra causa es noble y piadosa y requiere toda vuestra serenidad.

CARLOTA.—Hemos sido traicionados, Santo Padre. No sabéis lo que ha sido esta tortura de tres años. Siempre la duda, siempre la incertidumbre. Y Napoleón lo esperaba todo entre tanto. Esperaba que Maximiliano fuera malo, débil y cruel, y faltara a su palabra.

EL PAPA.—Hija mía, la política de los hombres es tortuosa, y el poder temporal los alucina y a veces los envilece. Es el precio del poder temporal. Pero no debéis perder la confianza.

CARLOTA.—Vuestras palabras me alivian tanto, Santo Padre. Yo sé que Dios está con Maximiliano porque su causa es buena, porque él es bueno y limpio.

EL PAPA.—Dios da su corona a los buenos, y es una corona más bella que la corona imperial, hija mía. Decís que vuestro esposo

quiere salvar a la Iglesia en México, en el país de la Guadalupana, y ésa es una grande y noble acción. Pero, ¿abrogará entonces
esas leyes tan parecidas a las de Juárez, que nos separaron?
CARLOTA.—Os aseguro, Santo Padre, que si aceptáis el concordato
todo se arreglará. ¿No representa mucho acaso para la Iglesia
contar con un príncipe católico en América?
EL PAPA.—Hija mía, he luchado y lucharé con todas mis fuerzas por
el dogma de la infalibilidad pontifical y por el dogma de la Inma-
culada Concepción, y creo que Dios se dignará coronar mis esfuerzos. Pero veo esfumarse poco a poco el poder temporal de la
Iglesia. Dios sabe por qué y su voluntad sea hecha. Mi influencia
secular es nula casi. Los reyes, los príncipes y los ministros se
abandonan a sus ambiciones de poder y olvidan a la Iglesia, y los
pueblos se encrespan como las aguas del mar y olvidan a Dios.
Vivimos una época extraña y difícil. Maximiliano mismo ha ce-
dido a la influencia del siglo, pero yo sé que es bueno. Haré
cuanto pueda por vos y por él, cuanto pueda por el pueblo de
México; pero hay que volverlo a Dios.
CARLOTA.—Gracias, Santo Padre, muchas gracias. Un barco tan largo
que parecía que nunca llegaría yo al fin. Maximiliano tenía razón. Leal como siempre, me dijo: Si Napoleón duda o niega, acu-
de al Santo Padre, proponle un concordato. Pero no podía yo llegar al otro extremo del barco. (*Reacciona.*) ¿Qué es lo que he
dicho, Santo Padre?
EL PAPA.—Dijisteis que Maximiliano tenía razón.
CARLOTA.—¿Nada más, Santo Padre?
EL PAPA.—Estáis cansada y débil, hija mía. Vuestra prueba es dura,
pero Dios sólo manda esas pruebas a los que son grandes y lim-
pios de corazón. Tomaréis una taza de chocolate conmigo.
CARLOTA.—(*En un monotono.*) No sé si pueda. Estoy saturada del veneno de ese hombre. Todo lo que tomo se convierte en veneno.
Lo negó todo, ¡todo!
EL PAPA.—Debéis perdonar y olvidar, hija mía. Los imperios de la
tierra duran poco. Los tronos temporales son de ceniza y las co-
ronas son de humo. El hombre es una sombra por la que pasan
brevemente la sangre y el sol de la vida. Pero debéis confiar también, y descansar un poco.

*Se levanta y, siempre de espaldas, llama tirando de un cordón de seda.*

CARLOTA.—(*En un monotono.*) No me digáis eso, Santo Padre, por
favor. ¿Cómo podría yo descansar ni cerrar los ojos mientras

Maximiliano vela y espera? Quizá se bate a estas horas, y yo no he conseguido nada. Me han rechazado dondequiera, y Napoleón quería dar un baile para mí. Es amargo. ¿Cómo podría yo llegar al otro extremo del barco? Todas las gentes me miraban en Saint-Cloud como si hubiera estado loca, y Napoleón sonreía. El veneno sonreía. (*Transición.*) ¿Qué es lo que he dicho, Santo Padre?

EL PAPA.—Nada, hija mía. El recuerdo de vuestro esposo llena vuestro corazón y vuestra mente.

*Entra un Monseñor llevando una charola en la que hay tres tazas y el chocolate del Papa, que lo sirve en persona.*
*El Monseñor dice algo al oído de Su Santidad. El Papa mueve afirmativamente la cabeza. El Monseñor sale.*

EL PAPA.—Esto os reanimará. Viene de vuestro Imperio, hija mía.

*Carlota acepta, un poco mecánicamente, la taza que le tiende el Papa, y la lleva a sus labios.*

CARLOTA.—Dije que me miraban como si pareciera yo loca. No, no puede ser. ¿Creéis que estoy volviéndome loca, Santo Padre?

EL PAPA.—Dad un poco de reposo a vuestra imaginación, hija querida.

*Entra un Cardenal. Saluda al Papa y a Carlota; el Papa lo mira; el Cardenal mueve negativamente la cabeza. El Papa le indica con un gesto el chocolate; el Cardenal sirve.*

CARLOTA.—(*Dando un sorbo.*) Es un buen chocolate éste. El sabor me recuerda las tardes con Maximiliano, haciendo planes para el bien de México. (*Reacciona.*) Santo Padre, el concordato es el único remedio. Decid que sí.

EL PAPA.—Os explicaba antes, hija mía, que la Iglesia pierde su poder temporal. Si accediéramos al concordato no podríamos ayudaros más que moralmente. La Iglesia es pobre y nos inquieta, ya os lo dije, ver que hace presa en Maximiliano ese espíritu del siglo.

CARLOTA.—Pero él ayudará a la Iglesia, Santo Padre. Podríamos ir más lejos aún. Vuestra Santidad puede aliar a todos los países cristianos de Europa, recordar sus deberes a Francisco-José; yo convenceré a Leopoldo. Napoleón tendrá que someterse. Sería como una cruzada. No podéis negaros.

EL PAPA.—Un pontífice no puede negarse sin negar a Dios. Pero también os dije antes que mi influencia es nula.

CARLOTA.—Es claro, claro. (*Deja su taza.*)
EL PAPA.—¿Os sentís mejor, hija mía?
CARLOTA.—Me siento perfectamente, Santo Padre. He abusado de
mis nervios, y luego esa entrevista con el hipócrita Napoleón me
puso fuera de mí. Pero estoy perfectamente, os lo aseguro.
EL PAPA.—Dios sea loado. Id ahora, señora, id tranquila. Tenéis
nuestra bendición. Volved con vuestro esposo y tranquilizadlo.
Entre tanto yo pensaré las cosas, y espero que Dios me permita
ayudar a la buena causa.
CARLOTA.—¿Qué decís, Santo Padre? Yo no puedo volver antes de
que firméis el concordato. Necesitamos dinero y soldados. Todavía tengo que ir a Austria y a Bélgica, a buscar esa alianza. Es
preciso que todo quede arreglado cuanto antes. Si Vuestra Santidad acepta el concordato, tendré éxito. Tengo confianza, pero no
hay tiempo que perder. Busco por dondequiera y no encuentro
tiempo ya —ni un minuto, ni una migaja de tiempo para
nosotros.
EL PAPA.—Siempre hay tiempo, hija mía —y hay un tiempo para
cada cosa. Id ahora y descansad. Es tiempo de eso. (*Se vuelve al
Cardenal.*) Acompañaréis a Su Majestad, Cardenal. Quizá le sen-
taría bien un paseo por los jardines antes de salir de esta casa. Y
recomendad a sus damas que la hagan descansar.
CARDENAL.—Así lo haré, Santidad.

*El Papa tiende la mano a Carlota, que besa el anillo pontificio y se
dispone a partir. Llega hasta la puerta y se vuelve.*

CARLOTA.—No puedo irme, Santo Padre.
EL PAPA.—¿Qué decís, hija mía?
CARLOTA.—No puedo irme. Sabéis de sobra, os lo he dicho, que los
esbirros de Napoleón me persiguen.
EL PAPA.—Vamos, hija mía, vamos. El Emperador puede ser débil,
pero no es malo, y no os haría daño nunca.
CARLOTA.—No lo conocéis bien. Él lo planeó todo. Nos envió a Mé-
xico para robar, para matar, no para gobernar en paz y en amor.
Os digo que me ha envenenado, Santo Padre.
EL PAPA.—Señora, tendré que reñiros. Decís cosas pueriles y vuestra
desconfianza por Napoleón os hace creer lo que vuestra imagina-
ción quiere. Además, perjudica vuestra causa.
CARLOTA.—¿También vos me creéis loca entonces, Santidad?
EL PAPA.—No he dicho eso, hija mía, entendedme.
CARLOTA.—Loca. Es natural. Napoleón lo dice a quien quiere oírlo:
"Carlota Amalia está loca. Carlota Amalia está loca." ¿Cómo se

atrevería a desafiar al Emperador de Francia, a ofenderlo, si no es
porque está loca? Si no está loca, ¿a qué ha venido a Europa
abandonando a su marido? Cree que tenemos compromisos con
ellos. No han sabido gobernar en su imperio, y ahora pretenden
que Francia los sostenga en el trono —en un trono hecho de cenizas como dijisteis, Santidad. Es claro que está loca: llama demonio a Su Majestad el Emperador de los franceses. ¿Lo haría si estuviera cuerda? México la ha trastornado. ¿No pretende inmiscuir
a Europa en los asuntos de México? Pide dinero, pide ejércitos.
Nosotros la ayudamos antes, toda Europa lo sabe; los ayudamos
desinteresadamente, y ahora que no podemos seguir haciéndolo
se vuelve contra nosotros. Habla de conspirar, de derrocar el
Imperio de Francia porque ni ella ni su marido han sabido gobernar. ¿Qué sé yo si no se me ha adelantado ya ante vos? Parece
que lo oigo: "Santo Padre, esa pobre mujer os dirá mal de mí. La
compadezco profundamente, pero nada puedo hacer por ella.
Quiere encender la guerra en Europa y la revolución en Francia
por su Imperio en México. Os digo que su cabeza anda mal, Santo Padre."
EL PAPA.—(*Muy conmovido.*) Hija mía...
CARLOTA.—No conocéis a Napoleón, Santidad, eso es todo. Yo lo he
visto mentir y engañar durante tres años por boca de su lacayo
Bazaine. Tiene poder suficiente para destruirme, para influir en el
ánimo de todos los monarcas de Europa —aun sobre vos mismo.
Prometerá aquí y allá, como promete siempre, y lo creerán por-
que es Emperador de Francia, y porque Francia está en el cora-
zón de Europa y es el cerebro de Europa. Os impedirá ayudarme,
Santo Padre, lo sé.
EL PAPA.—Nuestro reino no es de este mundo, hija mía, y Napoleón
no es nuestro rey. Os suplico que no creáis en rumores, que no
escudéis vuestra causa tras una mala pasión contra el Emperador.
Os restará partidarios, comprendedlo.
CARLOTA.—Lo comprendo muy bien, Santidad, pero no tengo armas.
EL PAPA.—Tenéis a Dios.
CARLOTA.—Dios ayuda a Napoleón, no a Maximiliano.
EL PAPA.—¿Estáis ciega al extremo de blasfemar así, señora?
CARLOTA.—¿Veis como me creéis loca vos también? Me creéis loca
porque defiendo la vida de mi esposo; pero no se trata sólo de
nuestras vidas, Santidad. Se trata de nuestro poder; se trata de una
idea política, de un país que os interesa salvar para Dios, que esta-
rá perdido para la Iglesia si Juárez triunfa. Se trata de una causa.

EL PAPA.—Si vuestra causa es buena, podéis estar segura de que Dios estará con vosotros.

CARLOTA.—"Sí, sí, sí." Vos también parecéis dudarlo. ¿Por qué? Porque Maximiliano promulgó unas leyes que eran necesarias. Yo sé que fue el diablo el que nos llevó a México, Santidad, lo sé ahora —y el diablo es Napoleón. Pero Dios no puede abandonarnos allí ni dejar que perezcan la bondad y la fe de Maximiliano.

EL PAPA.—Detrás de cada acto del diablo hay un acto de Dios, hija mía. Ese pobre pueblo os necesitaba sin duda.

CARLOTA.—¿Verdad que sí? ¿Verdad que sí, Santo Padre?

EL PAPA.—Estoy seguro, señora.

CARLOTA.—¿Qué esperáis entonces? Aceptad el concordato, Santidad.

EL PAPA.—Es doloroso decíroslo, pero pedís un imposible, hija mía.

CARLOTA.—¿Veis cómo tenéis miedo de Napoleón también vos y cómo Napoleón, como el diablo os maneja? Enviad embajadores, Santidad; haced venir a Roma a los monarcas cristianos, para que juzguen y firmen la alianza. Si no os atrevéis solo, llamadlos. Es el momento. Podréis reforzar el poder temporal de la Santa Sede, minado por Napoleón y por Cavour. Podéis hacer caer a Napoleón al salvar a México. Porque no se trata sólo de México, sino del mundo entero, de Europa, que caerá en guerras y catástrofes si la Iglesia pierde su poder, si Napoleón sigue gobernando, si la dinastía de los advenedizos se perpetúa.

EL PAPA.—Hija mía, volvéis a ofuscaros. Olvidad el odio, que es un caballo negro y desbocado. Apelad al amor y conseguiréis vuestro propósito. Y os prometo ayudaros.

CARLOTA.—Así decía Max. Amor, amor, ¡amor! Vedlo ahora, traicionado por Napoleón, sin dinero, sin hombres, luchando él solo por la causa del amor en la tierra. ¿No sabéis que si yo hubiera prometido tierras y oro y plata a Napoleón, él habría sido servil y bajo y me habría dado cuanto le pidiera? ¿No sabéis que los príncipes se reirán de mí si les hablo de la causa del amor? Max no quiere tocar la tierra de México, y yo no puedo traicionarlo. ¡No puedo! Tengo que volver a él, tengo que verlo en seguida —tengo una idea, la única idea de salvación. ¡Pronto! Decid a Su Majestad el Emperador que necesito hablarle luego. Es urgente.

*El Papa y el Cardenal cambian una mirada.*

CARLOTA.—¿Por qué me miráis así? ¡Ah, ya entiendo! Napoleón os lo ha dicho, Eugenia lo contó en el baile. ¡No, no, no! Yo no estoy loca, Santo Padre. Estoy envenenada, pero no estoy loca. ¡Os digo que no estoy loca!

*Cae en el sillón y se queda allí quieta, mirando al vacío. Sólo sus manos, llenas de angustia, denuncian la vida en ella.*

EL PAPA.—Cardenal, decid al séquito de la Emperatriz que Su Majestad dormirá esta noche en el Vaticano. No creo prudente dejarla salir en este estado.

CARDENAL.—¿Una mujer en el Vaticano, Santidad?

EL PAPA.—Quizá la única en la historia. Infortunada. ¿Cómo podemos abandonarla si su corona es de espinas y de sombra? Id, Cardenal.

*El Cardenal se inclina y sale. El Papa se acerca a Carlota —sin dar el frente— y junta las manos como si orara. Carlota, que había estado mirando al vacío, siente de pronto la presencia del Papa. Se vuelve y dice con imperio:*

CARLOTA.—¡Este barco tan largo! ¿Habéis avisado a Su Majestad el Emperador que lo espero?

EL PAPA.—(*Volviéndose de frente por única vez y alzando los ojos al cielo.*) Su Majestad el Emperador está ya con vos, señora.

*Une las manos en oración. Carlota clava otra vez su mirada en el vacío.*

# ACTO III

## ESCENA PRIMERA

*Salón en el castillo de Miramar. 1866. Atardecer. Aparecen en escena Carlota, el Alienista, la Dama de honor, el Chambelán.*

CARLOTA.—(*Sentada en un amplio sillón.*) Traed luces, ¡traed luces!
ALIENISTA.—En seguida, Majestad.

*Enciende las dos bujías de un candelabro, y se acerca a la Emperatriz colocando el candelabro sobre una mesa.*

ALIENISTA.—¿Vuestra Majestad duerme bien?
CARLOTA.—¿Es acaso el momento de dormir?
DAMA DE HONOR.—Su Majestad duerme a veces con los ojos abiertos, Doctor. Yo no podía creerlo, pero ayer noche me convencí.
ALIENISTA.—Preferiría, señora, si me perdonáis, que Su Majestad se esforzara por contestarme ella misma.
DAMA DE HONOR.—(*Ofendida.*) Perdonad, Doctor.
ALIENISTA.—En todos los casos en que Su Majestad no pueda responder, os agradeceré vuestra intervención. Decidme algo. ¿Os habéis separado de Su Majestad?
DAMA DE HONOR.—Ni de día ni de noche.
ALIENISTA.—¿Tiene un sueño agitado, como si tuviera ensueños? ¿Habla al dormir?
CARLOTA.—¿Quién habla de dormir? En su despacho del castillo la luz está encendida siempre. Vela.
DAMA DE HONOR.—Es una cosa extraña, Doctor; no sé si Su Majestad sueña o no. Hasta ahora no ha hablado. Parece más bien como si hiciera esfuerzos por callar. Aprieta los dientes y los labios. Y aun cuando cierra los ojos, da la impresión de estar despierta siempre.
ALIENISTA.—Está en tensión. Gracias, señora. ¿Querría Vuestra Majestad levantar su mano derecha?
CARLOTA.—¿Quién vela en ese castillo? No sé ya cuál castillo es ni quién está en él. ¡Tantos castillos!

ALIENISTA.—Majestad... ¡Majestad!

*Carlota alza lentamente los ojos hacia él.*

ALIENISTA.—¿Querría Vuestra Majestad levantar su mano derecha en el aire? Así.

CARLOTA.—¿Para qué?

ALIENISTA.—Quisiera ver de cerca esa sortija, Majestad.

*Carlota mira su mano y la alza lentamente. El Alienista la toma entre las suyas.*

ALIENISTA.—¿Puede Vuestra Majestad mover ese dedo —el dedo en que tiene la sortija?

CARLOTA.—¿Mover mi dedo? ¿Cómo?

ALIENISTA.—Así.

DAMA DE HONOR.—Es como un juego, señora. Así.

CARLOTA.—Ciertamente. (*Mira su mano en alto, le da vuelta y mueve otro dedo que el requerido.*)

ALIENISTA.—¿Podría yo ver ahora la mano izquierda de Vuestra Majestad, la otra mano?

*Carlota junta sus manos abajo, las mira lentamente. Al cabo de un instante alza, con una sombra de sonrisa, la mano derecha, que el Alienista toma.*

ALIENISTA.—(*A la Dama de honor.*) ¿Tenéis un alfiler, señora?

DAMA DE HONOR.—(*Buscándose y dándolo.*) Aquí está.

*El Alienista toma el alfiler y lo hunde en la palma de la mano de Carlota, que permanece inmóvil y abstraída.*

DAMA DE HONOR.—¡En nombre de Dios! ¿Qué hacéis, Doctor?

ALIENISTA.—Como veis, señora, Su Majestad no ha sentido nada.

CARLOTA.—¿Por qué no habéis traído las luces? ¿No os dije acaso que las trajerais?

ALIENISTA.—En seguida, Majestad.

*Toma otro candelabro de dos velas, que enciende en la llama de una de las encendidas, colocándolo al otro extremo de la mesa.*

CARLOTA.—¿Quién está en el castillo? ¿Qué castillo es ése?

ALIENISTA.—¿Come con apetito Vuestra Majestad? (*Carlota no responde.*) ¿Quiere comer algo Vuestra Majestad? ¿Comer?

CARLOTA.—¿Es hora de comer acaso?

CHAMBELÁN.—Permitid que os conteste, Doctor. Su Majestad se niega a comer y a beber desde que salimos de Roma. Lo rechaza todo hablando de venenos, pero... (*Duda.*)

ALIENISTA.—¿Pero...? Os ruego me digáis todo cuanto pueda ayudar al examen.
CHAMBELÁN.—Me avergüenza decirlo. Luego, Su Majestad busca a hurtadillas las provisiones, y se esconde para comerlas.
ALIENISTA.—¿Las roba?
CHAMBELÁN.—¡Doctor, por favor!
ALIENISTA.—No hay que ofenderse, caballero. Ese instinto es normal en los niños, en los dementes y en los gobernantes. (*Se vuelve a Carlota*.) ¿Vuestra Majestad sabe, sin duda, que Su Majestad el Emperador Maximiliano la espera en México?

*Carlota no responde. El Alienista hace una seña a la Dama de honor.*

DAMA DE HONOR.—Primero Su Majestad no hablaba de otra cosa. Ahora ya no pronuncia el nombre del Emperador.
CARLOTA.—(*Como si oyera en este momento la pregunta del Alienista, con voz blanca y lenta, a la manera de quien mira o toca un objeto extraño*.) El Emperador Maximiliano. (*Aprieta los dientes*.) ¿Quién ha hablado aquí? ¿Quién ha dicho un nombre? ¿Qué nombre era?
ALIENISTA.—¿Está contenta Vuestra Majestad de su visita a Roma? ¿Irá Vuestra Majestad a Viena? ¿Se encuentra bien Vuestra Majestad en Miramar?
CARLOTA.—Tengo que ir a Roma. Tengo que ir a Viena. (*Mira sus manos*.) ¿Qué es esto? (*El Alienista se acerca y mira*.)
ALIENISTA.—(*Con deliberada lentitud*.) Vuestra Majestad tiene una gota de sangre en la mano.
CARLOTA.—Esas luces que pedí, esas luces.

*El Alienista hace una seña al Chambelán, que se apresura a encender dos velas más, colocando un tercer candelabro en la mesa.*

ALIENISTA.—Una gota de vuestra propia sangre, Majestad.

*Carlota mira curiosamente sus manos.*

CARLOTA.—No puedo ver sin luces. Claro.

*El Chambelán acerca un candelabro de tres velas, que enciende, colocándolo en la consola próxima.*

CHAMBELÁN.—(*A media voz*.) ¿Qué significa esto? ¿Se ha afectado la vista Su Majestad también?
ALIENISTA.—No lo creáis, caballero.

*Toma uno de los candelabros y lo pasa dos veces por delante de los ojos de Carlota, que no parpadea.*

DAMA DE HONOR.—(*En un grito sofocado.*) ¡Dios mío! ¿No ve?
ALIENISTA.—No es eso, señora. Su Majestad ve perfectamente —pero está mirando a otro lado— un lado hacia el cual no podemos ver nosotros. (*Posa el candelabro.*)
CARLOTA.—Una gota de sangre.
ALIENISTA.—Majestad... Majestad... ¡Majestad!
CARLOTA.—Callad. No podemos hablar aquí. He jurado que no hablaría. Tengo que ir a París para algo. Os lo diré todo en París.
ALIENISTA.—¿Habéis olvidado que estamos ya en París? Vuestra Majestad puede hablar libremente.
CARLOTA.—Es verdad. Nadie debe saber que estamos en París. Quería deciros algo —tenía algo que deciros. (*Busca.*) ¡Ah, sí! Os lo diré más tarde. No tenemos tiempo, ¿no veis? No tenemos tiempo.
ALIENISTA.—Muy bien, Majestad. (*A la Dama de honor.*) ¿Reconoce Su Majestad sin intermitencias a todas las personas de su séquito?
DAMA DE HONOR.—No creo que nos desconozca, pero no lo sé bien. No habla con nosotros directamente, ni nos llama por nuestro nombre.
ALIENISTA.—(*Al Chambelán.*) ¿Reconoció Su Majestad a los miembros de la familia real de Bélgica? ¿Pudo hablar con ellos?
CHAMBELÁN.—Durante su permanencia en París, Su Majestad escribió a sus hermanos y a la familia imperial de Austria, que no podía verlos por razones políticas.
CARLOTA.—(*Con un grito desgarrado.*) ¡Ay!
DAMA DE HONOR.—(*Acercándose a ella.*) ¿Qué ocurre, señora?
CHAMBELÁN.—(*Mismo juego. Simultáneamente.*) ¿Qué tenéis, Majestad?

*El Alienista se limita a acercarse, observando estrechamente a Carlota.*

CARLOTA.—Mi mano —me duele atrozmente esta mano. ¡Tengo sangre en esta mano!
ALIENISTA.—¿Dónde exactamente, Majestad?
CARLOTA.—No podéis verlo en la oscuridad. Traed luces inmediatamente.

*El Chambelán, atento a la señal del médico, trae y enciende otro candelabro de tres velas, que deposita sobre la consola.*

ALIENISTA.—¿Os duele aún, Majestad?
CARLOTA.—Atrozmente, os digo, ¡atrozmente!

*El Alienista toma la mano de Carlota y pasa un pañuelo blanco por ella.*

ALIENISTA.—Con esto desaparecerá vuestro dolor, señora.

CARLOTA. —(*A media voz, mirando su mano.*) ¡Oh! ¡Ay! ¡Ay!

DAMA DE HONOR.—¿Tiene dolor en efecto? ¡Parece sufrir tanto!

ALIENISTA.—Su Majestad está fingiendo. (*La Dama de honor se muestra ofendida.*) Preguntádselo vos misma, señora.

DAMA DE HONOR.—¿Sufre mucho Vuestra Majestad de su mano? (*Carlota la mira sin responder.*) ¿De su mano?

*Carlota mira sus manos una tras otra y mueve afirmativamente la cabeza.*

CARLOTA.—(*Con voz blanca.*) Mi mano.

ALIENISTA.—¿Está sujeta Su Majestad a accesos frecuentes de cólera, o persiste más bien en su abatimiento? ¿Se exaspera con facilidad?

DAMA DE HONOR.—El otro día rompió un gran jarrón de porcelana de Sèvres. No parece escucharnos; pero se enfada si insisto en que coma.

CHAMBELÁN.—Pero lo hace de un modo, diría yo, impersonal, extraño.

ALIENISTA.—(*A Carlota.*) Majestad, ¿para qué queréis tantas luces? (*Bruscamente.*) ¿Qué quiere hacer Su Majestad con todas esas luces? ¡Vamos, pronto o las apago todas!

CARLOTA.—He pedido luces, pero nadie quiere traerlas ya. Ellos se niegan siempre.

ALIENISTA.—Las traeré yo mismo, Majestad.

*Hace una seña al Chambelán, que sale y regresa un instante después llevando un tercer candelabro de tres velas, ya encendidas. El Alienista lo toma y se acerca a Carlota.*

ALIENISTA.—Aquí las tenéis señora. Os digo que aquí tenéis las luces, ¿me oís?

CARLOTA.—Hace ya mucho tiempo que espero en la oscuridad. ¿Oír? Nadie me oye. (*Como con una idea repentina.*) Traedlas vos mismo, os lo ruego, traed muchas.

*El Alienista deposita el tercer candelabro de tres velas en la consola y vuelve a Carlota.*

ALIENISTA.—Señora, han llegado noticias de Su Santidad ahora mismo. (*Carlota no se interesa.*) Buenas noticias, Majestad. (*Saca un papel de su bolsa.*) Mirad aquí el pliego. Es preciso que os enteréis, señora. Su Santidad ha aceptado. ¡El concordato es un hecho!

*Le pone el papel en las manos, Carlota lo mira, lo despliega; algo parece interesarle profundamente en él. Lo dobla, mira a todas partes y lo oculta en su seno.*

CARLOTA.—(*A media voz.*) ¿Acaso podía ser de otro modo?

*El Alienista mueve la cabeza y reflexiona mientras pasea un poco, con las manos atrás. Parece tomar al fin una gran decisión. Se acerca a Carlota y pone el pulgar de su mano izquierda sobre la frente de la Emperatriz.*

ALIENISTA.—(*Su voz crece poco a poco, como si gritara en un pozo.*) Ruego a Vuestra Majestad que me mire. Miradme, señora, ¡miradme! ¡Os digo que me miréis, señora! (*Baja la voz.*) Fijad vuestros ojos en mí. Vuestros ojos —vuestros ojos.

*Carlota alza lentamente los ojos hacia el Alienista. Se estremece y trata de bajar la cabeza, pero él se lo impide. Entonces, con los ojos fijos en ella, ejecuta con la mano derecha algunos pases magnéticos. El Chambelán y la Dama observan la escena con un estremecimiento.*

ALIENISTA.—¿Podéis oírme, Majestad? ¿Me oís?

CARLOTA.—Os oigo perfectamente.

ALIENISTA.—Voy a haceros tres preguntas, señora, tres preguntas.

CARLOTA.—Tres preguntas.

ALIENISTA.—¿Queréis volver al lado de vuestro esposo el Emperador Maximiliano? (*Carlota calla.*) ¿Queréis volver al lado de Maximiliano?

CARLOTA.—(*Estallando en un gran grito.*) ¡Todo está a oscuras, todo! Y todas las puertas son iguales, iguales —abren y cierran igual— lo mismo, lo mismo. No llevan adentro —no llevan afuera. ¡No! ¿No habéis oído? ¡Noticias de Su Santidad! ¡Aquí están, aquí están! (*Agita un pliego imaginario en su mano.*) Buenas noticias, ¿no es verdad? Mi cuñado me lo ha dicho. Vos lo dijisteis, Franz. Es espantoso. Todas las puertas son iguales. ¡Todo a oscuras! ¡No puedo leerlas, no puedo!

*Se levanta en un gran impulso y entra en una furia mecánica; golpea el suelo con el pie y va de un lado a otro mientras habla.*

CARLOTA.—¡No puedo esperar más! ¡Os he pedido luces!

*A una señal del Alienista, el Chambelán corre por otro candelabro, éste de cuatro velas encendidas. Su retorno coincide con la salida de la Dama de honor. Carlota habla siempre.*

CARLOTA.—Pero no puedo decir nada tampoco. Juré no decir nada, callar los nombres. ¡Luces ya!

*La Dama de honor, a una indicación muda del Alienista, sale y vuelve con otro candelabro de cuatro velas. Su regreso coincide con la salida del Alienista.*

CARLOTA.—Ahora tengo que callar. He hablado demasiado. Ahora todos conocen mi pensamiento. No es verdad, nadie lo conoce, ¡nadie puede conocerlo! ¡Traed luces!

*El Alienista sale y regresa a su vez con un tercer candelabro de cuatro velas. Él, la Dama de honor y el Chambelán conservan sendos candelabros en la mano mientras observan y rodean a la Emperatriz.*

CARLOTA.—Es una cosa que sólo sabemos nosotros, nosotros, nosotros. ¿Quiénes somos nosotros?

*Baja la voz hasta que sólo deja escapar sonidos casi inarticulados. A veces sobresale la palabra callar, la palabra silencio, la palabra sombra.*

DAMA DE HONOR.—¡Doctor! ¿No podéis hacer nada?

ALIENISTA.—Su Majestad ha perdido el dominio de sus sensaciones, de sus centros nerviosos, la noción del lugar. Si Su Majestad Francisco-José me autoriza, someteré a la Emperatriz a un tratamiento. Pero será largo. (*La Dama de honor llora.*)

CHAMBELÁN.—Yo debo escribir a Su Majestad el Emperador Maximiliano. ¿Puedo decirle…?

ALIENISTA.—Podéis decirle que tengo pocas esperanzas. (*El Chambelán baja la cabeza.*)

DAMA DE HONOR.—No es posible. Algo que habrá que…

CHAMBELÁN.—La medicina ha progresado tanto, Doctor; es preciso que…

*Carlota continúa paseando y mascullando frases en un decrescendo.*

ALIENISTA.—Mi ciencia tiene un límite, y Su Majestad se encuentra en la etapa más incierta de su mal. Lucharé por salvar su razón. (*Con una idea de pronto.*) Venid, acercaos con vuestros candelabros. Repetid lo que yo diga. (*Los tres rodean a Carlota.*) ¿Es esto lo que pedíais, señora? ¿Son suficientes estas luces?

DAMA DE HONOR.—Aquí están las luces, Majestad. ¡Mirad cuántas!

CHAMBELÁN.—Las luces que Vuestra Majestad ha pedido.

CARLOTA.—¿Pedido? Sí, os he pedido algo, ¿no es verdad? (*Se sienta en un sillón.*) Esperad… Os he pedido algo. (*Repasa los dedos de su mano izquierda con uno de la derecha.*) Sí, ya sé. Era... No, no. Esperad, os digo. ¡Esperad!

*Se reconcentra, mirando al vacío. La luz de las doce bujías forma un círculo fantástico en torno a su rostro. Al fin sonríe débilmente.*

CARLOTA.—Se me ha olvidado. Eso es, eso es. Se me ha olvidado.

O S C U R O

## ESCENA II

*El doble salón del castillo en Bélgica, en 1927. Carlota, octogenaria, vestida de azul, aparece sentada en un sillón. El profesor Erasmo Ramírez, sentado en el otro sillón, la mira como fascinado. La acción de esta escena se desarrolla en el salón de la izquierda.*

CARLOTA.—Olvidado. Se me ha olvidado. Esperad. Sí, sí, eso es. Un papel... Un papel con orla de luto. ¿Por qué? Yo escribí una carta. Esperad. Oigo un ruido. Alguien ha roto un jarrón de Sèvres. No —lo he perdido. No me deja pensar un rumor de campanas —veo petardos y flores, y mi hermano Leopoldo sonríe, con su gran barba negra.
ERASMO.—Quizá la anexión del Congo. 1885.
CARLOTA.—Esperad, os digo. Oigo más campanas, pero no son alegres. Oigo los golpes mesurados del bedel sobre las losas y veo un hisopo que se agita en el aire.
ERASMO.—Leopoldo II ha muerto. 1909.
CARLOTA.—Y otra vez cintas y flores, carillones y salvas... Hay alguien en la silla del trono. No distingo bien.
ERASMO.—Alberto I es coronado. 1909.
CARLOTA.—Gritos por dondequiera. Esperad. ¿Por qué gritan así? Las campanas están doblando, pero los gritos llegan más alto. Algo zumba allá arriba. Es exasperante, horrible. ¿Qué ruido es ése? (*Escucha.*) Ahora. ¿Oís? Otra vez. Otra vez. Otra vez. Es un ruido sordo y largo que no me deja dormir. Quiero dormir. Hay que cerrar todas las puertas, todas las ventanas. Allí está de nuevo. ¿Oís? (*Presta el oído.*) Todavía. ¿Oís? ¿Oís el trueno?
ERASMO.—1914.
CARLOTA.—Y ahora las campanas. Nunca había oído tantas campanas. ¡Mis pobres orejas! ¿Por qué ríe todo el mundo? Las gentes corren como llamas. Nadie me hace caso.

ERASMO.—11 de noviembre de 1918.
CARLOTA.—Yo escribí una carta. Pero, ¿por qué tenía el papel un filo negro? Esperad. Tengo que acordarme. (*Se lleva las manos a la frente.*)
ERASMO.—(*Citando libremente.*) Quizá ésta. 1868. "Señora: Mucho os agradezco la expresión de pesar que me enviáis por la muerte de mi muy amado esposo el Emperador Maximiliano. Vuestras palabras me traerían consuelo si un dolor tan grande pudiera ser consolado..."
CARLOTA.—¡No! ¡No! ¡Max! (*Mira sus manos de pronto.*) ¿De quién son estas manos? (*Las agita en el aire, como para cambiarlas por otras más jóvenes. Luego se toca el rostro y los cabellos, lentamente, una y otra vez.*) Éste no es mi rostro — Y estos cabellos muertos... ¿Qué quiere decir esto? ¿De quién son estas manos? ¿Por qué? (*Se levanta, trágica, seca figura.*) ¿Qué lugar es éste?
ERASMO.—El castillo de Bouchout en Bruselas, 1927.

*Carlota se vuelve a él, irguiéndose.*

CARLOTA.—¿Qué es lo que habéis dicho?
ERASMO.—(*Levantándose, inflexible.*) Bruselas. El castillo de Bouchout, 1927.
CARLOTA.—¡Es una mentira! (*Se palpa.*) Pero... este cutis... estos cabellos. Dadme un espejo, ¡pronto!

*Erasmo señala en silencio la pared divisoria de cristales. Carlota se acerca lentamente y trata de mirarse en los cristales; vuelve la vista a todas partes, toma un candelabro, y se acerca nuevamente a la vidriera, donde mira atentamente su reflejo.*

CARLOTA.—¡No! ¡No! ¡No!

*Retrocede. El candelabro se escapa de sus manos. Erasmo lo recoge.*

CARLOTA.—¿Qué cifra es ésa que habéis dicho? ¡Repetidla!
ERASMO.—1927.

*Carlota se deja caer en un sillón, con el peso de un pájaro herido. Al cabo de un momento agita las manos temblorosas en el aire.*

CARLOTA.—1927. Bruselas. Yo nací en Laeken en 1840. (*Cuenta con los dedos.*) ¿Ochenta y siete años? ¿Hace ochenta y siete años que nací?
ERASMO.—Sí, señora.
CARLOTA.—Os digo que es imposible. Otro siglo. El siglo XX —parecía tan lejano. Esperad. Yo salí de México en 1866. (*Trata de calcular.*) No puedo. ¿Cuántos años, decidme, cuántos años?

ERASMO.—(*Siempre inflexible.*) Sesenta y un años, señora.

CARLOTA.—No. Esto es un sueño —un sueño ridículo. Estas manos. ¿Habéis visto estas manos? (*Erasmo asiente.*) ¿Son mías? (*Erasmo asiente. Carlota mira sus manos y se vuelve a Erasmo, desconfiada de pronto.*) Estáis mintiendo. ¿Sesenta y un años? No, —me quitaré estos guantes horribles... ¿Quién sois vos? ¿Qué hacéis aquí? No os conozco.

ERASMO.—(*Con severidad.*) Soy un mexicano, señora.

CARLOTA.—Salid en seguida. ¿Dónde están mis damas, mis chambelanes, mis guardias? ¡Salid!

*Erasmo se dirige hacia la puerta. Llegado a ella, se vuelve.*

ERASMO.—(*Adaptándose al tratamiento convencional, para no complicar más la situación.*) Perdone usted —perdonad, señora, pero no puedo irme así nada más. He hecho el viaje desde México hasta Bruselas para hablar con vos. Permitid que me quede. Si me fuera ahora, sería con odio en mi corazón.

CARLOTA.—Esperad. Una carta con orla de luto. ¿Qué decía esa carta?

ERASMO.—(*Citando.*) "...por la muerte de mi muy amado esposo el Emperador Maximiliano. Vuestras palabras me traerían consuelo si un dolor tan grande pudiera ser consolado."

CARLOTA.—Yo sabía eso —yo lo sabía. ¿Cómo conocéis vos esa carta?

ERASMO.—He visto una copia en México, señora.

CARLOTA.—Siento como si de pronto pudiera yo comprender todas las cosas, y esto no me tortura. No me asfixia. "La muerte de mi muy amado esposo el Emperador Maximiliano." ¿Cuándo? ¿Cuándo?

ERASMO.—(*El último golpe.*) Querétaro. El 19 de junio de 1867.

CARLOTA.—Esperad. El 19 de junio de 1867. 1927. Sesenta años. ¿Queréis decir que hace sesenta años que él me espera? (*Erasmo asiente.*) Es monstruoso. Es monstruoso. ¿Por qué? ¿Para qué? ¿Cometí un crimen tan grande para merecer esta separación? No entiendo —no entiendo. Esperad. (*Reflexiona profundamente.*) Decidme: ¿Napoleón?

ERASMO.—(*Mecánico como un profesor.*) Alemania derrotó e invadió a Francia en 1870. Napoleón murió en Chislehurst en 1873.

CARLOTA.—El Papa me lo dijo —lo recuerdo. Los imperios duran poco y los tronos están hechos de ceniza. Esperad. ¿El Papa?

ERASMO.—Muerto en 1878.

CARLOTA.—No... ¿Bazaine?

ERASMO.—(*Mismo juego.*) Bazaine traicionó a Francia y vendió a Napoleón en Metz en 1870. El comprador fue Bismarck, muerto en 1898. Bazaine fue condenado a muerte en 1873, su pena conmutada por la de prisión. Se evadió y murió en España abrumado por el desprecio de todos los hombres.

CARLOTA.—Yo lo sabía, yo lo sabía. ¿En qué año?

ERASMO.—En 1888.

CARLOTA.—Napoleón seis años después; Bazaine veintiún años después. Claro. Claro.

ERASMO.—(*Aportando voluntariamente el dato.*) Francisco-José murió en 1916. Su hijo Rodolfo se suicidó en Mayerling en 1889. Profesaba las ideas liberales de Maximiliano. La dinastía de los Habsburgo ha dejado de reinar. Austria y Alemania son repúblicas.

CARLOTA.—Quizá también él necesitó apoyar su trono sobre bayonetas extranjeras. Abdicar o morir. ¿Y Victoria?

ERASMO.—Reina de Inglaterra, Emperatriz de las Indias. Murió en 1901, a los ochenta y dos años. Inglaterra y Francia ganaron la guerra contra Austria y Alemania en 1918, señora, con los Estados Unidos. También Francia es república.

CARLOTA.—¡No, no, no! Esperad. ¿Qué vértigo aterrador es éste? Todos han muerto ya. ¿Quién vive entonces? ¿Quizá Eugenia de Montijo?

ERASMO.—La ex Emperatriz Eugenia murió en Madrid, 1920, señora —hace siete años.

*Carlota se levanta; da lentamente algunos pasos.*

CARLOTA.—Todos han muerto aquí, y yo sobrevivo. ¿Por qué? ¿Por qué? (*Se vuelve a Erasmo y lo examina con lentitud.*) ¿Por qué creí que erais el señor Juárez? No lo sois, ¿verdad?

ERASMO.—Como él soy indio zapoteca, señora, y nací en Oaxaca. Benito Juárez murió el 18 de julio de 1872.

CARLOTA.—Cinco años después. Aun él murió.

ERASMO.—Su espíritu vive, señora.

CARLOTA.—Dios ha sido justo con todos. A cada uno le dio la muerte a la hora justa. ¿Por qué no a mí? ¿Por qué se ha olvidado de mí? ¿Por qué? Era mejor no saber nada, no sentir nada más que la conciencia borrosa de haber muerto hace mucho tiempo, hace sesenta años, en otro siglo, en otro mundo diferente de éste de espectros que se levantan en torno a mí y que me esperan como él desde entonces. ¿Vive este mundo de hoy y qué quiere? Decídmelo.

ERASMO.—Señora, ¿recordáis esos horribles zumbidos que escuchabais en el cielo de Bélgica en 1914? (*Carlota asiente, repitiendo el año.*) Eran aviones, señora. Pájaros fabricados por la mano del hombre.

CARLOTA.—Leonardo —Montgolfier... Era yo muy pequeña cuando subió alguien en un globo... me asusté y me reí.

ERASMO.—El hombre puede volar hoy, señora, pero eso no lo aleja de sus viejos instintos. Como los seres de ayer, busca el poder siempre, busca la conquista por la fuerza, el mal.

CARLOTA.—Como yo. ¿No es eso lo que queréis decir?

ERASMO.—Sí, señora.

CARLOTA.—Sesenta años. Sesenta años he llevado en mi cabeza esta pesada corona de sombra, y despierto sólo para adivinar el mismo sentido detrás de las palabras, la misma tácita afirmación detrás de las miradas. ¿Se me odia en México aún, como entonces? La ambiciosa, la fuerte, la orgullosa, la voluntad diabólica del pobre Max. ¿Nadie va a comprender nunca? ¿Nunca? Soy una mujer vieja —la más vieja del mundo. Sesenta años de locura son más largos que toda la razón humana. Emperatriz tres años con una corona que todos me disputaban —y los he sobrevivido a todos sin saberlo, arrastrándome como una sombra en Miramar, en Laeken, en Bouchout. Todos deben de haberse preguntado: ¿Y ella cuándo? ¿Cuándo será su turno? ¿Cuándo se confundirá con el polvo como todos nosotros, la ambiciosa, la loca, la Emperatriz en sueños? No tengo más que estas manos viejas y desnudas que no lograron el poder.

ERASMO.—Señora...

CARLOTA.—Vuestra mirada hace un momento deletreó el mismo odio que leía yo en todos los ojos que me acechaban en México —el mismo arrepentimiento por habernos llamado —porque fuimos llamados. Él lo decía a menudo y me llamaba su ambiciosa. ¿Ambicioné más que otros acaso? ¿No amé acaso a los indios? ¿Era yo tan extrahumana que nadie pudiera comprender ni excusar? ¿Dónde está mi belleza, mi juventud? ¿Y no bastan acaso sesenta años de vivir en la noche, en la muerte, con esta corona de pesadilla en la frente, para merecer el perdón?

ERASMO.—Señora, escuchadme, os lo suplico. Yo no soy más que un historiador, una planta parásita brotada de otras plantas —de los hombres que hacen la historia. Yo no quito ni pongo rey. Soy un pobre hombre.

CARLOTA.—Sois la mirada de México. Y yo no soy ya más que una vieja. ¿Conocéis mis retratos? Cuando los pintores me pintaban, pretendían hacerme más bella. Creían adularme, pero cambiaban lo que no podían reproducir. Yo era como Max: indescriptible. Y he vivido hasta ahora para que nadie me conozca. Está bien. Odiadme. Todo lo que queda del poder que quise alcanzar es eso. Me resigno. Pero decidme, ¿odia México aún a Maximiliano? ¿Odia México aún el amor?

ERASMO.—Si he venido a buscaros hasta aquí, señora, fue con la más absurda, con la más descabellada esperanza de encontrar una nueva verdad para la historia de México.

CARLOTA.—Pero no la habéis encontrado —¿no es así?

ERASMO.—Hasta ahora no, señora. Estoy en la sombra yo también. No entiendo todavía muchas cosas. La razón misma de que viváis así, por encima de todos los que os amaron, por encima de todos los que os dedicaron su odio, sigue escapándoseme de entre los dedos.

*Pausa. Carlota se sienta nuevamente, con dificultad.*

CARLOTA.—Antes de iros de aquí, decidme una cosa. Decidme cómo murió Maximiliano.

*Erasmo inclina la cabeza y se reconcentra.*

ERASMO.—A las siete de la mañana de un día claro...
CARLOTA.—Ya no olvidaré la fecha. 19 de junio de 1867.

O S C U R O

## ESCENA III

*Salón derecha. La celda de Maximiliano en el Convento de Capuchinas, en Querétaro. Maximiliano aparece sentado ante una mesa; termina de escribir. Levanta y espacia la vista fuera del ventanillo de su celda y sonríe misteriosa y tristemente. Luego pliega con melancolía sus cartas. Un centinela abre la puerta de la celda y deja entrar a Miramón.*

MAXIMILIANO.—(*Sonriendo.*) Buenos días, General Miramón.
MIRAMÓN.—Buenos días, Majestad.
MAXIMILIANO.—Es un amanecer bellísimo. Mirad aquellas nubes rojas, orladas de humo, que se vuelven luz poco a poco. Nunca vi amaneceres ni crepúsculos como los del cielo de México. En una

mañana como ésta resulta fácil pagar la deuda de sangre de Carlos V. ¿No estáis de acuerdo? ¿Habéis escrito a vuestra esposa, a vuestros hijos?

MIRAMÓN.—Sí, *sire*. Mejía hace otro tanto.

MAXIMILIANO.—Pobre Mejía. Se aflige demasiado por mí. Por lo menos, podéis estar seguros de que vuestras cartas serán recibidas. Yo no sé si la Emperatriz podrá leer la mía. Las últimas noticias que tuve me hacen temer por su lucidez más que nunca. (*Se acerca a Miramón*.) Necesito haceros una confesión.

*El centinela abre una vez más la puerta. Entra Mejía, muy deprimido.*

MAXIMILIANO.—Llegáis a tiempo, General Mejía. Quiero que los dos oigáis esta carta. No sé por qué, pero no pude resistir la tentación de escribir a mi hijo.

MEJÍA Y MIRAMÓN.—¡Señor! ¡*Sire*!

MAXIMILIANO.—No. Al hijo que no tuve nunca. (*Toma un pliego de la mesa*.) Fantasía de poeta aficionado. ¿Qué importancia tiene? A todos los que van a morir se les otorga un último deseo. (*Despliega la carta*.) ¿Queréis fumar? (*Les tiende su purera, Mejía presenta el fuego y los tres encienden ritualmente sus cigarros puros*.) Echaré de menos el tabaco mexicano.

MEJÍA.—(*Desesperadamente*.) ¡Señor!

MAXIMILIANO.—¿Queréis que os lea mi carta? Es muy breve. "Hijo mío: voy a morir por México. Morir es dulce rara vez; el hombre es tan absurdo que teme la muerte en vez de temer la vida, que es la fábrica de la muerte. He viajado por todos los mares, y muchas veces pensé que sería perfecto sumergirse en cualquiera de ellos y nada más. Pero ahora sé que el mar se parece demasiado a la vida, y que su única misión es conducir al hombre a la tierra, tal como la misión de la vida es llevar al hombre a la muerte. Pero ahora sé que el hombre debe regresar siempre a la tierra, y sé que es dulce morir por México porque en una tierra como la de México ninguna sangre es estéril. Te escribo sólo para decirte esto, y para decirte que cuides de tu muerte como yo he procurado cuidar de la mía, para que tu muerte sea la cima de tu amor y la coronación de tu vida." Es todo. La carta del suicida.

MEJÍA.—¡Majestad! (*Hay lágrimas en su voz*.)

MAXIMILIANO.—(*Quemando la carta y viéndola consumirse*.) Vamos, Mejía, vamos, amigo mío. Es el último derecho de la imaginación. No hay por qué afligirse.

MIRAMÓN.—Nunca creí, señor, que el amor de vuestra Majestad por México fuera tan profundo.

MAXIMILIANO.—Los hombres se conocen mal en la vida, General Miramón. Nosotros llevamos nuestra amistad a un raro extremo; por eso nos conocemos mejor. A propósito, tengo que pediros perdón.

MIRAMÓN.—¿A mí, señor?

MAXIMILIANO.—No os conservé a mi lado todo el tiempo, como debí hacerlo.

MIRAMÓN.—Perdonadme a mí, señor, por haberme opuesto a la abdicación.

MAXIMILIANO.—Eso nunca podré agradecéroslo bastante.

MEJÍA.—No es justo, señor, ¡no es justo! Vos no debéis morir.

MAXIMILIANO.—Todos debemos hacerlo, general Mejía. Cualquier día es igual a otro. Pero ved qué mañana, ved qué privilegio es morir aquí.

MEJÍA.—No me importa morir, Majestad. Soy indio y soy soldado, y nunca tomé parte en una batalla sin pensar que sería lo que Dios quisiera. Y todo lo que le pedía yo era que no me mataran dormido ni a traición. Pero vos no debéis morir. Hay tantos indios aquí, tantos traidores, tantas gentes malas —pero vos sois único.

MIRAMÓN.—Los republicanos piensan que los traidores somos nosotros, Mejía.

MEJÍA.—Lo he pensado, ¡lo he pensado mil veces! Sé que no es cierto.

MIRAMÓN.—Quizá seremos el borrón de la historia, pero la sinceridad de nuestras convicciones se prueba haciendo lo que vamos a hacer.

MEJÍA.—¡Pero no el Emperador! ¡El Emperador no puede morir!

MAXIMILIANO.—Calmaos, Tomás —permitidme que os llame así—, y dejadme deciros lo que veo con claridad ahora. Me contasteis un día vuestro sueño de la pirámide, General Miramón, y eso explicó para mí toda vuestra actitud. Vos, Tomás, veis en mí, en mi vieja sangre europea, en mi barba rubia, en mi piel blanca, algo que queréis para México. Yo os entiendo. No queréis que el indio desaparezca, pero no queréis que sea lo único que haya en este país, por un deseo cósmico, por una ambición de que un país tan grande y tan bello como éste pueda llegar a contener un día todo lo que el mundo puede ofrecer de bueno y de variado. Cuando pienso en la cabalgata loca que han sido estos tres años del imperio, me siento perdido ante un acertijo informe y terrible. Pero a veces la muerte es la única que da su forma verdadera a las cosas.

MIRAMÓN.—Os admiré siempre, pero nunca como ahora, Majestad.

MAXIMILIANO.—Llamadme Maximiliano, querido Miguel. En la casa de Austria prevalece una vieja tradición funeral. Cuando un emperador muere hay que llamar tres veces a la puerta de la iglesia. Desde adentro un Cardenal pregunta quién es. Se le dice: "El Emperador nuestro señor", y el cardenal contesta: No lo conozco. Se llama de nuevo, y el cardenal vuelve a preguntar quién llama; se dan los nombres, apellidos y títulos del difunto, y el cardenal responde: No sé quién es. Una tercera vez llaman desde afuera. Una tercera vez el Cardenal pregunta. La voz de afuera dice: Un pecador, nuestro hermano, y da el nombre cristiano del muerto. Entonces se abre la puerta. Quien va a morir ahora es un pecador: vuestro hermano Maximiliano.

MIRAMÓN.—Maximiliano, me tortura la idea de lo que va a ser de México. Mataros es un gran error político, a más de un crimen.

MAXIMILIANO.—Yo estoy tranquilo. Me hubiera agradado vivir y gobernar a mi manera, y si hubiéramos conseguido vencer a Juárez no lo habría yo hecho fusilar, lo habría salvado del odio de los mexicanos como Márquez y otros, para no destruir la parte de México que él representa.

MEJÍA.—Vuestro valor me alienta, señor Maximiliano.

MAXIMILIANO.—¿Mi valor? Toda mi vida fui un hombre débil con ideas fuertes. La llama que ardía en mí para mantener vivos mi espíritu y mi amor y mi deseo de bondad era Carlota. Ahora tengo miedo.

MIRAMÓN.—¿Por qué, señor?

MAXIMILIANO.—Miedo de que mi muerte no tenga el valor que le atribuyo en mi impenitente deseo de soñar. Si mi muerte no sirviera para nada, sería un destino espantoso.

MEJÍA.—No, México os quiere; pero los pueblos son perros bailarines que bailan al son que les tocan.

MAXIMILIANO.—Ojalá. Un poco de amor me vendría bien. Estoy tranquilo excepto en dos puntos: me preocupa la suerte de mi Carlota, y me duele no entender el móvil que impulsó a López.

MIRAMÓN.—Ese tlaxcalteca.

MEJÍA.—Ese Judas.

MAXIMILIANO.—No digáis esa palabra, Miguel, ni vos esa otra, Tomás. Los tlaxcaltecas ayudaron a la primera mezcla que necesitaba México. Y decir Judas es pura soberbia. Yo no soy Cristo.

MEJÍA.—Os crucifican, Maximiliano, os crucifican entre los dos traidores.

MAXIMILIANO.—Sería demasiada vanidad, Tomás, pensar que nuestros nombres vivirán tanto y que resonarán en el mundo por los siglos de los siglos. No. El hombre muere a veces a semejanza de Cristo, porque está hecho a semejanza de Dios. Pero hay que ser humildes.

*Se escuchan, afuera, una llamada de atención y un redoble de tambores. Se abre la puerta y entra un capitán.*

CAPITÁN.—Sírvanse ustedes seguirme.

MAXIMILIANO.—Estamos a sus órdenes, Capitán. ¿Puedo poner en sus manos estas cartas? (*El capitán las toma en silencio.*) Gracias. Pasad, Miguel; pasad, Tomás. Os sigo.

*Cuando Miramón va a salir, Maximiliano habla de nuevo:*

MAXIMILIANO.—Miguel...

*Miramón se vuelve.*

MAXIMILIANO.—Soberbia —sería... sí, eso es. Miguel López nos traicionó por soberbia, por vanidad. Ojalá este defecto no crezca más en México.

*Hace una seña amistosa. Miramón y Mejía salen. Maximiliano permanece un segundo más. Mira en torno suyo.*

MAXIMILIANO.—Hasta muy pronto, Carla. Hasta muy pronto en el bosque.

*Sale. Un silencio. La luz del sol se adentra en la celda, cuya puerta ha quedado abierta.*

LA VOZ DE CARLOTA.—¿Y luego?

LA VOZ DE MAXIMILIANO.—(*Lejana pero distinta.*) Ocupad el centro, general Miramón. Os corresponde. Soldados de México: muero sin rencor hacia vosotros, que vais a cumplir vuestro deber. Muero con la conciencia tranquila, porque no fue la simple ambición de poder la que me trajo aquí, ni pesa sobre mí la sombra de un solo crimen deliberado. En mis peores momentos respeté e hice respetar la integridad de México. Permitid que os deje un recuerdo. Este anillo para voz, capitán; este reloj, sargento. Estas monedas con la efímera efigie de Maximiliano para vosotros, valientes soldados de México.

*Pausa.*

MAXIMILIANO.—No. No nos vendaremos los ojos. Morir por México no es traicionarlo. Permitid que me aparte la barba y apuntad bien al pecho, os lo ruego. Adiós, Miguel. Adiós, Tomás.

LA VOZ DEL CAPITÁN.—¡Escuadrón! ¡Preparen! ¡Apunten! ¡Fuego!

*Una descarga de fusilería.*

LA VOZ DE MAXIMILIANO.—¡Hombre!...

*Al mismo tiempo se hace el*

OSCURO

## ESCENA IV

*El doble salón. 1927. El salón de la izquierda reaparece antes de que se extinga la descarga. El salón de la derecha se ilumina poco después. Carlota escucha. Hay una pausa y en seguida estalla, a lo lejos, un disparo aislado: el tiro de gracia. Carlota se lleva la mano al pecho.*

CARLOTA.—(*Con voz apenas audible.*) Max. (*Pausa.*) Es extraño, señor. Siento en mí una paz profunda, la luz que me faltaba. Sin quererlo, vos, que me odiáis por México, me habréis traído mi único consuelo.

ERASMO.—Yo no os odio, señora. Ahora lo veo claramente.

CARLOTA.—Tengo poco tiempo, señor: es el problema de siempre. ¿Qué debo decir al Emperador?

ERASMO.—Señora...

CARLOTA.—No temáis: nadie se vuelve loco dos veces. Sé que el Emperador me espera desde hace sesenta años. Voy a reunirme con él.

ERASMO.—(*Levantándose y hablando con lentitud y con sencilla solemnidad.*) Señora, he tardado en ver las cosas, pero al fin las veo como son. Decid a Maximiliano de Habsburgo que México consumó su independencia en 1867 gracias a él. Que gracias a él, el mundo aprendió una gran lección en México, y que lo respeta, a pesar de su debilidad. Han caído gobiernos desde entonces, señora, y hemos hecho una revolución que aún no termina. Pero también la revolución acabará un día, cuando los mexicanos comprendan lo que significa la muerte de Maximiliano.

CARLOTA.—Gracias. ¿Quién os gobierna ahora, decidme?

ERASMO.—Plutarco Elías Calles, señora. Desde 1924.

CARLOTA.—¿Es un buen gobernante?

ERASMO.—Señora, sólo puedo deciros que el pueblo reconoce a sus buenos gobernantes con la perspectiva del tiempo. Pero siempre distingue a los malos mientras están gobernando.

CARLOTA.—Decidme adiós, ahora, señor.

ERASMO.—Señora, humildemente os suplico que digáis al Emperador que consiguió su objeto.

CARLOTA.—¿Qué queréis decir?

ERASMO.—Quiero decir que si el Emperador no se hubiera interpuesto, Juárez habría muerto antes de tiempo, a manos de otro mexicano.

*Entra el Portero, agitadamente.*

PORTERO.—Perdón, Majestad. Márchese usted, señor, se lo ruego. ¡Vienen, vienen!

*Erasmo se inclina ante Carlota y se dirige al fondo.*

CARLOTA.—Señor. (*Erasmo se vuelve, se acerca a ella.*) Una última cosa. Si fuera posible volver a vivir la vida, ¿sabéis lo que pasaría?

ERASMO.—(*Con sencillez.*) Sí, señora. Volveríamos a fusilar a Maximiliano.

CARLOTA.—No he querido decir eso. Lo que quiero deciros es... Acercaos. (*Él obedece.*) Lo que quiero deciros es que Maximiliano volvería a morir por México, y que yo volvería a llevar esta corona de sombra sobre mi frente durante sesenta años para oír otra vez vuestras palabras. Para repetírselas al Emperador. Adiós, señor.

*Erasmo mira su manga izquierda; duda, se decide, besa la mano de Carlota, recoge en presuroso silencio sus objetos y sale por el fondo. Carlota mira al frente. Sonríe. Se reclina en el respaldo del sillón con un gran suspiro de alivio.*

CARLOTA.—Ya podéis apagar esas luces. En el bosque, Max. Ya estamos en el bosque.

*Por la primera puerta izquierda entra el Doctor; por la segunda, la Dama de compañía. El Portero se empequeñece al fondo.*

DAMA DE COMPAÑÍA.—Doctor, mírela usted, ¡pronto!

*El Doctor se acerca a Carlota; levanta su mano floja y le toma el pulso. Luego aproxima el oído a su corazón. Entonces, sin una palabra, sopla una por una las bujías, se dirige al fondo y descorre las cortinas. La luz del sol penetra en una prodigiosa cascada, hasta iluminar la figura inmóvil de Carlota. En el umbral de la primera puerta izquierda aparece el Rey de Bélgica. La Dama de compañía llora y se persigna. El Rey y el Portero la imitan y todos se arrodillan lentamente mientras cae el*

TELÓN

# UNA CARTA CRÍTICA

POR

## MARTE R. GOMEZ

México, D. F., a 19 de enero de 1944.

Sr. Rodolfo Usigli.
Parque Melchor Ocampo 40, Depto. 7.
Ciudad.

Muy estimado amigo:

Ayer platiqué con usted de una larga carta que pensaba escribirle acerca de su preciosa comedia dramática "Corona de Sombra". Me falta el aliento que necesitaría para repetir, dictando, mis argumentos; pero no puede ni debe faltarme el que se necesita para agradecer su envío y la amable, generosamente errónea, dedicatoria con que usted me distingue.

Su pieza es deliciosa y apasionadamente teatral. Sería un éxito, éxito grande, me atrevo a decir desde el fondo de mi incompetencia técnica en estos menesteres, a condición de que hubiera un director artístico capaz de entender y hacer entender la pieza y los caracteres, y con autoridad bastante para lograr montar las escenas y vestir los personajes con propiedad.

Atacó usted un asunto histórico y eludió con maestría el escollo principal en esta clase de obras; porque, no obstante que todos sabemos cómo acabó el Segundo Imperio Mexicano, las escenas de su obra, que apuntan al desenlace inexorable, resultan extraordinariamente novedosas y sugestivas. Ha escrito usted una pieza de teatro bordando un tema histórico y no se siente obligado a subordinarse rigurosamente a la verdad histórica. Desde un punto de vista puramente teatral, está usted en lo justo. Sin embargo, con muy poco que matizara usted algunos de los parlamentos, su pieza podría ser historia pura. Para mí tiene esto la mayor importancia, porque sobran gentes empeñadas en extraviar nuestro juicio sobre los acontecimientos de la Reforma. Gentes que no se resignan a reconocer errores ni a permitir que se establezca, nítidamente, la trayectoria de México en lo pasado, porque hacer luz en éste disiparía también brumas para lo porvenir.

Dice Bury en *A History of Freedom of Thought*, que la cruzada albigense no fue sólo un acto de alcance limitado al Suroeste de Francia y a los intereses hereditarios del Conde de Toulouse; sino precedente político de incalculable alcance: a partir de esa fecha, los Papas establecieron un sistema teocrático conforme al cual todos los demás intereses quedaron subordinados al deber fundamental de mantener la pureza de la fe. La Iglesia Romana introdujo, en la legislación pública de Europa, el nuevo principio de que los soberanos no podrían conservar su autoridad más que a condición de que extirparan la herejía o, lo que después fue peor (digo ya por mi cuenta), de que se asociaran con las altas dignidades del Clero para mantener sus privilegios de carácter temporal.

Todo esto no puede confundirse con las cuestiones de conciencia que son el tesoro sagrado del creyente, ni conviene exhibirlo de manera insolente para encender otra controversia religiosa; pero no obstante, discretamente, debe apuntarse: el Clero fue el instigador de la aventura imperial de Maximiliano; y sus más destacados representantes, el Papa inclusive, apoyaron a Maximiliano mientras creyeron que sería su instrumento, y se fueron divorciando de él a paso y medida que descubrían cómo el tradicionalista europeo, por teñida de azul que tuviera la sangre, frente a los ciegos conservadores autóctonos de México resultaba casi juarista.

A fin de obtener que se derogaran las leyes de Reforma, intolerables para quienes querían una Iglesia mexicana rica e influyente, los Obispos de aquel entonces fueron en busca de Napoleón y de Maximiliano; cuando éstos, hombres de Estado al fin, comprendieron las monstruosidades que se les pedían, le marcaron el "hasta aquí" al Clero y éste se llamó a engaño. En realidad, ningún gobierno puesto por ellos, cualquiera que lo hubiera encabezado: Miramón o Márquez, Labastida o Hidalgo, hubiera conseguido que se devolvieran los bienes del Clero. Pero esto no lo supo entonces el Clero y parece haber tardado mucho tiempo en entenderlo, si es que al fin lo entendió.

Con motivo de la entrada a México de Maximiliano y de Carlota, los Obispos dirigieron a sus Diocesanos una Carta Pastoral que fue leída "inter missarum solemnia" y en la cual, a más de comprometer al Clero Católico con el usurpador, que es lo mismo que decir contra la Nación, se aludía concretamente al problema de los famosos bienes del Clero:

"Si acaso la terrible tentación de la época turbulenta por donde hemos pasado todos, os ha hecho faltar a vuestros deberes católicos, complicaros en los despojos sacrílegos, en las injusticias consumadas contra la hacienda ajena, en las ruinas de la reputación de vuestro prójimo, corred a las piscinas sagradas, arrojad la pesada carga del pecado a los pies del Ministro de la penitencia, reparad los escándalos e injusticias a imitación de Zaqueo, y la salud y la paz entrarán en vuestra casa."

Todas estas cosas, con una sutilidad de la que estoy cierto que usted sabría encontrar el tono, podrían aparecer en la escena final del acto segundo. Quizá las frases históricas podrían tomarse de la carta que Monseñor Meglia, Nuncio Apostólico, entregó a Maximiliano: el representante del Papa tenía misión de pedir la revocación de las leyes funestas que oprimían a la Iglesia; que nadie tuviera facultad para enseñar y publicar máximas falsas y subversivas; que la enseñanza pública y privada estuviera dirigida por la autoridad eclesiástica; que se rompieran las cadenas que retenían a la Iglesia bajo la dependencia y arbitrariedad del Gobierno Civil... El Nuncio, en nota oficial al Ministro Escudero, acusó al Gobierno imperial de pretender "consumar la obra iniciada por Juárez".

En el acto primero, el profesor Erasmo Ramírez pinta a la Emperatriz en unas cuantas palabras, pero deformándola. Carlota fue seguramente ambiciosa y altiva; pero no es seguro que haya sido ni orgullosa ni mala. Su correspondencia la retrata de cuerpo entero como mujer llena de energías, de buena voluntad y de sabiduría para gobernar. Yo votaría, para Presidente de la República, por gentes que en casi todo pensaran como ella, y en el "casi todo" pongo la Ley Agraria que parece salió de su puño y letra, y muchos de los acuerdos que sometió al Consejo de Estado.

Tuvo la desgracia de venir a tierra extraña como consorte de un príncipe débil, que desdeñaba los deberes del Estado para herborizar como naturalista, para catar buenos vinos y para sentirse Don Juan. Su destino la llevó a luchar en una empresa que era desesperada desde su nacimiento; pero ella era mujer capaz de las más altas empresas. Los bienes que quiso hacerle a México y que quedan patentes en su correspondencia, reclaman que no ponga usted en sus labios las frases despectivas de la escena segunda. Por su misma altivez, Carlota se hubiera sentido deshonrada siendo Emperatriz de un pueblo inferior. A Maximiliano y a Carlota se les ofreció la Corona de Grecia casi al mismo tiempo que la de México, por ejemplo, y la rehusaron por consideraciones semejantes.

En la gran tragedia de aquel Imperio efímero, los hilos se tramaron conforme a las leyes clásicas de la tragedia griega, hasta el desenlace inexorable. Maximiliano, que nada tenía que ver con México, tuvo que venir, traído por gentes que traicionaban a México, y él hubo de enseñarles cómo se podía amar y servir a la patria elegida. Pero las buenas obras que hubiera podido consumar y que, en términos generales, no eran distintas de las que los liberales trataban de afianzar, estuvo imposibilitado para realizarlas porque cerca de él había conservadores que se lo impedían, y en la lejanía, liberales que de ningún modo dejaban de considerarlo intruso.

La escena primera del acto segundo me parece un poco violenta. Bazaine ha sido muy calumniado, y usted parece inspirarse de sus calumniadores más que de sus historiadores. Su correspondencia con Napoleón III da mucha luz sobre su comportamiento en el caso de la expedición a México, y aunque se expresa de nosotros, en ocasiones, en el tono de voz (o de ideas) que corresponde a los momentos de lucha, no llega al extremo de ofendernos con prejuicios raciales.

El Decreto de 3 de octubre, desde luego, no le fue impuesto a Maximiliano. Éste lo redactó por propia iniciativa, aunque también Bazaine declara en su correspondencia que fue preparado por consejo de él. El 20 del mismo mes, Maximiliano le escribió a Napoleón III: "Monsieur mon frère", refiriéndose a la ley draconiana dictada contra los guerrilleros y declarando que sus resultados serían favorables.

Las relaciones entre Maximiliano y Bazaine no fueron tirantes sino en los últimos tiempos de la expedición francesa, y nunca en presencia de la Emperatriz. Todavía con motivo de la locura de Carlota, Bazaine le escribió a Maximiliano una carta muy afectuosa, que fue

contestada también en términos por demás amistosos y cordiales, aunque también es cierto que ya la tormenta se preparaba, porque al día
siguiente pedía que no hubiera más Cortes Marciales y que se revo-
cara el Decreto de 3 de octubre. Mas para entonces todo estaba liqui-
dado: Carlota loca, la repatriación del cuerpo expedicionario para
ponerse en obra, el patíbulo de Las Campanas presto.

En la escena segunda del mismo acto, Bazaine da cuenta de la
orden de evacuación en una forma condicional que nunca tuvo y
anuncia, lo que tampoco fue exacto, que el acuerdo se revocaría si
Maximiliano consintiera en ceder un pedazo de territorio mexicano.
En realidad, Napoleón no se decidió a ordenar la repatriación del
ejército expedicionario, pero entonces ya de un modo definitivo, más
que atosigado por la oposición interna y por la presión, cada vez
más violenta, del Gobierno norteamericano.

Napoleón, en los primeros momentos, pensó inclusive en salvar
su prestigio dejando tras del ejército francés un gobierno estable.
Así lo dice con toda claridad en su primera carta sobre la materia,
dictada desde Compiègne en noviembre de 1865. En enero de 1866
insiste sobre el mismo tema: "les circonstances, plus fortes que ma
volonté, m'obligent à évacuer le Méxique; mais je ne veux le faire
qu'en laissant derrière moi à l'Empereur Maximilien toutes les chances
de se maintenir avec ses propres forces et la légion étrangère".

Sólo cuando la presión norteamericana amenaza con la ruptura
y las intrigas palaciegas hacen creer que Bazaine desea permanecer en
México, se envía al Gral. Castelnau para que prepare la repatriación
del cuerpo expedicionario y se le recomienda que obtenga la abdicación de Maximiliano, la cual siendo anterior a la evacuación del
ejército, parecería justificarla; pero todavía en ese último extremo
Napoleón quiere dar la impresión de que se retira de México dejando
un orden establecido; inclusive piensa en una República con el Gral.
González Ortega al frente de ella, y autoriza que Castelnau se entre-
viste con el representante de aquél.

Para esas fechas, por lo demás, Bazaine ya no es una fuerza en los
asuntos de México. Castelnau intriga contra él, y el Mariscal escribe
a su superior jerárquico una carta, muy digna por cierto, indicando
que si no se tiene fe en sus palabras ni confianza en sus actos, pide que
al regresar de México se le ponga en disponibilidad.

En lo que respecta a la cuestión territorial, Napoleón nunca fue
delicado —mal podía serlo un aventurero—, pero tampoco pidió concesiones territoriales que él sabía de sobra que jamás consolidaría.
Al planearse la expedición a México pensó probablemente en un re-
parto e invitó al Gobierno norteamericano a que se asociara en él. No
quisieron nuestros vecinos del norte y se conformó con la actuación
temporal de Inglaterra y España. Más tarde, para conquistar la aqui-
escencia norteamericana, insistió en un plan de colonización de Sonora con norteamericanos, pensando que era una manera indirecta de
ofrecerles otro Texas, pero no pidió territorios que, por lo demás, sus
fuerzas ocupaban. Perseguía otras finalidades, en el fondo: realizar
un sueño concebido desde 1846, época en que no era más que el prín-

cipe Luis Napoleón y a la que corresponde un panfleto sobre el canal de Nicaragua, en el que formulaba el voto de constituir en América un estado floreciente que restableciera el equilibrio de poderes y contuviera el desbordamiento de Norteamérica.

Ahora bien, en la escena tercera del mismo acto, que se refiere a la entrevista en las Tullerías, Napoleón habla todavía como si estuviera dispuesto a negociar la permanencia de sus tropas a cambio de territorios. Para esas fechas, por razones de política, tanto interna como internacional, la decisión de Napoleón estaba bien tomada y los peligros de revocarla eran inminentes.

En realidad, Napoleón (valga la vulgaridad a cambio de la exactitud), ya no quería queso sino salir de la ratonera. Además, sus condiciones en la época en que creía poder realizar su sueño, en 1865, habían sido menos onerosas: entrega al Tesoro francés de títulos de empréstitos por cincuenta millones de francos para cubrir los anticipos hechos personalmente al Emperador y al Imperio; reembolso, en documentos sobre la Comisión de Finanzas de México en París, de los gastos de la expedición militar; entrega de las aduanas de los puertos del Golfo y del Pacífico a los agentes franceses, que se encargarían de amortizar los adeudos del Imperio con Francia.

Hace usted también una gran ofensa a la voluntad de resistencia de Juárez y de todos los mexicanos, cuando dice que Bazaine tenía órdenes de no acabar con Juárez mientras Maximiliano no le diera a Napoleón las tierras y concesiones que le pedía. Los patriotas de la Reforma no merecen que se disminuya su gloria en forma semejante.

La escena tercera del último acto, por fin, pone en labios de Maximiliano frases generosas, pero comprometedoras para quien intente establecer paralelos: de nada sirve hacerle prometer que, de tener a Juárez en sus manos, lo habría perdonado. Ni lo tuvo nunca en sus manos ni, de salir derrotada la República, los conservadores hubieran perdonado, aun contra Maximiliano, a ninguno de sus hombres. No se puede decir que en aquella lucha se haya distinguido por clemente, pongamos por caso, el que era llamado en todas partes "Leopardo" Márquez.

Que Maximiliano no hubiera entendido los móviles de la supuesta traición de López, también es inadmisible, puesto que él lo mandó a que conferenciase con los republicanos.

El hecho histórico ha sido muy investigado y la verdad no podrá ser establecida de manera incontrovertible porque está muerto el único que podía dar testimonio fidedigno: Maximiliano mismo. Sin embargo, sin acusarlo de traidor, se puede admitir que por las veleidades de su mismo carácter, se fatigó en una lucha cuyo desenlace conocía de sobra y creyó que la entrega de la plaza le permitiría salir, con sus allegados, como vencido honorable y sin dejar el antecedente histórico de una rendición formal.

Hay una carta que merece analizarse, porque da quizá la clave de esta situación. Eloin, antiguo Secretario Particular de Maximiliano, le escribió desde Bruselas en septiembre de 1866 indicándole que el Gobierno Francés desearía una abdicación que precediera al regreso del Cuerpo Expedicionario y que justificara la conducta de Francia, pero que, por parte del Emperador, "abandonar la partida antes del regreso del Ejército Francés, sería interpretado como un acto de debilidad". Es el pueblo mexicano, decía Eloin, "dégagé de la pression d'une intervention étrangère", el que debe dar su apoyo material y financiero al Imperio. Si el llamado no es atendido, entonces, "Vuestra Majestad, habiendo llenado su noble misión hasta el fin, volverá a Europa con todo el prestigio que le acompañaba a su partida, y en medio de acontecimientos importantes que no dejarán de surgir, podrá desempeñar el papel que le corresponde por todos conceptos."

Maximiliano se propuso, en los últimos meses, conforme a este punto de vista, tratar de salvar su Imperio, pero en todo caso, salvarse él; demostrar que podía sostenerse donde sus aliados lo abandonaron y, en último extremo, descender del trono en forma digna que salvaguardara su prestigio en Austria. Paul Gaulot pone el cerrojo de su comentario cáustico. Eloin señaló el plan, el partido clerical suministró los medios para ejecutarlo.

He terminado de presentar el tono histórico en que, demócrata y republicano, querría ver su pieza. Si no supiera que es, a veces, tarea sobrehumana reconstruir un libro ¡y hasta una carta! le daría el consejo de que pusiera manos a la obra. Pero no tengo motivos para usar con usted la libertad de darle consejos, y es propio de los consejos que no sirvan de nada, salvo tal vez a la satisfacción del que los da.

Pero debo darle una disculpa y se la ofrezco cumplidamente por haber dictado, a la postre, la carta que prometí no escribirle.

Lo saludo cordialmente y me repito como su amigo afectísimo y seguro servidor.

MARTE R. GÓMEZ.

# CORONA DE FUEGO

PRIMER ESQUEMA PARA UNA
TRAGEDIA ANTIHISTÓRICA AMERICANA
[1960]

# PERSONAJES
### *Por orden de aparición*

EL CORO DE ESPAÑOLES
EL CORO DE MEXICANOS
HERNÁN CORTÉS
DOÑA MARINA
SALAZAR
BERNAL DÍAZ DEL CASTILLO
PAXUA, *hijo de Pax Bolón Acha*
PAX BOLÓN ACHA
EL CACIQUE DE TIZATÉPETL
PRIMER SACERDOTE CHONTAL
SEGUNDO SACERDOTE CHONTAL
CHAC PALOQUEM
EL COREUTA MACTÚN
CUAUHTÉMOC

COANACOCH
TETLEPANQUETZIN
TEMILOTZIN
EL COREUTA CHONTAL O
    ACALLANTLACA
MEXICALTZINCO, *"un enanito única-
    mente cuyas pantorrillas eran en
    forma de bola"*.
TAPIA
JUAN DE VELÁZQUEZ
LOS TRES FRAILES: JUAN DE AHORA,
    JUAN DE TECTO Y JUAN VARILLAS
DANZANTES Y CANTANTES
SOLDADOS ESPAÑOLES, SOLDADOS AZTE-
    CAS Y MACTUNES, INDIOS E INDIAS

Homenaje elemental a la memoria y las obras de mis amigos *Héctor Pérez Martínez* y *Salvador Toscano*.

*El teatro no es historia. Una pieza histórica, si es buena, puede ser una lección de historia, nunca una clase de historia.*

A *Benito Coquet*, cuya amistosa insistencia me decidió a escribir esta Corona.

R.U.

¡Príncipe de la Piragua! ¿qué te valdrán perdones?
¡Siégale conquistador, con el cuchillo que llevas!
(¡Última hora de Anáhuac: llora sobre las naciones,
hora que tiendes el cuello a la hoz de las horas nuevas!)

ALFONSO REYES, *La hora de Anáhuac.*

…Lleguemos al catafalco de piedra,
hoy que, anunciado a los pueblos por el triunfal caracol,
yérguese el héroe, gigante, bajo la lumbre del sol.

ALFONSO REYES, *En la tumba de Juárez.*

…Los pueblos estaban sentados, antes de que echarais a andar.
Allí comenzó la historia y el rememorar de los males,
donde se olvidó el conjugar
un solo horizonte con un solo Valle.

ALFONSO REYES, *Ifigenia Cruel.*

TITANES.—

Os acuso, helenos,* os acuso
de prolongar con persuasión ilícita
este afrentoso duelo, esta interrogación.
Así deis con la frente en las esferas últimas
y os sienta el último fantasma
rodar entre peñascos en declive,
surtiendo por el pecho maldición de volcanes,
¡oh, instrumentos de la cósmica injuria,
oh, borrachos de todos los sentidos!

ALFONSO REYES, *ibid.*

---

* Es inevitable sustituir por modo automático la voz *helenos* por la voz hispanos, y toda la tirada tiene una inconfundible resonancia mexicana, cuauhtemotzina en realidad. Podría ser esta cita el adiós del príncipe azteca al pie de la ceiba. R. U.

# ACTO PRIMERO

## La llegada

*La acción en Tuxakhá, poblado del dominio del rey Pax Bolón Acha, señor de Acallan-Tixchel, y alternativamente en Itzamkanac, entre el 27 y el 28 de febrero del año de 1525.*

*Si es posible, por medio de sombras se proyectará la jornada de Tenochtitlan a Tuxakhá, mientras el Coro de Españoles y el Coro de Mexicanos, desde el fondo de la sala, dirán sus recitativas al dirigirse, por turnos, al escenario, a cuyos extremos se instalan. Conviene estudiar la posibilidad de fragmentar los coros de modo que los recitantes respectivos puedan alternarse en la declamación de pasajes simétricos. (De igual o parecido número de versos.)*

El Coro de Españoles.—
     ¡Ay, mil quinientos veinticuatro, y día
     doce de octubre de oro en la meseta,
     el mismo en que Colón toca la meta
     indiana que a los reyes prometía!
     Tierra de maldición y de milagro
     que hace de España del mundo señora
     y donde el español disfruta ahora
     la plata, el oro, la mujer y el agro.
     Doce de octubre aún, el mismo día
     preciso fue dejar ocios y esteras,
     indias hembras de siesta y de alegría
     y seguir a Cortés a las Hibueras
     porque es Olid traidor a la hidalguía.
     ¿Qué nos importa, en fin, que traidor sea?
     Mas si cambia el disfrute, el goce, el mando
     que nos dio sobre el indio don Hernando,
     ¡que Cristóbal de Olid maldito sea!
     Callarlo… mas Cortés tiene una idea;
     por Tenochtitlan rumores extraños
     se deslizaban igual que serpientes:

los indios iban a volverse gentes
y a rebelarse y a causarnos daños.
Por eso los trajimos en el viaje,
dulces indios de oculto pensamiento,
traidores y sutiles como el viento,
¡venga mala tormenta y los desgaje!
Ya el veintisiete de febrero apunta,
cuatro meses sin sueño han transcurrido,
octubre, noviembre y diciembre se han ido
igual que enero, en la marcha conjunta.
Tenochtitlan, luego Espíritu Santo,
Tabasco y Xicalango y Tonalá,
Copilco y la Chontalpa. ¡Y andar tanto
a caballo y a pie sin descansar!
Y pasar por Anaxuxuca luego,
entre lodo que el sol hace de fuego
y vadear el río Guezalapa
y en Zagoatán sudar bajo la capa
contra el mosco infernal, como en Chilapa
quemada y sola, de soledad llena,
hasta nacer la cordillera plena
en el poblado de Tepetitlán.
¡Qué maldición pronunciar estos nombres!
Largo el camino, nos devora hombres,
pero los españoles llegarán.
Zagoastepan y el río Usumacinta
que crece como interminable cinta,
y Guayataste, y después Xicalango,
puerto de Términos, reino del fango,
y Petenecte y Nito —y Acallán—
Tixchel, que civilizó un Kukulkán
y que parece como un paraíso
a nuestro andar ya cojo y ya remiso.
Negros bosques y ciénegas pasamos,
y una para pasar hicimos puente
de trescientos pasos. Tuvo la gente
hambre y sed y así nos alimentamos,
con carne de lagarto y de serpiente,
bebimos lodo y comimos el maldito
fruto del palmitar, veneno que la muerte
a españoles y a indios dio de suerte
que al solo son de su nombre vomito;

y al modo de los indios, que lo hacen su rito,
comimos carne humana e intestinos,
sintiéndonos para siempre extraviados,
sin sentidos y de Dios olvidados
en lodosa maraña de caminos.
Sin la aguja de marear
del capitán Cortés, ¿cómo llegar
y sin la fe, hasta este lugar?
Tizatépetl, Tachix, Dzacchucté...
Soy español; yo ¿qué sé?, yo ¿qué sé
de esta negra y hostil geografía
que mi osamenta ya calcinaría
sin el alma de acero de Cortés?
Pero Dios está siempre con España,
español es y con ella estará,
su amor nos da fuerza, su luz nos baña,
y nos conduce su sabiduría...
Al fin hemos llegado a Tuxakhá,
tierra de Pax Bolón, monarca amigo,
y volvemos a ver la luz del día.
¡Hora del vino ya y hora del trigo!
Hora de la mujer frutal y tierna
que nos dará la dulce fatiga, que es reposo,
del humano yantar, blando, oloroso,
y el agua de la más honda cisterna.
¡Al fin hemos llegado a Tuxakhá!
Indios y esclavos abrieron camino.
¿Adónde va el capitán Cortés?
No lo sabemos bien: nuestro destino
es obrar antes, preguntar después.
El capitán no descansa un momento,
nos lleva con la furia de un mal viento
y todo cede ante su voluntad.
Lo seguiremos hasta donde va
porque está ungido por la Majestad
de nuestro señor Carlos de Castilla,
porque en su espada toda España brilla,
porque nos da la gloria para la eternidad.
¡Al fin hemos, al fin, llegado a Tuxakhá!
EL CORO DE MEXICANOS.—
Larga, amarga, cruel, estéril lucha
del orgulloso emperador cautivo

desde que sucedió en el trono a Cuitláhuac
y dijo No a su propio nombre, símbolo
de descenso, y No a la profecía
de Tonatiuh, en Malinche realizada,
y en la noche sin fin de su destino,
dijo No al Dios del teul que él de luz dice,
y al fin en una negra, inversa aurora
gritó su No a los dioses de su raza.
Hoy, estatua de pies quemados,
viviente No en pedestal de silencio,
con sus húmedos ojos aquilinos
y cosidos con hilo de orgullo
y de dolor los apretados labios,
sigue el combate que libran los dioses
de sus padres contra el dios de los teules
en un fracaso horrísono de caídas pirámides
y en una polvoreda de humeantes teogonías,
clavado por el capitán Malinche
a la cruz de su propio Dios solar.
Siete meses, desde enero hasta agosto,
siete meses no más tuvo de imperio.
¡Ay, y cuatro años ya de cautiverio!
Soles oscuros y lunas de fuego
"Aquí vivimos y aquí estamos
y aquí sufrimos ¡oh amigos!"
Negro destino del señor Cuauhtémoc,
destino al fin de padre de los hombres
que sólo quiso nación mexicana.
Siete meses de enero a agosto,
siete meses no más de imperio,
dispersos en las batallas del águila
contra el hombre que tiene relámpago,
caballo y trueno y profecía.
Siete meses de enero a agosto,
siete meses no más de imperio,
cuatro años de cautiverio,
prisionero de Malinche y del tiempo,
mientras el indio arranca rocas innumerables,
saca tesoros de minas de plata
y baja a lomo bloques de cantera
para erigir un templo que no es suyo,
que no es para sus dioses ni sus muertos,

*(Concurso
de poetas)*

y cubre la pirámide sagrada
con sangre y polvo de tiempo y mentira,
y ahora, ¿adónde, al fin, adónde vamos?
Cuando rindió su orgullo al enemigo,
díjole el jefe y señor de los hombres:
"Malinche, toma tu puñal y mata,
pero mátame luego
porque sólo muriendo seré fuego,
Malinche, ¡mátame!" Pero Malinche,
zorro sutil, le acarició el cabello,
rindió parias al águila caída
y lo envolvió en un vaho de impuro engaño
y en voces de amistad. El capitán
Malinche miente a gritos musicales.
¿Dónde vamos ahora?, ¿dónde vamos?
Largo el camino desde el Valle de Anáhuac,
después de recorrer quinientas leguas
durante meses sin noche ni día
que no conoce nuestro calendario,
de hacer todos los trabajos de zapa,
abrir brechas, morir y tender puentes
y volver a morir y cargar fardos,
y morir otra vez y morir siempre,
a cada paso, y trabajar sin término.
¿Adónde, al fin, adónde nos conducen?
Nos dicen, sí, que vamos a Castilla.
¿Y dónde está Castilla? ¿Existe acaso?
¿Pueden llegar allá los pies del jefe
llagados por la tortura del fuego,
y andar sobre la comba de los mares?
Quizá un día sí, quizá un día.
¿Y por qué vamos a Castilla, hermanos?
Nuestro mundo es Anáhuac, nuestro aire
es el más transparente de la tierra.
Brota la flor y cae de madura
la fruta donde pisamos Anáhuac.
Cuauhtémoc es como la lluvia para
las siembras que palpitan en el campo.
Su pie quemado es grano y es arado
para el suelo que al caminar anima.
Y cumplidos ahora los trabajos:
puentes, cocina, vados, ajetreos,

cargas indignas de inhumanas bestias,
y jalonado todo por cadáveres de indios
que mueren en el viaje porque saben
que los espera un dios con su sonrisa
sin tiempo, sin espacio, sin fronteras,
¿adónde, al fin, Señor, adónde vamos?
Tenochtitlan, Veracruz, Espíritu Santo
que los indios llamamos Coatzacoalco,
y Tonalá, y Copilco, y la Chontalpa,
y Anaxuxuca y el río Guezalapa,
Zagoatán, al sur de Tabasco,
y Chilapa quemada por el sol y los hombres;
Tepetitlán, donde la cordillera
nace y se pierde en dirección del cielo.
Iztapan, Tatahuiltapan, camino
este que abrió el Cacique de Iztapan.
Las provisiones van por el río de Tabasco,
por Xicalango y por Atasta.
¿Llegarán a nosotros? ¿Llegarán?
Aun antes de Acallan fue forzoso
pasar por Zagoastepan, entre Jonuta
y Palizada, y hubo que vadear
el río Usumacinta, interminable
como la danza del listón, y luego
pueblos de Gueyatoste y Xicalango,
puerto de Términos, que nos da fin
a un éxodo que nadie nos explica
y arrebató del transparente Anáhuac
al señor de los hombres y sus príncipes
y a los que aquí cumplimos los trabajos
esperando en morir resucitar.
De Petenecte y muchos más lugares que ocultan
tesoro que hallarán otros más tarde
—tesoro del imperio de los nuestros—
pasamos luego a Nito y luego a Acallan-
Tixchel, y a Tizatépetl, y después
nos faltaban Tachix y Dzacchucté
para acampar al fin en Tuxakhá.
Los indios de este lado hablan idioma
que no tiene la dulzura del náhuatl,
son diferentes, pero al fin son indios
y saben que la sangre que nos nutre

y nos da el espejismo de la vida
es la misma que corre por las venas
de los que nacimos en Tenochtitlan.
Nos cubre el mismo manto milagroso
de batalla, de fe, de profecía,
algo malo hay detrás de esto.
Pasamos muchos pueblos destruidos
por el fuego encendido por los hombres,
y cuando al fin perdimos el camino
Malinche lo encontró con instrumento
de magia que lleva escondido encima.
¿Por qué? ¿Por qué? ¿Por qué?, dime si puedes,
por qué Malinche trajo aquí a Cuauhtémoc
y a los príncipes en su expedición.
¿Por qué no los dejó salvos en Tenochtitlan?
¿Por qué tenemos que librar ahora
las batallas del español en contra
del otro teul, como si no fuera bastante
castigo el no poder librar ya las batallas
de nuestros dioses, que guardan silencio
y esperan en ofrenda nuestra muerte?
Abre oídos, rebelde hermano azteca.
Se empaña el aire de augurios nefastos.
Conserva alerta el ojo, ojo de águila,
y cuida al jefe augusto de los hombres
de Aztlán. Hermano, cuida con tu vida
al austero señor, al rey Cuauhtémoc.
No sé por qué se turban mis sentidos
y veo negros nubarrones ahora
que llegamos al fin a Tuxakhá.

*El real de Cortés en Tuxakhá.*
    *Cortés, Doña Marina, Bernal Díaz, Jaramillo, Gonzalo de Salazar,*
*Juan Velázquez, los frailes Juan Varillas, Juan de Tecto, Juan de Aho-*
*ra (en el orden en que corresponda a cada uno entrar en escena.) Des-*
*pués el joven Paxua, hijo de Pax Bolón Acha, El Cacique de Tizatépetl*
*y el séquito de chontales y mactunes.*
    *27 de febrero de 1525.*

CORTÉS.—

Será preciso descansar ahora
—la resistencia humana tiene un límite—
y dormiré aunque nunca reposan

en torno a mí traición y odio aborígenes.
Turba sin tregua mi ánima y memoria
la visión de esos pueblos antes vírgenes
que incendió la india mano destructora
para privarnos de agua y de víveres.
Me siento solo y recelo traiciones,
mas, ¿hubo noche en que no estuve solo,
en guerra, o en placer, o en ambiciones?
Soy quien soy, soy Cortés, y lo que inmolo
por España lo inmolo. Id, alucinaciones,
y presagios, de mí. Yo sé estar solo.
De ésta, que a Jaramillo di, saciado.

*Entra doña Marina.*

Temo el despecho, amor envenenado.
Si hemos todos de ver la nueva aurora,
que españoles, caballos e indios naturales,
descansen. ¿Cómo se llaman, señora,
estos indios?

DOÑA MARINA.—
Es tierra de mactunes y chontales
señor, y en ella yo fui esclava otrora.
Su lengua es la que hablo de nacencia.
Sólo rama menor de los mayas, sus reyes
te rendirán tributo y acatarán tus leyes
y te darán ayuda y obediencia.
¿No descansas, señor?, ¿debo velar tu sueño?

CORTÉS.—
Vela mejor, Marina, el de tu nuevo dueño.

*Entra Salazar.*

CORTÉS.—
Los jefes a mí lleguen,
y porque acatamiento no me nieguen,
tomad a veinte de sus partidarios
y cortadles las manos a cercén.

DOÑA MARINA.—
No, ya no más, señor. Hazme este agrado
por lo que fui. Las manos que has cortado
me persiguen de día y de noche también
ennegrecen mi sueño y me estrangulan
y alcanzan a mi hijo, que es el tuyo,

CORTÉS.—

tuercen su tierno cuello, y aunque huyo
mi soplo apagan y mi vida anulan,
y en el aire flotan y se agitan
como voces coléricas que gritan.
No, ya no cortes manos a cercén.

Por esta vez, Marina, estará bien.
Que venga Salazar, y que vengan Bernal
Díaz del Castillo, y que cada oficial
prevenga armas y organicen el retén.

*Entra Bernal Díaz.*

BERNAL DÍAZ.—

¿Me llamaste, señor? ¿Puedo inquirir qué quieres
pasada esta tan trabajosa jornada?
¿No piensas descansar?

CORTÉS.—

No quiero nada, Bernal, y quiero todo.

BERNAL DÍAZ.—

Así tal eres.

*Se organiza en silencio, por jerarquías, el grupo que rodea a Cortés:
oficiales superiores, frailes, etcétera.*

*Entra Paxua, joven príncipe hijo de Pax Bolón Acha, señor de Aca-
llan-Tixchel, a quien precede un grupo de mactunes cargados de rega-
los que pondrán a los pies de Cortés, silenciosa y ritualmente. Al lado
de Paxua, aunque un poco atrás de él, viene el Cacique de Tizatépetl.*

CORTÉS.—

En nombre del señor del mundo entero,
de mi señor el que en Castilla reina,
recibo tus presentes y te ofrezco en seña
de mi amistad, mis brazos, mensajero
del rey de alta y noble estirpe maya,
que todo bien y toda salud haya.
Y que me digas tu mensaje espero.

PAXUA.—

Señor, hijo del sol y de la profecía,
soy Paxua, hijo de Pax Bolón Acha,
rey de la fértil tierra pacífica de Acallan.
Sabedor de tus hazañas y visita,
mi padre el rey preparó regocijos
para acogerte y rendirte homenaje,

para darte la flor de la hospitalidad
como se da a los dioses de tu casta.
Todo estaba ordenado: templo, palacio y plaza
se engalanaron en Itzamkanac
y coros de doncellas y grupos de danzantes
se prepararon para recibirte
con mi padre y señor, sus sacerdotes
y sus guerreros y su noble corte;
y allí hubieras holgado, hijo del sol,
de ver los ricos templos a la orilla del agua,
los chaparrales, montañas y selvas,
y comido higos chumbos y otros frutos que da la tierra.
Mas los dioses nos prestan poco tiempo la vida,
y el campesino debe regresar a la sombra
de cuyo vientre vino para el día terrestre,
y el rey debe volver, terminado su tránsito,
a ocupar el lugar que lo aguarda
junto a los fundadores del imperio,
y el imperio debe seguir como el sol y los vientos
y las aguas y el fuego y la tierra
que son su posesión y su trabajo.
Es Pax Bolón ahora feliz junto a los dioses,
pero en Itzmankanac el desamparo
y el luto y el silencio nos abruman.
Señor, hijo del sol, Pax Bolón Acha
espera saludarte entre los dioses.

CORTÉS.—

De tu discurso, joven príncipe, infiero
que tu padre murió, y mucho me pesa
porque esperaba sentarme a su mesa
y ser su amigo fiel y verdadero.
Que este collar, que he traído de Flandes
y en mucho estimo, a tu cuello sea grato
y consuele tu pérdida. Yo trato
de ir adelante y tengo empresas grandes.
¿Puedes tú, hijo de tu padre augusto,
darme ayuda y camino y ahorrarme disgusto?
Vete con Dios, ahora, y ya mañana
sabrás qué espero de tu mano hermana.

*Sale Paxua.*

EL CACIQUE DE TIZATÉPETL.—
    Soy el Cacique de Tizatépetl;
    hablarte quiero, Malinche, en secreto,
    y en secreto decirte que no creas
    como verdad todo aquello que oyes.
    Gran aliada del hombre es la mentira
    sobre todo si el hombre es rey jefe de hombres:
    los elementos sirven a su intento
    y él su palabra da a fuego y a lluvia.
CORTÉS.—
    Por Dios que hablas en acertijo, y creo
    que algo quieres decirme que preveo.
    Vamos, te escucho ya, pero recuerda
    que si bien vengo en son de paz y en forma amiga,
    aquel cuya conducta se me muestra enemiga
    se pierde siempre aunque yo no lo pierda.
EL CACIQUE DE TIZATÉPETL.—
    Hijo del sol, Dios esperado...
CORTÉS.—
    Eso soy, y mi voz te lo recuerda.
EL CACIQUE DE TIZATÉPETL.—
    ...Amo de Aztlán, esto no más te digo:
    cosas oí y voces pasajeras
    como el pájaro que no se detiene,
    en el séquito de este joven príncipe
    Paxua, y me dejan creer esas voces
    que Pax Bolón reina aún en la tierra.
    Su tribu no es la tribu de la divinidad,
    hijo es de guerreros menores y ama los placeres;
    timorato y sensual, rico y sutil,
    al tener la noticia de tu arribo
    ha querido impedir que tú y los teules vean
    los setenta y seis pueblos de comercio
    de que es señor, y desvía tu ruta
    para que no contemples sus riquezas
    y sus bienes, y así se finge muerto
    en un juego que va contra los dioses.
CORTÉS.—
    ¡Hola! Haced que vuelva a mi presencia
    el joven Paxua, hijo de Pax Bolón.
    Tratadle bien. Si cometió traición,
    yo le permito probar su inocencia.

*Vuelve Paxua.*

Quise verte otra vez, limpio mancebo,
porque me da dolor que hayas hablado
cosa que no es verdad, aunque mandado
por quien más que tú puede. Y así, debo
decirte que he sabido que está vivo
el rey tu padre, y que mal comprendo
que a mí se niegue y que me engañe, siendo
que llego a él sin ánimo agresivo,
con deseo de honrarle y de ofrecerle
las prendas de colores que dar suelo
a mi amigos de este noble suelo,
y mi amistad y mis brazos tenderle.
¿Cómo pudo pensar por un momento
que de su muerte la infeliz mentira
engaña a quien el único Dios inspira
y dota de divino entendimiento?
Llevo conmigo un mágico instrumento
que encuentra los caminos, que retira
estorbos y ficciones, y que gira
siempre hacia la verdad del firmamento.
Le dirás que hizo mal, que yo no vengo
a hacerle daño, que no es vergonzoso
parecer ante mí porque le tengo
por un gran rey y sé que deseoso
de verme está, que aquí mi real mantengo
y que de verlo me holgaré gozoso.

Paxua.—

Ah, gran señor, ya nuestros sacerdotes
habían advertido al rey mi padre
de que los teules saben toda cosa oculta,
conocen los secretos y el destino
y tienen su lugar entre los dioses.
Perdóname esta acción que no fue mía.
Hija fue de un temor mal concebido.
Diré a mi padre así que se despoje
de la mortuoria máscara y parezca
y te ofrezca de siervo el homenaje.

Cortés.—

Dile tan sólo que aparezca pronto,
'que vengo como amigo y que no quiero

acoger nuevo truchimán o mensajero,
que sepa bien que día y noche espero
pues soy el sol que no tiene tramonto.

O S C U R O

*Frente al templo de Itzamkanac, Pax Bolón Acha habla con sus sacerdotes, príncipes, validos y generales. Figurativamente Itzamkanac, representado por fermas y nubes, estará al extremo del escenario opuesto al que ocupa el real de Cortés. Un telón de fondo puede representar la geografía de los lugares. Cuando Pax Bolón y su séquito se encuentran con Cortés, será al centro de la escena, en tanto que para el encuentro con Cuauhtémoc los mactunes irán de izquierda a derecha.*

PAX BOLÓN.—

Es tarde ya, como quiera que sea,
mi hijo partió al abrir la mañana
para desviar a los viajeros blancos,
y si es justo mi cálculo, a esta hora
les dio alcance ya en Tizatépetl,
de donde los hará ir a Teutiarcas:
"mejores aposentos y copia de vituallas"
tendrán allá después del largo viaje desde Anáhuac.

PRIMER SACERDOTE.—

Error, error, error, Paz Bolón Acha.
Haz que Paxua siga otro mensajero
y le diga que no hable con teules. O si es tarde,
que aquí los guíe. Es inevitable.

SEGUNDO SACERDOTE.—

Error debo decir también tres veces.
Deja el asunto en manos de tu hijo:
que oriente a los funestos viajeros hacia otro
lugar, que los ahuyente y los ahume,
que les ciegue los ojos y el sentido
y que a esta ciudad no lleguen nunca
a saquear templo y derribar ídolos.
¿No sabes, sacerdote sin memoria,
lo que hizo el chivo blanco a los aztecas?
Bien hizo, bien, nuestro rey Pax Bolón.

PAX BOLÓN.—

En realidad, la ruta que lo extrañe
de Acallan se verá sembrada de presentes.
Mas no me gusta ver que los supremos
sacerdotes en desacuerdo caigan.

Del pillaje, el incendio y la profanación.
quiero salvar a mis setenta y seis pueblos.
Haré los sacrificios a los dioses
por que la primavera traiga bienes,
pero mandé a Malinche a mi hijo Paxua
a decirle que he muerto, y desconfío,
pues si Cortés mi muerte pone en duda
lo contrario tendré de lo que quiero.

SEGUNDO SACERDOTE.—
Yo vuelvo a repetir que hiciste bien,
y ahora hay que esperar las consecuencias,
sahumar el templo, entrar en oración
y confiar en los dioses inmortales.

PRIMER SACERDOTE.—
¿Piensas acaso que nuestro destino
puede ser diferente del que hizo
caer a Moctezuma y perder la batalla
a Cuauhtémoc, señor de Tlatelolco
y del imperio azteca último símbolo?
No, nuestras razas están condenadas.
Ésta no es una guerra entre los hombres
sino mortal batalla entre los dioses,
y trae el sol hispano la noche a nuestros ídolos.

SEGUNDO SACERDOTE.—
¡Blasfemia que sacude mis sentidos!

PRIMER SACERDOTE.—
Y piensa que Malinche, si descubre tu engaño,
más cólera traerá contra los tuyos.

PAX BOLÓN.—
Vivíamos aquí en paz y en molicie.
¿A qué viene Cortés a nuestras tierras?

CHAC PALOQUEM.—
General de tus hombres, pido ir hasta Malinche. Tú, mi señor rey, quédate aquí, tu ciudad y tu reino protege con la
luz de tu presencia, y yo iré a ver con quien me siga lo que
los blancos quieren de nosotros.

PAX BOLÓN.—
Siempre fuiste el primero en la batalla,
Chac Paloquem: te llaman el valiente.
A tu valor confío este reino de Acallan.
Ve, que te sigan otros capitanes
y que astucia y malicia os den los dioses,

que saben bien que todo lo que hacemos
en la tierra para ellos lo hacemos.
COREUTA MACTÚN.—
Negras nubes se ciernen sobre Acallan-Tixchel,
imperio de los itzáes memorables
cuyos dominios cubren el territorio entero
de términos, fecundo y propicio a los hombres,
que llega a Zagoatán y a Guatemala
y en cuya isla rodeada de esteros
se yergue para pasmo de los hombres el templo
a Ixchel, nuestra señora venerada
del arco iris, a cuyos pies finos
se estrellan y terminan las tormentas.
Oh, tierra de señores y guerreros,
de Paxua el dulce, nuestro cuarto señor,
que descubrió el tesoro de la pesca
y sentó sus reales en Mactún, en la junta
del Palizada y del Usumacinta, ríos
que en una turbulencia de aguas rojas
por tanta sangre derramada en guerras
marcan, como con fuego, las fronteras
de su domino que es la tierra nuestra.
Hemos sufrido las persecuciones
de los caciques de Chakán-Putún
y del guerrero cruel de Xicalango,
y hemos sido invadidos por soldados
venidos de Aztlán, duros y dominantes.
¡Tantos príncipes muertos aquí por el azteca!
¡Ay, señor Pachimal-Ahix, muerto en la guerra
de los ochenta tenebrosos días,
cuyo hermano engendró al rey Pax Bolón Acha!
Dioses de la fertilidad, los elementos y
la benéfica agricultura,
y dioses misteriosos de impenetrables
designios, mas sujetos todos a Kukulcán,
el civilizador solar, nos presiden,
dioses de la bondad, los frutos y la vida
cuya presencia hace volver la espalda
a Coatlicue, la de ominosa falda
decorada y cubierta de serpientes,
cuyas garras apunta al corazón del hombre.
Mactunes somos, hombres de paz y de trabajo,

y labramos cuchillos de pedernal y anillos,
devanaderas y collares con la concha
de la tortuga; hacemos abanicos de plumas
que llueven los quetzales sobre nuestras praderas.
Hemos pasado largas, largas y amargas crisis,
hemos procreado hijos, cultivado higos chumbos
y hechos los sacrificios a los dioses
que nuestro señor Pax Bolón y sus sacerdotes
nos indican en cada estación.
¿Y por qué ahora siento flotar sobre la flor
una amenaza, sobre el viento una nube y una sombra,
sobre mi ser sencillo una congoja?
Hay que hacer sacrificios, mactunes,
todos los sacrificios, porque
sobre la misma ruta encamina el paso
la primavera traidora y los teules
que muy más de temer son que los elementos
con que los dioses forman la vida de la tierra.
Hay que hacer sacrificios, mactunes.

*Movimientos rituales. Cuando termina, vuelve Paxua con su mensaje y la escena transcurre frente al templo.*

PAX BOLÓN.—
        ¿Cómo vuelves a mí, y con qué nuevas?
PAXUA.—
        Señor, son dioses y lo saben todo.
        El capitán Malinche me envió con un mensaje
        para ti padre mío.
PAX BOLÓN.—
        Dilo, te oigo,
        ¿Qué quiere el hijo de Tonatiuh de mí?
PAXUA.—
        Dijo: "Venga hasta mí el señor de Acallan,
        que quiero verle y estrechar su mano,
        que no he venido a hacerle guerras ni males,
        que sólo quiero ver la hermosa tierra
        que posee y que tanto a ver ofrece;
        que le haré mucho bien si me recibe
        y que he de verlo a la hora que viniere
        porque yo soy un sol que no se pone,
        sol de mi Dios y sol de la amistad."

PRIMER SACERDOTE.—
  ¿No adornas y no mudas la palabra
  del mensaje? ¿No te dijo otra cosa?
SEGUNDO SACERDOTE.—
  Hijo del rey, ¿acaso no heredaste
  la astucia y la finura de tu padre?
  Llevas un mensaje funeral.
  ¿Cómo es que no fue oído ni creído?
PAXUA.—
  Tiene un poder Malinche, sacerdote,
  que nuestros propios sacerdotes no tienen:
  un instrumento mágico le dijo
  que Pax Bolón no ha muerto, que está vivo
  y que gobierna en el reino de Acallan.
PRIMER SACERDOTE.—
  ¿No dije yo que hay que aceptar las cosas,
  que los caminos que sus dioses siguen
  son misteriosos y fatales como
  los caminos que siguen nuestros dioses,
  pero van a otra parte y van contra nosotros?
  ¿Y no dije que no podemos torcer esos caminos?
SEGUNDO SACERDOTE.—
  Por si adivinan nuestra mentira o subterfugio,
  vamos a hacer primero sacrificios,
  que los dioses decidan nuestra acción.
PRIMER SACERDOTE.—
  ¿No ves, ciego, que está ya decidida?

 *Regresa Chac Paloquem.*

CHAC PALOQUEM.—
  Señor, el capitán de los blancos te espera.
  Soy valiente, y jamás en la batalla
  temblé, pero estos hombres tienen crines de oro
  y su palabra es a modo de un dardo
  que hace entrar en tu piel la profecía.
  Más guerreros que dioses y más dioses que hombres.
PAX BOLÓN.—
  Dijiste bien, sacerdote, la acción está decidida.
  Iré a verme, porque así lo quiero,
  con el capitán de los españoles.
  Quiero ver y saber a qué ha venido.

CHAC PALOQUEM.—
　　Con él viene, señor, el rey Cuauhtémoc,
　　el más noble y valiente de todos los aztecas,
　　a quien escoltan señores mexicas
　　y guerreros y hombres maceguales.
PAX BOLÓN.—
　　Lo temía. En ese caso
　　debo orar antes y pedir consejo.
　　Él es, en realidad, nuestro señor,
　　nuestro amo y soberano, y hay que hacerle
　　tributo, y que nos pida lo que quiera.
SEGUNDO SACERDOTE.—
　　Recuerda que es Cuauhtémoc, águila que desciende.
PRIMER SACERDOTE.—
　　Recuerda que es Cortés el sol que se levanta.
　　Mira que no destruya tu reino ni tu pueblo,
　　aunque sé que es fatal y que está escrito
　　en la escritura de los dioses
　　cuyos signos son los mismos signos de los elementos.
PAX BOLÓN.—
　　Dejadme orar, aunque ya veo claro
　　que no sabéis vosotros mismos a qué dioses
　　debe implorar ahora el señor de Acallan-Tixchel.
　　No quiero faltarle a Cuauhtémoc
　　y no quiero perder con Cortés.
　　¿En dónde estará aquel dios,
　　sierpe de dos cabezas, que perdimos?
　　¿Por qué no somos raza de la divinidad?
　　¿Me ha quitado coraje la molicie?
　　¿He perdido mi fuerza de batallador?
　　No lo quiero creer, pero no puedo
　　batallar contra el sol que es Cortés
　　ni hacer armas contra el mar que es Cuauhtémoc.
　　¿Cuál dios de los nuestros me ayudará?
EL COREUTA MACTÚN.—
　　Observo en el crepúsculo que de pronto las ceibas
　　se estremecen y vibran, que las aguas se turban,
　　se revuelven y estrellan sus espejos
　　contra el muro del aire. Quiero cerrar los ojos
　　y no ver más… y no ver el mañana,
　　y no ver, si cierro los ojos, esos signos de cruces.
　　Ay, que no caiga Acallan por lo menos,
　　playa, ribera, edén para el mactún.

*La acción pasa ante el real de Cortés en Tuxakhá. Pax Bolón Acha y su
séquito esperan la venia del conquistador. Grupo de aztecas a la izquierda, grupo de españoles a la derecha. Los mactunes frente a la
tienda de Cortés, al centro. Al entrar en escena el capitán, flanqueado
por Doña Marina, Bernal Díaz, Salazar y un sacerdote, los mactunes
se prosternan siguiendo el ejemplo de su rey.*

CORTÉS.—

Llego hasta ti contra todos los signos,
contra los propios indicios del cielo,
y encuentro que mentiste en torpe celo
y diste en subterfugios poco dignos
de tu tango real. Si eres esclavo
y no rey, lo sabré en cuanto clave el clavo
de Cristo en estos ídolos de piedra
sobre los que ya no ha de crecer la hiedra.
Esto que ves aquí, y que me ha guiado
por lagos y follajes, por esteros y lodo,
y gracias a lo cual hemos llegado
a Tuxakhá, instrumento de magia
y don es de mi Dios iluminado
cuya piedad reina en el mundo todo.
Es don que orienta, ilumina y presagia
el fin de tu herejía y el principio sagrado
de una edad nueva, de la edad de Cristo
y la de Carlos, para quien conquisto
tus tierras y tus bienes y tus hombres
pues quiero convertirlos en humanos,
en seres de razón como a los mexicanos
aunque igual que tus dioses fingidos tú te asombres.

PAX BOLÓN.—

Señor, señor de los dioses enviado
y amado de los dioses y los indios,
yo no quise engañarte, yo quería
saber tu voluntad para servirte,
y quería para mis ojos solos
el privilegio de mirar el sol.
Deseaba verte, mas tuve temores
por no conocerte, señor. Ahora
que te conozco y en tu luz me siento
revivir como en una primavera
hecha para los dioses y los reyes,

te pido que me mandes y me pidas
lo que quieras en bienes, en joyas y en doncellas.

CORTÉS.—

Rey Pax Bolón, he venido a tus tierras
enviado por mi Emperador, Señor del mundo,
que tiene allá en Castilla un trono sin segundo;
pero no vine para hacerte guerras.
Quise ver tus dominios, conocer a la gente
que puebla tus pacíficas riberas,
pedirte que me des el paso a Las Hibueras,
tierra en la que se coge la plata y el caliente
cacao, y las plumas de quetzales.
Mas quiero que sepas que también sigo
a un capitán infidente,
a un traidor a su rey, a un enemigo
que debe sufrir castigos mortales.

PAX BOLÓN.—

Malinche ¡enhorabuena! Es tuyo el paso.
Es tuyo lo que pidas de tu siervo,
que espera que la luz del Señor de Castilla
lo ilumine también. Señor, comamos.

CORTÉS.—

Antes quiero probarte, Pax Bolón,
que te deseo los mayores bienes,
y que quiero dejarte los sostenes
de luz de la única religión.
¡Hola, mis hombres! ¡Echad pronto abajo
los ídolos de piedra y de impiedad!
Hermano Juan de Tecto, por piedad
a aquel que por ignorancia peca en este mundo bajo,
sobre el altar de piedra alzad la Cruz de Cristo.
Ése es el bien mayor, y dárselo debemos,
sólo así, juntos en un blanco festín podremos
comer el pan, beber la sangre de Nuestro Señor Jesucristo.

*Caen los ídolos. Asciende la cruz entre el terror encadenado,
enmudecido.*

EL CORO DE MEXICANOS.—

¿No nos ha dicho siempre Malinche
que su rey y su Dios son de bondad humana?
¿Le ordenan ellos manchar nuestros templos
y destruir imágenes de dioses

que nos guiaron por siglos, que llevaron
a los alucinados peregrinos
venidos del trasfondo del Oriente
y del fondo quizá del mundo mismo,
al lugar en que el águila devoró a la serpiente?
¿Dónde está entonces la piedad cristiana?
¿La vemos en las plantas llagadas de Cuauhtémoc,
en el baño de sangre del señor Moctezuma,
en la matanza de la plaza del templo,
en los canales en que sus dioses o los nuestros
o todos combinados, convirtieron
en sangre el agua que corría limpia?
¿La vemos en la lluvia de silencio
que transe gota a gota a los aztecas?
¿La vemos en el éxodo hasta Acallan?
¿La veremos quizá cuando cese esta lluvia de sangre
y venga un arco iris de fuego y cauterice
la herida por que se desangra México?

PAX BOLÓN.—
Señor Cortés, tu voluntad se ha hecho.

CORTÉS.—
¡Oh, milagro que en mi alma se desgrana!
Has dicho, Pax Bolón, una frase cristiana.
Por los tuyos y tú me regocijo.
Toma un collar mejor que ese que di a tu hijo.

PAX BOLÓN.—
Tu voluntad, Dios y señor se ha hecho
y me llena tu dádiva de orgullo y de alegría.
Vamos ahora a pedirte algo
que es cosa de los indios de esta tierra.
Con tu venia queremos ver a nuestro señor
y emperador Cuauhtémoc, que contigo ha venido
y a Castilla contigo va a rendir homenaje
a tu amo y señor y soberano.

CORTÉS.—
(Otra vez este deslizarse entre junturas
de las piedras, como las lagartijas.
Raza de perros y de sabandijas.
Mas no puedo rehusarles sus finuras
sin riesgos para mí. No habrá descanso
en el resto del viaje ni al regreso
a Anáhuac con este príncipe preso,

tan bullicioso aunque se finge manso.
Descubro, dondequiera que mis ojos
se posan, una sombra, una celda
y una reptil emboscada.)
Rey Pax Bolón, accedo a tus antojos,
amo a Cuauhtémoc, ya mi hermano en Cristo,
y pienso que es de prócer y que es justo
que lo saludes; ha de darle gusto.
Perdóname no más si es que no asisto.

PAX BOLÓN.—
Señor, tus hombres, los señores blancos,
necesitan holgar después del viaje.
Todo lo que tenemos te lo ofrezco
con júbilo, y este paso del sol
por las tierras de Acallan lo guardará la historia,
recuerdo luminoso y duradero.
Da licencia no más de que podamos
agasajar también a los hermanos
de Aztlán que siguen al Emperador,
y de que los guerreros y los príncipes
del imperio de Anáhuac huelguen como los tuyos
y reciban también el beso de esta tierra.

CORTÉS.—
(Siempre esta soledad. Si preguntara
a los míos, ¿qué respuesta tuviera?
Mi voluntad ha de ser la primera,
mi decisión es la que cuenta para
que sólo yo deba cuentas a Carlos.
Marina es sombra ya, y Bernal Díaz
y los demás observan y callan como espías.
Negar la fiesta puede ser provocarlos.)
Celebra Pax Bolón, monarca hermano
y hermano en Cristo pronto, la llegada
de Cuauhtémoc a tu Acallan amada.
Vamos, señores, al real hispano.

EL CORO DE ESPAÑOLES.—
Hora es del placer y del holgorio
después de terminado el largo viaje:
hora en que la belleza del paisaje
se funde en la mujer, cuyo abalorio
mejor es lo que esconde. Hora del vino,
hora del pan y carne en el banquete.

Será después, mientras que el sol se mete,
hora de fecundar nuestro camino.
Hora de España y hora de Castilla,
porque de Dios traemos la semilla.

EL COREUTA MACTÚN.—
No entiendo lo que quiere Pax Bolón
y me inquieta y me siento intranquilo
y sé que he de velar. Que nada acaba
y quizá todo empieza en esta hora
en que los teules gozarán las hembras
y comerán el higo chumbo de Acallan.

EL CORO DE MEXICANOS.—
Pax Bolón y su gente se aproximan.
¿Qué mensaje dará el tlacatecuhtli?
¿Y para qué turbar nuestro descanso
y el silencio que es ya nuestro lenguaje?

CUAUHTÉMOC.—
Hay que decir, hay que decirles a los nobles
de Acallán, que nos llevan a Castilla,
y que nos vamos puesto que nos llevan,
a rendir homenaje al soberano
de Castilla, igual de nuestros dioses
y de los dioses de la profecía.
Hay que decirles que pasamos sólo
como humo y pasamos como sombra
que la luz quiebra en el muro del aire
como el oro en sazón de las espigas.

EL COREUTA MACTÚN.—
Que venga ya el señor, nuestro amo y soberano,
que nos haremos dignos de la merced de su presencia.
Que sin clemencia sus hombres nos traten
y si algo nos impone y si algo quiere,
abriremos la tierra toda para encontrarlo.
No olvidamos jamás que es nuestro dueño,
con él sufrimos y con él morimos
en cada día de la vida de los indios.
Que venga ya, y que nos haga dignos
de su presencia porque somos suyos.

CUAUHTÉMOC.—
Estas palabras calientan mi sangre,
me vuelven a la fuente de la vida
y a la realidad del imperio en que late

lo que yo llamo nación mexicana.
¡Que así sea! ¡Partamos en buen hora!
Vamos pues ya, señores, príncipes y caudillos,
hermanos de grandeza y cautiverio,
Coanacoch, señor de Texcoco,
Tetlepanquétzal, señor de Tlacopan,
Temilotzin el tlacatécatl,
sombras luminosas de Anáhuac,
vamos a holgar un poco, a recibir al fin
un tributo que es un filtro para los dioses:
olvido, olvido. Vamos a olvidar
nuestro destino y nuestras quemaduras.
Sígannos los caudillos y guerreros,
todos los hermanos aztecas.
Vamos, hermanos, vámonos
a visitar a los nobles de Acallan.

TELÓN PARA EL ACTO PRIMERO

# ACTO II

## LAS FIESTAS

EL COREUTA CHONTAL (ACALLANTLACA).—
Chontales somos, hijos de los nobles mayas,
y nuestra sangre se mezcló hace siglos,
en el lecho nupcial y el campo de batalla,
a la sangre nobilísima de los príncipes de Tollan,
los señores del centro y del poder y el equilibrio.
Oh, suerte nunca habida en esta tierra:
recibid al señor, nuestro amo y soberano,
y tocad la sandalia de Cuauhtémoc
con nuestras frentes limpias de todo mal pensamiento.
Venga el señor y tome lo que quiera
de nuestro bienes y de nuestra vida.
Levántense doseles de plumas de quetzal,
tréncense mil y mil ramos de axóyatl,
tiéndanse esteras finamente tejidas
de la palma cordial para su noble planta;
prepárense bebidas refrescantes
para apagar la sed que en nuestro señor y los suyos
encendió la extensión de los caminos.
Y demos gracias a los dioses, a los nuestros,
por esta merced nunca soñada
de recibir a nuestro soberano, al dulce príncipe
Cuauhtémoc, al Emperador de los aztecas
cuya presencia vivificante adelanta y duplica
la de la primavera en nuestros lares.
Chontales somos, hijos de nobles mayas
y de nobles toltecas, y estamos orgullosos
de ser chontales, y nos regocijamos
y cantamos en alabanza del rey Cuauhtémoc.
CUAUHTÉMOC.—
Dulce es la voz chontal a mis oídos,
dulce el amor que en los labios se abre
en florales palabras, musical primavera,

que reavivan la marcha de mi sangre.
¿Qué doseles de plumas relucientes,
qué esteras, por finísimas que sean,
qué refresco, por raro, qué enramado
del paraíso será más que este
acto de amor que protege y acoge
y refresca y reposa nuestro espíritu?
Nobles acallantlaca, os suplico que oigáis
la voz de quien se siente viejo como el destino.
Os doy gracias cordiales. Esforzaos
cuanto podáis, ¡y os ayuden los dioses!,
por vivir unidos en esta tierra,
que es fértil y fecunda. No vayáis a otros pueblos
extraños, ni en huida ni en conquista.
Sed felices aquí y no ocasionéis
dolor a la buena gente del pueblo,
a los nobles ancianos, a los niños
que todavía sueñan con Citlali en sus cunas,
y a los que empiezan a saber el modo
de caminar, y a los que juegan ya
como fuegos o pájaros y miran ya al futuro.
Es cuidado y piedad lo que os demandan,
Es cuidado y amor. Si los amáis
no se irán a pueblos extraños.
No los abandonéis nunca. Os lo pido
y recomiendo expresamente porque
soy el padre y señor de todos y seré
enviado con los míos a Castilla,
y no sé si regresaré de allá
o si he de perecer en sus riberas.
No sé siquiera si tendrán mis ojos
el feliz panorama de veros otra vez.
Haced, pues, lo que esté en vuestro poder.
Amad tranquilamente y en paz a vuestros hijos
y no les inflijáis ningún disgusto.
Ellos son el anuncio de una nación futura
de una nación que ha de existir mañana.
Y sólo esto humildemente os pido:
ayudadme con algo para que pueda yo
no llegar con las manos vacías
a presentar un homenaje al gran
señor que es soberano de Castilla.

Los mexicanos no hemos aprendido
ni aprenderemos nunca
a llegar con las manos vacías.
EL COREUTA CHONTAL.—
¿Qué dice aquí nuestro señor y amo?
Como si fuera súbdito se humilla
y olvida que aquí está su propiedad,
que todo aquí le pertenece,
bienes y corazones, vidas y voluntades.
Vengan oro, joyeles de jade y de turquesa
y plumas escogidas de quetzales
y collares de fiesta y pectorales
recubiertos de piedras preciosas.
Nada es lo bastante precioso
para honrar al emperador azteca
que nos inunda en luz, en amor
y dulzura.
CUAUHTÉMOC.—
No alcanzan las palabras que conozco
para daros las gracias, hermanos. Recibidlas
de un gran silencio lleno de lágrimas limpias.
PAX BOLÓN.—
Permíteme, oh señor, darte la bienvenida
y ofrecerte en mis brazos el amor de mi pueblo,
rendirte acatamiento y pleitesía
como al dueño de mi vida y de mi muerte.
CUAUHTÉMOC.—
Gracias, rey Pax Bolón. Es dulce bálsamo
tu palabra, lo mismo que el aire de esta tierra.
PAX BOLÓN.—
¿Vas a Castilla entonces?
CUAUHTÉMOC.—
A Castilla.
PAX BOLÓN.—
¿Por qué, señor, cuando tienes a Anáhuac?
CUAUHTÉMOC.—
Anáhuac ya no es mía: es de Malinche,
y Malinche asegura que su señor me llama.
Yo pienso que más bien me llama mi destino.
PAX BOLÓN.—
Pensar, pensar... yo también he pensado,
señor, y me di tiempo de pensar

haciendo el muerto, mas Cortés lo supo.
¿Tienes, señor, contigo muchos hombres?

CUAUHTÉMOC.—
Sobre tres mil cuando salí de Tenochtitlan.
Muchos cobró el camino que ya han vuelto
al seno de los dioses. Bienhadados.

PAX BOLÓN.—
¿Quién habla de morir? Y no sé nada,
pobre rey comerciante, mas pensaba
que quizás algunos de los tuyos pudo
pensar que si hay tres mil por una parte
y unos cuantos por otra, puede ser
que también el mactún y el chontal piensen
lo mismo que un azteca haya pensado:
que todo puede ser... y que el momento
de pensar ha llegado para el indio.
Yo no sé nada. Solamente inquiero,
y quisiera tener la virtud de los dioses
para poder leer el pensamiento.
¿Piensas tú, señor rey, como yo pienso
que tú o los tuyos piensan o han pensado?
Pongo a tus plantas mi ignorancia extrema,
y a la vez, mi señor, he de decirte
que mi pueblo con fiestas quiere honrarte
con los tuyos, que he hablado con Malinche,
consiente y está todo preparado:
sólo esperamos el fulgor de tu presencia
y el sol augusto de tu pensamiento.

CUAUHTÉMOC.—
(Llegué hasta aquí, toda mi fe perdida,
vencido o traicionado por mis dioses,
centro de una catástrofe de templos y de ídolos,
humilde más que la yerba quemada,
que el polvo o la ceniza de los vientos
que nos dicen que guía la voluntad divina
dispersan en el antro invisible del aire
hasta que ni recuerdo de ellos queda.
Polvo, ceniza, sombra, hijo del viento,
si ya yo mismo, águila, luché con la serpiente,
y aquí caigo, y se cumple mi sino,
sobre mis llagas plegado el plumaje
del águila orgullosa que desciende,

¿cómo luchar ahora y contra quién?
Luché contra mis dioses, que de antaño
mi descenso a la tierra decidieron.
Luché contra Malinche y fui vencido
por el pavor del indio, ese otro acero
que esgrimió contra mí la profecía,
y le pedí a Malinche la muerte, y tuvo miedo
de dármela en el campo de batalla.
Y estos mayas que ahora me espolean
y excitan el bullicio de mi sangre,
buscan no más los intereses suyos
y no saben aún lo que es nación.
Somos quizá tres mil briznas de yerba
los indios, contra unos cuantos árboles
de España, trasplantados, sin raíces
en esta tierra que la sangre fecunda
desde hace siglos ya. Y está en mis manos
el milagro de hacer crecer la yerba
hasta que como lianas gigantescas abrace
en un último coito al español,
lo desgaje y lo abata y lo estrangule.
No puedo ya mirar hacia el pasado
porque se ha detenido, y sólo el giro
del tiempo lo unirá con el futuro.
El presente es no más abismo y trampa.
¿Y qué será si doy muerte a Malinche,
si incendiamos el bosque que fingen ser los teules?
Ay, sobre las cenizas del árbol de Castilla
vendrá el odio ancestral y reptil de las tribus
y una vez más por siglos no veremos dispersos
como lava que arroja de su centro el volcán.
Y una vez más no habrá, no podrá haber aquello
que sé que hay que buscar... no habrá la patria
mexicana, en la que hasta el español
ha de ser parte. No irá el mexicano a España
si no es para rendirla en fraternal conquista.
El teul acabará por echar sus raíces
en esta tierra que hoy nuestros dioses reducen
a esclavitud. Entonces, hay que poner abono
de víctima, de azteca, de Cuauhtémoc.
Porque Cuauhtémoc es el jefe de los hombres
que guardan ya silencio en nuestra tierra.

La sangre de Cortés haría que esta tierra
prodigiosa se nos volviera estéril.
Malinche vivo pagará su crimen,
Malinche muerto, inverso abono, secaría
esta tierra que vive contra la profecía.
Justo es que el español llegue a ser mexicano,
y que sude y que sufra y que en México pene
y que a México dé su mano y su trabajo
y al fin su corazón algún día, ¡algún día!
El corazón es el único precio
que paga el derecho de señorío.
Y mi muerte, si muero, es cosa que no importa.
Lo que importa es mi vida... pero fuera del tiempo.)

*A Pax Bolón.*

*(T.S.E.)*

El pensamiento pierde toda fuerza
si se vuelve palabra. Pax Bolón,
pues sólo puede ser acción el pensamiento,
así como "la acción es sufrimiento
y el sufrimiento acción." Mas veré en ello
y te diré a la aurora los sueños que los dioses
me dieron con los filtros de tu fiesta,
a la que vamos ya los mexicanos.

O S C U R O

## ESCENA II

*En escena, el emperador Cuauhtémoc y su grandes.*

CUAUHTÉMOC.—

Es grato, hermanos y nobles señores
de México, después de morir día a día
y hora por hora en el largo camino
que nos lleva a Castilla, según dice Malinche,
poder contemplar este claro cielo
que nos viste de luz. Descanse el cuerpo
y juegue un poco, ocioso, el pensamiento
mientras que nos unimos a los nobles de Acallan
para la grata, refrescante fiesta.

Es hora de pensar, me lo parece,
después de la fatiga —que es batalla—
cómo se van a repartir las tierras
que a conquistar hemos venido ahora.
Reyes somos y derechos tenemos.
¿No lo estimáis así, después de todo?

TETLEPANQUETZIN.—
Oh, jefe de los hombres, cuando apartas
tus ojos del día oscuro de Anáhuac
y brillan con la antigua luz de la mocedad;
cuando dejas que salgan tus ideas
y dancen libremente en la pradera
su danza de finísimas sonrisas,
vuelve a vivir la sangre en este cuerpo.
¿Quién dijo alguna vez —no lo recuerdo—
que el mexicano sabe sonreír
y hacer de la desgracia dulce burla?

COANACOCH.—
No fue así, no fue así, mi señor tecpaneca.
Fue... ¿cómo fue? Ah, sí, que el último tributo
del mexicano que muere a sus dioses
es el mejor tributo: la sonrisa.

*Entra Mexicaltzinco y escucha arrinconado.*

CUAUHTÉMOC.—
Eso ya lo cantó Netzahualcóyotl.
No quiero ser oído, pero creo,
señores, que la risa es española:
una flor que revienta y se marchita,
mientras que la sonrisa del azteca
es flor que abre despacio y que dura su día,
una flor de silencio y de largo deleite.
Así, juguemos. ¿Para quién las tierras?

TETLEPANQUETZIN.—
Señor, vivimos un extraño tiempo
en el que todo va al revés, y estimo
que hay que seguir la nueva regla.
Tlacopan, reino de los tecpanecas
que en mis humildes hombros hoy reposa,
solía ser por mala suerte el último
en las reparticiones. Así, voto
porque a partir de hoy sea el primero,
y reclamo el fruto de esta conquista.

COANACOCH.—
 Joven audaz, como príncipe, sabes,
 porque fuiste educado en buena escuela,
 que aquí no hay discusión, que la provincia
 que vamos a conquistar será mía.
 ¿Es cierto acaso o no, que la ciudad
 de Texcoco y mis reinos chichimecas
 tienen la preferencia de todo, según leyes
 concertadas entre Netzahualcóyotl,
 el abuelo poeta, y el tlacatecuhtli
 Itzcóatl, tu glorioso antepasado?
CUAUHTÉMOC.—
 No, eso es ir muy atrás, Coanacoch,
 volver a tiempos viejos en que nuestros ejércitos
 iban solos y se tomaba en cuenta
 que era Texcoco nuestra antigua patria,
 que de ella proceden nuestra estirpe y linaje.
 Pero los tiempos cambian. Ya no estamos
 los aztecas tan solos: nos ayudan,
 Príncipe, como bien sabes, los teules
 hijos de Tonatiuh, que a mí me quieren
 tanto y tan bien que sé que dirán luego
 que esa provincia es sólo para mí,
 para el joven emperador Cuauhtémoc.
TEMILOTZIN.—
 ¡Ah, señores, señores! Hacéis burla
 de la gallina que se lleva el lobo
 y que no hay cazador que se la quite,
 o del pollo que el halcón engañoso
 arrebata en ausencia del pastor
 aunque su madre lo defienda como
 nuestro Cuauhtémoc defendió a su patria.
 No, no, no. Recordemos. Recordemos
 que las buenas pastoras de los reinos,
 que son la paz y la concordia, nunca
 en el imperio chichimeca fueron.
 Nuestra soberbia y nuestra discordia
 nos hicieron endeble yerba para
 el pie y la mano de los extranjeros.
 Y los largos y ásperos caminos,
 las hambres y los fríos y las mil
 calamidades que hoy padecemos,

despojados de nuestros señoríos,
desnudos del poder de nuestros reinos,
olvidados —los dioses me perdonen—
de nuestra propia patria regalada
al teul, que se nos muestra ya enemiga,
son el fruto podrido de nuestra desunión.
Los aztecas quisieron unirnos en el triunfo,
y hoy estamos unidos al fin: en la derrota.
¡Que puedan consolarse nuestros antepasados,
y vosotros también, nobles señores!
No hagamos burla ya de nuestras llagas.

CUAUHTÉMOC.—

Eres un insensato, Temilotzin,
y eso es lo único que podemos hacer,
porque si se llagara nuestra burla también
no volveríamos a ver la luz.
¿Qué llamaremos esto? ¿Una puntada
cosida en una tela que no existe?
¿Una ilusión que no nos cuesta nada,
una sonrisa que escuda y reviste?
Advierto que de pronto hablo como los teules
y veo en un sueño revelada
otra imagen del indio: un indio triste
que ríe y hace burla de su nada
porque cuando parece no ser es cuando existe,
entre verdes de loros y palomas azules,
como un color, como un sonido o como una danza,
como un silencio, como una esperanza.
Advertid que de pronto rimo como los teules.
No enturbies, Temilotzin, el vino de la burla,
no agries el sabor del higo chumbo
ni marchites la amapola de la sonrisa.
Mejor cantemos himnos y dejémonos
llevar por esa espiral de la música
que hacen el caracol y el teponaztle.
Es hora, hermanos, ya de nuestra fiesta.

*Desaparece Mexicaltzinco.*

OSCURO

## ESCENA III

### LA FIESTA ESPAÑOLA

EL CORO DE ESPAÑOLES.—
    Somos el semen de la Nueva España.
    De nosotros saldrá la raza nueva,
    injerto en que producen dulce breva
    el español que jura y el azteca que engaña.
    ¿Quién puede contra mí ni quién me daña?
    Cristiano soy, mas por fatalidad longeva
    a Dios y a la Virgen eternamente nueva
    máculo de excremento aunque adoro de entraña.
    Soy español: así padre y madre me hicieron,
    que por Dios y la Virgen vivieron y murieron.
    En esta hora ya, cante la chirimía.
    Lástima que unos músicos se ahogaran
    y que a otros los indios devoraran.
    Yo vivo, gozo y muero por la España que es mía,
    y de quien soy entero en alegría.
    Dulce es la india de ojos rasgados,
    de oscura y suave piel, de breves dientes,
    pequeños pies y manos obsecuentes,
    y de largos y negros cabellos sahumados.
    Morena tierra en la que los soldados
    de España nos tendemos indolentes
    para beber en escondidas fuentes
    deleites hasta entonces ignorados.
    Cada español, Adán, cada india, Eva.
    ¡Qué paraíso este que erigimos
    y a Castilla y América renueva!
    Por la gloria de España así vivimos,
    y al nivel de los dioses nos eleva
    el goce en el que más que damos recibimos.
    Pero no hemos olvidado a España
    ni a la mujer paciente que allá espera,
    ni a la madre que es toda nuestra esfera.
    Somos el semen de la Nueva España.
    Porque es la guerra así y exige maña.
    Mas nada nuestro corazón altera,
    que es firme y fiel a su fe verdadera

y su lealtad ninguna mancha empaña.
A España y a los nuestros volveremos
con joyas y con bienes y con brillos
para el festín en que celebraremos,
esta vez sí, de España los castillos.
Mientras bienes y gloria disfrutemos,
¿qué importan unos cuantos mesticillos,
chispas de nuestro fuego y alegría,
gajos de nuestra fuerza y valentía?
Pocos, muchos, ¿qué importan mesticillos?
¡Qué suene al fin la dulce chirimía!

*Durante el recitativo del Coro de Españoles, se presentarán escenas descriptivas de banquetes y holgorio, como bajorrelieves, y al fin la toma de las indias mactunes y chontales, en una suerte de danza simbólica y recatada, con música de dulzainas y chirimías alternada quizá con percusiones indígenas, que siga el movimiento y el color de los códices en un nivel surrealista de expresión. No debe haber ninguna actitud violenta por parte de los españoles, ya que alteraría la unidad de la armonía trágica. Al terminar la danza de la posesión sobrevendrá el*

O S C U R O

## ESCENA IV

### LA FIESTA INDIA

*Sonidos orquestados de huehuetls, teponaztles, bocinas de caracol, flautas y percutores de hueso que alternarán en contrapunto, igual que las danzas, con los himnos, la voz del Coro de Mexicanos y el diálogo entre los jefes y señores indios. Mexicaltzinco estará presente en todo momento, limitando su actuación a escuchar y cambiar rítmicamente de postura y de área escénica, a veces de frente, a veces de espalda al público. Esto hace necesario que su figura sea claramente reconocible por el color del traje tanto como por la talla y la deformidad física.*

EL CORO DE MEXICANOS.—
Hermano, escucha antes de que enciendas la fiesta
y de que la bocina de caracol y el huehuetl
se junte al batir del teponaztle,
al monótono percutor de hueso
y a la música dulce de la flauta:
hermano, yo sé qué, sin saber cómo

—porque esto ha de ser cosa de los dioses
que al fin vuelven sus ojos a nosotros—,
sé esto que te digo y regocija mi alma
y hace sonar como tambor percutido mi sangre.
He sabido que el viaje del capitán Malinche
ha llegado a su fin en la tierra de Acallan,
que los señores jefes de los hombres
no se irán ya por el mar de Castilla.
Regocíjate y canta y danza, hermano,
por el regreso a Anáhuac.

*Instrumentos y danzantes entran en acción. Los cantantes entonan "El
retorno de los guerreros".*

LOS CANTANTES (*o el Coro de Mexicanos.*)
"Perdida entre nenúfares de esmeralda la ciudad,
perdura bajo la irradiación de un verde sol México,
al retornar al hogar de los príncipes
niebla florida se tiende sobre ellos."
TETLEPANQUETZIN.—
¿Es posible, señor, lo que oyen mis oídos?
COANACOCH.—
¿Es verdad que Malinche desiste de su viaje?
TEMILOTZIN.—
¿Que no existe ya Castilla y volvemos a México?
CUAUHTÉMOC.—
Nada sé, nada oí más que nuestros hermanos.
EL CORO DE MEXICANOS.—
"Como que es tu casa, dador de la vida,
como que en ella imperas tú, nuestro padre;
en Anáhuac vino a oírse el canto en tu honor
y sobre él se derrama."
COANACOCH.—
Oye el canto, señor de los guerreros.
¿No dice nada a tu corazón, príncipe?
TEMILOTZIN.—
Lo que digo es que hay que ser prudentes,
que los sueños son árboles de ramas quebradizas.
TETLEPANQUETZIN.—
¿Sueños por qué? Yo siento que de pronto
reviven mi deseo de lucha y mi esperanza.
CUAUHTÉMOC.—
Yo sólo sé que escucho, pero no a los que cantan,

                    sino a un pueblo indio que despierta
                    y marcha en mi interior.
EL CORO DE MEXICANOS.—
                    "Donde estuvieron los blancos sauces
                    y las blancas juncias permanece México,
                    y tú, cual azul garza, andas volando sobre él.
                    Bellamente despliegas las alas y la cola
                    para reinar sobre tus vasallos y el país entero..."
PAX BOLÓN.—
                    Más veloces que flechas o pájaros las nuevas
                    han llegado derecho a mis sentidos
                    y han derretido el plomo que pesaba en mi pecho.
                    ¿Es cierto, rey Cuauhtémoc, esto que oigo?
CUAUHTÉMOC.—
                    Yo sé que sólo puedo oír con mis oídos,
                    Pax Bolón, y que no viene de afuera lo que oigo.
COANACOCH.—
                    Príncipes, atendamos este canto
                    más vivificante que el vino.
TETLEPANQUETZIN.—
                    Cantemos más bien sumándonos al coro.
TEMILOTZIN.—
                    Cuidado: es otro canto aún de profecía,
                    otro filtro quizá de adormidera.
PAX BOLÓN.—
                    Tu palabra tendrá mayor virtud, Cuauhtémoc,
                    que filtro, vino o profecía.
EL CORO DE MEXICANOS.—(*in crescendo.*)
                    "Entre abanicos de plumas de quetzal
                    será el retorno a la ciudad:
                    pues quedó suspirando de tristeza
                    la ciudad de Tenochtitlan
                    como lo quería el dios."

*Breve interludio de danzas al ritmo de los instrumentos.* Crescendo *de
la música, culminación del mitote o regocijo.*
      *Durante lo anterior entran Doña Marina y Salazar, seguidos por
dos o tres soldados, y se dirigen al grupo en cuyo primer término se
encuentra Cuauhtémoc.*

EL CORO DE MEXICANOS.—
                    ¿Qué buscan aquí ahora el español
                    y su truchimán la Malintzin,

la princesa de espaldas a su raza
cuya voz fue la voz de la denuncia,
la voz de la matanza de Cholula?
Voz marina engañosa y sibilante
que cambiaste el sonido del idioma
de los tuyos para alterar su pensamiento;
que has de seguir sonando todavía
sin que nada pueda para impedirlo,
pues tus hijos y los hijos que creen
son ecos de esa voz y a la vez son astillas
del ahuehuete que amenaza el rayo
y que para hacer cruces raja el hacha española.

SALAZAR.—

El capitán Cortés espera que se atienda
el mensaje que traes a Cuauhtémoc, señora,
y que le lleves la respuesta ahora.
Así yo espero para conducirte a su tienda.

DOÑA MARINA.—(*A Cuauhtémoc.*)

Malinche mi señor te saluda, y deplora
decirte que además de este bullicio,
que es impropio de príncipes, indicio
seguro tiene de que los señores
que te siguen y tú, se han entregado
a burlas que le causan desagrado
por ser dignas de seres inferiores
y no de altos varones. Y te pide
que cese desde luego el alboroto
que su paz y su reflexión ha roto
y su meditación sobre su viaje impide.
Mas sobre todo, estima que un asueto
desenfrenado y sin motivo justo
le causa más temores que disgusto
de que podáis perder así el respeto
de vuestra condición señorial, que para él
flor del imperio azteca es, y reflejo fiel.
Pesadumbre le dais con vuestra fiesta
y que la ceséis luego os manifiesta.

CUAUHTÉMOC.—

(Otra vez heme aquí frente al dilema.
¿Tiene miedo Malinche? ¿Es el momento
de atacar, de abolir sin dejar resto

como él no lo ha dejado de los templos
de mis dispersos dioses fugitivos?
¿Cuál batalla debo librar ahora?
¿La batalla de hoy? ¿La de mañana?

*A Doña Marina.*

Hicimos burlas, recitamos himnos
y entonamos los cánticos y bailamos las danzas
que son parte de la expresión y de la vida
de nuestra raza desde viejos siglos,
Malintzin, porque el capitán Malinche
la fiesta consintió a nuestra fatiga.
Pero no hemos perdido el decoro
que nos debemos como lo que somos,
ni hemos querido darle pesadumbre
al hijo del sol que nos lleva a Castilla,
sino holgar y olvidar cosas que él sabe,
reír un poco y mostrarnos contentos
para dar ánimo a los maceguales
desesperanzados que nos acompañan
y que deben aún resistir dura brega
para servir al capitán Malinche,
porque así creen que somos poderosos
y que tenemos cortes y palacios.
Pero el azteca debe desnudarse
cada día de algo. Llegó el turno
de quitarnos los hábitos de burla
como un ropaje inútil. Nos quitamos
otro más precioso: el de los dioses,
y también nos quitamos la túnica
musical del lenguaje que hablamos
y que reviste nuestros pensamientos y sueños.
Di a Malinche, señora, que puesto que no gusta
de nuestro regocijo y de estas fiestas
y burlas, dejaremos de burlar
y hacer festejos, como hemos dejado
de esperar que pasen los malos sueños
que soñamos por hoy los mexicanos.
¿Sabes tú algo de eso?

DOÑA MARINA.—
Señor rey,
yo sólo sé que los días son siempre nuevos

como los niños en los vientres longevos,
y que Malinche es hoy quien da la ley.

*Salen Doña Marina, Salazar y los soldados. Cesan los instrumentos y
las danzas y cánticos. Todo da la impresión de una como marcha en
retirada. Sólo muy suavemente suena aún el Coro de Mexicanos.*

EL CORO DE MEXICANOS.—
"Soy cual un ebrio, lloro, sufro,
si sé, digo y tengo presente:
¡Ojalá nunca muera, ojalá nunca perezca yo!
allá donde no hay muerte, allá donde se triunfa, allá
voy yo:
¡Ojalá nunca muera, nunca perezca yo!
..........
En vano nací, en vano vine a brotar en la tierra:
soy un desdichado, aunque nací y broté en la tierra:
digo: ¿qué harán los hijos que han de sobrevivir?"
PAX BOLÓN.—
Esta vez pienso, rey, que ha llegado la hora
de que brote a la luz tu pensamiento.
De que todo lo que hemos pensado aquellos que pensamos
deje su estrecha celda y se entregue a los vientos.
TETLEPANQUETZIN.—
Más vale una sola muerte, señor,
que este diario morir rodeados de hambre.
CUAUHTÉMOC.—
Lo hemos hablado, sí.
PAX BOLÓN.—
Señor, ¿qué esperas?
CUAUHTÉMOC.—
Ya te dije qué es para mí el pensamiento.
Pienso que pertenezco, Pax Bolón, al futuro,
porque ya no tenemos pasado
como no tenemos presente.
Nuestros dioses han sido vencidos,
nuestros templos son ya sólo polvo;
pero nuestros hijos, y los hijos
de nuestras mujeres y de estos hombres a caballo
deben vivir y nos darán el futuro,
que quizá no es sino el pasado
y los une a los dos quizá un puente
de lágrimas, desilusión y sangre

que llamamos, no sé por qué, el presente,
porque el presente es eso que no existe,
eso que está cambiando siempre.
Un día ellos serán la nación mexicana
a la que yo quiero llegar con estos pies quemados,
caminando de un siglo a otro siglo
hasta que mi polvo confundido con la tierra
sirva de pedestal a este sueño que ahora
parece nada más la sed del insolado,
que piensa que camina por un largo desierto
cuando sólo da vueltas en torno de sí mismo y de su sed
y es su propio espejismo y su único oasis.

PAX BOLÓN.—

No te entiendo, señor. Soy un rey mercader
y hago cuentas en mi cabeza.
Tiempo vendrá en que estos españoles
nos den mucho trabajo, nos hagan mucho mal
y den la muerte a nuestros pueblos indios.
Yo soy de parecer, si tú lo eres,
que los matemos. Pero, ¿qué podría
hacer yo solo, que no sé de guerras,
sin tu gloria y tu fuerza y tu grandeza?
Tú traes mucha gente; nosotros somos muchos.
Piensa, señor Cuauhtémoc, piensa, ¡piensa!

CUAUHTÉMOC.—

Veré en todo ello, Pax Bolón.
Déjame tiempo de reflexionar,
hablaremos mañana, en otra aurora.
(¿No sabe, pues, que estamos sometidos
y que nos dieron ya todo el trabajo,
toda la muerte a nuestros pueblos indios,
que somos una raza de cadáveres
que nunca aceptarán la sepultura?
La batalla de hoy está ya dada.
Dada y perdida. Pero falta aún
la de mañana, cuyo jefe debo
ser yo. Y veo tanto que estoy ciego
de ver con esa ardiente claridad.)

COANACOCH.—

¿Y qué hace, qué busca aquí ese enano
que escucha todo? Hay que echarlo luego.

CUAUHTÉMOC.—
Déjalo, Coanacoch, busca algo que no tiene,
como todos nosotros. Quizá busca estatura.

*Mexicaltzinco se vuelve a Cuauhtémoc y los señores. Los mira un instante, profundamente, y sale sin decir palabra.*

EL CORO DE MEXICANOS.—
El corazón me dice a sordos golpes
que Cuauhtémoc peligra, y que otra vez
es la negrura la aurora de Anáhuac;
que nos falta un camino todavía
más largo y más traidor y más incierto
que éste de muerte que nos trajo a Acallan.
"¿Dónde iremos que no haya muerte? ¡Ah, va a llorar
mi corazón!
¡Ea, esforzaos! Nadie vivirá para siempre."

O S C U R O


ESCENA V

EL REAL DE CORTÉS

*En escena, Doña Marina y Mexicaltzinco o Mexicalcincatl, o el Coztemexic, Cozcóltic, Cristóbal. Después entrarán Tapia y el Metelchiutzin, antiguo Calpixque (recaudador de innoble origen). Y Juan de Velázquez, el Tlacotzin Cihuacóatl de Tenochtitlan. Luego Cortés, y al fin Pax Bolón, que se quedarán solos con Doña Marina, después de la denuncia de los primeros. Bernal Díaz aparecerá cuando el segundo acto está para cerrarse.*

MEXICALTZINCO.—
¡Ay de mí, hija mía! ¡Ay de nosotros!
Hija Malitzin, ¡ay, qué días aciagos!

DOÑA MARINA.—
¿Qué tienes tú, mi tío Mexicatl, pobrecito,
que traes miedo a mi alma con tu grito?

MEXICALTZINCO.—
Tengo, que vi a Cuauhtémoc como tú no lo viste
presenciar la revista militar encantado
del todo con el brillo del águila en sus ojos.

DOÑA MARINA.—
¿Qué importa eso, Coztemixic, mi tío?
Yo también, cuando miro pasar a las doncellas,

siento que hay en mis ojos como un fulgor de estrellas,
que soy la mejor y que en mi sangre está el estío.
Pero sólo son lágrimas esas falsas estrellas.

MEXICALTZINCO.—
¿No quieres entender lo que te digo?
Te digo, hija, que pereceremos
todos aquí, que si ellos danzaron
fue en preparación de destrucción y guerra.

DOÑA MARINA.—
Sí, los creo capaces de cosa traicionera,
pero a Cortés no pueden ni tocarlo siquiera.

MEXICALTZINCO.—
Te digo, hija, que verdad te digo.

*Entran Tapia y Juan Velázquez.*

Mira aquí al Calpixque Motechiutzin,
que también llaman Tapia, y mira a Juan Velázquez,
Tlacotzin Cihuacóatl de Tenochtitlan.
Ellos dirán que oímos a los príncipes
consultarse en la noche, y que dijeron
que quitarían los otomíes a los extranjeros.

TAPIA.—
"¿Cuánto tiempo para que los aniquilemos?"
dijeron...

JUAN VELÁZQUEZ.—
Y dijeron: "Hay que asaltarlos luego."

MEXICALTZINCO.—
Y antes yo los oí burlar y decir el modo
de partir entre ellos las tierras de conquista
adonde vamos a ir con Malinche.
Y se lo dije a tiempo y él lo sabe.
Y también los oímos consultarse en la noche
y decir cómo cubrirían de muertos este campo.
¿No es cierto, hermano Tapia, y tú, hermano Tlacotzin?

JUAN VELÁZQUEZ.—
Todo es cierto y tememos infortunios.

TAPIA.—
Infortunios sin fin, traición y muerte.

MEXICALTZINCO.—
Yo no temo por mí, pobre desecho humano.
Si vengo a ti con mis lamentaciones
es por temer que tú, mi hija Malitzin,

y el capitán, pereceréis aquí
y que todos nosotros perderemos la gloria
que la Cruz nos promete en otro mundo.
¡Ay, aciagos anuncios! ¡Ay, míseros enanos
que buscamos quizá nueva estatura!

DOÑA MARINA.—
Que esto, Cristóbal Mexicatl, baste.
Más vale errar primero que deplorar después.
Y está muy bien lo que manifestaste.
Voy a informar al capitán Cortés.

CORTÉS.—(*Entrando.*)
No es necesario. Pude oírlo todo,
y otros informes vienen a mi ayuda
que parecen disipar toda duda
de esta conspiración de sangre y lodo.
Id y guardad silencio, amigos leales,
ni una palabra... ni siquiera al viento.
Id y Dios guarde vuestro sentimiento.
Seréis recompensados como tales.

*Salen los tres.*

(Día o noche, a toda hora lucho.
Bien sé que buscan estos inhumanos
hendirme el pecho y cortarme las manos.)

*Entra Pax Bolón Acha.*

Pasa, rey Pax Bolón, que ya te escucho.

PAX BOLÓN.—
Hablarte quise antes, capitán, mas mi ánimo
estaba conturbado por sombras y temores,
por dudas de mí mismo, pobre rey sin batallas
que busca sólo el bien para él y los suyos,
que gusta de los trabajos de la tierra
y que procrea hijos que a semejanza suya
adoren a los dioses de la naturaleza
y al Dios cuya presencia te debemos.

CORTÉS.—
Dije que te escuchaba y nada dices.
¿Eres parte también de la traición
preparada contra mi expedición
y caerá tu cerviz con las cervices
de los jefes de la conspiración?

PAX BOLÓN.—
            ¡Ay, capitán Malinche, hijo del sol!
            mal conoces a este amigo acallantlaca
            que encuentra todo su bien en servirte.
            Vine a decirte que el señor Cuauhtémoc
            me convocó para decirme: *"Ahau,*
            rey de este lugar, tiempo vendrá
            que los teules nos den mucho trabajo
            y nos hagan un mal irreparable
            y maten nuestros pueblos. Yo soy de parecer
            de matarlos a todos. Traigo gente
            muy numerosa y vosotros sois muchos."
CORTÉS.—
            Te escucho aún, quiero saber qué cuentas
            hiciste y con qué fin esto me cuentas.
PAX BOLÓN.—
            Sólo las de mis pueblos de comercio
            puedo hacer, capitán. No sé de otras.
            Mas la voz de Cuauhtémoc me dio frío.
            Le dije sólo: "Veremos en ello.
            Dejadlo ahora y trataremos de ello."
CORTÉS.—
            ¿Y tratasteis? Pues si tratasteis, quiero
            conocer ese trato todo entero.
PAX BOLÓN.—
            ¿Tratar, señor? En mi conciencia pura
            yo sé que eres un dios y sé que traes
            contigo algún objeto misterioso,
            que te guarda de todos los peligros
            y que es signo de la divinidad.
            Sé que puedes acabar con los dioses
            de esta tierra, y que eres severo y dadivoso
            y que tus ojos todo lo penetran.
            Sé que quieres pasar a las Hibueras
            y también que yo quiero darte el paso.
            Sé que no es cierto que los hombres teules
            maltraten indios: no han tocado a los míos
            ni les han pedido tesoros
            ni les han echado sus perros.
            Si nos piden gallinas y frutas y maíz,
            gozosos se los damos los mactunes.
            Y supuesto que tú no me haces daño,

me sentiría mal tener dos rostros
para ti, o tener dos corazones.
Pero Cuauhtémoc no me deja tregua.
Importuno, me excita a darte muerte.
Cuida, señor, de que no te traicione:
tres o más veces habló de matarte.

CORTÉS.—

(La verdad del indio se siembra en el mar,
es amor de mujer, lealtad de amigo.
En juicio contra ti, éste fuera testigo,
y puede traicionarte todavía
como traiciona al otro. Desconfía.)
Pax Bolón, gracias. Tengo que pensar.
Mas que te creo sincero te digo.

PAX BOLÓN.—

Soy Pax Bolón y amo la paz y la molicie;
rey de Acallan-Tixchel, llevo desde hoy otra corona:
soy amigo del capitán Malinche,
que anuncia dioses y prodiga dádivas. (*Sale.*)

CORTÉS.—

Heme aquí pues de nuevo en el crucero.
Los augurios que sentí en torno mío,
claros indicios eran del vacío
que a mis plantas ofrece este febrero.
Claro el dilema: si no mato, muero.
Si muero pierde España el poderío
que le aseguran mi fuerza y mi brío,
y también pierde un mundo venidero.
Pero, como un vendaje de neblina,
una duda oscurece mi retina:
¿Voy a dar muerte porque lo deseo
o porque así mi Dios lo tiene escrito?
¿Es justicia lo que hago o es delito?
Siento en mi corazón negro aleteo
de un pájaro de agüero que no veo
pero que me ensordece con su grito.

PRIMERA VOZ.—

No lo eludas, don Hernando,
pues desde el salir de México
embargaba ya tu ánimo
este designio funesto,
y todo lo que buscabas

era acabar con Cuauhtémoc.
¿Por qué? ¿Qué odias en él
cuando eres señor supremo;
cuando, a quererlo, podrías
reinar en este hemisferio?
Él no es ya más que la sombra
de un avasallado imperio
que la luz de la conquista
proyecta en el ras del suelo.
Déjalo vivir entonces,
morir de enfermedad déjalo,
que pronto lo hará olvidar
tu luminoso destello
y seréis tú y Carlos Quinto
señores del mundo entero.

CORTÉS.—
Nunca en mi mente hubo más que la duda,
una duda cristiana y generosa,
pero el poder de España en mí reposa,
la religión de España en mí se escuda.
"Si lo dejo", pensé, "la voz hoy muda
del indio estallará plena y ruidosa,
y no habrá destrucción ni muerte o cosa
que le impida romper lo que hoy la anuda".
"Si lo llevo conmigo, será acaso
correr todo el azar de la celada
y temer la traición a cada paso.
Así, vigilaré luenga jornada."
¿Y qué puedo envidiar en él: su ocaso,
Tecuichpe, su mujer, a español entregada,
sus pies ardidos o su sueño raso
de construir una nación con nada?

SEGUNDA VOZ.—
Fuera más cuerdo quizá
formar ahora una alianza,
reconocerlo por rey,
rendirte a él de palabra,
decir que olvidas a Carlos
por servir a india pujanza
y unificar a los indios,
que ésa es su aspiración máxima.
Y cuando fuerte y seguro

te sientas, y esté lograda
la unión, un sutil veneno
que no debe dejar traza
(piensa en doña Catalina,
que nunca probará nada)
te hará el heredero único
de imperio sin semejanza,
y así serás creador
de gloria no disputada,
¡de un nuevo mundo que puede
hacerle frente aun a España!

CORTÉS.—

(No quiero, no, perder la cabeza
ni rendir a estas voces mi entereza.)
No, porque yo sé bien que este veneno
fluye surtido por mi propia entraña
y que tú, con potencia dura, extraña,
lo haces volver a envenenar mi seno.
No me doy ni por malo ni por bueno,
mas nada en suma a mi destino engaña,
porque, leal a Carlos como a España,
puedo juzgar con ánimo sereno.
Juzgar al perro que, príncipe azteca
al fin, si lo libero volvería
como una fuente desolada y seca
la religión católica que es mía
y contra la que él a diario peca
y odia porque es luz y amor y oriente y guía.

TERCERA VOZ.—

Tus escrúpulos comprendo
y te honran, ¡a fe mía!
Eres leal a tu rey
y a tu religión por vida.
Pero piensa que un imperio
como el que aquí se perfila
puede ser más poderoso
que el de Roma o que Castilla.
Que si a millones de indios
apostólico humanizas,
el Papa, que no ama a Carlos,
te da su ayuda bendita,
y que tú podrás si quieres

—porque no habrá quien lo impida—
ser Papa del nuevo mundo,
señor de todas las vidas.
Condición es para eso,
magüer, que Cuauhtémoc viva
hasta que te dé el poder
del imperio que codicia
y que no hay otro que pueda
unir si él no lo unifica.

CORTÉS.—

(Vade retro, blasfemia, tentación
como el diablo puesto en oración.
Difícil elección, duro dilema
cuya salida no encontrar temo.
¿Y qué consejo trazará un esquema
para abatir la duda en que me quemo?
En los dos casos debo acabar con Cuauhtémoc.)
A Jesucristo que os disipe ruego,
voces de los demonios tentadores
que cegarme buscáis con resplandores
o trampas a que mi alma yo no entrego.
¡Hola! Llamad a mi presencia luego
a Cuauhtémoc y los demás señores.
Antes que nazcan los nuevos albores
debo apagar de su traición el fuego
y deshacer su artero y bajo juego.
(Pero no sé aún si en la acción inminente
es el sol el que triunfa y el que brilla,
si vencerá el león de Castilla
o el águila que cae, o la serpiente.
Sólo sé que en mí está la justicia inmanente.)

ÚLTIMA VOZ.—

Mal, don Hernando, conoces
a quienes en ti alentamos,
y que somos parte tuya,
signos del divino trazo.
Mal conoces cómo hace
Dios el laberinto humano
por que de él salga el hombre
a su imagen revelado.
Sigue pues, ciego, tu ruta,
mas si estás determinado

en matar, sabe que cedes
a lo que hay en ti del Diablo.
Y entonces, capitán de España, temo
que es pavura y es odio de Cuauhtémoc.

CORTÉS.—

Sea así. Traed a mi presencia
al perro que se llama el jefe de los hombres,
y cuidad de anotar todos los nombres
de los que me dedican su insolencia.

*Entra Bernal Díaz.*

BERNAL DÍAZ.—

Me dicen, capitán, que has convocado
los príncipes a juicio.

CORTÉS.—

Quieres decir traidores
perros. Sí, Bernal. No admite España errores
ni flaqueza en el hombre a Indias enviado.

BERNAL DÍAZ.—

Capitán, piensa que también son hombres,
que en ellos hay, igual que en ti, potencia
y coraje y dolor y bien y esencia.

CORTÉS.—

Vengan también frailes. No te asombres
si aún doy a estos indios la divina clemencia.
Capitán de la española conciencia,
voy a juzgar y daré mi sentencia
limpias en Cristo mi alma y mi inteligencia.

BERNAL DÍAZ.—

El hombre es como barca que navega
hacia la luz. ¿Qué mares tumultuosos
mudan su ruta en rumbos azarosos?
Sabe cuál es su puerto, mas no llega.

CORTÉS.—

Bernal, Bernal, España siempre llega,
(sé que seré más grande así, que juego todo
a mi miedo y mi fe... pero a mi modo.)
Espera el juez. El acusado acuda.

BERNAL DÍAZ.—

Me dejas lleno de dolor y duda.

TELÓN PARA EL ACTO SEGUNDO

# ACTO III

## La ceiba en cruz

*La escena se ilumina gradualmente sobre el real de Cortés, quien aparece situado al centro de sus oficiales principales; a su derecha están los tres Frailes, a su izquierda Doña Marina y junto a ésta Bernal Díaz, todos a medio escenario. Cuauhtémoc, Coanacoch, Tetlepanquetzin, Temilotzin y los demás señores aztecas, a la vez que Pax Bolón, estarán organizados a la izquierda de la escena, si bien el señor de Acallan guarda cierta distancia, en tanto que los denunciantes, Mexicaltzinco, Velázquez y Tapia, forman a la derecha un grupo apretado y pequeño, inquieto y receloso. Es recomendable la utilización de diferentes planos y del todo preciso evitar la composición de un fresco a la Diego Rivera siguiéndose más bien la línea de los códigos por la necesidad escénica de dejar espacios libres entre los grupos.*

*Conforme los denunciantes pasarán de derecha a izquierda, se verán disminuidas sus figuras mientras que las de los acusados crecerán al moverse de izquierda a derecha. Se aconseja la mayor sobriedad, economía y precisión en los movimientos. Al centro, detrás del grupo juzgador, la sugerencia de una gigantesca cruz en silueta proyectada de modo que pueda desplazarse. En primer término derecha, la gran ceiba apuntada en sus elementos esenciales en estilo azteca.*

Cortés.—

    Soldados de España, reverendos frailes
que hacéis el camino conmigo hasta Hibueras:
muy a pesar mío, con dolor de veras,
interrumpo vuestros festejos y bailes
y vuestro descanso, que es pan bien ganado,
porque malas nuevas hasta mí han llegado.
Dios ha permitido que los pormenores
de negras traiciones vengan a mis manos.
¡Tanto amor que dimos a los mexicanos,

y nos buscan males sus propios señores!
Sé que muchas veces entre ellos trataron
del desposeimiento de sus señoríos
por los españoles, con fines impíos
puesto que en matarnos se determinaron
a mí y a los bravos que vienen conmigo,
pues no quieren ser por nosotros mandados.
Pretenden de nuevo poseer reinados
y nos consideran como a su enemigo.
Sé también que buscan matar en Hibueras
a Olid y a su gente, y enviar mensajeros
hasta Tenochtitlan, donde sus guerreros
segarán, mandados, las vidas iberas
que guardan en ella de España el haber.
Sé también que juzgan hazañas ligeras
acabar por siempre el español poder,
recias guarniciones poner en los puertos
de la mar, de modo que ningún navío
escape a sus manos ni pueda volver
a Castilla, sino cargado de muertos
porque así recobren su gran poderío
y ejerzan de nuevo su fiel señorío
como en el pasado, antes de llegar
las huestes de España a cristianizar.
Emperador Cuauhtémoc: a ti te llamo
para que respondas en primer lugar
y no digas si es verdad lo que proclamo.

*Cuauhtémoc calla.*

(Ya sé que este silencio de este perro
pesar más que mi palabra pretende.
Mi tropa sabe bien quién soy, Carlos me entiende,
tiene mis cartas, sabe que no yerro
y nada de este indio lo conmueve ni asombra.
Triunfaré, triunfará mi madre España
—¿Puede vivir ante la luz la sombra?—
y el rey se atribuirá tan grande hazaña.)
A que hables, azteca, te conmino,
si en algo tienes de tu raza el destino.

CUAUHTÉMOC.—
Mátame pues, Malinche, yo te dije
al arrancarte tu puñal del cinto.

Ganaste la batalla, pero no me mataste.
¿Acaso te complace que el vencido
que te ofrece su vida, te la deba,
y hacer que sobreviva el que rodean
fantasmas de grandeza y de victoria?
Algo malo hay en ti, Malinche. Hay algo malo,
pues destruyes a medias solamente.
¿Traicionas a tu dios o a tu enemigo?
No me importa, no sé, pero traicionas
a uno de los dos que rigen tu ánima.
Eres traidor, Malinche, hasta la gloria
que buscarás en vano en tu Castilla.
Nadie te la dará porque este mundo es uno
y lo que hoy pasa aquí tiene un sentido
para el presente y para el futuro
en la Castilla de que tanto hablas
y que no existe aún para nosotros.
Viniste a nuestra casa sin que nadie
te llamara, viniste y la arruinaste.
Tu saliva y tu planta terminaron
antes que el fuego y el horror con nuestros
templos y nuestros dioses fugitivos
que Quetzalcóatl a los cuatro vientos
dispersa con sus negras profecías.
Malinche, eres traidor. Así naciste.

CORTÉS.—

¿Puedes tener lengua que hable de traiciones
tú? En vano te acoges a cosas pasadas
para huir de mis razones probadas.
Mas no ha de valerte. Mis acusaciones
prueban que si hay un traidor presente
eres tú, Cuauhtémoc, no águila: serpiente.
Contesta a lo que te digo frente a frente.

CUAUHTÉMOC.—

¿No piensas tú, Malinche, nunca en lo que has perdido:
tu pureza o tu amor o tu sueño de imperio?
Y al dormir, ¿no reconstruyes en sueños
batallas gigantescas que ganas, y no tienes
jamás la sed de tener sed de nuevo,
hambre de tener hambre? ¿Y no hay en tus manos
desnudas un afán de asir objetos
que tus dedos dejaron caer en el vacío?

Así el emperador y los señores
de Aztlán escrutan sin descanso el aire
buscando en su limpieza desgarrada
por la nave, el caballo y el relámpago,
las formas de sus templos y pirámides,
la corona imperial y el esplendor de plumas
luminosas que huyeron no sé adónde,
lejos del arcabuz y del acero.
Así, Malinche, pues, cuando veíamos
ir a los españoles descuidados
por los caminos, y agrios, descontentos
porque muchos soldados padecían
y morían de hambre por faltarles
el alimento natural, hasta los músicos
y el volteador y otros más soldados,
y algunos proclamaban preferir
morir antes que seguir adelante
—y te señalo sólo la actitud
de tus valientes soldados armados
con fuego y cruz y pólvora y acero—,
muchos pensaron que sería bien
dar sobre ellos al pasar un río
o una ciénaga, pues los aztecas,
más de tres mil, tenían también armas y lanzas.
Pero de mí no salió ese concierto
ni sé cuántos en él han sido parte,
ni tuve pensamiento de seguir adelante
con él ni despegué jamás los labios.
Sólo sé que hubo pláticas, y que yo sonreí
pensando que los sueños de los niños
tienen un horizonte milagroso
y que no es menester que se realicen:
que basta solamente que se sueñen.

TEMILOTZIN.—
Los aztecas hablamos de sueños entre sueños.

CORTÉS.—
¡Ah, la reptil argucia del azteca!
Tengo un testigo. Habla, Mexicaltzinco,
que tu voz inocente y tu cristiano ahínco
den un mentís al rey y al tlacatécatl.

MEXICALTZINCO.—
Yo no sé nada más que lo que ellos dijeron.

Si digo que las flores del campo florecieron,
es porque las vi abrir sus cerrados botones.
Si digo que hay latidos, es porque hay corazones.
No soy sino un enano, un desperdicio
de la naturaleza un monstruo, incluso un vicio
de otros príncipes de Aztlán, y sé que quiero
crecer bajo la Cruz de Cristo y que soy sincero.
Yo los oí decir lo que has dicho, señor,
y lo dije a Malitzin en seguida:
y más antes oí cómo en burla fingida
los príncipes y el emperador
hablaron de partir entre ellos las tierras
que vas a conquistar en estas nuevas guerras.
Te lo dije, y lo juro por Dios Nuestro Señor.

CORTÉS.—
¿Qué tiene que decir, emperador?

CUAUHTÉMOC.—
Desconfía, Malinche, del juramento fácil.
¿No pisaste jamás, al ir sobre la yerba,
sin parar mientes, un reptil oculto?
Lo que aquí hablé lo hablé como príncipe
y es la verdad. Y la verdad de los reyes
es verdad de los dioses y no ha de ser jurada
sino dicha no más, así como la luz
cuando se ve no es menester nombrarla.

CORTÉS.—(*a los Frailes.*)
Infernal soberbia, como veis, hermanos,
alientan los bajos pechos mexicanos.

LOS FRAILES.—
¿Por qué nos das este dolor, oh hijo,
si ya el bautismo te salvó y bendijo?
La religión de Cristo es humildad.
Hermanos mexicanos, confesad, ¡confesad!

CORTÉS.—
Tetlepanquetzin, habla tú, mas mira
que si salvar deseo al inocente
y que si justo soy y soy clemente,
lo que condeno siempre es la mentira.

TETLEPANQUETZIN.—
Condena, pues, al pobre Coztemexi,
que es mentira de la naturaleza.

Más de una vez, el jefe de los hombres
y yo, mirando la gran hambre
que sufre nuestro pueblo, la miseria
en que, como en el lodo del camino
que cruzamos, se hunden nuestros hombres;
la lenta muerte en que nuestros esclavos
y nuestros familiares se adentran cada día,
más de una vez el jefe de los hombres
y yo dijimos que mejor valiera
morir de una vez, no paso a paso.
Y no dijimos, más sé que pensamos,
que es la muerte mejor la del guerrero,
y a poderlo, esa muerte buscaríamos.
Eso es todo, Malinche. Pesa y juzga.

CORTÉS.—

¡Evasiva raza de astutos reptiles!
Yo sé, sin embargo, desde antes del viaje,
que ya conspirabais, y por eso os traje
conmigo, exponiéndome a asechanzas viles.
Di, Doña Marina, lo que tú sabías.

DOÑA MARINA.—

Mejor que saberlo, pues son cautelosos,
penetró mi instinto planes insidiosos
que se prepararon desde aquellos días.
Que si tú sin ellos a un viaje partías,
a todos los teules darían la muerte,
y que si del viaje tornabas por suerte,
nunca en Tenochtitlan entrar ya podrías.
Mas si los llevabas en tu expedición,
estaban seguros de acabar contigo
y todos los tuyos, pues el enemigo
matar, repetían, jamás es traición.

COANACOCH.—

Malitzin, voz impura, voz traidora,
si así interpretas nuestros pensamientos
y los tuerces y cambias el sentido
de los motivos por los que sufrimos
y suspiramos tanto en nuestra patria.
¿Cómo habrás traducido las palabras
que pronunciamos otras veces,
todo lo que quisimos explicar a Malinche
cuando lo recibió como a un dios Moctezuma?

Eres mancha de aceite de tu raza
que más y más se ensancha cada día.

DOÑA MARINA.—
Así es, capitán, como me tratan siempre.
Su odio me ha seguido sin piedad y sin tregua
porque soy de otro modo, porque soy diferente
y porque soy la madre de un mundo que aún no llega.
Diles tú cuántas veces no los salvó mi lengua
del español que, como su espada, es impaciente,
y cuántas les serví de escudo y de defensa
porque la misma sangre nos liga y nos enciende.
Mas no les digas nada: ya recobré mi calma.
Que piensen lo que quieran, porque yo pertenezco
donde ellos y sus hijos anochecen sin alba
posible, donde duermen despiertos sin mañana.
Yo sé lo que es fundir dos mundos en mi sexo
y saberlo me basta y me exculpa y me salva.
Mi traducción es fiel y declaré verdad.

LOS FRAILES.—
¡Ay, salvaos vosotros también, pobres hermanos
que sois príncipes mexicanos,
por vuestras almas, confesad, ¡confesad!

CORTÉS.—
Relatad, Juan Velázquez y Tapia, la manera
en que oísteis hablar a los conspiradores.
Mas si mentís os tendré por traidores
e igual pena que a ellos os espera.

JUAN VELÁZQUEZ.—
Capitán, soy tu siervo y he hablado solamente
por temer infortunios para los de mi raza.
Los señores hablaron de matarte, Malinche,
con los tuyos, y de seguir después a Hibueras
y acabar con Olid y enviar mensaje
de no dejar un solo teul viviente
en Tenochtitlan, la ciudad sagrada.

TAPIA.—
Es la verdad que oyó también Mexicaltzinco,
y, como Juan Velázquez, yo he hablado
también para salvar a nuestra raza
de perecer y de perder el paraíso.

CORTÉS.—
¿Mienten también, Cuauhtémoc, estos dos
que rindieron sus almas al verdadero Dios?

CUAUHTÉMOC.—
    ¿Sabes tú, capitán, si hablan de espaldas
    porque la luz sus ojos no resisten
    y si niegan por eso la verdad que no ven?
TEMILOTZIN.—
    ¡Ay, jefe de los hombres, ay señores!
    ¡Cuánto os rogué que ya no hicierais burla,
    que no soñarais sueños engañosos,
    que aceptarais nuestro amargo destino!
    ¿Cómo queréis que entienda Malinche lo que hablamos
    si sus ojos no pueden vernos tal como somos
    —al igual de éstos que aquí nos acusan—;
    si sus oídos sólo comprenden nuestro idioma
    por las arteras traducciones de Malitzin
    y por el odio de estos descastados?
    Hemos hablado, sí, Malinche;
    muchas veces lloramos el despojo
    de nuestras tierras y vasallos; muchas
    lamentamos que los teules mandaran
    a quienes en un tiempo feliz fuimos los jefes.
    Y soñamos el sueño de señorear de nuevo,
    de restaurar en su silla de mando
    cada uno de los nobles linajes
    desposeídos, y de encontrar un remedio.
    Uno sería —se dijo así— matarte,
    capitán, con los tuyos, y a Olid
    y a su gente y a todos. Borraros del planeta
    y que no haya más teules. Cuando empiezas
    a matar entre sueños, no hay poder
    que detenga tu mano. ¿Y puedes tú
    impedirnos soñar sueños de muerte
    cuando sabes, Malinche, que soñamos
    lo que vemos pasar, y que a ti te hemos visto
    dar muerte a Moctezuma y a los suyos,
    diezmar a nuestros hombres con tu acero
    y asesinar, en fin, a nuestros dioses?
    Si tienes el poder de que te jactas,
    impídenos soñar que te matamos,
    que matamos en ti la muerte que nos diste,
    y entonces sí te creeremos un dios.
    Mas de otro modo todo queda en sueños.

CORTÉS.—
Loco tlacatécatl, te ordeno fregar
tu imprudente lengua. Me toca juzgar
a mí solamente. Habla, Pax Bolón,
dinos lo que sabes tú de esta traición.

PAX BOLÓN.—
Con gran dolor, oh capitán amigo,
por lo mucho que amo y que acato a Cuauhtémoc,
te dije ya la pena que me daba
verlo engañarse así sobre los teules
y acusarlos de malas acciones. Se lo dije
a él así, pues no me has hecho daño
ni tampoco los tuyos, y si os dimos
tributos de maíz y gallinas y frutas,
con gran contento fue de los mactunes.
¡Pobre de él! Comprendo el dolor que lo mueve,
pero primero debe hablarse la verdad.
Y le dije también que un solo corazón
y un solo rostro tengo para ti y para él.
Si te lo dije a ti también, Malinche,
fue porque me llenaba de aflicción
que tratara conmigo de matarte
—varias veces lo hizo y no era en sueños—
pues me hacía temer por él mismo
y su razón mucho más que por ti.
Nunca olvido que fuimos tributarios de Aztlán
como hoy Aztlán lo es de tu Castilla.
Quise no más salvarlo de sí mismo.
Mi señor fue y mi corazón es firme.

CORTÉS.—
Así es como veo formarse la verdad
a imagen y semejanza de un templo
que quedará en la historia como ejemplo.
Y pues que Pax Bolón es rey, dice verdad.
¿No dijiste, Cuauhtémoc, que la regia palabra
es la verdad que un dios en el sonido labra?

LOS FRAILES.—
La religión de Cristo es humildad.
¡Confesad, mexicanos, confesad!

CUAUHTÉMOC.—
Me hace Pax Bolón pensar en un espejo
que por encantamiento mudara las imágenes.

Donde él debiera verse reflejado
parece verme a mí. Y acaso el eco
de su voz en su oído se transforma
en el sonido de la mía. Duéleme,
porque me hace temer también por su razón,
mas sobre todo por su dignidad
de rey de un pueblo al par noble y sencillo.
Ya te dije, Malinche, que oí lo que se habló
en el sueño que cuenta Temilotzin,
y que nada salió de aquel concierto
—concierto en sueños— y que no sé quiénes
fueron en ello, ni si se efectuara.
Que nunca tuve pensamiento de salir
con ello y que sé sólo de la plática,
que fue más bien una embriaguez de olvido.
No me creíste. ¿Me creerás ahora
si te digo que fue Pax Bolón Acha,
mentido rey y fementido hombre,
quien tanteó el terreno y calculó,
como buen mercader y mal hermano,
la posibilidad de salir adelante
de ser más fuertes los indios que el teul?
No espero que me creas. Piensa sólo
que si la fuerza y la intención unidas
hubieran sido, tú no fueras ya.
Si no te dice nada el estar vivo
y juzgándome, ¿qué puedo esperar?

CORTÉS.—

Como las lamas sois de vuestros lagos:
resbaladizos, deletéreos y vagos.
El juicio está cerrado y delibero
el fallo que más justo y verdadero
ponga fin a veleidades y amagos
de traición e indiferencia a España y Carlos Quinto.
Aguardad mi regreso a este recinto. (*Sale.*)

LOS FRAILES.—

Capitán, fallad con cristiana clemencia,
déjenos rescatar vuestra justa sentencia
para Nuestro Señor estas almas que el mundo
y sus pasiones ponen ante abismo profundo.
Capitán, ¡preservad la luz y la inocencia!

EL CORO DE ESPAÑOLES.—
    Será preciso que Cortés ahora
    imponga al fin un ejemplar castigo.
    Ya tratamos al indio como amigo,
    le dimos religión, lengua sonora
    y viva, y sangre regeneradora.
    Cumplimos. Mas según cada testigo,
    nuestra vida, sin protección ni abrigo,
    expuesta sigue a su agresión traidora.
    ¿Qué, para sentenciar a muerte, espera?
    ¿Tiene miedo quizá? Más dura fuera
    la cólera española si es que duda.
    Quizá yo también temo la celda,
    la muerte a oscuras, la súbita nada
    contra la que mi fe sola me escuda.
    El fallo espera mi espada desnuda.
EL CORO DE MEXICANOS.—
    ¿Cómo se llama y cómo es este camino
    que recorremos y da vuelta siempre,
    ya no sabemos si para llevarnos
    a otro horizonte o para devolvernos
    al círculo concéntrico de Anáhuac?
    Ha de tener un nombre, puesto que es de este mundo
    y no del que más allá nos espera.
    ¿Y cuál va a ser el fallo de Malinche,
    y qué, si es malo, contra él podremos?
    Y si teniendo aún al rey Cuauhtémoc
    no hemos podido acabar con el teul,
    ¿qué será cuando huérfanos del último
    emperador azteca, lloremos en la noche
    de Anáhuac lágrimas que habrá de quemar luego
    el sol al rojo blanco de Castilla?
    ¿Y cómo viviremos si se pone
    en el turbio crepúsculo de Anáhuac
    el astro de nuestra soberanía?
    ¡Ay! Los grises presagios se levantan
    como espiral infinita de humo,
    se incrustan como trabajadas grecas
    en la vieja pirámide del espíritu azteca.
    Nuestros sentidos laten y sangran frente a estos
    jueces que sólo buscan destruirnos,
    "¡oh, instrumentos de la cósmica injuria,

*(A.R.)*     oh, borrachos de todos los sentidos!"
Con las manos inermes esperamos
el fallo de esta sombra que es Castilla
para los soles del Imperio azteca.

*Vuelve Cortés.*

(Si me quedaba duda, el panorama
que se ofrece a mis ojos la disipa.
Esperaría el indio una ocasión propicia,
no el español, que acero desenvaina.
Estos que por ahora me acompañan,
si no mato a Cuauhtémoc, tendrán prisa
por matarme y unirse con Olid,
y acabarán por traicionar a España.
A ti te hablo, Dios: ¿qué perro azteca
vale por el imperio de tu Iglesia,
por el poder benéfico de España,
por el futuro de este mundo nuevo
en que habrás de reinar, Señor Supremo?
Mi mano hace sólo lo que mandas.)

LA ÚLTIMA VOZ.—
A tiempo estás, don Hernando,
de salvarte ante la historia.
Ten, ten un instante aún,
cierra los ojos ahora,
mira dentro de ti mismo.
Que no el miedo se te imponga
de que te pueda matar
la insurrección española.
Vuelve a prometer a todos
oro y gloria, ¡oro y gloria!
¡y haz la justicia más alta!
la justicia que perdona.
Mira que no desharás
nunca lo que hagas ahora.

CORTÉS.—
(Déjame al fin en paz, voz ominosa.
Lo que hago, lo hago por España,
que para mí es madre, hermana, esposa,
y es el único amor que no me engaña.)
Señores y Frailes, con todo cuidado
pruebas y testimonios he examinado.

Encuentro que hubo de traición intento,
que de la conjura, que en verdad lamento,
señores aztecas son los responsables.
Así los conozco, y declaro culpables
al rey de Tlacopan y al Emperador
Cuauhtémoc, de Aztlán último señor.
En nombre de Carlos Primero en Castilla,
Quinto en Alemania, cuya gloria brilla
sobre todo el mundo cristiano decreto
por virtud del mando en mi mano concreto,
que el señor azteca y su compañero
morirán el veintiocho de febrero
del año de mil quinientos veinticinco
en Acallan-Tixchel, donde mi real finco.
Sus cuerpos serán de estas ceibas colgados
por los pies después de ser decapitados.
Dejo a los hermanos Frailes los cuidados
de bien preparar a los condenados
a fin de que sean por Dios perdonados.
En nombre de Carlos firmo la sentencia
y la ejecución se hará en vuestra presencia.

CUAUHTÉMOC.—
Ya los dioses libraron la batalla.
Los indios y los blancos la cubrieron
con un sudario rojo por la sangre
derramada en los campos y lagunas.
Pero entre tú y yo queda, Malinche,
una lucha sin fin, porque tú dices
que eres la verdad que Dios, tu Dios, te inspira,
y triunfas y derrotas y avasallas
y creo que lo que dices es mentira.
Y yo, que pierdo todas las batallas,
sé que habrá de surgir en el futuro
la nación mexicana por que muero.
Quizá, quizá me equivoqué al culparte,
y me matas al tiempo necesario;
al tiempo de tu miedo y de la historia.
Muero, Malinche, pues, por tu mandato
y no tengo rencor, no tengo rabia.
No tengo en esta inversa aurora nada
en mí que no recuerde la esperanza,
que no dé ardor a los verdes pastales,

que no dé un horizonte al cielo combo,
que no haga resonar en el futuro
una voz multiforme que no diga,
haciendo caracolas de los mares,
mensajero del aire, sacerdote
y profeta en cualquier tiempo del mundo
de cada uno de los elementos,
otra cosa que esto que en mí suena:
México, México, México, México, México, México.
Sin quererlo y sin verlo, con tu ciega,
con tu sorda ambición habilidosa,
tú enciendes la señal, marcas el rumbo
del increíble, claro mundo nuevo.
Y como aquel que enciende las antorchas,
te apagarás después de crear ese mundo.
Encendida, arderá siempre la antorcha.
Tu pasarás, para tu rey, oscuro;
tú llorarás más de una Noche Triste;
pagarás en ausencia tu presencia;
llorarás en silencio tus clamores.
Dios —el tuyo, o el mío— Dios te priva
del don de la palabra, y tus acciones
quedarán en la historia de otro modo
que soñaste, de otro, y tu figura
sobre el mapa de México será sólo una sombra.

CORTÉS.—
Serví a Dios y serví a mi monarca,
y nada me reprocha mi conciencia
si no es tener aún esta paciencia
de oírte: mi poder todo lo abarca,
hasta el lodo que cunde de tu charca.
Yo no conozco el miedo. Si apariencia
de injusticia tuviera mi sentencia,
mi faz mostrara del miedo la marca.
Mas sé que sólo hago lo que debo,
que tus designios traicioneros pruebo
y que la luz de Cristo me ilumina.
Y lo saben mis hombres y lo sabe mi rey,
y si te doy la muerte en buena ley
es por salvar un mundo que germina.
Sí, destruí tus templos, pero sólo
porque a mi Dios no le hacían falta alguna.

Mi Dios del mundo entero es Señor solo,
y el mundo es algo más que esta laguna,
que este silencio de la medianoche
en que un inverso sol preside vuestra vida
desorientada, pagana y perdida.
Mi Dios es un Señor, sin miedo y sin reproche,
y te dio su bondad.

CUAUHTÉMOC.—

Sí, me la dio con fuego
y antes me la dieron con cenizas
mis propios dioses. Con cenizas de las
que luego brotará el fuego aún, Malinche.
Ellos te pagarán en la moneda
que corresponde: moneda del tiempo.
El tiempo nos separa y nos reúne.
Malinche; última voz, hablará el tiempo.

CORTÉS.—

Nada temo de él. Que sea mi juez.
Sé que su luz es mía y que me baña
porque yo lo hago ya tiempo de España.
Lo acataré. Ejecútese mi sentencia esta vez.

CUAUHTÉMOC.—

Hace ya muchos días, oh Malinche,
vine a entender que me darías muerte,
la muerte que me das en esta ceiba.
Muchos días que sé que tus palabras
son falsas y que el viento las agita
como para borrarlas, como para
impedir que el oído las conserve.
Quizá por eso no me emponzoñaron
tus frases de amistad en Tenochtitlan.
Muchos días que supe que tú habrías
de matar sin justicia al jefe de los hombres
de la tierra de Aztlán. Que, tuyo o mío,
Dios te demande esta muerte injusta
que yo me debí dar en la batalla
cuando venció tu fuerza venenosa.
Aquí me dejas, pero no me dejas
colgado de las ramas de esta ceiba:
me dejas en mitad de tu camino.
Me encontrarás donde quiera que vayas
y habrás de rendir cuentas de mi muerte

a una posteridad interminable.
Tú seguirás viviendo: es tu castigo.
Mi muerte por la obsidiana, el acero o el fuego
en el negro esplendor de la batalla,
te hubiera hecho aquello que creía
aquel alucinado Moctezuma:
un dios solar en el que ciegamente
adoraría el indio. En esta forma
en que me das la muerte injusta y vana,
siempre estaré en mitad de tu camino,
Malinche, en México igual que en España,
en la tierra lo mismo que en la historia
y en esa latitud desconocida
a que todos los dioses nos convocan
y que a todos los reyes y emperadores,
capitanes y siervos y traidores,
y todos los que en la tierra soñamos
que somos, existimos, respiramos.
Así pues, hasta el último crucero,
siempre me encontrarás en tu camino,
y así será igual distancia, Malinche,
del cielo y del infierno,
porque nunca sabrás cuál es tu sitio,
tu paradero, tu descanso eterno.
Piensa no más en esto que te digo:
un rey nunca perdona al que mata a otro rey.
A ver si Carlos Quinto te da honores
por colgarme en la ceiba de Acallan.
Ahora soy yo quien hace profecías.

CORTÉS.—
¡Hola! Iniciad ya los preparativos.
Los indios son mejores siempre muertos que vivos.

TETLEPANQUETZIN.—
Pues yo muero contento porque muero
con mi señor, el jefe de los hombres,
el de la mano firme, el del coraje alto,
cuyos pies juguetearon con las lenguas
del fuego que prendió un verdugo teul.

CORTÉS.—
Nada tuve que ver con eso. Si creyera
que merecéis un juramento mío,
lo juraría por mi señorío,
por mi Dios, por mi rey que también lo venera.

TETLEPANQUETZIN.—
    A tu amparo se ejecutó, Malinche,
    igual que la matanza que ordenó Tonatiuh
    Alvarado en la plaza del templo.
    Tú eres el jefe al fin, y así, son tuyos
    los crímenes que cometen tus hombres.
CORTÉS.—
    Calla al fin, calla, perro.
TETLEPANQUETZIN.—
    Ya no puedo,
    Malinche, ya no puedo callar puesto que muero
    y tú me das más voz cuando me matas.
CUAUHTÉMOC.—
    Adiós, Pax Bolón, rey de comercio
    sin garras y sin dios, quizá sin padre.
    Ojalá tu tierra en la que muero
    en tu olvido florezca, y olvidándote
    llegue a ser parte de mi sueño vivo,
    y que tu doblez sea de la nación abono.
PAX BOLÓN.—
    Señor rey, yo...
CUAUHTÉMOC.—
    Y ahora, adiós, Malitzin,
    ojalá que en el fruto de tu prole
    el mexicano venza al español
    y el sentido de México perdure.
DOÑA MARINA.—
    Princesa soy, y soy única en esta tierra.
    Preferiste a Tecuichpo, así, nada te debo.
    A Cortés sí le debo un mundo nuevo.
    Mi destino, Cuauhtémoc, no me aterra:
    es el de una mujer en quien conquista y guerra
    fecundaron un vientre endémico y longevo,
    dieron vida y no muerte. Yo no caigo: me elevo.
CUAUHTÉMOC.—
    Tú, que has seguido todas las batallas
    con ojo inquisitivo y penetrante,
    acuérdate de mí, Bernal Díaz, acuérdate.
BERNAL DÍAZ.—
    Siempre, Príncipe, te recordaré.
    "Mal parece tu muerte a todos." Yo lo sé.

*Rezos en sordina de los Frailes.*

LOS FRAILES.—
    Piensa en tu alma, hermano mexicano,
    y muere en humildad como cristiano.

*Invisibles al público, mueren Cuauhtémoc y Tetlepanquetzin.*

CORTÉS.—
    Te he oído reprocharme. Bernal Díaz.
    ¿Nuestra muerte, tu muerte preferías?

BERNAL DÍAZ.—
    (Si que haya un mártir es forzosa cosa,
    querríalo para España generosa,
    no para Anáhuac ya, cuya negrura
    más que todos los blancos luce pura.)
    Ya vivió Guatemuz, águila y rosa.
    Cerré sus ojos. Tenga paz el dulce príncipe azteca,
    la paz que sólo el tiempo puede hilar en su rueca.
    Yo sé que una vez más triunfas y brillas,
    mas yo vuelvo los ojos al pasado
    y pienso en "todas esas maravillas
    que contemplé en Anáhuac a tu lado
    al llegar, capitán, y veo que
    todo se ha derrumbado y se ha perdido
    sin quedar nada en pie".

CORTÉS.—
    ¿No has entendido
    que España queda eternamente en pie?

*Cortés se persigna frente a la ceiba.*

    Ahora hay que seguir a las Hibueras.
    Darás, Bernal, la orden de partida,
    y no olvides que en esta tierra ardida
    Cortés hizo justicia y lección verdaderas.

BERNAL DÍAZ.—
    La fecha está anotada en mi memoria
    en que se puso el sol de vuestra gloria.

CORTÉS.—
    ¿Quieres privarme acaso del futuro?

BERNAL DÍAZ.—
    Escribiré la crónica algún día:
    lo sé en este momento de seguro.
    No seáis para mí, señor, tan duro,
    pues diré lo que debo y no sabría

disimular, aunque bien lo querría,
que hoy tu porvenir parece oscuro.
Calló Cuauhtémoc, águila que caía,
mas tú estás adosado contra un muro.

CORTÉS.—
Da órdenes de marcha. Todavía
tengo también el porvenir seguro.

BERNAL DÍAZ.—
Ya sé que estás cegado por tu luz,
que vas hacia adelante y no te detendrás,
pero, señor, no mires hacia atrás:
esa ceiba ha tomado la forma de una Cruz.

*La cruz proyectada sobre la ceiba dará el doble efecto.*

CORTÉS.—(*Va a persignarse aún, se detiene.*)
(No habrá superstición que me ciegue o deslumbre,
la muerte de Cuauhtémoc es mi cumbre.)
¡Hola!, en marcha, soldados españoles.
Vamos a conquistar en las Hibueras
nuevas guirnaldas imperecederas,
más oro para nuestras faltriqueras
y a ver la aparición de nuevos soles.

LA VOZ DE CUAUHTÉMOC.—
Por encima de todo veo luz.
Por encima de todo miro fuego,
aun cuando la tierra es de lodo
y el cielo de ceniza y de silencio.
Buenas noches y buenos días,
secreta, dulce nación mexicana.

EL CORO DE ESPAÑOLES.—
¡Otra vez nos lanzamos al camino,
llenos de aliento, y otra vez vencimos!
Por España vivimos y morimos
y es de española ley nuestro destino.
Otra vez la historia nos corona…

EL CORO DE MEXICANOS.—(*Ahogándolo.*)
Coronada de fuego, el águila desciende.
Esos pies que quemaste caminan todavía,
las manos que cortaste construyen todavía.
Caminará Cuauhtémoc por esta que soñaba
compacta, unida, y única y una,

su nación mexicana.
Caminará con dolor
y seguirá la ruta que lo lleva a sus manes.
Pero aquí su "cabeza se nos queda,
hemisféricamente, de moneda".
La moneda que sola paga nuestro destino,
nuestra soberanía fértil, quieta, sencilla.
Revivirán los ídolos como parte de Dios
porque no ha muerto nuestro mundo de Anáhuac;
porque, al morir, Cuauhtémoc le da vida y sentido.
Y sobrevivirá la piedra trabajada
por la vida y la sangre y las manos del indio,
y será ofrenda para el mundo nuevo.
Caminará y se hará oír nuestro Emperador.
Lo demás es camino y lo demás es voz.

*(R.L.V.)*

TELÓN PARA EL ACTO TERCERO

# NOTAS A CORONA DE FUEGO

ADVERTENCIA:

Ante la a todas luces no meditada ofensiva de un sector de la crítica capitalina, y en respuesta a preguntas de personas interesadas y serias, aunque abrigaba la firme intención de guardar silencio en este caso, me decido a publicar algunas notas preparatorias a *Corona de Fuego* destinadas a aparecer con mi Teatro Completo.

Advierto ante todo que *Corona de Fuego* lleva en el manuscrito original este subtítulo: "Primer Esquema para una Tragedia Antihistórica Americana". O sea que reconozco su carácter esencial de intento, de búsqueda o de experimento para tratar de trasponer al teatro mexicano el género trágico en la forma canónica de Grecia. Hay, por suerte, quien considera loable la intención. Base de mi profesión de poeta dramático ha sido la investigación de los géneros y de los estilos del teatro (véase el *Itinerario del Autor Dramático*, La Casa de España en México, 1940), y el observador o estudioso interesado podrá seguir fácilmente la trayectoria de mi obra en este aspecto. La creación de cada una de mis hasta hoy treinta y dos producciones ha significado para mí el estudio, profundo si no exhaustivo, de cada género y su incorporación a la literatura dramática mexicana. Si la intención se ha cumplido o no, el público lo dirá. Cuento quince comedias: *El Apóstol, Falso Drama, Medio Tono, La Mujer no Hace Milagros, La Familia Cena en Casa, Vacaciones I, Vacaciones II, La Función de Despedida, La Exposición* (primer experimento en verso), *La Diadema, Un Navío Cargado de..., Noche de Estío* (impolítica), *El Presidente y el Ideal* (impolítica), *Estado de Secreto* (impolítica), *Corona de Luz* (antihistórica). Dos melodramas: *Aguas Estancadas* y *Mientras Amemos*. Tres farsas: *La Ultima Puerta, La Crítica de "La Mujer no Hace Milagros", Dios, Batidillo y la Mujer*. Once piezas: *Quatre Chemins* (en francés, para desafrancesarme), *El Niño y la Niebla, Alcestes* (trasposición de *Le Misanthrope* de Molière), *Otra Primavera, El Gesticulador, Sueño de Día, Corona de Sombra* (antihistórica), *Jano es una Muchacha, Los Fugitivos, Un Día de Estos..., Las Madres*. Primer intento de tragedia: *Corona de Fuego* (antihistórica).

El observador o estudioso podrá decidir en cada caso, independientemente del éxito o del fracaso escénico de cada una de estas obras, si he hecho o no a conciencia y con honradez mi trabajo, si he investigado o no las características y los límites de cada género, si, en suma, he realizado mi *intención* aunque no siempre haya logrado mi *ambición* artística. Creo que es un hecho evidente que sí he introducido y practicado con amplitud y con seriedad profesional estos géneros en el teatro mexicano. El experimento más reciente, y el más ambicioso, sin duda, es *Corona de Fuego,* por la que me he visto extrañamente enjuiciado.

Remito, pues, al lector a estas *Notas,* que registran todas mis dudas, todos mis escrúpulos, todas mis angustias ante la magnitud de mi nuevo intento. Sé que he estudiado largos años el género trágico y sus problemas, pero otros lo saben también. Si publico las notas es sólo porque en varias críticas que he leído se me acusa —y no siempre entre líneas— de la comisión de un fraude contra el teatro. ¿Qué importa esto, ni nada —se dirá— en un momento en el que se tambalea y amenaza desaparecer el mundo que habitamos? Mientras exista, a mí me importa sólo, y por eso lo tomo públicamente, el partido del hombre, el partido de México, el partido del creador, el partido de Cuauhtémoc, el partido del teatro. Y también me importa que mis hijos sepan que su padre podrá ser un dramaturgo fracasado como tantos otros, pero que no es un estafador, ni un improvisado ni un falsificador.

*(Beirut, 1º de octubre, 1961.)*

Espero que la noticia que recibo (10 de octubre) del cierre de *Corona de Fuego* en el Teatro Xola no afectará la validez de estas *Notas* para los verdaderamente interesados.

## N O T A S

INFORME SOBRE *Corona de Fuego.*—Debo remitir al lector a mi *Primer Ensayo hacia una Tragedia Mexicana,* publicado en el número 4, año IX, de *Cuadernos Americanos* (julio-agosto, 1950), situado bajo el signo de la obsesión al amparo de una cita de Alfonso Reyes ("Amigos, dondequiera que voy me sigue un oso"), y cuyas especulaciones puedo definir como sigue: previa advertencia de que de ningún modo las considero miembros de la familia *Magister dixit:*

1. La tragedia es un género teatral que nació, floreció y se extinguió en la antigua Grecia como parte viva de una expresión religiosa y nacional, que nos muestra la lucha del hombre contra los dioses y la destrucción, por los dioses, del hombre. Caso de excepción y de justificación: los dos *Edipos.*

2. A despecho de los ensayos de Séneca, no puede hablarse de una tragedia romana. La mayor conquista de Roma en materia de teatro es incorporar a la comedia el *carácter* o retrato humano a tres dimensiones, si bien no es posible olvidar los intentos originales en igual sentido de Menandro y otros griegos de la decadencia, cristalizados en la obra de esos mellizos divergentes que son Terencio y Plauto.

3. La "tragedia cristiana" intentada desde Bizancio y la Edad Media, como nos lo demuestran investigadores eruditos, no llega a existir nunca en tanto que teatro vivo. Todavía nos lo dirá Lessing a fines del siglo XVIII. Las razones son obvias: el héroe trágico más alto del cristianismo es Jesucristo, que resucita al tercer día, y las

piedras angulares de la nueva religión son la inmortalidad del alma
y la resurrección de la carne. (Es interesante citar aquí el libro de
George Steiner, *The Death of Tragedy* —por contraste con *El Nacimiento de la Tragedia,* de Federico Nietzsche— en el que analiza las
razones que impiden la existencia de una tragedia judía, sobre todo
la teoría del "premio final".)

4. Lo que Nietzsche llama "el deleite de lo trágico", el supremo
placer dionisíaco mezclado a la calidad apolínea —la realidad y el
sueño que son los dos filtros del teatro— ha tentado durante siglos
a toda suerte de eruditos aventureros en el teatro y a toda suerte de
hombres de teatro aventureros en la erudición. Quizá los ejemplos
más nobles se encuentran en Francia: Corneille, que aspira a realizar
y superar la aventura de Eurípides al apuntar la tragedia con final
feliz y, en rigor, la tragicomedia, y Racine, que dentro de un marco
histórico, erudito y clásico, hace remolinear con la mayor elegancia las
pasiones de sus contemporáneos, la dialéctica sensibilidad y la infinita
sutileza del espíritu gálico en extraordinarios alejandrinos, justos como
guantes, de los cuales uno ha merecido la corona del mejor de toda
la poesía francesa —¡y ya es decir!:

La fille de Minos et de Pasiphaë.

Yo estimo, sin embargo —por observación y no por suficiencia—,
que al animar a los héroes trágicos del pasado con sentimientos pre-
freudianos anexos al temperamento francés, y al trasvestir, digamos, a
Luis XIV de Tito en *Berenice* Racine desvirtúa, si no el deleite, la
esencia de la tragedia. Para existir plenamente, la tragedia debe representar la destrucción del hombre en su eterna, fatal lucha con los
dioses, o la de los dioses menores que defienden los derechos del hombre hace ya dos mil quinientos años, o por lo menos el derecho del
hombre al fuego, contra los dioses mayores (Prometeo versus Zeus).
La diferencia entre Racine y sus predecesores de Atenas reside en que
la tragedia griega —por lo menos en sus exponentes mejor conocidos:
Esquilo (la Catedral), Sófocles (El Hombre) y Eurípides (El Prólogo
y el Deus ex Machina)— circula una sangre viva y en acción: la sangre
de toda la vida griega, en tanto que en las creaciones racinianas los
personajes son proyectados en términos de circunvoluciones francesas
y carecen, en rigor trágico, de sangre, o sea que se trata de un trasvase,
aunque yo haya traducido con amor *Fedra* (inédita aún). Hay una
liga entre la vida, la muerte y la destrucción griegas con el género
trágico natural de Grecia. En Francia, como en casi todo el mundo,
la sangre, la historia, la verdad francesas aparecen patentes y luminosas sobre todo en la comedia y más tarde en la pieza. Racinescos
a su manera, por franceses, Jean Giraudoux, Jean Cocteau y el eterno
menor Jean Anouilh (¿Qué fábula hubiera compuesto el otro Jean,
el de La Fuente, con sus tres tocayos?), han "tragediado" incorpo-
rando a sus obras las psicosis de las guerras de nuestro siglo, *el argot*
parisiense y otros elementos ajenos todos al verdadero sentido y al
verdadero sentimiento y carácter de la tragedia en su forma original.

Esto no a pesar, sino a causa justamente de *No Habrá Guerra en Troya,* de *La Máquina Infernal* y de la *Antígona* resistencialista.

En un reciente volumen de Oxford, el número 576 de los Clásicos Universales, encuentro, en oportuno apoyo a mis ideas y sentimientos, cinco curiosos intentos trágicos agrupados como "obras heroicas": *La Tragedia de Mustafá,* de Roger Boyle (1665); *La Emperatriz de Marruecos,* de Elkannah Settle (1673); *La Destrucción de Jerusalén,* segunda parte, de John Crowne (1677); la *Sophonisba,* de Nathaniel Lee (1675), y el *Aureng-Zebe* de Dryden (1675). No hay que olvidar este aspecto puramente anecdótico de la "tragedia cristiana", es decir la de intención proselítica, que caería en desuso al ser usada, tal como los autos del siglo XVI en México. Obsérvese al paso que la tragedia verdad no cae nunca en desuso. (Véase el *Edipo* en México.)

*(Beirut, diciembre 9, 1960.)*

II

5. Shakespeare, como Goethe más tarde, es un caso aparte. *Hamlet, El Rey Lear* y *Macbeth* constituyen los más altos y nobles intentos de resurrección de la tragedia como género, a la vez que son los más soflocianos, mejor que *Julio César* y las demás unidades de su teatro grecorromano. Esto a pesar de la ignorancia de Shakespeare del teatro griego y de su desconocimiento de Sófocles, y no obstante la mixtura de personajes trágicos y cómicos. Su mayor interés consiste en adaptar los elementos constitutivos (no la anécdota ni los personajes históricos) a crónicas por las que circulan generosamente la sangre y el temperamento ingleses. El sentimiento de la tragedia, si no su sentido, está luminosamente presente en Shakespeare y, más tarde, en Milton. Schiller busca a todo trance la destrucción del hombre por las fuerzas exteriores (sociales) en obras que llama y querría "irrepresentables", pero es el poeta dramático más alejado de lo trágico que se conoce. Víctor Hugo, que consideraba más trágicas las gárgolas de Notre-Dame a las brujas de *Macbeth* que a las Euménides, y a Triboulet mejor que a cualquier general o choricero de Aristófanes, como es normal tratándose de disputas francoalemanas, llega increíblemente todavía más lejos que Schiller en la antitragedia.

6. La industrialización, el marxismo naciente, la fotografía, el feminismo embrionario, las herencias psicopatológicas, la psicología en botón, el naturalismo, en fin, sirven a un sumo pontífice nórdico para intentar la tragedia moderna. Todos los elementos trágicos, al par que el sentido y el sentimiento de la tragedia, están presentes en Henrik Ibsen. De modo más pungente que en el resto de su obra, sin duda, en *Espectros,* donde "el deleite de lo trágico" (recuérdese la frase final de Osvaldo mal plagiada por Echegaray), la reunión de lo apolíneo y lo dionisíaco vibran con intensidad, pese a los necios que creen que la penicilina, al acabar con la sífilis, ha resuelto los problemas de fondo del hombre y de sus herencias. La diferencia de Ibsen es que con-

vierte la lucha del hombre contra los dioses en la lucha del hombre contra la naturaleza y el ambiente, y la transición del verso a la prosa, la eliminación del coro y de otros elementos de la tragedia en nada mudan el sentido y el sentimiento trágicos del gran noruego. (Tener presentes las obras en verso: *Peer Gynt*, etc.)

7. Eugene O'Neill, ese gran torturado ahora felizmente redivivo sigue en turno. *Mourning Becomes Electra* es un intento de extraordinaria dignidad y respiración para revivir la tragedia como género, aunque Steiner habla de ella como "misery" al igual que *La Máquina Infernal* de Cocteau. Pero no es más permanente ni tiene mayor proyección que los de Racine, que continúa ocupando un sitio indiscutible. La utilización de los *dummies* (hay que decirlo así, en inglés) de Agamenón, Clitemnestra, Electra, Orestes y el Coro, imbuidos con materia psicológica y racista de la Nueva Inglaterra, inclusive prestando al Coro la voz del negro, tampoco creo que dé en el blanco y resuelva el problema. Del héroe trágico griego dependía siempre el destino de las dinastías y de los pueblos, de la cultura y del mundo conocido hasta entonces. En O'Neill hay que señalar también, sin embargo, la lucha del hombre contra la mecánica, nueva deidad.

El primer elemento de la tragedia, según Aristóteles, es la anécdota. El segundo es el carácter o héroe. Hay que lanzarse, entonces, en busca del héroe trágico de nuestro tiempo en vez de organizar museos a la manera de Madame Tussaud, ya sean creación de Hermès de París o de Greenwich Village. Tuve ocasión de sustentar en 1951, en una sala de la American Theatre Wing en Nueva York, una conferencia sobre este tema, que duró los cincuenta minutos consabidos y fue seguida por una sesión de preguntas y respuestas que duró más de hora y media.

## EL HÉROE TRÁGICO DE NUESTRO TIEMPO

Las guerras del siglo xx nos proporcionan abundante material trágico en la destrucción, si no en el deleite, pero no nos han dado tragedia. En primer lugar, se trata de destrucción colectiva, y en segundo, ¿dónde están allí los héroes trágicos? El teatro de masas es expresionismo puro, antitrágico. La tragedia es individual. Después de largo pensarlo antes de esa sesión, y de mucho discutirlo durante esa hora y media, llegué a una conclusión destinada involuntariamente a servir de miga para el sermón de un pastor (no recuerdo de qué secta y el documento probatorio está en México): Encontré sólo dos posibilidades de héroe trágico en nuestro siglo, tarado el uno más que muchos de sus antepasados, inocente el otro, pero empujado a su destino —y al del mundo— por su especialidad como Edipo lo fue por su colérico temperamento. Me refiero a Adolfo Hitler (destructor de Alemania su madre a la que había desposado, y de sí mismo —véase mi ensayo *El Gran Teatro del Mundo* en el número 2 de *Cuadernos Americanos,* 1942, y en la Antología de José Luis Martínez publicada por el Fondo de Cultura en *Letras Mexicanas),* y el sabio nuclear, víctima, como

Prometeo, de los Zeus que sueñan que dirigen la política y la destrucción del mundo. En los dos casos el bosque impide ver los árboles. No se ha ensayado, que yo sepa, ni en el aspecto expresionista de un Brecht o de un Kafka, pese a *El Proceso,* ni en el lírico de un Schehadé, el análisis en acción de un héroe trágico propiamente dicho. Yo sueño con hacerlo e inicié un intento que se llamaría *Prometeo a Escena* u *Otra Vez Prometeo,* pero no lo he terminado. El tiempo, que es parte esencial del teatro, debe pasar primero y dejar su perspectiva abierta a los que vendrán después de nosotros. Entonces, ante la imposibilidad en que me sentí de crear una tragedia contemporánea que pudiera servir de base a la reaparición del género trágico, di en pensar —y puedo jurar que pensé mucho y largo y hondo— en la posibilidad de una tragedia mexicana que, respondiendo a las leyes generales y a la perspectiva de la griega, fomentara la creación de una tragedia americana (no incluyo a los Estados Unidos), de una tragedia, en suma, viva y con sangre de verdad como la griega —nada de transfusiones ni trasvases ni utilería, nada de erudición, nada de gracia poética por sobre la gracia trágica. Ésa fue la intención generadora

## CORONA DE FUEGO

En sus dos mil cuatrocientos diez versos, con sus veintitrés personajes que comprenden dos coros y dos coreutas, ¿responde *Corona de Fuego* a esa desmesurada ambición? ¿Tiene un tono trágico *unido?* ¿Existe, sin taras y sin sombras, su héroe? No me refiero a la historia ni a sus proyecciones, ni a los sentimientos patrióticos que puedan agitar al mexicano. La historia es lo que ya sucedió; el teatro es lo que está sucediendo o quizá *volviendo a suceder.* Hablo en términos estrictamente de construcción teatral, de construcción trágica en este caso, y debo ocuparme ante todo en el análisis de los problemas que, en apariencia, no tomaron, o no tuvieron que tomar en cuenta el admirable Racine ni el admirable Milton ni otros. Y empiezo por el problema de la *dualidad:* dualidad de teogonías, dualidad de razas, dualidad de idiomas, dualidad de héroes o aspirantes a serlo, dualidad de coros, dualidad de interpretación de los acontecimientos, dualidad de culturas, dualidad de imágenes verbales, dualidad de sensibilidades, dualidad de actitudes ante la vida y la muerte, dualidad de resultados. Como todo lo americano, la tragedia intentada tiene que ser un tanto monstruosa por fatalidad. No sé ya qué autor francés señaló con buena gracia la escandalosa monstruosidad de Shakespeare cuando, en *A Comedy of Errors,* duplicó a los *Menecmes* de Plauto. América, nuestro Continente, por fatalidad geográfica, geodésica o telúrica, por su abundancia general, que parece una mezcla de los dones y de la maldición de los dioses, no es sólo una duplicadora, sino una multiplicadora de los elementos.

A pesar de este contraste con la mesura, la escala humana y el equilibrio helénicos, creo firmemente que lo que más puede acercarse a la verdad y a la perduración de la tragedia griega es una tragedia

genérica mexicana o americana. Por sí solas, las afinidades del griego
y el azteca en materia de organización religiosa y social permiten
apreciar, si no una identidad, sí una semejanza, un aire o una brisa
de familia en las actitudes de uno y otro frente a la vida. Una sola
religión y una gran diversidad de dioses.

Atento a estas necesidades, introduje dos coros: el de españoles
y el de mexicanos, que en momentos como el del itinerario seguido
corren el riesgo de parecer repetitivos o redundantes, pero que he hecho
lo posible por diferenciar. En la imposibilidad personal, y en la super-
fluidad para el uso del público, de valerme de dos idiomas diferentes,
decidí que los españoles se expresaran en verso rimado y de medida
regular en general, y los indios en verso blanco de medida irregular.
Se observarán algunos sonetos en asonantes así como algunas asonancias en los versos que llamaré españoles. Vinieron espontáneamente,
y profeso la idea de que deben respetarse esos accidentes naturales
de la creación en vez de forzar medida y rima, así como en los versos
indios aparecen a veces asonancias y consonancias no buscadas. La
licencia más grande que creo haberme permitido es hacer hablar a
Cuauhtémoc, de pronto, "como los teules". Se trata de un fenómeno
lógico de *resonancia*. En los dos casos he hecho lo posible por diferenciar
la perspectiva, el ángulo y la imaginería. Una dualidad conflictiva con
la que no había yo contado previamente, y que surgió por sí sola
también, es la alternación de los parlamentos de apariencia realista
con los de apariencia abstracta o conceptual. Grave problema: ¿Que-
branta esto la unidad del tono trágico? De uno de mis borradores
destaco esta anotación: "¡Cuánta razón tenía Alfonso Reyes al decir
que 'lo reventaba' el episodio!" Hay dos o tres que sirven sólo para
concatenar la acción y que me dieron más trabajo que todo el resto.

No he dejado de pensar, ante ciertos problemas de la mecánica
del verso, que lo que puede encontrarse a faltar en mi esquema de tragedia es un gran poeta. En todo caso, como en la trampa ortográfica
de mi adolescencia, "yo aré lo que pude". (*10 de diciembre, 1960.*)

# III

Inserto

Hoy, 12 de enero de 1961, después de una "fatigosa jornada" que
comprendió una visita a la ciudad fenicia, grecorromana y cruzada
de Biblos o Djbeil y otras cosas, vinimos a casa y, después de una
charla general, caímos en *Corona de Fuego*. Mi intención era mostrar
sólo la escena india de las burlas y algunos pasajes, pero mis oyentes
se comprometieron a resistir y leímos los actos segundo y tercero. Los
oyentes eran —visitantes de paso y amigos de siempre— Agustín y
Olivia Yáñez y Ernesto Santiago López. Agustín había ojeado el manuscrito por la mañana en mi oficina, y destacado al azar la frase de
adiós de Cuauhtémoc a Bernal Díaz del Castillo (que, con otras que
considero igualmente importantes, sería cortada de las representaciones
sin autorización mía):

Tú, que seguiste todas las batallas
con ojo inquisitivo y penetrante,
acuérdate de mí, Bernal Díaz, acuérdate.

Terminada la lectura, me dijo Yáñez que en su concepto esta frase
acusa una debilidad y rompe el tono trágico cambiándolo en sentimental
a la vez que desdibuja el carácter del héroe y lo disminuye. También
me dijo que encontró largo el coro final de mexicanos, que consta de
veinte versos. Es cierto que hay algunas tragedias que terminan con la
frase reconcentrada y adusta de un personaje principal. Cito el *Prometeo Encadenado* y el *Agamemnón* de Esquilo, *Las Traquinias* de Sófocles
y *Las Bacantes* y *Las Troyanas* de Eurípides. Personalmente además,
encuentro que el "Hélas!" de Antíoco que cierra la *Berenice* de Racine
es una caída franca. La mayor parte, pues, de las tragedias griegas terminan con un parlamento del Coro. En Esquilo, *Las Coéforas* (15 versos; *Las Euménides* (Estrofa I, 6 versos; Antistrofa I, 6 versos; Estrofa
II, 6 versos, Antistrofa II, 6 versos); *Las Suplicantes* (himno coral con
semicoros 1 y 2, 95 versos); *Los Siete contra Tebas* (Coro, 16 versos,
y los dos semicoros 8 y 9 versos respectivamente); *Los Persas* (en el
épodo, 12 versos: 7 de Jerjes y 5 del Coro, alternados). En Sófocles:
*Antígona* (6 versos del Coro); *Ayax* (4 versos del Coro); *Electra* (4
versos del Coro); *Edipo Rey* (12 versos del Coro); *Filocteto* (4 versos
del Coro); *Edipo en Colono* (2 versos del Coro). En Eurípides: *Los
Cíclopes* (2 versos del Coro); *Hécuba* (2 versos y un hemistiquio del
Coro); *Helena* (6 versos del Coro); *Electra* (3 versos del Coro); *Orestes* (2 versos del Coro); *Andrómaca* (6 versos del Coro); *Ifigenia en
Áulida* (3 versos del Coro); *Ifigenia en Táurida,* (6 versos del Coro);
*Alcestes* (6 versos del Coro); *Medea* (6 versos del Coro); *Hipólito* (4
versos del Coro); *Ion* (6 versos y un hemistiquio del Coro); *Las Fenicias* (3 versos del Coro); *Las Suplicantes* (3 versos y fracción del
Coro); *Hércules* (2 versos del Coro); *Los Hijos de Hércules* (2 versos
del Coro). Para esta lista y el número de versos citado remito al lector
a las versiones inglesas de John Stuart Blackie (Esquilo); Sir George
Young (Sófocles), y Shelley. Dean Milman, Poter y Woodhull (Eurípides). Es decir que si se acepta como legítimo el principio ya expuesto
de la inevitable dualidad o duplicación de elementos, en una tragedia
americana, los veinte versos del Coro final de *Corona de Fuego* no me
parecen excesivos por cuanto resumen: *a)* el suplicio por el fuego de
Cuauhtémoc; *b)* su destino de caminar por los siglos y de hacerse oír;
*c)* la existencia de una nación mexicana; *d)* su representación de la
soberanía material de México, y *e)* el encuentro de la arqueología —el
pasado— con la nueva religión —el presente.

Hay que observar, por otra parte, que en el teatro no existen reglas
de carácter absoluto, que la regla de oro del teatro consiste más
bien en conocer y respetar las necesidades y las limitaciones de cada
pieza, que nunca son exactamente iguales y difieren tanto como las costumbres o las ideas de personas de la misma estatura y de características
físicas semejantes.

En la cordial discusión que siguió, Agustín Yáñez insistió en sus puntos de vista, a los que tiene derecho. Para él la despedida de Cuauhtémoc a Bernal constituye un acto de debilidad, como el "Señor, te has olvidado de mí" de Jesucristo, un gesto humano y no trágico en suma. Repuse que me daba un excelente argumento al recordarme que el Rey Lear, agonizante junto al cadáver de Cordelia pronuncia una —para mí— de las más extraordinarias frases del teatro universal, una de las que mejor resumen el sentimiento humano y el sentido trágico: "And my poor fool is hang'd! No, no, no life! — Why should a dog, a horse, a rat, have life, — and thou no breath at all? Thou'lt come no more — never, never, never, never, never! — Pray you, undo this button: thank you, sir. —Do you see this? Look on her, look her lips. —Look there, look there!" (¡Y mi pobre tontita se ahorcó! ¡No, no, no, no más vida! — ¿Por qué un perro, un caballo, un ratón, han de tener vida — y tú ni un soplo ya? Tú ya no volverás — ¡nunca, nunca, nunca, nunca, nunca! — Os lo ruego, desabrochad este botón: — gracias, señor. ¿Veis esto? Miradla a ella, mirad sus labios. — Mirad allí, ¡mirad allí! *(Muere.).)* *(El Rey Lear,* acto V, escena III.)

No tenía yo ejemplar que darle a Agustín, que se va mañana, de modo que todo queda pospuesto. Pero ya tuve con quién hablar, y esta charla es el primer indicio de las polémicas técnicas y políticas que *Corona de Fuego* parece destinada a suscitar.

(Más tarde, Yáñez insistió varias veces por carta en su opinión, esgrimiendo diversos argumentos. Le recordé, además de la frase de Lear, las de Edipo a Creonte: "¡Oh, no! no me las quites a éstas! (por sus hijas, en *Edipo Rey),* y a Teseo: "¡Por aquí! Así venid por aquí, que por aquí me llevan el mensajero divino Hermes y la diosa de los infiernos. ¡Oh luz para mí apagada y que antaño fuiste mía! Por última vez caes hoy sobre mi cuerpo, pues ya parto al término de mi vida, ya voy a hundirme en el Hades. Adiós, el más dulce de los huéspedes, tú y tu tierra y tus servidores sed todos felices, y en vuestras dichas acordaos de mí después de muerto." (Traducción de Ignacio Errandonea, S. I., inferior a la de Sir George Young.)

A esta cita contestaría Yáñez (olvidando también que Edipo a su vez hizo una profecía que se cumple), que en su caso y el de Lear se trata de viejos, en tanto que Cuauhtémoc era joven. La debilidad, el descenso a lo humano le parecen justificados en un viejo o en un hombre maduro, no en un joven. Pero ocurre que el héroe de la tragedia no es ni joven ni viejo: en el momento en que muere desaparece toda idea de temporalidad, todo concepto de ancianidad y juventud: es el gran momento apolíneo en que el héroe alcanza *la edad trágica,* llena de dolor y de deleite, que no se mide con años. Al igual que Edipo, que busca y no elude la muerte, mi Cuauhtémoc —una vez planteada o liquidada la polémica de la historia y de la posteridad con Cortés— se encomienda a la memoria de un testigo imparcial, se despide de un amigo. Al adiós de Cuauhtémoc, Bernal Díaz responde:

Siempre, Príncipe, te recordaré.
"Mal parece tu muerte a todos", yo lo sé

(la frase entrecomillada está en la Crónica), y le cierra los ojos, tal como el Coro del *Edipo en Colono,* que representa al pueblo de Teseo, eleva una oración por el rey ciego: "Si a mí también me es lícito dirigir una plegaria a la invisible diosa, y a ti también, ¡oh Rey de las Tinieblas, Aidoneu, Aidoneu!, os ruego que sin pena, sin quejidos ni lamentos baje este extranjero a los campos de allá abajo, morada común de todos los muertos, y a la mansión estigia." Estimo que hay en todo esto una correspondencia, o por lo menos lo que Baudelaire llamaba una "reversibilidad". Detenerme y pensar. (Enero 13-'61.) Yáñez aduciría también que Cuauhtémoc se dirige al *cronista.* Respondo que no lo creo, porque en ese momento quizá Bernal mismo no sabe que hará su libro.

Pero, en último término, si el héroe trágico no posee un don adivinatorio o profético, al igual que los coros, no es héroe trágico. Se observará que *sólo después de muerto Cuauhtémoc,* y provocado por Cortés, dice Bernal: "Escribiré la crónica algún día." Y quizá lo dice porque algo han puesto en movimiento en él el adiós de Cuauhtémoc y la injusticia de Cortés.

El problema que vino a plantearse para mí nuevamente, pero ahora al través de un agente externo, de un oyente erudito y penetrante de mi esquema de tragedia, no deja de ser apasionante por cuanto se refiere al tono trágico, a la *unidad* del tono trágico, que Yáñez considera rota por la frase final de Cuauhtémoc. ¿Y qué es el tono trágico?

## IV

### EL TONO TRÁGICO Y SU UNIDAD

La unidad de tono es requisito en todo género teatral —tragedia, comedia, tragicomedia (unidad dual), pieza o farsa— y en general se la viola únicamente en la mal llamada comedia sentimental o con lágrimas. *La Orestíada* es el perfecto ejemplo del tono trágico sostenido sin el menor desfallecimiento.

Independientemente de la engolada unción con que pronuncian la frase los no iniciados en el teatro vivo, pero imbuidos en su aspecto libresco, el "tono trágico" es simplemente —casi perogrullescamente— aquel que mejor conviene o sienta o corresponde a la tragedia, como la pompa regia a las coronaciones, el negro a los funerales, la sirena de bomberos a los incendios. Es decir que es un elemento *funcional* de la tragedia que el actor no puede comunicar con sólo ahuecar la voz y recitar pomposamente si el texto que repite no tiene en sí el tono trágico. Cada género del teatro, como se indicó, tiene su tono propio, que es su ropaje intransferible e irreemplazable, hecho sobre medida, dijérase. Aristóteles, que más de una vez se queja de la vulgaridad de expresión de los poetas trágicos de su tiempo, nos dice que el tono propio de la tragedia consiste en la comunicación de pensamientos altos o profundos o nobles por medio de un lenguaje elevado y digno, y con esto no quiere decir pomposidad, sino forma funcional, natural de expresión en el héroe de la tragedia. Si volvemos la vista al origen ritual del género, veremos en esta demanda una descendencia del respeto, supersticioso o no, que el público confiere al lenguaje propio de las ceremonias religiosas. Un rey, nos dice Aristóteles con lo que hoy parece ingenuidad aunque en su tiempo era gran malicia, no puede hablar como un esclavo, ni un esclavo como un rey, a menos que se trate de un rey disfrazado de esclavo (o de un esclavo disfrazado de rey). El choricero aristofánico, pues, se expresa en la lengua del bajo pueblo y en el tono de la comedia. Edipo, aun en sus momentos de mayor angustia o cólera durante la investigación del asesinato de Layo, se expresa con la dignidad de un rey o con la humanidad de un hombre noble, y sostiene el tono trágico. Contra lo que piensan algunos, el tono trágico no es el resultado de los conceptos expresados, sino la pauta a que éstos deben someterse y resulta, naturalmente, de la situación trágica. De aquí mi insistencia en los valores trágicos de la frase final de Lear y mi disensión de la crítica de Yáñez.

Me parece que es Boleslavsky quien describe el poder de sugestión del teatro, que hace que un público integrado por los elementos más disímiles en edad, profesión, sensibilidad, educación, cultura y problemas personales, se identifique y comulgue olvidando todo lo demás cuando el telón se levanta y aparece el actor fingiendo oír el ruido de un coche que se aleja, al grado de que todo el público *oye* en realidad lo que el actor *simula* oír. Las máscaras en el teatro griego servían sobre todo para dar el carácter del personaje y el ambiente de la escena a los espectadores instalados a mayor distancia de la platea, o sea que su función principal en el fondo consistía en poner por obra esa comunión indispensable del público.

Hay que señalar también que el tono trágico se compone de dos elementos, general o ambiental el uno, determinado por la anécdota y los sucesos; individual el otro y destinado a caracterizar a cada personaje. La tragedia de Edipo es tragedia porque representa la prosperidad, la cólera, los errores y los infortunios, la caída y el enceguecimiento del monarca, que se saca los ojos para ver dentro de sí mismo, y porque todos estos elementos combinados determinan la transición de la prosperidad y la seguridad al malestar y la desgracia para su familia y para la corte y el pueblo de Tebas. Éste es el tono general, *unido*, de la tragedia. Por su parte, Edipo es un héroe trágico que debe mantener, al través de una serie de actitudes determinadas por cada circunstancia, su tono personal y no cambiarlo por el de Creonte, aunque también se trate de un personaje dinástico. En el mismo caso están Creonte y Yocasta y Tiresias y cada mensajero y todos, porque son como los diferentes instrumentos de una orquesta sinfónica afinados en un tono preestablecido. Pero esto no significa que puedan confundirse uno con otro, porque eso equivaldría a tratar de que el oboe se vuelva lira o flauta. La diferenciación de los personajes se llama *caracterización* y debe seguir líneas estrictamente individuales, de modo que cada uno de los personajes debe conservar su propio tono trágico en armonía con el ambiente de la tragedia y con su tono general, o en contrapunto con él. Debo subrayar que estas explicaciones, aparentemente obvias, pasan a menudo inadvertidas para la crítica.

¿Existe y es unido y está sostenido un tono trágico en los tres actos de *Corona de Fuego*? No hay que olvidar que en mi experimento o esquema encontramos siempre esa dualidad, que en momentos podría dar la impresión de que conduce a un laberinto, ya que los dos elementos se entrecruzan continuamente. Así pues, deben estar presentes dos tonos trágicos —el del mundo español y el del mundo indio—, y deben ser trágicos en consonancia con el ambiente de sacrificio de la obra, aun cuando la tragedia no revista iguales caracteres para los dos mundos. Hay, pues, el tono indio y el tono español —el español que jura, que blasfema, que grita, que conquista, que goza, que teme y que mata; el indio que calla o habla en voz baja, que lamenta, que pierde, que busca en la noche del tiempo un futuro y que, abrumado por tantos males, recela nuevos y más grandes infortunios. El primero es la huella que se marca indudablemente, en apariencia; el segundo, la estela que, en apariencia también, se borra y desvanece, ambas en un crucero de la historia. Entonces resulta necesario establecer una convergencia de estos dos tonos en el tono trágico general. Al estudiar este punto me expliqué por qué —por primera vez en toda mi obra— había tenido que usar de soliloquios funcionalmente y con frecuencia. Es que en la Conquista de México no hay diálogo propiamente dicho: se trata de dos grandes monólogos obsesionantes, independientes, sin más punto de tangencia o de cruce que la batalla de las armas o la del sexo, la destrucción y el placer animal. Me parece que en esta forma, monologando cada cual por su lado, como en los coros parecidos y diferentes en sentido del itinerario, sostiene su propio tono y los dos llegan a una convergencia que no es sólo la llegada a Tuxakhá, sino a una confluencia en un tono general.

Explicado esto, ¿sostiene cada personaje su tono trágico unido con apego a su carácter? Pienso que sí, y que la frase de adiós de Cuauhtémoc a Bernal Díaz, que me dicen que rompe el tono trágico del personaje, es todavía una frase en carácter, una frase de jefe y debe interpretarse en sus proporciones precisas: no es un ruego, sino una orden más bien; no es una petición de menesteroso, sino la expresión de una voluntad todavía imperial, en tiempo imperativo del verbo:

Acuérdate de mí, Bernal Díaz, acuérdate.

El problema de la unidad general lo resolvió ya una tragedia griega —*Los Persas*—, en la que también hay un conflicto entre dos razas y entre dos lenguas y dos aspiraciones bélicas, por lo que el tono es también doble y unido a la vez. Pero no me interesa el goce estéril de la especulación. Profeso la idea de que yo también he resuelto ese problema a mi manera y con mis limitaciones, y que cada uno de mis personajes, aun los episódicos, está dentro de la pauta trágica, de la trama del tono, a menos que se me demuestre más palpablemente lo contrario.

Hay problemas de mayor importancia que analizar, y el más inquietante de todos es el que representa el héroe trágico. (*14 de febrero, 1961.*)

## V

¿Es Cuauhtémoc un héroe de tragedia? Esta interrogación abre otras varias y hay diversos ángulos desde los cuales puede intentarse la respuesta. Desde luego, no peca por una mala acción involuntaria. Lo único que no decide su propia voluntad es su elevación —irónicamente cuando cae y empieza a volverse objetivo su nombre— al trono en derrumbe del fascista imperio azteca. Salvando este punto, puede impresionar como un héroe no tarado (Aristóteles alude al vicio de los poetas trágicos de valerse de héroes y heroínas tarados como Fedra y Clitemnestra). Este azteca es puro y rectilíneo en la proyección que de él nos da la historia. Y es un héroe militar indudable. No se le ha acusado, que yo sepa, de haber tenido miedo a lanzarse contra Cortés durante la expedición a Hibueras y destruirlo, como quizá pudo. Por eso, con apoyo en el concepto de los historiadores de que era el único príncipe azteca dotado de penetración y de sentido político, le atribuyo la conciencia de creerse necesario para el futuro más que para el presente. La conciencia del sacrificio personal desesperadamente necesario para resolver el problema planteado por la Conquista, que para los indios era destructivo. Pero también la conciencia de que sólo a base de ese sacrificio quedaría en pie y seguiría en marcha la lucha psicológica y podría sobrevivir el indio. Esta teoría —reconozco que lo es— aumenta la estatura heroica de la figura *probable* de Cuauhtémoc. Probable en términos aristotélicos, esto es, más aceptable que lo *posible,* dotada de una índole y una existencia teatrales fuera de duda, ya que no es lo posible sino lo probable lo que interesa y puede vivir dentro del teatro. *(Febrero 14-'61.)*

Pero, concedido y reconocido que Cuauhtémoc es un héroe, cabe insistir en la pregunta: ¿Es un héroe trágico también?

Chaucer (1340-1400) fue el primero en dar una definición en inglés de la tragedia:

> Tragedie is to seyn a certeyn storie,
> As olde bookes maken us memorie,
> Of hym that stood in greet prosperitee,
> And is yfallen out of heigh degree
> Into myserie, and endeth wretchedly.

O sea:

> Tragedia quiere decir cierta historia,
> según nos dan viejos libros memoria,
> de aquel que estuvo en gran prosperidad
> y que ha caído desde un alto grado
> en miseria e infelizmente acabado.

Los "viejos libros" a que se refiere Chaucer son posiblemente la *Poética* de Aristóteles y seguramente la de Horacio, pues la influencia

latina en el nacimiento de la tragedia neo-clásica, en Inglaterra como
en Francia, antedata curiosamente a la helénica. En todo caso cabe
observar que esta definición lo es a un tiempo de la tragedia y del
héroe trágico. De acuerdo con ella, Cuauhtémoc no es un héroe trágico.
Considero oportuno desenvolver un tanto la nota anterior. Cuando
debe asumir el poder imperial obedece sólo a la fuerza de las circunstancias. Muertos Moctezuma II y Cuitláhuac, él debe sucederlos; pero
esta elevación parece como buscada por los dioses sólo para justificar
y cumplir la profecía simbólicamente implícita en el nombre del joven
general: Aguila que desciende. No goza, pues, del esplendor de un
imperio floreciente que pueda cegarlo y llevarlo a cometer acciones
injustas o impuras. La corona que ciñe sus sienes es una corona que
está haciéndose pedazos. El vasto imperio no es ya sino el "mutilado
territorio". Aparte la inevitable pompa ritual que debe de haber sido
deslumbradora, el aparato imperial no es ya más que aparato bélico.
Las nupcias del emperador y su imperio son de sangre y muerte. No
pasa, pues, Cuauhtémoc de la gran prosperidad a la insondable miseria,
aunque acabe "infelizmente". En todo caso, como no comete mala
acción ni error voluntario o involuntario, a la inversa de Moctezuma
cegado por la profecía, de Agamemnon que huella la púrpura, o de
Edipo, a quien mueve su cólera como una marioneta, podría ser el
"héroe puro" que reclama Aristóteles, o el caso singular del héroe
en armas, aunque las depone y no vuelve a esgrimirlas porque, si
atendemos a la tesis de su conciencia política, tiene otro problema
a la vista: el problema de juntar los pedazos del imperio o de la
nación, y esto no puede ya hacerlo por las armas. Es posible que su
sueño político —que yo describo con apoyo en la autoridad de los historiadores— nazca justamente de la existencia súbita de ese rompe-
cabezas de armar que le tocó en horrenda suerte recibir. De lo cual
podría deducirse que el verdadero héroe trágico de *Corona de Fuego*
es México, que sí cayó de la altura máxima. Recordemos las palabras de
Bernal Díaz que yo parafraseo:

> Y pienso en "todas esas maravillas
> que contemplé en Anáhuac a tu lado
> al llegar, Capitán, y veo que
> todo se ha derrumbado y se ha perdido
> sin quedar nada en pie".

O sea que la caída de Cuauhtémoc, en todo rigor trágico, podría considerarse como inmotivada, como *no ejemplar* ya que, si puede suscitar
la piedad, no suscita el horror del ejemplo que debe originar el castigo
final de la tragedia. La caída del imperio azteca sí es ejemplar y corresponde a las definiciones de la tragedia.

Por otra parte, es indudable que Cuauhtémoc sufre una caída or-
denada por los dioses al Águila: no cae de lo alto de una "gran prosperidad", pero sí del rango de emperador y jefe de los hombres en la
miserable categoría de prisionero y de inválido. Pero sin haber incurrido en mala acción ni deliberada ni involuntaria, hay que repetirlo.

Resultaría, entonces, que paga por el imperio, que tantos errores cometió, que tanta grandeza llegó a alcanzar. ¿Lo hace esto un héroe trágico? Creo que no del todo, más bien víctima propiciatoria, sacrificada por dos fuerzas antagónicas.

## TEORÍA DEL SACRIFICIO

Basta recordar el escándalo hecho por los eruditos y por la falsa gente de teatro en el caso de *El Cid*, de Corneille, para comprobar que no entro en sutilezas exageradas ni en distinciones casi capilares y, sobre todo, superfluas. Considero que por un lado Cuauhtémoc tiene cualidades de héroe trágico mientras por el otro parece carecer de algunas principales. No pretendo hacerlo tragédico de por fuerza, sino *investigar* todas las posibilidades que permitan clasificarlo como lo que yo *siento* en mis huesos que es. Para mí no se ha tratado sólo de escribir una pieza más en mi carrera, sino de abrir en el teatro mexicano un cauce para la tragedia —otras vendrán, espero, y las deseo magníficas— y de incorporar a las grandes figuras de la trágica historia mexicana a la galería universal que guarda a Prometeo y a Edipo, a Ayax e Hipólito, a Hamlet y a Britannicus, al Cid, etc. Si también esta ambición resulta acreedora a censura, es cosa que está fuera de mis intenciones, pero que no puedo remediar.

Así pues, no como recurso escénico deliberado, sino como consecuencia natural del trazo psicológico de mi personaje y de mi perspectiva histórica, creo haber dado con una veta nueva: la del *sacrificio* de la vida para alcanzar la categoría de héroe tragédico. Sacrificio de indudable linaje edipiano, pero que alcanza otra dimensión.

El análisis lógico es sencillo y en él intervienen solamente los hechos y su interpretación por el simple (y difícil) sentido común: 1.—El 12 de septiembre de 1523, Cuauhtémoc había expedido la Cédula de Repartición de la Laguna Grande de Texcoco, "en la que so pretexto de aclarar los límites antiguamente convenidos recuerda a los teules que él es grande, fuerte su prestigio, justa su defensa. Esta cédula atestigua la autoridad que el tlacatecuhtli conservaba sobre sus caudillos por encima de los pueblos que le combatieron y vencieron. ...Cuauhtémoc lanza un reproche a los españoles. Esta tierra sobre la que hoy los teules posan la planta, es de mexicanos: ellos la encontraron, la engrandecieron, la hicieron rica y poderosa y sólo ellos han de gozarla... De ellos, pues, de los indios, es el Anáhuac. En la afirmación de su poder y su calidad revive la protesta... Él los amparó (a los pobres) cuanto pudo. Su manto cobijó a la gente como la sombra del árbol que se nombra pochotl. Armó su brazo y dio el ejemplo en la guerra. En la agonía les enseñó la dignidad". (Héctor Pérez Martínez, CUAUHTÉMOC.) 2.— Cortés temió que si al partir rumbo a las Hibueras dejaba en Tenochtitlan a Cuauhtémoc y los príncipes, la popularidad del primero le crearía graves problemas a los que su ausencia le impediría hacer frente. Tan graves quizá como la destrucción de los españoles y la pérdida de la Nueva España para Carlos V. Si abrigaba ya o no la idea de matar al emperador azteca durante el viaje, es materia de sentimiento y de interpretación de cada poeta. Yo estoy por la afirmativa, ya que darle muerte en Anáhuac hubiera podido provocar serios y sangrientos conflictos. 3.—Cuauhtémoc, no obstante, recayó en su silencio en tanto que Cortés aumentaba y consolidaba su poderío. ¿Qué puede hacer ante la orden de partir con Malinche? Presiente sin duda que será muerto, como lo prueban sus últimas palabras históricas ("Hace ya muchos días, oh Malinche, que sabía que me habrías de dar muerte injustamente.") ¿Acepta simplemente su destino o espera que un azar del viaje cambie la situación? ¿Oyó las conspiraciones? ¿Tomó parte en ellas? Nada concluyente nos dice la historia, salvo que quizá las oyó. ¿Soñó con dar muerte a Cortés? La historia no se ocupa de los sueños. ¿Entonces? Para mí resulta claro el dilema a que tuvo que hacer frente: correr el riesgo de un levantamiento que podía frustrarse, y el mayor, en caso de éxito, de una nueva dispersión y larga, sangrienta lucha de príncipes y tribus. Tampoco él estaba en Tenochtitlan ni en su trono y no podía esperar sumisión de los rebeldes nativos. Centro una vez más de tantos intereses encontrados e *inmediatos,* elige un tercer camino, que yo encuentro lógico en su temperamento, en su orgullo, en su mexicana capacidad de silencio y de paciencia: el camino largo del sacrificio. El sacrificio, que es lo único que —como nos lo ha probado a nosotros los de *hoy* la proyección histórica— le permitirá derrotar a Cortés en el futuro. Éste es el aspecto antihistórico, es decir, dramático, de mi esquema. No soy historiador sino dramaturgo.

La elección del sacrificio eleva a Cuauhtémoc, para mí, a la categoría de un héroe trágico único en su pureza, pues ni siquiera busca, como Antígona, rescatar sacrílegamente el cadáver de su hermano. Por lo que me han dicho diversos oyentes y espectadoras perceptivos, entiendo que esto aparece con claridad en *Corona de Fuego.* Espero que así sea, pero en caso contrario y si mi experimento de tragedia fracasara, me conformaré con la posibilidad de que un gran poeta futuro rescate a este héroe. *(16 de octubre, 1961.)*

VI

¿ES "CORONA DE FUEGO" UNA TRAGEDIA ESTÁTICA?

Pienso, y lo he proclamado más de una vez, que en el teatro la poesía no reside en el lenguaje, en el diálogo —como sostenía algún girodudoso Contemporáneo— sino en la acción. Al abordar un género tan viejo —para mí tan nuevo— como la tragedia, y estudiar sus necesidades, sus alcances y sus limitaciones, la duda y la pregunta surgieron y me obsesionaron del más punzante modo. ¿He hecho una obra estática contra todas mis teorías y toda mi práctica del teatro? ¿Es aplicable a mi experimento lo que dice Steiner sobre el *Samson Agonistes* de Milton? Dice: "La organización de la obra es casi estática, al modo del *Prometeo* esquiliano; con todo, se mueve al través de ella un gran progreso hacia el desenlace... Como un *Edipo en Colono*, termina sobre una nota de transfiguración solemne, de alegría incluso." Estamos ante una autoridad. El último punto sí me parece aplicable a *Corona de Fuego:* el coro final es un coro de alegría y de esperanza. Pero, ¿y lo demás?

Si *Corona de Fuego* es una obra estática, como lo pensó incluso el director, esto no marca puntos en su contra considerando lo que dice Steiner: la sola mención del *Prometeo* le daría cartas patentes de existencia tragédica. Pero aquí tengo que hablar como director de escena y demostrar por la enumeración de sus elementos que no es estática: ACTO I.—*a)* Cortés y sus comitivas española e india llegan a Tuxakhá después de un largo, agotante viaje que describen los Coros. *b)* Cortés, a punto de descansar, recibe al hijo de Pax Bolón Acha, acepta su homenaje y obsequios y presta credulidad a la mentira relativa a la súbita muerte de Pax Bolón. *c)* El Cacique de Tizatépetl revela a Cortés el subterfugio de Pax Bolón. Cortés ordena al joven príncipe que haga venir a su padre. *d)* Pax Bolón espera en Itzamkanak, con su general y sus sacerdotes, el resultado del viaje de su hijo. Al conocer el fracaso de su artificio, ordena que se ofrezcan sacrificios y parte a saludar a Cortés. *e)* Cortés recibe a Pax Bolón, lo increpa por su mentira, acepta sus ofrendas, le pide el paso a las Hibueras y lo autoriza a celebrar la fiesta india en honor de Cuauhtémoc; pero antes hace destruir los ídolos y colocar en su sitio la cruz de Cristo. *f)* Hablan los Coros de españoles y mexicanos y el Coreuta Mactún, y aparece Cuauhtémoc para recibir el homenaje de los mactunes, agradecerlo y presentar a los príncipes y generales de su séquito antes de ir a saludar a los nobles de Acallan.

ACTO II.—*a)* Los acallantlaca dan la bienvenida a Cuauhtémoc (otro aspecto de la fatal dualidad señalada: mactunes y chontales conviven en la región y los dos —tan diferenciados, nobles los segundos, campesinos los primeros— deben rendir homenaje a su antiguo señor. *b)* Pax Bolón sugiere a Cuauhtémoc exterminar a los españoles y lo enfrenta con su dilema. Cuauhtémoc se limita a decir que lo pensará. *c)* Escena de las burlas indias acerca de la distribución de las nuevas tierras que van a conquistar con Cortés. El enano Mexicaltzinco espía y escucha. *d)* La fiesta española, con la danza de la posesión y un recitativo del Coro en tres sonetos. (Del primero se cortaron, sin autorización, versos destinados a caracterizar al español como cristiano creyente y blasfemo a la vez y como generador de una raza nueva en México. *e)* La fiesta india, en la que circula el rumor de que Cortés ha desistido de la expedición a Hibueras y de un supuesto viaje a España, lo que causa gran alegría a los indios, y que es interrumpida por orden de Cortés, cuyo mensaje lleva doña Marina. Pax Bolón insiste en la conspiración, los príncipes están de acuerdo en general, pero Cuauhtémoc reserva aún su pensamiento. Mexicaltzinco espía, escucha y es descubierto y befado. *f)* Mexicaltzinco, Tapia y Velázquez revelan la supuesta conspiración a doña Marina. Cortés oye todo desde su tienda; recibe después a Pax Bolón y escucha su versión, en la que se denuncia a Cuauhtémoc. A solas, debate el problema, el

dilema y oye y desoye a sus cuatro voces —cuatro facetas de su carácter y su pensamiento— que lo previenen contra su intención. Ordena el arresto de Cuauhtémoc y los príncipes, emplaza el juicio y deja a Bernal Díaz "lleno de dolor y duda".
ACTO III.—*a)* El juicio de Cuauhtémoc, en cuyo curso dialogan por primera vez conquistadores y conquistados. *b)* Mientras Cortés delibera la sentencia, los españoles expresan su miedo y su decisión de levantarse contra Cortés si el fallo es favorable a Cuauhtémoc. Cortés abarca la situación y condena a muerte a Cuauhtémoc y a Tetlepanquétzin después de desoír a su Ultima Voz. *c)* Polémica entre Cuauhtémoc y Cortés. *d)* Cuauhtémoc se despide de todos y es ejecutado. *e)* Los españoles se aprestan a seguir a Hibueras y entonan un coro alusivo a sus nuevas conquistas que pronto es ahogado por el Coro final de Mexicanos. Si los elementos de acción y de progresión no están claramente a la vista, cabe analizar de otro modo el "estatismo" de que se ha acusado a la obra.

Conozco más de un caso en el que el *tratamiento* de la acción la anula o la diluye o la demora. ¿He incurrido en esto, que tanto he censurado en otros? Pienso en las piezas de Claudel, en las que la acción es prácticamente inexistente, la anécdota se reduce a tres líneas o caracteres simbolistas, y el todo se desenvuelve sólo por la magia de la palabra del poeta y sólo, en general, ante públicos franceses, que son tradicionalmente verbófagos. La enumeración de elementos que he hecho descarta en mi caso esta posibilidad.

Aparte toda norma formal, la construcción en verso difiere de la construcción en prosa (tratándose de obras de teatro), en varios puntos: el primero de todos es que tiende a eliminar el bocadillo y tiene que atender requisitos de construcción y de *respiración,* por lo cual a menudo el parlamento se compone de un número mayor de palabras. ¿Dónde está entonces, se dirá, la virtud primaria de la poesía, que consiste en su capacidad de reconcentración, de extracto o quintaesencia? ¿No dice más un soneto en sus catorce versos que una oda en doscientos? Todo esto se aplica a la poesía lírica de modo casi absoluto. No cabe en la epopeya ni en la tragedia, especialmente en esta última, gobernada por las leyes del drama, en la que cada parlamento debe contener elementos de caracterización y de movimiento. Si se comparan los Coros y las *tiradas* de mi esquema con los de cualquier tragedia clásica o neo-clásica, se verá que no son tan largos.

En las lecturas que hice a diversos amigos que pasaron por Beirut, sentí presentes la acción y la progresión, la fluidez que yo mismo eché de menos en el ensayo general, único al que fui invitado. No creo, pues, que la pieza sea estática, pero, si lo fuera, no sería la única tragedia de ese tipo y, según pudo leerse ya, no dejaría de estar en buena compañía.

Queda otro punto, que yo considero de gran importancia, sobre todo si el género trágico viniera a florecer en México:

¿Qué posibilidades de universalidad tendría una tragedia mexicana? *(16 de octubre, 1961.)*

# VII

OBSTÁCULOS Y POSIBILIDADES DE UNIVERSALIDAD

Transcribo una nota del 15 de febrero de 1961:
"Releo lo anterior después de haber leído anoche algunos pasajes al dramaturgo griego Jorge Theotokas, quien me aseguró llevarse una 'fuerte impresión', si bien externó sensatas dudas acerca de la accesibilidad del tema para un público no imbuido en la historia de la Conquista de México, para el que no son familiares siquiera los nombres de los personajes. Los nombres aztecas, desde luego, parecen constituir un obstáculo."

(Con esto último coincidiría José Gorostiza al señalarme que esos nombres constituyen un verdadero trabalenguas aun para el actor mexicano, cosa con la que concurro recordando el verso que dice:

Tlacótzin cihuacóatl de Tenochtitlan.

Pero en México se trata sólo de un problema de dicción, esto es, de ejercicio y de disciplina del actor, que es ante todo una lengua. Que la mala articulación puede hundir (hundió) más de un parlamento bien construido y hacer barboteo de la música, de acuerdo. La pregunta de Theotokas me parece de mayor alcance):

"Dryden escribió en su siglo un Moctezuma. ¿Conocía el público londinense del siglo XVII, en general, la historia de México? Pienso que no, por geográfica e historicista que pueda ser la vertebración del inglés. Entonces, lo que el poeta dramático ofrecía era una pieza de fuertes y débiles, una pieza de conquista, un conflicto entre el conquistador y el conquistado, un vencedor y un héroe vencido. Porque, tan curiosa como naturalmente, Dryden toma partido por Moctezuma y no por Cortés. Otro tanto hacen en el siglo XX —con relación a México y los mexicanos— Hauptman en su *Mesías Blanco* y Werfel en su *Juárez y Maximiliano*, traducidas ambas a no sé cuántos idiomas. Y no pienso que los públicos contemporáneos, pese al periodismo, la radio, la televisión y el cinematógrafo, estén mejor enterados que los de otras épocas y puedan pasar por autoridades en la materia. Pongo en duda que, fuera del sector más ilustrado y erudito, los públicos isabelinos conocieran a fondo la historia grecorromana que describe Shakespeare en sus crónicas; que, a más de reír las bufonadas y estremecerse con las pasiones y los crímenes, pudiera reconocer, fuera de los personajes y hechos sobresalientes, los accesorios. Pero distinguían sin duda los conflictos y su dosis de dramaticidad o de tragedia, los sentimientos en acción de personajes conocidos o ignorados, pero tan humanos como el espectador mismo. De otro modo, el poeta habría fracasado y no hubiera llegado jamás a la posteridad. Éste es el reto a que, fuera de los públicos de México, América Latina y España, deberá responder *Corona de Fuego*. ¿Qué puedo hacer yo?"

Pero, tratándose de teatro, ¿son insuperables tales problemas? ¿Es básico el conocimiento de la historia, de los nombres y los lugares para determinar la emoción de un público? Es bien sabido que la primera condición de los certámenes de tragedia en Grecia era que el tema elegido por el poeta fuera conocido del público. Pero, ¿es el mismo caso fuera de Grecia? Está a la vista que no, y hay que tener presente que la tragedia neoclásica de Francia o de Inglaterra, dedicadas en general a públicos cortesanos y cultos, no se dejaron limitar por ese criterio negativo, afortunadamente.

Crisótomis, Neoptólemo, Polínice, Agamemnón, Pílades, Filoctetes, Diómedes, Tecmessa, Eurísaces, Teucro, Cratos, Hefestos, Io, Eteocles, Atossa, Xerxes, Clitemnestra, Taltibio, Andrómaca, Agave, Orestes, Toas, Polidoro, Polixena, Polimnéstor, Asclepíades, Axios, Bromio, Kárites, Hécate, Symplígadas, Tmolo, Trecena, Tristérides... ¿Qué es esto? No es ni un discurso erudito y serio ni un grupo fonético de blasfemias. Cualquier gran actor puede prestarle extraordinarios matices de expresión, pero no es sino una lista de nombres de personas y lugares griegos extraída de las tragedias helénicas. ¿Hasta qué punto es accesible para el espectador de habla española? Estoy lejos de ser helenista o grecizante y, como Alfonso Reyes (que me lo dijo alguna vez en broma), todo lo que conozco de la lengua del Ática es la palabra telégrafo. No sé, pues, por qué nuestros helenistas han esdrujulizado los nombres griegos: donde los griegos pronuncian Sofoclés, Aristofanes y Lysistrata, a nosotros nos hacen decir Sófocles, Aristófanes, Lysístrata. ¿Cambian acaso los acentos los valores fundamentales y no escribió Sófocles las mismas tragedias que Sofoclés? Las novelas románticas de Francia nos enseñaron los nombres de la historia y de las calles de París; las novelas norteamericanas nos han familiarizado no sólo con Nueva York y la Quinta Avenida, sino con localidades de escasa significación. ¿No puede aspirar México, con la arqueología, la historia y la pintura que tiene, a universalizar sus nombres? Poco importa el cambio de pronunciación o de ortografía: Moctezuma II ha sido desde hace muchos años ya, Montezuma, y Cortés se escribe *Cortez* para la gente de habla inglesa. ¿Pueden estas pequeñeces detener la marcha de México hacia una luz universal, hacia las plazas públicas y los teatros del mundo, y qué importancia tiene que los extranjeros digan Mécsico? En el teatro inglés se dice "Coráoli" y "Coraioilenous" por Córroli y Coriolano.

Recuerdo que en *César y Cleopatra*, Shaw, que siempre acusó a los ingleses de no saber pronunciar su propio idioma, juega variadamente con la dificultad que experimenta César para recordar y pronunciar el nombre de la nodriza de Cleopatra: Ftatatita pasa a ser sucesivamente Titatota, Totatita y al fin, para cortar el nudo gordiano, simplemente Tota. Recurso excelente de comedia, sin duda, pero que corresponde al problema de que trato. Esto por lo que hace a los nombres.

En lo que se refiere al conocimiento de la historia, hace más de cuatrocientos años que la Conquista de México sacudió al mundo y suscitó un ansia universal de viaje y de aventura. Creo que no es materia absolutamente desconocida. Que haya ignorantes, es ley natural. Lo son porque su destino es dejar de serlo, aunque sólo muy gradualmente, como ocurre con algunos críticos, y aunque muchos abandonen este mundo antes de cerrar la curva de su destino. Es cosa de siempre. Sin embargo, grandes públicos de muchas épocas del mundo entero, carentes de preparación académica o universitaria, han llegado a conocer la historia y la mitología de Grecia por sus tragedias. Esto quiere decir que, mejor que los medios "masivos" de educación como la televisión y la radio, el teatro, por lo que involucra de experiencia humana —lo es siempre— resulta el único elemento, racional y poético a la vez, capaz de poner las cosas en su verdadero punto. Convengo en que el proceso es largo, pero es el bueno. Y poco importa cómo se pronuncien en otros idiomas los nombres de Cuauhtémoc y Tetlepanquétzin mientras se sepa que son mexicanos, mientras su sacrificio muestre a los públicos del mundo el crimen de los conquistadores en este caso, y la esperanza de grandeza de México.

Aunque sólo tengo prisa cuando estoy escribiendo y no me preocupa el tiempo que tarden mis obras en llegar a un escenario o a otros idiomas, puedo adelantar que ya se inicia una traducción de *Corona de Fuego* al italiano. En Italia se sabe de Cuauhtémoc por la voz de un poeta:

> ...e a la grand'alma di Guatimozino
> regnante sotto il padiglion del sol..." (Carducci)

y aquí tenemos a la vista desde luego una transformación *necesaria* y sencilla del nombre.

Un octavo artículo pondrá fin a estas notas. *(Beirut, octubre 18, '61.)*

## VIII

### (y último)

LOS CABOS SUELTOS

Sólo por sus implicaciones de orden técnico quiero recoger aquí algunas acusaciones-boomerang de entre las muchas con que se me ha abrumado.

REPETICIONES: Es cosa vieja y reconocida que el número cabalístico del teatro es el tres, y que está permitido e incluso es necesario repetir hasta tres veces un concepto importante. Si se analiza el manuscrito de *Corona de Fuego,* se verá que esta regla no ha sido violada.

DIPLOMACIA Y CARACTERIZACIÓN: Desde el primer momento me di cuenta de que el Cortés que debía yo presentar, un Cortés a tono con la altura de la tragedia, no podía ser ni un enano ni un sifilítico. Si esta descripción corresponde, como lo pretenden los anticortesianos, a la verdad histórica, no cabe dentro de la línea tragédica. Mi propósito ha sido claro: usar de una perspectiva antihistórica pero esencialmente teatral, y nunca me pasó por la cabeza la idea de halagar a los indigenistas o de infamar a los españoles, sino de trazar retratos ajustados a mi visión personal de poeta dramático. Esto es, tan psicológicamente fieles como mi capacidad me lo permitiera. Erróneamente se empleó el adjetivo "diplomático" insinuando que aspiraba yo a quedar bien con los dos lados. Nada menos exacto. En toda obra de teatro bien construida, cada personaje debe tener, como ya se dijo, su *carácter* propio no intercambiable, su acción personal y su escena particular. Creo que no hay confusión en ninguno de estos dos puntos en mi esquema de tragedia. Para mí, Cortés piensa sinceramente que los indios son una "raza de perros y de sabandijas" y que él y los españoles les han hecho mucho bien. Pero, además, lo dice *políticamente* para apoyar en la teoría de la bondad española y de la ingratitud mexicana su de otro modo insostenible acusación contra Cuauhtémoc. Esto servirá también para afirmar la confianza de los españoles en él y para desconcertar a los indios proyectándolos hacia un examen de conciencia que, por momentáneo que sea, puede dividirlos el tiempo necesario para permitir la ejecución. Es decir que, al igual de los demás personajes, Cortés tiene, porque debe tenerlo, un "ámbito y un momento escénicos para explicarse y justificarse. Pero no por esto podemos olvidar que el público juzga. Un personaje no trazado a tres dimensiones no es un carácter, sino una *silueta*, elemento constitutivo utilizado a menudo en la farsa y en muchos especímenes del teatro expresionista. Mi intención, pues, no ha sido otra que dar esas tres dimensiones a Cortés como a Cuauhtémoc, Marina, Bernal Díaz, Tetlepanquétzin, Temilótzin e incluso Mexicaltzinco. Si no lo he logrado será por una muy lamentable (para mí) falta de capacidad. Resulta poco feliz, pues, hablar de "diplomacia".

LOS INSERTOS: Si se recorre el manuscrito de *Corona de Fuego* no dejarán de observarse frases entrecomilladas. Las que corresponden históricamente a diversos personajes fueron reproducidas, perifraseadas a veces por necesidades métricas, de los libros de Salvador Toscano y Héctor Pérez Martínez, y no tienen aclaración al margen. Otras son fácilmente reconocibles como parte de la historia. Las tomadas de los himnos mexicanos tienen mención marginal de su procedencia, como los versos aislados de tres poetas: A.R. (Alfonso Reyes), T.S.E. (T. S. Eliot) y R.L.V. (Ramón López Velarde.) La publicación de la obra, naturalmente, dejará constancia de esto.

VIOLACIONES: Sólo la de la unidad de lugar requisita por las reglas, aunque relativa, ya que toda la acción discurre en la misma región.

INNOVACIONES: Sólo una: el empleo de las cuatro voces de Hernán Cortés.

Creo haber tocado todos los puntos esenciales, si bien he dejado para el final el que más me apasiona e interesa por la relación que guarda con la evolución del teatro, no sólo mexicano, sino universal.

¿ES NECESARIA LA TRAGEDIA?

En el prefacio a *El Diablo Blanco,* John Webster (1580?-1624?), siete años después de Ben Jonson en la defensa de su *Sejanus* (1605), reconoce haberse tomado libertades y no haber escrito un "verdadero

poema dramático" en estricta observancia de los preceptos aristotélicos. "Pero añade con confiada ironía que la culpa era del público.
Los auditorios isabelino y jacobiano habían demostrado ser indignos
de los 'antiguos pompa y esplendor' de la tragedia." (Steiner).
Ésta frase parece aplicable a los públicos contemporáneos, y al mismo
amparo pueden recurrir muchos dramaturgos de hoy que han inten-
tado la tragedia. Es indudable que un público preparado, que un
espectador descendiente de una larga dinastía de espectadores sería
apto para reconocer los géneros a que pertenecen las obras que se le
presentan en sus líneas maestras, sin pretender siquiera distinguir
entre las nacionalidades y las épocas de los poetas. O sea, digamos,
que el público capitalino de México, aunque falto de esa tradición, ha
identificado la estructuración trágica de *Corona de Fuego* —y la ha
aplaudido según mis informes— precisamente porque acaba de ver un
*Edipo*. Pero, a la inversa del público, la crítica no *comulga,* por lo cual
hemos visto aplicado al presente caso esa especie de apotegma mexicano que hace pensar en la teoría del "palo ensebado". He referido
alguna vez cómo José Juan Tablada, que tanto satirizó y combatió a
Francisco I. Madero, lloraba con sincera emoción ante la imagen de
Lenin. El líder ruso le parecía grande, el mexicano, no. Volvamos
a la pregunta inicial.

No recuerdo quién dijo —probablemente Nietzsche— que la tragedia es la más alta y noble creación del hombre. Si el teatro es considerado como la corona de las culturas, es innegable que la tragedia
es, a su vez, la corona del teatro. Pero, ¿es necesaria para la existencia y la vigorización de los diversos teatros nacionales? Hemos
vivido más de dos mil años prácticamente sin ella, y perdida la tradición, han podido pasar por poetas trágicos Séneca y Jonson y Webster
y los neoclásicos franceses. El espíritu, el sentimiento, el sentido de la
tragedia persisten, sin embargo, y cada siglo fascinan a los poetas,
como lo vemos en los intentos de O'Neill y de Arthur Miller en los
Estados Unidos, si bien sabemos ya que el primero no logró su propósito y que el segundo en *La Muerte de un Viajante* plantea la tragedia de una clase mejor que la de un individuo y desborda los límites
de la tragedia.

¿Y qué sabemos de tragedia en México? Nuestra dramática cuenta
con una "tragedia cristiana", *El Triunfo de los Santos* (1578). Nuestros públicos han visto, en el curso de ciento cincuenta años, unas
cuantas tragedias griegas o francesas; en este siglo creo que sólo *Las
Troyanas* y el *Edipo*. Sin embargo, yo pienso que la tragedia es necesaria, vitalmente necesaria para la existencia de un teatro, y si no lo
creyera no hubiera acometido mi ambicioso esquema, que no mido
ni tengo por qué medir en términos de éxito de público y crítica, sino
en términos de aspiración y de esfuerzo.

No sé si en la edición de mi *Teatro Comple*to ampliaré estas Notas
o me limitaré a agregar una Gaceta relativa a los factores inmediatos
que determinaron ciertas modalidades del estreno, la crítica y el cierre.
Tengo informaciones amplias y concluyentes. En todo caso, cerraré

estas páginas con una cita más de George Steiner quien, al hablar del prefacio de Milton, que "atravesó la historia del teatro occidental", a su *Samson Agonistes* dice: "¿Era posible para un escritor moderno el crear un drama trágico que no fuera irremediablemente ensombrecido por las realizaciones de los teatros griego e isabelino? ¿Podía un hombre escribir la palabra 'tragedia' en una página en blanco sin escuchar a su espalda la presencia inmensa de *La Orestíada,* de *Edipo,* de *Hamlet,* del *Rey Lear?*" La pregunta queda abierta, y es más actual que nunca para mí.

Yo me limito a entregar estas Notas a la opinión pública, como documentos probatorios de mi más reciente atentado —que bien puede ser el último— contra la dignidad y la grandeza del teatro mexicano contemporáneo. Me queda la conciencia de no haber cometido un fraude.

Beirut, 20 de octubre de 1961.

RODOLFO USIGLI.

# CORONA DE LUZ

## LA VIRGEN

COMEDIA ANTIHISTÓRICA EN TRES ACTOS

[1963]

A GEORGE BERNARD SHAW, que escribió
en 1943: *I look forward with pleasure to
reading the virgin play.*

# PERSONAJES

## Acto Primero

El Portero
El Prior
El Cardenal
Carlos V
La Reina Isabel

El Ministro (*Francisco de los Cobos y Molina*)
El Emisario
El Fraile

## Acto II

Martincillo (*Andaluz*)
Fray Juan de Zumárraga
Fray Toribio de Benavente
    llamado Motolinía
Fray Bartolomé de las Casas
Fray Martín de Valencia

Fray Pedro de Gante
Don Vasco de Quiroga
Fray Bernardino de Sahagún
El Fraile (*del acto primero*)
Un Indio Joven

## Acto III

Fray Juan de Zumárraga
Fray Martín (Martincillo)
Fray Toribio de Benavente
    (Motolinía)
Juan Primero
Juan Segundo

Juan Tercero
Juan Cuarto (Juan Darío)
El Fraile (Fray Antonio)
El Jardinero Alonso de Murcia
La Monja Clarisa
Un Mensajero de Cortés

*Doy aquí las gracias a don José María González de Mendoza, invaluable amigo y minucioso pero asentado crítico, por las observaciones de orden histórico y antihistórico que me hizo; por la tarea que tan desinteresadamente se echó a cuestas en mi favor, y por el estímulo que me trajeron sus ejemplares cartas a Oslo, donde quedó terminada virtualmente esta comedia.*

*R. U.*

THE ARCHBISHOP: A miracle, my friend, is an event which creates faith. That is the purpose and nature of miracles. They may seem very wonderful to the people who witness them, and very simple to those who perform them. That does not matter: if they confirm or create faith they are true miracles.

LA TRÉMOUILLE: Even when they are frauds, do you mean?

THE ARCHBISHOP: Frauds deceive. An event which crates faith does not deceive: therefore it is not a fraud but a miracle.

G. B. S. *Saint Joan*, Scene II

THE SERPENT: A miracle is an impossible thing that is nevertheless possible. Something that never could happen and yet does happen.

G. B. S. *Back to Methuselah*, Act. I

*Tlamahuizolli* es una voz nahoa que significa "hecho sorprendente" o "suceso maravilloso", por consecuencia, milagro.

# PRÓLOGOS A CORONA DE LUZ

# PRIMER PRÓLOGO

*Ever since Shakespeare, playwrights have been struggling
with their lack of positive religion... I know that civili-
zation needs a religion as a matter of life and death.*

**GBS.** Prólogo a *Back to Methuselah*, 1921.

...Aristóteles no tenía que preocuparse por la relación del teatro con
la religión, por la moral tradicional de los helenos, por la relación
del arte con la política... Ni tampoco tenía que contar con el teatro
como negocio... Nuestra literatura es un sustitutivo de la religión...
La actitud del teatro de la Restauración hacia la moral es como la
actitud del blasfemo hacia la religión. Son solamente los irreligiosos
los que se escandalizan de la blasfemia.

E. Yo digo que la consumación del drama, del drama perfecto e
ideal, se encuentra en la ceremonia de la misa. Digo, con el apoyo
de los eruditos que B. menciona (y otros), que el teatro proviene de la
liturgia religiosa, y que no puede permitirse el separarse de la liturgia
religiosa... Por cuanto el teatro se ha extendido a tan lejos como en
nuestros días, ¿no sería la única solución volver a la liturgia religiosa?... La misa es un pequeño drama, con todas las unidades; pero
en el año eclesiástico se tiene representado todo el drama de la
creación.

B. La cuestión no es que la misa sea dramática, sino cuál es la relación del teatro con la misa... ¿Diremos que nuestros anhelos de teatro
se ven colmados por la misa? Creo que un examen somero nos basta
para replicar: No... Ahora bien, lo que yo sostengo es que no nos
corresponde interesarnos en la misa, a menos que seamos creyentes...
Necesitamos... fe religiosa. Y también necesitamos diversión (la calidad de la diversión no será extraña a la calidad de nuestra creencia
religiosa). La literatura no puede ser un sustituto de la religión, y eso,
no ya porque necesitamos religión, sino porque necesitamos de la literatura tanto como de la religión. Y la religión no es un sustitutivo del
teatro más de lo que el teatro sea un sustitutivo de la religión. Si podemos prescindir de la religión, entonces tomemos el teatro sin pretender
que sea religión; y si podemos prescindir del teatro, entonces no pre-
tendamos que la religión sea teatro. Pero hay una diferencia de atención... Una persona devota, al oír una misa, no está en el estado de
ánimo de una persona que presencia un drama, porque está *participando*... No podemos tener conciencia tan sólo de las realidades
divinas. También debemos tener conciencia de realidades humanas.
Y anhelamos una liturgia menos divina, algo respecto a lo cual sea-

mos más espectadores y menos partícipes. Por lo tanto, queremos el
drama humano, relacionado con el drama divino, pero no idéntico, así
como también queremos la misa.

D... Es decir que el teatro representa una relación de las necesidades y satisfacciones humanas con las necesidades y satisfacciones
religiosas que la época proporciona. Cuando la época tiene una práctica y una creencia religiosa fijas, entonces el teatro puede y debe tender hacia el realismo... no digo llegar. Cuanto más definidos los
principios éticos y religiosos, más libremente puede moverse el teatro
hacia lo que ahora se llama fotografía. Cuanto más fluidas y caóticas
las creencias religiosas, más debe tender el teatro... a la liturgia. Así
habría cierta relación constante entre el teatro y la religión de la época.

C. Parecemos convenir en que el mundo moderno es caótico, y su
falta de convenciones sociales y morales hace la tarea del poeta dramático más difícil, si no imposible. Pero si el periodo isabelino y jacobiano también fue un periodo de caos, y no obstante produjo un gran
teatro poético, ¿por qué no hemos de poder nosotros?

C. No hay precedentes de que una nación haya tenido dos grandes
periodos de teatro. Y su gran periodo siempre es corto, y es grande a
causa de un número muy pequeño de grandes dramaturgos... Quizá
cada gran raza tenga apenas fuerza suficiente para un periodo de su-
premacía literaria.

E. Las unidades de Lugar y Tiempo... Las Unidades tienen, para
mí al menos, una fascinación perpetua. Creo que se considerarán
sumamente deseables para el teatro del futuro. Para empezar, queremos
más concentración... Una hora y media continua de interés *intenso*
es lo que necesitamos... Las Unidades conducen a la intensidad,
como el ritmo del verso.

T. S. ELIOT, "Diálogos sobre poesía dramática" (1928) en
*Los poetas metafísicos.*

## 1) CITAS Y ESPERAS

Quizá no me hubiera decidido a escribir este primer prólogo —Prólogo en la Tierra— sin las citas que lo encabezan. Y quizá no hubiera dado tan directamente con esas citas sin las esperas que me ha impuesto el tema mismo de esta segunda pieza antihistórica —que en realidad es una primera comedia antihistórica. Una espera, aun cuando se tenga una cita, representa un período, fugaz o duradero, de incertidumbre, desasosiego y duda. Un encuentro, en cambio, representa una cita ideal para la cual todo, menos la conciencia objetiva, estaba preparado. Por esta razón concedo tanta importancia en el proceso de mi pensamiento a estas citas-encuentros dispuestas por esperas que no tendían a ellas, sino a otras, que siguen sin cumplirse y que probablemente no se cumplirán ya.

Debo decir desde luego que la religión a que se refiere el protestante George Bernard Shaw es la Evolución Creadora, impenetrable aún, según él, a muchos dramaturgos entre los cuales me cuento. La religión a que se refiere T. S. Eliot es la católica anglicana, aunque quizá en el fondo no sea más que su personal manera de definir en abstracto la poesía. De todas suertes, estas citas tienen la virtud de mostrar que dos inteligencias exclusivas, contradictorias y *sajonas* abordaron a siete años de distancia en nuestro siglo el problema de la religión y el teatro. Muchos poetas dramáticos lo hicieron antes, y no en forma de ensayo y teoría sino en una práctica deslumbradora como los españoles del Siglo de Oro, sobre todo Tirso, Lope y Calderón. Y antes que ellos, por supuesto, los católicos medievales de toda Europa y todavía antes los atenienses. No podría pasar por alto los intentos de Paul Claudel en nuestro tiempo, aunque en lo personal no me interesan y los encuentro infructuosos para la religión como para el teatro, si no para la literatura francesa. Fue al través de muchas generaciones áticas como se formó el teatro en el seno de la liturgia, de donde tuvo que salir cuando la evolución y la consolidación social y política del hombre empezaron a separarlo de la Iglesia en ciertas actividades al menos. En su situación primitiva, el teatro tomó las formas canónicas que le impuso la Iglesia, como cualquier hijo de familia adopta, por necesidad vital, la educación y las costumbres —esto es, las formas— que le impone su padre. Pero, de igual modo que el padre y el hijo, pasada la emancipación de éste, convergen en diversas épocas de sus vidas en la suma de la misma experiencia humana —dolor y alegría— la religión y el teatro han vuelto a reunirse en ciertas grandes épocas del mundo, en las cuales el teatro ha sido considerado como una catedral. Pero digo la religión, no la Iglesia, o sea el sentido religioso, verdadero padre de la poesía dramática en sus tres formas mística, estética y ética.

La Iglesia incorporada, en cambio, se quedó sin teatro desde entonces, y hay que recordar que *La fianza satisfecha* no es la única obra de Lope condenada por la Inquisición y que los mil y *n* autos sacramentales, milagros, coloquios, etcétera —fuera de los de Calderón y de algunos populares anónimos— están muy lejos de representar la más alta manifestación de la poesía dramática.

Un error visible en el ensayo de Eliot es la frase que distingue al feligrés que asiste a la misa del espectador que asiste al teatro, en el sentido de que el primero está *participando* en el sacrificio en vez de limitarse a mirar una cosa ajena a él, como el segundo. Error. También el espectador teatral participa en el drama, pero no podemos culpar al que se respete por abstenerse de participar en los mil mamarrachos que se exhiben en los teatros comerciales. Es seguro que si la misa no fuera una institución tan celosamente conservada en la calidad de su liturgia y de su ritual, que si variara tanto como la calidad de las piezas teatrales, tampoco podríamos culpar a los feligreses bien nacidos y de verdadera fe por no participar en ella. Todo espectador teatral, como todo feligrés, *participa,* y participa activamente hasta sacrificar su cuerpo en olvido de la fatiga y hasta aplaudir para subrayar esa ilusión de realidad, ese estado particular de arrebato, de desprendimiento de sí mismo en que ha pasado dos horas y media sentado en una mala butaca, cuando la pieza que ha presenciado tiene ese sentido religioso, único, que puede suscitar la *comunión.* (Esto ocurre en los toros.) Y dondequiera que hay comunión hay sacrificio ritual, hay, en una sencilla palabra, *misa.* Pero no es necesario hacer un análisis muy profundo de las buenas piezas de teatro para saber que el sentimiento en el cual comulgan espectadores de diversa educación, edades, costumbres, medios económicos y creencias religiosas, es siempre el más estrictamente católico en el sentido más amplio de la palabra. En tanto que en la Iglesia no existe duda: la comunión tiene lugar exclusivamente en un punto de fe, y la fe significa vida y muerte combinadas, polariza la nada y el deseo de superación que van juntos en el hombre. Y aquí termina, para mí, toda relación entre la *Iglesia* y sus formas y el teatro y sus formas. Se puede, con talento, buen arte y fe, incorporar un sermón de Navidad a una pieza, como lo hace el propio Eliot en *Asesinato en la Catedral,* porque aquí principia para mí también la relación entre el sentido religioso y el teatro. En otras palabras, no es posible volver a la génesis confundiendo la organización administrativa eclesiástica y la organización administrativa teatral. Un actor ordinario en el papel de Tomás à Becket puede darnos una emoción mística, estética y ética —gracias a la magia de la poesía—; pero nos parecería profano y absurdo en un púlpito de verdad: tiene el sentido religioso del teatro pero no el de la Iglesia. Y un sacerdote ordinario nos parecería insoportable en un púlpito imitado en la escena porque, a su vez, tiene el instrumental y el sentido poético de la·Iglesia, pero no el del teatro donde nos parecería absurdo y, en la medida, profano y sobre todo aislado, desprendido del conjunto indispensable. Sencillamente dicho, el actor como el sacerdote, puestos en esos casos, carecerían de *investidura.*

Sería prolijo entrar en un examen de la participación del espectador en el sacrificio del toreo, y es mucho lo que se ha escrito sobre eso. Basta apuntar que allí la comunión tiene también tres elementos: el místico y el estético, como la Iglesia y el teatro, y uno de orden estrictamente físico que inviste al espectador de una dualidad por cuanto le permite ser, alternativamente, torero y toro.

Por todas estas reflexiones y por muchas más que vendrán poco a poco a la superficie, he encontrado siempre absurdos, profanos, estériles y redundantes los dramas, autos y películas forjados en torno a la mexicana Virgen de Guadalupe, a menudo por sacerdotes armados de una intención cristiana, pero desprovistos de todos los medios católicos —en el sentido de la catolicidad del teatro— para llevarla a un feliz término de orden estético. Exceptúo las pastorelas porque son inocentes.

Y por estas consideraciones he pensado, durante cerca de cuatro años, en escribir una pieza sobre la Virgen. Una pieza, una comedia más bien, en la que el público pueda comulgar a la vez en la fe, en la emoción y en la alegría. El tema es inagotable en riqueza y en problemas. Mi objeto al escribir este prólogo, sin embargo, es definir mi punto de partida describiendo, con un detalle casi fotográfico, mi impulso, mis lagunas, mi esfuerzo creador en conflicto con los tediosos requisitos de la investigación histórica; mis esperas, mis citas frustradas y mi decisión final. La importancia del tema es otra cosa, y sigue creciendo para mí a medida que pienso en él. El tema tiene tres dimensiones: la religiosa, la histórica y la nacional, y es susceptible de una serie infinita de proyecciones entre las cuales la política no es nada desdeñable.

2) Historia, crónicas, pastorelas, dramas, películas, corridos y política

Concurrí a diversas escuelas primarias en los años convulsivos de la Revolución, y fue en alguna de ellas —no en la iglesia— donde oí por primera vez, de labios de un profesor normalista, el relato circunstanciado de las apariciones de la Virgen de Guadalupe, tal como había oído la historia de la Reina Xóchitl y la relación épica de la Conquista. No recuerdo cuántos años tenía yo. Desde antes, por supuesto, la Virgen me parecía tan real, tan natural y —pase la palabra— tan cotidiana como el cinturón de montañas de la ciudad de México o como la lengua que se habla en el país. Dondequiera había imágenes suyas, grandes, medianas, pequeñas y mínimas, desde el gran lienzo y el retablo hasta la medalla. No recuerdo si el relato de mi profesor, variante indudable de la crónica de Valeriano, me impresionó poco o mucho. En términos generales, ni el *Quijote,* ni la *Divina Comedia,* ni *Hamlet,* ni *Fausto,* hacen presa inmediata en la imaginación de un niño común y corriente como era yo —precoz en unas cosas y lento en otras como cualquier niño de mi generación. Tampoco recuerdo si para esa época había tenido lugar ya mi ruptura con la Iglesia, provocada por la actitud inhumana, a lo que me pareció, de un cura para con un niño, hacia la cual yo me sentí tan justiciero como inflexible. Ahora sé que esa actitud era falible como humana hasta lo más bajo en tanto que mi pequeño yo era el inhumano. En todo caso, tengo la conciencia muy clara de haber pasado años enteros sin *pensar* en la Virgen de Guadalupe. Ahora sé que esto se debió a la circunstancia de que, en su forma estática y activa a la vez, la Virgen de Guadalupe no es tema de reflexión en México por cuanto es elemento de *respiración*. No se piensa en ella objetivamente, como no se piensa en la sangre que circula por nuestro cuerpo: sencillamente se sabe que está allí. Por lo demás, siempre me sentí mal dispuesto hacia las representaciones teatrales de carácter guadalupano, y recuerdo no haber visto ni *El milagro de las rosas* ni *La Virgen del Tepeyac* ni nada, en fin, sobre el tema. En 1929, una vez que alguien se casaba en el templo de Guadalupe —situado en la calle que lleva el nombre del misterioso y condenado Enrico Martínez— cobré conciencia del lema latino conferido a la Virgen que sí detuvo profundamente mi atención: *Nec fecit taliter omne natione.* ¿Por qué? Sólo diez y ocho años más tarde creo haber encontrado una respuesta que me parece verdadera. Cuando, invitado por un amigo de juventud, asistí en la Basílica a la ceremonia del IV Centenario con el deliberado propósito de oír el órgano que dio lugar a tantos chismes de pelaje político, escribía ya *México en el teatro*, obra de investigación que me impuso el recorrido de todas las crónicas generales del siglo XVI. Fuera de algunos títulos de piezas guadalupanas entre 1595 y 1650, nada recuerdo haber leído en ellas sobre la Virgen que me impresionara. En 1932, un literato por afición y político por práctica que cruzó el Rubicón de las derechas a las extremas izquierdas para mejorar su plan de vida un par de años más tarde, me obsequió un "Coloquio, seguido de un Corrido, sobre la Milagrosa Aparición", ejemplar que conservo hasta hoy aunque entiendo que su autor recogió la edición al cambiar de color. Desde 1926 al estallar el llamado conflicto religioso, y en 1934, tuve ocasión de comprobar al paso, y con una sonrisa, que muchos funcionarios públicos en el cumplimiento de su deber o bien obligados a tomar parte en manifestaciones que pretendían pasar por antirreligiosas permitían en sus domicilios particulares la presencia de imágenes guadalupanas con sus correspondientes veladoras. Otra vez, fenómeno de respiración y, por consiguiente, de aire.

Al final vinieron esas cosas que se conocen con el nombre de realizaciones cinematográficas sobre la Virgen, de las cuales no sería decoroso culpar a ella ni a sus fieles creyentes. Pero fue la repetida vaciedad, la falta de poesía y de sentido religioso —no eclesiástico— de esas películas, lo que me puso finalmente en marcha y me dio el sincero deseo de escribir una pieza sobre la Virgen de Guadalupe. Una pieza, por supuesto, dentro del teatro y, por consiguiente, fuera de la Iglesia. Tengo hasta este momento la certeza de que mi impulso era correcto, puesto que me permitió abarcar de un golpe el movimiento y la solución *dramáticos* sin crearme conflicto alguno con la fe, es decir, con la mística, la estética y la ética que forman el sentimiento religioso. Lo confirmé, además, confiando mi idea a diversos amigos, católicos practicantes o no, que empezaron invariablemente por mover la cabeza de un lado a otro y por advertirme que erraba yo el camino; pero, gracias a un parlamento previsto para el acto tercero, me concedieron la razón al final.

No debo omitir aquí una frase, salida de no sé qué asociaciones inconscientes de mi infancia (conversación entre personas mayores o cosa así), que escribí en *El Gesticulador* en 1939, frase responsable quizá de que no se la haya representado a la fecha. "Anda y cuéntale al indio que la Virgen de Guadalupe es una invención de la política española: verás qué te dice", hago decir a César Rubio.[1] En principio, la afirmación parece inexacta y peca seguramente de lata, pero lo importante está implícito en la parte final: "a ver qué te dice [el indio]". En 1943 escribí en el "Prólogo después de la Obra" de *Corona de Sombra:* "México es el país de la Guadalupana." Ya entonces pensaba en esta comedia, pero creo tener en esta frase, en curiosa alianza con la primera, otro de los elementos indispensables al proceso que me lleva, por encima de todo, a escribir la pieza de la Virgen.

El tercer elemento determinante —y recuerdo que José Bergamín me estimuló a incluir a España en la ubicación de la comedia— fue la conciencia del aislamiento —aislacionismo— en que se ha dejado siempre el tema, circunscrito a lo que podemos llamar, por esta vez, las cuatro paredes de México. Quizá por la comprobación cotidiana de nuestras relaciones actuales con el mundo exterior, llegué a la idea de que en realidad nunca hemos estado aislados, ni siquiera en nuestra etapa arqueológica, aunque la civilización occidental marcara una hora culminante —el mediodía— y la nuestra una diferente, pero no menos trascendental ni cenital a su manera: la medianoche. Esto es sólo, claro, una referencia de orden plástico. Pero justamente esa teoría del aislamiento no es mexicana, sino española. Recuérdense los siglos de abstracción hispana. Y la ausencia de alusiones a la aparición de la Virgen en el año que le atribuye Valeriano, de todas las crónicas contemporáneas de aquélla —es decir, de los acontecimientos de 1531— tomó de pronto para mí la forma de otra maniobra aislacionista, es decir, española. De este modo, el asunto quedaba circunscrito a las *dramatis personae* elementales: la Virgen, el Indio, correspondencia del pastor de cualquier auto, coloquio o milagro, y el Sacerdote, que en este caso era el obispo Zumárraga. Fray Juan de Zumárraga, que el año de 1532 viajaría a España, por cuya agencia años después fue promovido al rango de arzobispo. Estos detalles inconexos, aislados por la fuerza misma de las circunstancias en que vinieron a mi cabeza, aguzaron mi curiosidad hacia el mapa político y religioso de Europa, de la que ya éramos parte por España, y de la cual, por consiguiente, no podíamos estar aislados. La Reforma y el luteranismo, las luchas entre

---

[1] En realidad, las razones que demoraron hasta 1947 el estreno de *El gesticulador* fueron puramente de orden político; pero al montarla en 1947, en Bellas Artes, Alfredo Gómez de la Vega me pidió que la cortáramos para prevenir el posible riesgo de abrir la batalla en más de un frente a la vez. Convine en ello por sentido común. (1964.)

España, Inglaterra y Francia en la que ésta contaba con el apoyo in-
condicional de Roma a la vez que se aliaba con Solimán y los infieles;
el Saco de Roma, las disensiones entre Carlos V y Clemente VII; la
batalla por la posesión simbólica del Sacro Imperio Romano; el conflicto, agudizado por la Reforma misma, entre el punto de vista medieval y el punto de vista renacentista del catolicismo constituyen, hay que
reconocerlo, materia para muchas reflexiones y pasto para la imaginación más reposada. Por otra parte, el abrazo entre México y España
era tan estrecho que no podía decirse cuándo simbolizaba el amor y
cuándo representaba la lucha a muerte. Ningún mito nace por sí mismo
porque todo mito es engendrado por un conflicto, por una conjunción
de elementos opuestos entre sí. Y el mito, con su valor eterno, viene a
ser lo que Hegel define, y cree haber popularizado, en términos dia-
lécticos, como una síntesis. Entonces el mito guadalupano me apareció
como el resultado más puro de los conflictos del mundo de ese tiempo,
reconcentrados en el conflicto entre México y España en el siglo xvi.
Aclaro desde luego que uso la palabra mito en su sentido más puro
y elevado. En Europa es una forma administrativa de la religión que se
opone a otra, a la vez que cada una sufre de malas inteligencias y sub-
conflictos interiores; en México es una religión en combate abierto
con otra, mucho más antigua que ella, y la católica impuesta por el
acero y el fuego y salvada por la piedad y la acción de varones tan
contradictorios entre sí como las órdenes a que pertenecían, como las
clases que representaban y como las dos formas —medieval y renacentista, inspirada y erasmista o racionalizada— de la educación que
habían recibido.

Pero después de absorber de un golpe todo esto, de sentirlo como
un clima escénico ideal, descubrí que el drama de la Virgen se planteaba para mí en dos trayectorias que, a su vez, parecían contradecirse
y entrar en conflicto político (las izquierdas y las derechas, se me
dijo, se sentirían igualmente defraudadas), hasta que vi que convergían en un punto no buscado pero inevitable en geometría: convergían
en la tangente del mito. Y el problema de orden moral que resultaba de
aquí era la afirmación o la negación del mito. La respuesta vino por sí
sola en esta frase de los actos primero y tercero: el único milagro
es la fe.

Con todos estos materiales en la mano, podía yo estar preparado
para romperme la cabeza contra el más difícil de los temas que he
podido abordar. No me quedaba problema divino alguno, pero todos
los problemas humanos seguían por resolver.

Cabe añadir en 1964 algunas líneas sobre la actualidad de los problemas tratados en la comedia. Por ejemplo, el conflicto entre cristianismo y comunismo, la tendencia a las alianzas cristianas desde 1962,
que recuerdo haber previsto hace bastantes años, el viaje del Papa
Paulo a Tierra Santa... e infiel, etc. Y debo indicar, señalando la
actualidad permanente del problema guadalupano, la necesidad de obras
teatrales que, por su religiosidad en el sentido extraeclesiástico de la
palabra, hagan reaparecer el sentido y el sentimiento de la *comunión*
del público, la intención de fondo de mis obras antihistóricas, hechas

en sacrificio a tres mitos que considero superlativos: el mito guadalupano es la base de la soberanía espiritual; el de Cuauhtémoc, de la soberanía material, y el de *Corona de sombra*, de la soberanía política de México.

## 3) EL HOMBRE Y EL TEATRO

Cualquier persona de mentalidad ordinaria no preparada para considerar la cuarta dimensión ni la desintegración del átomo como elementos de su vida cotidiana, encontraría difícil pensar en el mundo sin pensar a la vez en el hombre. Fuera de su dimensión física, el mundo tiene, en efecto, para nosotros el sentido esencial de lo humano. Sin embargo, se olvida con frecuencia que el teatro es el único arte tridimensional *en movimiento* que existe, y que lo es justamente por la presencia física pero, sobre todo, por la presencia humana, en el sentido ético y filosófico, del hombre en el escenario. Ningún arte tiene como el teatro la capacidad de *proyectar*, por medio de instrumentos vivos, ideas y emociones de carácter humano, en lo cual la escena, otra vez, difiere del púlpito. Sin embargo, esta condición del teatro, que es obvia hasta hacernos bostezar, se ve a menudo olvidada cuando los mercaderes del teatro estafan al público vendiéndoles homúnculos y micropasiones en los que lo humano está reducido a su más bajo nivel y trasmutado en lo imbécil. Pero esto no es peligroso. Lo pequeño, lo bajo y lo tonto son infinitos, pero duran poco en cada uno de sus elementos palpables. Es mucho más peligroso que olviden esa condición humana del teatro los poetas y los grupos de poetas a quienes se les mete en la cabeza, en cada generación, crear un teatro poético. Este es el lugar para repetir que todo buen teatro, que todo teatro vivo es religioso y por consiguiente poético, y para asentar que el teatro llamado poético no ha existido, no existe ni existirá nunca en tanto que entidad autónoma dentro o fuera del verdadero teatro, ni siquiera en tanto que género del teatro a secas. Se llama al dramaturgo poeta dramático por eso, porque parte en principio de la poesía, que es el conocimiento del hombre, y la organiza sobre una arquitectura dramática, que resulta sólo del conocimiento del mundo. Una tragedia o una comedia puede ser considerada poética según la calidad, el aliento o el arte poético de su autor; pero la poesía del teatro está en la acción, subrayada a veces por la poesía del diálogo. Las soluciones al problema son tan viejas como él —o sea que no hay problema, fuera del implícito en la capacidad poética de cada autor. Pero esto no significa que todo hombre dotado de una capacidad poética y de un instrumental apto para expresar poéticamente sus emociones pueda ser un poeta dramático. Y en la lista de los equivocados figuran poetas como Percy Bysshe Shelley. El aliento poético permitirá a un autor el ejercicio de una imaginación más elevada y el mayor embellecimiento de la expresión humana; pero en modo alguno lo libera de la obligación de escribir una pieza de teatro con apego a la esencia, la naturaleza y las formas propias del teatro. (Esto lo sabe, y lo ha demostrado en la evolución de su obra hasta *The Elder Statesman,* T. S. Eliot. 1964.) La sociedad y la justicia ocasionalmente permiten al poeta que transgreda y viole las reglas sociales y las leyes; pero ni esos poderes ni otros pueden permitirle que viole las reglas del teatro, por la simple razón de que al permitírselo lo privan de toda posibilidad de escribir una obra dramática.

Se atribuyen a la dramaturgia contemporánea, injustamente, características únicas de antiteatro. El antiteatro ha existido siempre, porque es el que hacen los malos autores, sin los cuales a menudo no podría distinguirse a los buenos. Y el antiteatro suele tomar las más bajas y pedestres y las más altas y poéticas formas. En todo caso, cada vez que una generación literaria se avoca al problema, siempre fascinante, de la poesía dramática, incurre en los mismos errores específicos, del manifiesto en adelante, aunque a veces con menor peligro para ella. Si los ejemplos fehacientes desde el simbolismo hasta nuestros días no bastaren, en los siglos anteriores hay muchos más. La generación actual repite, si bien con menos imaginación y mucho menor movimiento escénico, errores que creíamos muertos con el expresionismo, fruto teatral de la primera posguerra. Es evidente que los existencialistas en Francia están declarados en quiebra fraudulenta en lo que hace al teatro. Pero nadie antes que ellos —ni siquiera sus antecesores inmediatos como el señor Giraudoux— había llegado a trastrocar de modo tan completo la naturaleza del teatro. Siempre en tres dimensiones, el teatro, para ser, necesita de la anécdota, de los caracteres y de la acción, de la que es parte vital el diálogo. Los existencialistas, como todos los que antes han creído que se puede inventar, o crear, un teatro poético y *diferente* —un teatro que lo sea sin serlo—, han incurrido en tres sustituciones mortales: han reemplazado la anécdota por la idea —es decir, por la tesis o propaganda—, el carácter por el símbolo, y antepuesto el diálogo a la acción. Y no ha faltado en Francia autor joven que, de una buena vez, suprima las entradas y salidas de los personajes para mayor variedad del espectáculo. (Esto lo hacen, desde siglos, los japoneses por otras razones de técnica.)

(Cabe interpolar aquí algunas reflexiones sobre el llamado "teatro del absurdo" o movimiento neoexpresionista o antiteátrico, sucedáneo del originado por los alemanes en los años veintes, que llenan actualmente las salas del mundo entero. Brecht, Kafka, Ionesco, Becket, Adamov, Genet, Albee, Pinter y otros —sin faltar aficionados mexicanos, algunos grandes poetas líricos—, Schehadé en menor dosis, han pretendido aportar a los espectadores de la era atómica el *frisson nouveau* de un teatro virtualmente fuera de la tierra y en realidad fuera del teatro. Sin negar la audacia de unos ni la brillante inteligencia o el talento literario de otros; ni, menos, la buena intención de todos ellos, creo que puede decirse de la mayor parte de sus obras que si no hubieran sido escritas nadie se habría dado cuenta de ello ni las echaría a faltar. Son, en un sentido marxista o hegeliano, verdaderas superestructuras, superexcrecencias, más bien, y mejor que un "teatro del absurdo", parecen constituir un teatro de lo superfluo. Importa tener esto en cuenta y a la vista, por cuanto el teatro —que es la mayor hazaña del espíritu humano, según se lo ha definido— tiene que ser un alimento básico y entero. Por lo demás, como nada hay estéril en el mundo, no parece arriesgado pensar en la aparición, quizá no muy lejana, de un nuevo movimiento que podría llamarse el "contraantiteatro", considerando que las generaciones tienden a sucederse con mayor rapidez en nuestro tiempo.)

En todo caso, estos y otros autores actuales o por venir deben comprender dos cosas: primero, que no se puede crear el teatro por cuanto ya está creado, aunque sí es posible rescatar su línea y *continuarlo* en una forma viva. Segundo, que todo personaje tridimensional, humano y *vivo* puede originar un símbolo (Don Quijote, Hamlet, etc.), pero que un personaje simbólico jamás ha podido convertirse en un carácter tridimensional, vivo y humano. Repetiré aquí que toda obra dramática fiel a la esencia y naturaleza del teatro y *a sus requisitos básicos*, puede tener una tesis *a posteriori*, esto es, una o mil proyecciones de orden social y humano, pero que ninguna obra perpetrada sobre la armazón de una tesis puede alcanzar vida escénica duradera y *real*.

Esta digresión no es tan superflua como puede parecer, y se refiere mayormente al problema de llevar a la escena, a tres dimensiones, a un grupo de personajes del siglo XVI, relacionados por mis necesidades de estructuración, aunque no siempre por la historia, con la aparición de la Virgen de Guadalupe, situándolos a la vez dentro de un marco humano correspondiente a nuestro tiempo. A todos los tiempos, es siempre la gran ambición del dramaturgo, rara vez satisfecha.

4)  LA HISTORIA Y LO ANTIHISTÓRICO

Lo que me determinó a dar a *Corona de sombra* un resuelto carácter antihistórico en lo que hace a la proyección de la historia y no al esqueleto de la cronología, fue la proximidad psicológica de los personajes. En mi generación, en efecto, hemos podido observar la decadencia de la sensibilidad del siglo XIX, o sea que en parte la hemos vivido y en parte ha muerto en nosotros. De igual modo, los acontecimientos políticos de los últimos ochenta años se reconcatenan claramente en nuestros días, y presenciamos su culminación inversa en el fascismo, el nazismo y el comunismo. Maximiliano y Carlota, como Juárez, son figuras de nuestro mundo político actual, destacadas únicamente por su mayor sensibilidad e inteligencia, y la ocupación de México por los franceses, la traición de tantos mexicanos a su patria, son fenómenos recientemente revividos en Europa en mayor escala. (México ha sido siempre un país precursor: véase la Revolución de 1910.) No necesito invocar en apoyo de esta tesis más que la cantidad de artículos, libros, películas, etc., sobre el Segundo Imperio que aparecieron en los años de la guerra. (A poco más de cien años de distancia, es curioso observarlo, el general De Gaulle se prepara a visitar a México para pagar la deuda de Napoleón III. Y lo hace brillantemente.)

El siglo XVI es otra cosa. Sombrío como aparece en las piezas románticas, en especial mexicanas, es en realidad un siglo expuesto al pleno aire y al sol más deslumbrador. Tiene la luz cenital de la tragedia griega y la alacre claridad de la comedia. Es un siglo heroico —y el heroísmo no late en la sombra—; un siglo de lucha, de descubrimiento, de conquista, de afirmación, de muerte, pero de rapiña, violación y risa a la vez, y éstas no son fuerzas que repten en la oscuridad. Más de un poeta romántico ha dado un tratamiento medieval a ese siglo, lo cual hace todavía más importante el libro de Gobineau. Los hechos están a la vista. La controversia religiosa es una controversia a gritos y truenos; la diplomacia no impide que un rey desafíe a otro a un duelo personal. Es el siglo en que Enrique VIII decapita públicamente a sus mujeres; en que Carlos V deja a Montmorency saquear a Roma; en que Francisco I hace de la guerra, del amor libertino y del gusto por el arte profesiones nacionales en Francia. Es el siglo en que una sensibilidad entera y desnuda se baña de sol y cuya decadencia engendra todavía obras maestras tan extraordinarias entre las obras maestras como el *Quijote* y *Hamlet*. Pero, sobre todo, es el siglo de la conquista de México.

El problema de llevar a la escena a personas que existieron en ese siglo consiste, a mi ver, en no estofarlas, en no embadurnarlas de pintura convencional, en no revestirlas de seda y terciopelo y, por consiguiente, en no presentarlas como símbolos. La simbolificación es demasiado fácil. Carlos V es accesible, y creo que el retrato que he trazado de él no es malo; pero es accesible y teatral en sí por sus contradicciones conocidas, que resultan de la mezcla y de las herencias de su sangre, así como por la notable objetividad y objetivación de su vida. Hacerlo dialogar con un ministro —que podría ser De los Cobos como otro cualquiera—, y con un cardenal u otro, innominado, es un juego de primer año escénico, porque la autoridad cesárea de Carlos impuso a todos ellos un mismo nivel y un mismo límite de acción. Hacer hablar a un fraile sobre el ejército español, y a un soldado de la Conquista sobre el ejército y el clero, son cosas fáciles, y se trata en ellos de personajes que no' llamaré simbólicos, pero que, en todo caso, son sintéticos o, para mayor claridad, personajes-síntesis. Delinear a la reina en su breve aparición como mujer femenina y sinceramente devota, como una mujer de fe, es menos difícil que trazar un personaje femenino de nuestra época, por la consistencia misma de aquélla. Los cuernos del problema están en el tratamiento de aquellos santos y admirables varones que vinieron a México para trillar las almas de los naturales y poner la semilla cristiana en los surcos de sangre que abrían los aceros y los látigos de los conquistadores.

Las *Florecillas* de San Francisco, al. igual que las biografías convencionales del Pobrecito de Asís han contribuido a formar una capa de azúcar, varias veces secular, sobre los miembros de la orden franciscana, por ejemplo. Y casi ningún hombre o mujer ordinarios —lo que los ingleses llaman el hombre de la calle— puede evocar a los misioneros franciscanos sin derretirse de piedad. Hay menos indulgencia para los dominicos y creo que, en realidad, la única orden que sufrió los embates más sangrientos de la literatura romántica del siglo xix fue la Compañía de Jesús, aunque sin duda los franciscanos tuvieron una política más turbulenta. Pero, sobre todo, ya sean franciscos o dominicos, los misioneros venidos a México en el siglo xvi han perdido al través de la historia y la leyenda todo perfil humano y se han convertido en imágenes a una dimensión que protegen al indio con la mano izquierda mientras levantan en la derecha una pesada cruz y ponen los ojos en blanco en dirección del cielo. Que se trataba de hombres dotados de una energía, de una voluntad y de un valor tan extraordinarios como su piedad, es cosa que no ofrece resquicio a la duda. Pero no eran menos activos ni menos objetivos ni menos duros ni menos mal hablados que los soldadotes cuando se hacía necesario, sin lo cual éstos los habrían devorado. Eran hombres capaces, también, de imponerse por medio de la cólera sagrada, del látigo inspirado que alguna vez usó Jesucristo, y de la propia Inquisición. Los religiosos que más se asemejan a ellos son los que se fueron al maquis en Francia y a menudo dirigieron el movimiento subterráneo hacia la liberación. Eran —como el R. P. Bruckberger, de la orden dominicana— capaces de encender sus lenguas contra un arzobispo, un rey o un dictador, aunque no tuvieran —como él— aspiraciones literarias ni cinematográficas. Pero, además, varios de entre ellos eran eminentes hombres de ciencia y de estudio, salidos de Lovaina, de Salamanca y de la Sorbona. El vigoroso estilo literario de Zumárraga es buen ejemplo, para no hablar del encendido de Las Casas, del de Durán o del de Motolinía. Y aunque no eran hombres del siglo, sí lo eran de su siglo y tenían todas las características más dieciseisinas posibles, magnificadas por su fe, por lo cual puede creérseles, sin vacilación, más valerosos, más enérgicos, más claros y más rotundos que cualquier capitán del ejército. Pero esto es, todavía, una generalización. Aparte este aspecto y este fondo en que se conjugan la fuerza y el arrebato, la convicción y la piedad, eran españoles en su mayoría —es decir, afirmativos y testarudos a pérdida de vista. Pero, además, pertenecían a grados y órdenes diferentes. Entre ellos debió de reflejarse siempre, pese a la grandeza de su tarea y a la grandeza con que la llevaron a cabo, la discordia, vuelta conflicto, entre dominicos y franciscanos. Pero, además, aunque conformes en principio en cuanto a sus aspiraciones místicas respecto del indio, había entre ellos diferencias de educación religiosa —el punto de vista medieval *versus* el renacentista— por lo que sus métodos de evangelización deben de haber diferido en muchos ángulos. Pero, además, eran hombres venidos de diversas regiones y de diversas clases sociales, y dotados de temperamentos diferentes, dueños de características personales perfectamente diferenciadas, todo lo cual me los representa como apasionantes personajes dramáticos vivos y tridimensionales. Recubiertos como están por el azucarado polvo de la historia, exigían de mí, para el mejor logro de mis fines teatrales una prolongada excursión al través de las crónicas. Fuera de los nombres y de incidentes lejanamente conocidos por mí, como las disidencias entre Las Casas y Motolinía, poco o nada sabía yo de ellos en tanto que personas.

Hubiera necesitado muchos meses de visitas cotidianas a nuestra Biblioteca Nacional, tan benemérita como incómoda, para extraer de aquí y de allá pequeños detalles destinados a sustentar a los caracteres y a diluir los símbolos. No tenía yo tiempo entonces, y poco después tuve que salir de México. Ni siquiera tenía fresca en mi cabeza la cronología correspondiente a cada uno de los santos varones. Poco a poco me aparté, contra mi deseo, de la idea de esa tarea investigadora, y anclado por dos años en el París del final de la guerra, nada hice para realizarla. Pero la idea puramente dramática de la pieza, que se había formulado en mí de un golpe, no me dejaba. Una noche, en mi cuarto de hotel, no pude más y me senté a escribir. Terminado el primer acto, me di cuenta, por un recuerdo fortuito, de que había incurrido en una verdadera catástrofe de orden cronológico. El primer acto presentaba a Carlos V en... ¡el Escorial! Cómo pude caer en este disparate incalificable, acto fallido o lo que sea, me es imposible explicarlo satisfactoriamente. Sin embargo, ahora sé que debo a un error tan imperdonable la atmósfera del acto, en el cual, sobre el claroscuro del ambiente se destaca muy bien la luminosidad psicológica de los personajes. Lo reescribí, situándolo ahora en Madrid, y, una vez más, rectifiqué pensando en Salamanca, hasta emplazarlo, al fin, en Yuste, y lo reescribí de nuevo. Cuando un autor se ha jactado de escribir buenas piezas de teatro, largamente pensadas y construidas, en sólo cuatro o cinco días *(Medio tono, Corona de sombra)*, la necesidad de reescribir resulta ofensiva, pero la lección a la soberbia es eficaz. Y una vez más, por encima de esas minucias, el tema persistía en mí fielmente, pertinaz al grado de la obsesión. Hablé de él con muchos amigos y al fin a George Bernard Shaw. Encontré en todos ellos el mismo interés por todas las causas. Marxistas y católicos, hombres de letras, de economía política y de teatro convinieron en que con todos sus azares, espinas y peligros, el asunto valía la pena. Traté en vano de adquirir la carta de García Icazbalceta, la Crónica de Valeriano, el sermón de Fray Servando, la historia de los franciscanos del doctor Ocaranza, y no conseguí más que algunos libros sobre Carlos V, los cuales, proporcionándome detalles interesantes, se limitaron a confirmar en conjunto mi interpretación del personaje, es decir, la parte española del asunto. Pospuse la parte mexicana hasta mi vuelta al país. Una vez de regreso, encontré que el tema disfrutaba de una salud y una vitalidad más impresionantes que nunca; que escritores eclesiásticos unos y otros laicos, pero con un gran sentido místico y fuera de lo católico, como Juan Larrea, investigaban y publicaban sin interrupción obras en torno a la Guadalupana. Muchos nuevos datos habían sido traídos a la luz, y esto venía a aumentar la complicación de mi tarea. Al mismo tiempo, el mito se desdoblaba y multiplicaba en proyecciones cada vez más apasionantes. Cuando decidí emparedarme entre infolios y me preparé a ello, tuve, por fortuna, un acceso de lucidez y opté por terminar la comedia sin abrir un solo libro más. Esto es, hacer estrictamente el trabajo del dramaturgo, que no escribe historia, someterlo a las más encontradas opiniones y, en último término, reescribir la comedia en su integridad si era necesario. Un tema así viene una sola vez en la vida de un poeta dramático. Por consiguiente, todos los errores en que puedo haber incurrido en materia de personas, cronología, historia, etc., son susceptibles de rectificación siempre y cuando el ponerlos en su punto no altere la trayectoria dramática. Si la alterara, entonces no habría rectificación posible. Nadie puede ser fiel a la vez a Dios y al Diablo. Nadie puede servir a un tiempo al teatro y a la historia. Yo quiero servir al teatro y servir a la historia siguiendo mi criterio de que la historia no es ayer, sino hoy, mañana y siempre. Y la historia de la Virgen de Guadalupe está muy lejos de haber llegado a su conclusión. Parece, por el contrario, encontrarse a las puertas mismas de una transfiguración sin precedentes en la historia del milagro. Y no por las razones conocidas por el corazón de la Iglesia, sino por las que el corazón de la Iglesia ignora.

## 5) LÍNEA Y PROYECCIÓN DE LA COMEDIA

Escogí los epígrafes de *Back to Methuselah* y *Santa Juana* —que cada vez que las releo me parecen obras más admirables— porque sugieren dos actitudes y dos épocas diferentes que convergen en un mismo vértice. De igual modo, la Evolución Creadora coincide con la idea fundamental del paraíso por alcanzar en el triunfo de lo inmaterial sobre la materia.

En *Back to Methuselah* habla la voz de Lilith al través de la Serpiente —a la que Caín no ha obligado aún, por no haber nacido todavía, a proveerse de veneno. Es decir, habla la voz original del mundo, la opinión solitaria que trasmuta la imaginación en deseo, el deseo en voluntad y la voluntad en realización. La voluntad de vivir, de llevar adelante la vida, misma que hace a Lilith *tear herself asunder* (desgarrarse en dos) para dar nacimiento a Adán y Eva. Y dice la Serpiente: "Un milagro es una cosa imposible que no obstante es posible. Algo que nunca podría acontecer y que con todo acontece."

En *Santa Juana* habla el Arzobispo —un arzobispo del siglo xv, letrado, que sintetiza los dos puntos de vista, renacentista y medieval, del conflicto religioso que da origen a la Reforma. Y dice: "Un milagro, amigo mío, es un acontecimiento que crea fe. Tal es el objeto y la índole de los milagros. Pueden parecer muy maravillosos a las gentes que los presencian, y muy sencillos a aquellos que los ejecutan. Eso no importa: si confirman o crean fe, son verdaderos milagros." El escepticismo del soldado pregunta por boca de La Trémouille: "¿Aun cuando sean fraudes, queréis decir?" Y el Arzobispo responde: "Los fraudes engañan. Un acontecimiento que crea fe no engaña: por lo tanto no es un fraude, sino un milagro."

Encuentro dos cosas implícitas aquí. Una es el automatismo de "aquellos que ejecutan los milagros", instrumentos involuntarios a veces, o que a veces creen inventar las cosas, pero que en rigor son antenas sensitivas a realidades invisibles que no se han objetivado todavía. La otra, que el milagro mismo, en la interpretación shaviana, queda relegado a la categoría de instrumento de algo más.

En efecto, si el milagro "crea o confirma la fe", no es entonces sino la criatura de lo que crea o el truchimán de lo que confirma. Siempre que un político necesita crear o confirmar algo conveniente para su política, escribe un manifiesto y lo pone en las manos, tan humanas, de los linotipos de la prensa. En otras palabras, hace pasar su idea al través de un elemento comunicante, accesible a las masas y capaz de penetrarlas, como el periódico. En la misma forma, la Iglesia en abstracto se vale de sus curas —y los más ignorantes son a menudo los más eficaces difusores por su propincuidad con una masa iletrada. Y del mismo modo el Padre da tres dimensiones humanas al Hijo y lo envía al mundo para difundir su verdad, a reserva de recogerla y condensarla para el Paraíso en la Paloma del Espíritu Santo, fusión y transfiguración del Padre y del Hijo. En otras palabras, el milagro es una manifestación tridimensional de lo invisible suscitada por lo visible. En consecuencia, si un milagro es un acontecimiento objetivo y visible que crea o confirma la fe, no es en el fondo más que la obra de una fuerza que quiere manifestarse y que, en este caso, es la fe. Estas consideraciones me llevaron, inspirada o equivocadamente, a creer que no existe más que un milagro posible, y que ese milagro es la fe.

La vieja metáfora —cursi ya en poesía y apenas tolerable en prosa— de los postes y alambres del telégrafo, y aun las más modernas de la TSH y el radar, sirven para ejemplificar que todo mensaje, que toda manifestación de lo invisible a lo visible, de lo intangible a lo tangible, necesita de cierto número de agentes catalíticos, polarizadores o sincronizadores para llegar a su destino. El hombre puede y debe tener la vanidad de creerse elegido para transmitir el mensaje —es una razón vital en él—, pero lo cierto es que lo elige el azar porque él está, torpemente, *interceptando el curso del mensaje*. Desde el nacimiento del Bautista hasta la adivinación geométrica de Euclides; de la manzana de Newton al peatón distraído a quien arrolla un automóvil, tenemos el mismo ejemplo. Unas veces por sensibilidad, otras por insensibilidad, sobreviene un manifestante objetivo de la verdad. El milagro, como el mensaje; el mensaje, como el automóvil, tiene su curso, su trayectoria, su destino final. Un hombre distraído u observador, sensible o insensible, se interpone y recibe y *manifiesta* en su propio cuerpo, en su propia obra, como una prolongación, un eco o una reverberación, el impacto recibido. En el caso de la manzana que lesiona su cabeza y su amor propio a la vez, Newton recibe el mensaje de la ley de la gravedad. Como es un hombre preparado científicamente, aprovecha su descalabro para objetivar el mensaje ante el mundo. Así pues, la ley de la gravedad existía previamente. En el caso del hombre atropellado, que puede ser lo mismo un catedrático universitario que un *ignoramus* cualquiera, el mundo recibe el mensaje del peligro de la velocidad y del peligro de transitar con descuido. Cada acontecimiento, en su proporción, suscita o confirma la fe en algo y con ella el conocimiento —que es la manifestación *objetiva* de la fe. Si el mundo no fuera tonto, los milagros serían totalmente innecesarios. Y creo que no hay mucha diferencia, cultura aparte, entre Newton —quizá el milésimo hombre que recibía una manzana en la cabeza en el curso de un año— y el indefinido y debatido Juan Diego de la leyenda. La ley de la gravedad, que quería manifestarse porque era necesario su conocimiento para el mundo de la ciencia, tuvo que caer sobre muchas cabezas hasta dar con una más sensible. La fe que debía manifestarse, no sólo para salvar de la destrucción a los aztecas y demás tribus, sino para poner un eslabón, una continuidad mística entre el viejo y el nuevo mundo, tuvo que pasar por muchos postes de telégrafo o puestos radiotelegráficos, para llegar al supuesto Juan Diego. No hay razón para que Carlos V no fuera uno de esos postes o para que no lo fueran Motolinía, el dudoso vecino de Cuauhtitlán y otras muchísimas antenas humanas.

Fuera de sus características de gran aventura bélica y económica, la Conquista tiene otra que, a mi entender, no se había investigado lo bastante y que puede expresarse en seis sencillas palabras, y es la circunstancia de que el indio, rodeado quizá durante milenios por divinidades benévolas o terribles, señor y esclavo de templos, pirámides y sacrificios, que comulgaba con los astros y con una tetralogía elemental sensitiva y profunda; el indio trashumante o asentado, avasallado o avasallador; el indio, en todas sus formas individuales de existencia, ante el huracán de la Conquista, ante el caballo, el fuego mortal del arcabuz y el brillo asesino del acero, confirmó de un golpe la verdad de las viejas profecías y se quedó desnudo; comprendió por primera vez que la realización de una profecía, como la de un deseo, representa su disolución o muerte; y que, en seis palabras, repito, *el indio había perdido la fe.* Y como este país encabeza al nuevo mundo, al nuevo paraíso, la fe no podía quedarse así como así, inhibida en la atmósfera, entre el cielo y la tierra. Ni podía manifestarse por la destrucción, porque de eso se encargaban los españoles; ni por la construcción, porque de ella, en su forma arquitectónica al menos, se encargaban también los españoles. El milagro era necesario y entonces acaeció el milagro.

Todo esto está muy bien en teoría, en ensayo o tanteo; pero el teatro reclama por razón vital otra cosa, a tres dimensiones. Describir la miseria del sometido pueblo mexicano y presentar entonces un milagro automático, es cosa que pone al milagro fuera del teatro. Aun en la más primitiva de las tragedias griegas, los oráculos y los poderes insondables no se manifiestan sino al través del error, de la lucha, de la acción, en suma, *del hombre.* El Coro subraya y comenta, pero eso es todo. En la forma en que se lo ha abordado hasta ahora, el milagro guadalupano es poco teatral. Parece recordar la anécdota del ballet ideado por Carlos Mérida, "La Niña y las Fieras", cuyo argumento es: la niña va a pasear al bosque, se divierte cortando flores y frutos. Sobrevienen las fieras y la devora. Cuando Mérida hubo relatado su argumento, Xavier Villaurrutia comentó con excelente sentido teatral: "Eso no tiene nada de dramático. Lo dramático sería que la niña devorara a las fieras."

Presentado en su forma elemental y directa desde el siglo xvi, en efecto, el milagro guadalupano nada tiene de dramático. La idea de un tratamiento diferente, como lo he explicado, me vino de un golpe gracias a una sensibilidad inclinada hacia los puntos que he tratado de analizar. Un grupo de hombres diversos y contradictorios del siglo XVI se encuentra de pronto confrontado con la catástrofe mística que representa la Conquista de México. Los intereses divinos y los intereses humanos en conflicto deben converger en la necesidad de una síntesis. Y el mito, en su sentido superior, es exactamente eso: una síntesis. Tienen que ser personajes importantes, porque los más grandes que puedan vivir, moverse, obrar en torno al asunto, son pequeños a su lado. ¿Quién gobierna a España? Carlos V. ¿Quién gobierna en gran modo la conciencia y el sentido humano de Carlos V? Isabel de Portugal, en quien no manda la Iglesia sino en forma vicaria, porque a ella la guía su fe. Personajes accesorios y sintéticos, los expositores del problema, que reviste un aspecto místico, un aspecto bélico y un aspecto económico: es decir, un sumo sacerdote, un fraile, un soldado de filas y un ministro de Estado. Ninguno llega a dar una expresión objetiva a su pensamiento profundo. Son hombres a quienes la manzana de Newton roza pero no golpea en mitad de la cabeza. Todos convienen al fin en que un milagro es necesario. Quien recibe la manzana en plena testa imperial por coronar es Carlos. Carlos, que en 1530 se dirige de Salamanca a Cádiz —sin la reina— para ser coronado emperador de los romanos y poner fin a una de las disputas entre los príncipes católicos. (Histórico.) En el camino se desvía para pasar unas horas en Yuste, monasterio cuyos monjes le son fieles y cuyo paisaje le ha sido elogiado. Escapa con la reina y hasta allí lo persiguen ministro y cardenal, acompañados por el emisario bélico y por el emisario religioso, para exponerle el problema de América, esencialmente de México. (Antihistórico, pero teatral.) ¿Por qué un hombre como él, que conocía todos los paisajes de Europa, eligió el de Yuste para retirarse del mundo? (Sugestión de Corpus Barga.) Yuste está destinado a inspirarlo, interpreto yo. Él lo siente, y es allí donde capta la onda del milagro, pensando probablemente que lo inventa. (Antihistórico en grado absoluto, pero siempre, por fortuna, teatral.) No olvidemos que Isabel de Portugal amaba la región de Extremadura y vivió largo tiempo y murió en ella. Éste es el primer acto.

En el segundo, Juan de Zumárraga ha convocado a los misioneros más importantes, que viajan de todos los sectores colonizados de Nueva España y de América, en el edificio en plena construcción del Obispado de México. (Antihistórico.) Los ha convocado para protestar por el luteranismo de Carlos V que, aunque príncipe enemigo de Lutero, pretende inmiscuirse en el dominio espiritual de la Iglesia asimilando así, naturalmente, la esencia de su enemigo, y le ha enviado una misteriosa consigna. Junto con ésta han llegado a la Nueva España un jardinero murciano y una monja de la segunda orden franciscana, la orden de Santa Clara. El jardinero tiene instrucciones de sembrar, cultivar y obtener rosas en el lugar más yermo que se encuentre. La monja es una sevillana histérica que tiene apariciones divinas y oye voces del más allá. Deberá ser expertamente preparada y aparecer un día ante un indio converso, cuidadosamente seleccionado por su natural estupidez, y presentarse ante él como su madre y la Madre de Dios, y reclamarle la erección de una basílica en el mismo yermo en que ha surgido, hecha luz, ante sus mongoloides ojos. Fray Juan de Zumárraga, vasco, testarudo y honrado, erasmista de entraña y primer Obispo de Nueva España sin consagrar aún, ante la situación ha decidido abandonar su cargo y retirarse a un convento en Europa. Surge entonces una discusión de proporciones y alcances imprevisibles, en la que cada misionero, consecuente con su temperamento y su punto de vista —renacentista o medieval— discute el destino del indio —y por consiguiente del ser humano— y el objeto y destino de la religión. Motolinía, piadoso hombre de teatro que realizará los famosos autos de 1538 y 1539 y muchos más, aboga por la teatralidad del asunto. Las Casas, dominico práctico y valiente, aboga por la lucha contra el conquistador; Fray Martín de Valencia por la salvación del indio; Vasco de Quiroga por la siembra; Sahagún por la historia; Gante por la Iglesia; Fray Juan de Zumárraga por la razón y el sentido común.

Los problemas místicos del indio, por consiguiente del hombre universal, entran en juego. Si Europa fuera a caer en garras de la Reforma al través de guerras y conquistas, el nuevo mundo sería el santuario de la religión. Incidental y episódicamente, los frailes estudian las posibilidades y los medios materiales de realización del milagro por encargo. Lo indispensable, convienen, es salvar la fe y salvar al indio. ¿Qué importa que se necesite de un milagro para ello? Medievales y renacentistas coinciden en afirmar que el fin justifica los medios. Zumárraga, vasco hasta el fin, les propone someterlos a una última prueba. Si la resisten, irá hasta el mayor extremo. La prueba consiste en una confrontación con la pobre monja histérica de Santa Clara. El telón baja un segundo antes de la entrada en escena de la hermana.

Tercer acto: en la mañana del 12 de diciembre de 1531 (las tres visitas de Juan Diego, que no se llamará así en la comedia, están condensadas en una, igual que las Apariciones), Fray Juan de Zumárraga trabaja ferozmente (quizá para olvidar que vive, como me diría Cocteau de él mismo y de Picasso), haciéndose pedazos entre los problemas divinos y humanos de la evangelización y salvación de los naturales de Nueva España. Un indio —igual a millares de indios— pide verlo. Tanto insiste el indio, y a su zaga, para distraer al Obispo, sobreinsiste tanto Martincillo, su familiar, que el obispo recibe al indio. El indio habla un español silábico casi. En él explica su encuentro en un lugar yermo, con la divina señora que le ha dicho que es su madre y Madre de Dios, y que quiere que le sea edificada una casa allí mismo. (Al escribir el acto convertí al indio en cuatro para implicar el número de Apariciones. 1964.) Lentamente, Fray Juan recuerda aquella historia de los seis ases —la historia del milagro prefabricado. Apela a la memoria de Martincillo. (En realidad, en el curso del tercer acto la intervención de Martincillo ha sido considerablemente reducida por parecerme en mejor orden la de Fray Toribio de Benavente, además de que Fray Juan conserva una minuta de las decisiones tomadas en la conferencia secreta del segundo acto. 1964.) El milagro estaba fijado para el día de San Silvestre. ¿Cómo puede haber ocurrido diez y nueve días antes, el 12 de diciembre? Acosado a preguntas, el indio se explica. No. La señora no se le ha aparecido en el Pedregal de San Angel (con-

forme a lo previsto) sino en el Tepeyac, al otro extremo de la antigua
Tenochtitlan. Sí. Había rosales. Temeroso de un error del jardinero
o de un acceso místico de la monja, Fray Juan hace llamar a aquél y lo
acusa de haberse equivocado de *parterre*. Pero el murciano es enfático.
El sembró y logró los rosales en el Pedregal, no en el Tepeyac, que
nunca ha pisado. (Nuevo cambio: se descubrirá que tiene mujer india
del lado del Tepeyac y que sembró un rosal para ella porque va a darle
un hijo.) Nuevo interrogatorio del indio. ¿En qué idioma le habló la
señora? Yo la entendí, responde. Agotadas las preguntas y ya en presencia de Motolinía, que habrá llegado de Tlatelolco, Zumárraga
decide carear al indio con la monja. Ésta viene a la escena, hierática,
consumida por un fuego interior. Cada postura que toma evoca una
virgen inclusa en la más alta hagiografía. El indio mueve la cabeza.
Era algo así como una señora, pero no era la misma. Exasperado por la
discusión, el obispo exige pruebas. El indio recuerda en ese momento
las rosas que lleva en su sayal y, de espaldas al público, lo desplega
para mostrarlas. La monja, ante la imagen circundada por los rayos
del sol, con el manto tapizado de estrellas, levantada piadosamente
sobre una luna bicorne y juntas las manos vacías de Niño, aparece
ante ella. Y la monja rueda por tierra como fulminada. El indio no ha
sido discreto: ha hablado en el camino. La población, indígena, venida
de todos los lugares circunvecinos y de la ciudad misma, va a amoti-
narse ante el obispado. Ediles, encomenderos y justicias llegan al lugar.
Es preciso que el obispo salga al balcón y conjure la crisis. Si el mar se
encrespa, es sólo a semejanza de los pueblos esclavos desencadenados.
El griterío es atronador afuera. Antes de salir al balcón, el obispo
discute con Motolinía. Primero quiere denunciar el evidente fraude,
hecho más claro en apariencia por la entrada en escena de un adelantado de Hernán Cortés. Luego reflexiona. No entiende lo que pasa; pero
en todo caso es preciso hacer creer al gobierno de España que las cosas
se han desarrollado tal y como lo ordenaba la misteriosa consigna del
monarca. Es preciso ocultar la verdad, porque la verdad significa que,
a partir de este momento, México ha recobrado la fe; que a partir de
este momento México ha dejado de pertenecer a España. Afuera, la
multitud clama al milagro en español y en náhuatl. Telón.

Y ésta es para mí la línea teatral o dramática del milagro guadalupano. (Puede haber otras, sin duda, pero no ya dentro de la pauta
de inmovilidad escénica, de piadosa e inocente ateatralidad de mis pre-
cursores.) Si mi comedia sirve al menos para esto, puedo esperar que
no se habrá perdido. Tales son, en suma, la idea original y la aspiración. Los cambios sobrevenidos en el curso de la elaboración, por
impulso creador natural, pueden haberlas consolidado o debilitado.
No lo sé aún. La crítica se hace —gustaba de sostener Paul Valéry—
comparando la intención del autor a su obra realizada. Por eso he querido exponer la intención en detalle. Quizá resultará mejor que la
obra, pero tampoco lo sé por ahora.

## 6) APOSTILLAS Y ENLACES

Tengo que lamentar aquí el no haber incluido en mis *Conversaciones con Bernard Shaw* la explicación que me dio el Monstruo sobre el proceso de elaboración de su *Santa Juana*. (La recuerdo ahora, por fortuna.) "Después de leer todas las piezas que se han escrito sobre Juana de Arco, me dijo, llegué a la conclusión de que estaban erradas por cuanto terminaban todas con su ejecución en la pira. Cuando comprendí que lo esencial en una pieza sobre ella consistía en ir más allá de su muerte, entonces la escribí. (Un "director" mexicano, sin embargo, se encargaría de amputar el epílogo genial, por no ser de la opinión de GBS.)

Este tardío, pero inestimable recuerdo, ha venido a azuzar en mí la necesidad de añadir un epílogo destinado a explicar la proyección ulterior del mito. No es el único resorte que ha hecho saltar a mi conciencia, sin embargo. Un escritor mexicano distinguido y sutil, apasionado de la historia y político, cuyas brillantes posibilidades parecen ilimitadas, me dijo cuando, a petición suya, le relaté en su oficina la trama de la comedia:

—Voy a hacerte algunas sugestiones. Suprime el primer acto. Del segundo haz el primero y del tercero el segundo, y organiza el tercero con sólo el sermón de Fray Servando. En su forma actual, tu pieza me parece políticamente peligrosa por cuanto puede resucitar el culto guadalupano. (Un culto que, por cierto, no me da la impresión de haber muerto todavía, por una parte, y un sermón, por la otra, que, aunque erudito, mi amigo el político no sabía que no existe o no se lo encuentra al menos.)

Esto ocurría en el momento explosivo de las polémicas en torno a los huesos de Cortés y a los restos de Cuauhtémoc, y cuando la afirmación del culto del mito cuauhtemotzino obedecía a una consigna política.

Palabras dignas de ser meditadas, sin duda... por un político, ya que eran palabras de político y no de escritor. Por curiosa asociación filológica y semántica, lo que el escritor escribe son libros, pudiendo deducirse de aquí que tiene que ser libre para escribirlos. Por lo demás, algún tiempo después aludí a este consejo y a la enconada y superflua batalla de los eruditos con partido previo en un artículo —"Lucha de mitos"— que apareció, en fecha que olvido, en la *Revista de América*.

Los amigos a quienes, al paso del tiempo, relaté mi trama, han ido desde la profecía de mi probable excomunión a la tesis de que los católicos arrojarían las butacas al escenario durante el segundo acto, y de que los comunistas quedarían muy descontentos con la solución del tercero, "que no les gustaría", a la vez que todos han sido unánimes en la opinión, más o menos enfáticamente expresada, de que no ha habido, ni hay, ni habrá, pieza más extraordinaria en lengua española. En reciprocidad, considero que mis amigos olvidan a Calderón de la Barca y a su *Gran Teatro del Mundo;* que la opinión comunista no me

inquieta —y me propongo explicar más adelante por qué—, y que la
reacción católica, si consistiera en atacar a los actores con la contun-
dente arma de las butacas, sería una actitud católica puramente mexicana, esto es, no romana, y subcatólica por ello. En cuanto a mi excomunión, sería un acto administrativo de la Iglesia incorporada que no
me privaría de un átomo de sentido y sentimiento religiosos en lo que
hace al teatro, ni podría ejercer influencia alguna de fondo sobre las
cualidades o defectos de mi pieza.

Explicaré ahora el segundo punto. En 1932 empecé a escribir mis
Tres Comedias Impolíticas, precedidas por un extenso y no se puede
más shaviano prólogo, en el que dediqué un capítulo al comunismo.
Comparadas las características externas y las semejanzas de superficie
entre cristianos y comunistas, concluía yo que la gran lucha moderna
tendría lugar entre estas dos fuerzas. Con toda la severidad que narci-
sísticamente me aplico antes que a nadie, encuentro que no puede cul-
párseme con excesivo rigor por no haber previsto la etapa de transición del nazi-fascismo. En realidad, la tensión no empezó en Alemania
misma sino después del incendio del Parlamento. Pasada esa terrible
etapa, como sea, ahora las conferencias de paz en Londres, París y
Nueva York han vuelto a poner en primera plana la inminencia de la
gran lucha de que hablo antes, y la propaganda desplegada por los
católicos norteamericanos —que ha aumentado en un veinte por ciento
cuando menos el proselitismo en Holanda, la mayor enemiga histórica
del católico Carlos V. Todo esto me demuestra que hay, en las reli-
giones de espina y perfil cristianos, una teoría o tendencia de fusión.
(Aparte de muchas otras cosas, la visita del Papa Paulo VI a Jerusalén
y Belén ha llevado la cuestión a lo que se llama hoy "la cumbre".)
Para Juan Larrea, esta tesis indudable representa la extinción del
cristianismo. Idea y asunto suyos. Mirando al otro ángulo, yo profeso
una opinión no partidarista, en el sentido de que el comunismo —puesto
a prueba en la URSS con las limitaciones conocidas— disfrutará dentro de cincuenta años de una inevitable plenitud. Tendrá en cada país
—especialmente en los países tan individualistas y anárquicos como
México y Francia— caracteres específicamente mexicanos o franceses.
Para triunfar —en esto sí como en Rusia— tendrá que partir en dos la
espina dorsal de dos clases: la *intelligentsia* y la clase media, que son
las únicas que se oponen por igual al desarrollo del capitalismo y del
comunismo, fuerzas que pueden entenderse siempre en los terrenos
y sentidos de la producción y del control de la producción. Por consiguiente, antes de que estos cincuenta años corran, el artista y el escritor
tienen una misión y un sentido en libertad, misión que consiste en
decir, con sus respectivos instrumentos y elementos, lo que en toda
honradez les parece la expresión de la verdad. Y yo uso mi tiempo lo
mejor que puedo. Pero, por ahora, predomina en mí otra idea, emanada
de una cerrada observación de la política comunista, y es que el comunismo tiene, sobre las creencias religiosas y sobre las demás profesiones
de fe políticas, la ventaja experimental de carecer de escrúpulos, de
poner, fríamente, a prueba todas las ideas, por antagónicas que puedan
serle, para medir su penetración y su encaje en el espíritu de los pue-

blos y que, como el amor, a veces castiga y a veces se niega, en tanto que en otras concede, insiste y aun suplica. Esta idea, probablemente mal expuesta, me alienta a creer en la posibilidad de que, contrastando violentamente con los católicos, los comunistas lleguen a aplaudir, por un tiempo, ¡ay! experimental, la profesión de fe de mi comedia. Pero lo interesante, en realidad, es volver a México y a la censura de mi literario como político amigo de hace veintidós años. (Debo señalar que pocos meses después mi amigo moriría prematuramente, suscitando ese sentimiento universal de pena que dejan siempre los seres malogrados, y tronchando en flor lo que llegó a creerse una probabilidad presidencial.)

Desde que México escribe en español, se ha cantado la mexicana sensibilidad para la plástica, el colorido, el ritmo, la cortesía y la melancolía, quizá para camuflar los sacrificios humanos (que siguen en uso aunque sólo en el aspecto moral), las revoluciones y otras caóticas historias que son las que en realidad nos dan nuestras características paradisiacas. Si se dice salvaje como un mexicano en Biarritz y otras playas, se dice también artista como un mexicano. Nuestra cultura arqueológica, que no pudieron destruir ni siquiera España, Cortés y el catolicismo, arrolladoras fuerzas afirmativas de su tiempo, subsiste como una cultura ejemplar que el agonizante mundo occidental empieza a descubrir apenas. Paul Rivet jura —y se le sabe sincero y conocedor —que las joyas de Monte Albán ponen en evidencia una cultura superior a la tutankaménica. (Es preciso señalar una evolución en los alcances del conocimiento de los públicos europeos, no ya de los investigadores especializados, del arte precolombino, colonial, popular y contemporáneo de México, gracias a las exposiciones gigantescas presentadas en las más importantes capitales de Europa. Para mí en lo personal es inolvidable la emoción que me produjo ver a uno de los Colosos de Tula enfrontando al Mar del Norte en el Museo Louisiana de Copenhague. 1964.)

Los cronistas españoles del siglo XVI se deleitan en describir los rasgos de sensibilidad y las acciones y reacciones de orden artístico del mexicano. En el siglo XX, pese a influencias, reflejos y copias de todas clases, es un hecho que hemos superado a la pintura europea contemporánea y que hemos creado una gran escuela mexicana de pintura con sus monstruos de la naturaleza, sus estetas y su clase media, que saca varios codos a la clase media pictórica del mundo. Es evidente, además, que la pintura puso su pintada mano en la mano de fuego de la Revolución —aunque es excesivo decir que inició ésta, fuera de la protesta cotidianamente grabada en madera por José Guadalupe Posada— y que las dos fueron al asesinato, a la fusilata y a la institución movidas por la misma esperanza. La poesía lírica, la novela, el relato, el cuento, el ensayo y, particularmente, el teatro, arrojan un lamentable balance de retraso con relación a la marcha de la pintura. (Debe recordarse que esto fue escrito en 1946 y que hasta entonces era exacto. Ahora, con un movimiento ascendente gracias a la aparición de nuevos escritores, con obras mexicanas traducidas a varios idiomas, en especial novelas y cuentos, empezamos a superar la vieja

cifra roja, si bien puede pensarse que pasamos por una crisis de sarampión y habrá que esperar el asentamiento para saber lo que realmente
queda de todo esto. En cuanto al teatro, lamento que la abundancia de
teatros de bolsillo y para el bolsillo, la vegetación de autores e incluso
el ponerse *à la page* con intentos neoexpresionistas e incursiones en el
surrealismo, que en rigor ha excluido siempre de su escala la forma
dramática, no permitan hablar todavía con verdad de la existencia de
un teatro mexicano. 1964.) Exceptuando la revista, infinita pero poco
duradera en cada espécimen, tengo que decir inmodestamente que yo
no me puse, como dramaturgo, a la altura de las circunstancias, sino
en 1932, esto es, diez y siete años cuando menos después que los pintores, y soy hasta ahora, por tuerto privilegio, el único ojo penetrante
del teatro mexicano y el primer dramaturgo serio y apasionado del
país. Pero, en todo caso, las ilusiones son siempre un ornato floral, un
vistoso engaño de la selva. El viajero extraviado que atraviesa una selva
se tranquiliza ante el oloroso espectáculo de la flor. El mexicano se
tranquiliza ante la pintura. Y no preguntemos por la pintura a los grandes comerciantes mexicanos como Diego Rivera y Clemente Orozco.
Ni siquiera a los artistas manuales como Tamayo. Ni siquiera a los
demagogos como Siqueiros. Ni siquiera al pintor puro y desnudo en la
verdad como Rodríguez Lozano. Todos ellos, diferenciados en su calidad, saltarán a la conclusión de que la gran proeza, la grandeza creadora de México, es la pintura mexicana, influencia y estrella de los dos
mundos. Sin embargo, todos estarán equivocados.

La idea de la creación lleva aparejada la idea de la destrucción.
Ahora bien, pintor, poeta lírico, novelista, cuentista, ensayista, hombre
de ciencia —que también los tenemos grandes—, dramaturgo, en fin,
no hay ejemplar en México que llegue a los talones del político mexicano. En él alientan por igual la verdad y la mentira, característica que
Diego imita mal por cuanto no alcanza la verdad; el caos y el orden,
característica que Clemente imita mal por cuanto no pasa del caos; la
creación y la destrucción, característica que el mexicano medio imita
mal porque, confinado en la negación, en el chisme y en el chiste, no
pasa aún de la destrucción. Pero si se busca el sentimiento del paisaje,
la euforia del alcohol, la lógica de la mentira, la embriaguez de la
verdad, el refinamiento de la hipocresía, la pureza de la desnudez,
el artificio de la componenda, el *cul-de-sac* de la irreductibilidad, el
diálogo de la pistola y la entrega de la ternura, el sentimiento de la
tierra y la pasión morbosa de la ciudad; el silencio y el grito, todo,
en suma, lo que es contraste y conflicto, elevación y bajeza fundamentales, cielo e infierno —características del artista puro— en un
solo ser, se encontrarán únicamente, sin diferenciación de temperamento ni de clase, en el político mexicano. Por esta razón —debo
decirlo— me inquieta la opinión de mi amigo de hace veintidós años,
hombre de letras distinguido y político relampagueante.

Cuando un hombre ha vivido la vida paradójica de México; cuando
un hombre ha bebido coñac Hennessy con un Presidente de la República y al día siguiente ha tenido que hacer antesala para ver ya a un
ministro, ya a un jefe de departamento o de sección, la paradoja pare-

ce, si no absorbible, respirable. México es un país cuyo conflicto consiste en que lucha entre el Edén y el Caos. Un hombre político contemporáneo me previene, amistosamente, contra el peligro de atizar o resucitar el culto contemporáneo de la Virgen de Guadalupe ("Los muertos que vos matáis...") . Un hombre político, sobre todo porque ensotanado, del 1810, líder de la revolución burguesa de México, que pagó con su cabeza el acto de sedición, pone al frente de la revuelta insurgente un estandarte en el que resplandece la Virgen de Guadalupe. Un sinvergüenza, oportunista político y mediano militar que concurre a la ceremonia funeral de su propia pierna, ignominiosamente perdida; que apuesta el país entero a una pelea de gallos, y cuya réplica no aparece clara sino entre 1940 y 1945, instituye la Orden de Guadalupe. No me inquietan los políticos pasados, porque sus reacciones nos parecen siempre claras. La negación escéptica conduce a la enfática afirmación, y viceversa. Es cosa sabida y vieja. Digamos que si Fray Servando niega a la Virgen —si la niega— es porque Hidalgo la usó como estandarte de la Guerra de Independencia. Si Santa Anna la convierte en condecoración es porque, en su natural superficialidad, la encuentra ornamental puramente. Si el chofer de taxi la lleva calcada en el parabrisas de su vehículo es porque, involuntariamente, esto es, sin deliberación, se acoge al poder superior del mito.

Pero lo extraordinario en todo esto no son los actos políticos de nuestros hombres políticos (¿no se acusó al general Calles de haber contribuido con una fuerte suma para el órgano de la Basílica?). Lo extraordinario, que está vivo y presente, es que los danzantes indígenas —desde los inmemoriales yaquis hasta los más jóvenes nahuatlacas— converjan en su homenaje a la Virgen. Lo extraordinario es que, tan pronto como aparece la Virgen, los indios sacrifican, hunden y cubren de tierra a sus ídolos pasados. ¿Por qué? Porque cumplidos los oráculos, la fe antigua llega a su término natural. Nada más puede morir ya, fuera de los dioses —y los dioses han muerto. Y después de esta muerte no queda nada más que el nacimiento o la aparición plena de otro dios, de otro mito. Pero como Dios, en esta etapa del mundo, es español, aparece la Virgen de Guadalupe. En ella confluyen todos los viejos cultos decaídos. Es morena. La acompañan las rosas, que representan lo mejor del jardín; el sol y la luna, dioses antes adorados por el azteca, pero ahora sometidos a una figura central. Tiene las manos vacías porque no es la Virgen Madre sino la Virgen Mujer. Y todas las tribus, todos los intereses, todas las máscaras de los mitotes, coinciden en ella, paloma morena cuya piel dice al mexicano: Yo soy tuya como tú eres mío.

Éste es el estremecimiento del drama. Luego vendrá su administración, en la cual la nueva Tonantzin será denunciada como sacerdotisa de un culto irreverente y profano. El insoluto problema de si Eva fue morena o rubia vuelve a latir aquí. La Virgen de Guadalupe no sólo es Madre de Dios y del género humano. Para el mexicano es más importante aún porque apareció en el Nuevo Mundo, porque habló al indio titubeante en un idioma comprensible. Porque no le dijo: Yo estoy con el español. Sólo porque tenía el color del indio ganó en

seguida su devoción ciega, y la creencia, esencialmente religiosa, de que
Dios, las vírgenes y los santos son propiedad personal de cada sujeto.
Sin lo cual ya podrían quedarse en su sitio. En una palabra, para el
mexicano la Virgen de Guadalupe es tridimensional. No la discute
ni la analiza porque la respira y la siente en él. De este modo la mitología náhuatl se pone al servicio del catolicismo, pero a la vez fuera
de él, porque la Virgen tiene tres dimensiones como los ídolos y se
acerca al indio y lo hace olvidar para siempre, fuera de la acotación
natural, a sus dioses de piedra. Pero, como el indio, varía al través de
cien proyecciones sexuales y raciales, contra las que no está prevenido,
no se queja a Dios ni se ampara en Dios. Acepta, buenamente, el refugio que le han dado y se pone, lleno de felicidad, en las desnudas
manos de la Virgen.

Por estos antecedentes, también, me ha sorprendido en cierto modo
que mi amigo de hace veintidós años se arranque de la estampa y del
retablo, que tal suma de verdad y de fe contienen. Puede irse más lejos
y decirse que la Virgen no se limita a ser la Virgen de Guadalupe y
que tiene otros asuntos que tratar en la tierra de México, fuera de los
eclesiásticos. Puede decirse también que la forma religiosa de la Virgen
obedece a la religiosidad de la época en que aparece.

(Puede asimismo agregarse, por vía de aclaración, otra diferencia:
a la inversa de otras Vírgenes mencionadas en los textos sagrados, y de
casi todos los santos, la Guadalupana sale de la iglesia al mundo para
quedarse en él —reinar en él, digamos. 1964.)

7)  UNA COMEDIA DE IDEAS

He olvidado mis aventuras de café literario, y no recuerdo ya qué
poeta francés, por molestar a algún colega, dijo que la poesía no tiene
nada que ver con las ideas, lo cual es posible hasta cierto límite. Porque ése es el tipo de poesía que desaparece en las antologías cuando
surge una idea del mundo en que vivimos y la reduce a música. En
cambio, la poesía con ideas subsiste desde Dante hasta Eliot y no desaparece cuando surge una música poética relativamente nueva. El teatro
de ideas es otra cosa. En general, las ideas se ven excluidas del teatro, cuyo juego y telar son las pasiones humanas. Realmente, a pesar
de Sófocles y Aristófanes (Eurípides, en realidad, se vale de ideas interesadas y propagandísticas), el teatro de ideas viene a ser casi la única
forma moderna del teatro. Tres hombres marcan los jalones, el primero
equivocado porque cree que una pieza de ideas es una pieza construida
sobre *una* idea, esto es, sobre una tesis. Me refiero a Alejandro Dumas
hijo. Sin embargo, su influencia sobre Ibsen pone en marcha el teatro
de ideas, el mismo que, al influir sobre Shaw, lo haría decir: "Me di
cuenta de que era posible escribir piezas de teatro en torno a una discusión ideológica." Un ejemplo reciente lo confirma: al salir de una
lectura de *Don Juan en los Infiernos*, una psiquiatra norteamericana
dijo a un colega: "Me parece extraordinario que un público ordinario
de Broadway pueda resistir, y aplaudir, un debate de dos horas y media

en torno a cuestiones ideológicas. Se ha calumniado al público de
Broadway." No, el calumniado había sido el teatro de ideas.

No sin advertirlo me he acercado al señor Sartre, cuya pieza *Le
Diable et le Bon Dieu,* independientemente de emular la metafísica
calderoniana y de haberle costado la vida a Louis Jouvet, pone de
manifiesto que una idea no hace verano porque se convierte en tesis.
El teatro de ideas es aquel que busca el debate, la evolución del hombre
y que, aprovechando las tres dimensiones del teatro, presenta de
bulto y en movimiento ideas y personajes. Quiero decir, el que busca
el debate en escena y fuera de la escena, en la sala misma, al proyec-
tarse sobre los espectadores.

Como sustituto del teatro clásico —juego de pasiones—, el teatro
de ideas se distingue de otras formas o innovaciones pasajeras de la
literatura dramática, en sus posibilidades de perduración, que no responden al estilo ni al corte de las obras, sino a la validez y la vitalidad
de las ideas que expone. Hay ideas que mueren a diario en los perió-
dicos o que agonizan por sexenios en nuestros gobiernos; también hay
ideas que, como las de Plotino, tardan siglos en inocular a una generación. El teatro de ideas es otra cosa: es el teatro que, sin perder sus
virtudes dramáticas, que son de orden respiratorio, ni recurrir a fáciles
juegos malabares, trata de expresar, desde una posición ideológica, lo
que el teatro antiguo expresaba a través de la pasión y el teatro "muy
moderno" según él, al través de Freud. Esto es, el conflicto y el destino
del hombre, condenado a vivir en este planeta. Representa la cordura
necesaria para el mundo y trata de raciocinar sobre las formas y los
caminos del hombre sin apelar a la fácil solución del inconsciente.
No es psicológico más allá de la caracterización de sus personajes; no es
simbólico en modo alguno, y carece de defensas emotivas o sexuales.
Es un teatro, en suma, que trata de captar, y proyectar, el movimiento
de las ideas en el hombre. Por eso, como ha observado alguien, a
pesar de que muchas de las ideas examinadas en el teatro de Ibsen han
perdido actualidad, sus caracteres siguen vivos por cuanto son capaces
de hacer frente a, o defender, nuevas ideas: son caracteres ideológicos
o *ideístas,* cuyo movimiento físico y social es reflejo del movimiento
de la idea. Y la idea, si puede definírsela así, es una cosa siempre
móvil. (La expresión francesa "idea fija" representa más bien una
idea muerta, una idea que ha dejado de serlo.)

Tengo la vanidad (¿cuándo no?) de creer que antes de mí no se
abordaron muchos temas vivos en el teatro mexicano. Si es sólo vanidad, el tiempo la reducirá a polvo y tanto peor para mí. Pero por
ahora pienso que *Corona de Luz* constituye un ejemplo claro de lo que
es abordar un tema nacional viviente en términos dramáticos a la vez
que antihistóricos e ideológicos. Me faltó en el Prólogo a *Corona de
Sombra* advertir que el adjetivo "antihistórico" no se refiere a un simple desordenamiento de sucesos históricos o de su cronología, ni a un
*parti pris* de marchar ciega y denodadamente contra la historia —eso
sería estúpido—, sino que involucra, o pretende involucrar, un examen
y una proyección de los acontecimientos históricos en forma diversa
de los que les conceden los historiadores en general. Lo más curioso de

los historiadores, y no lo digo por mal, es que no retratan nunca sino
un momento de la historia —el momento estante y estático del pasado. *"Lo cálido cálido"*, como decimos en México, y lo demás, es
decir, el presente, es decir, el futuro, no existe para ellos. El pasado
les llena la barriga y la boca al grado de no dejarlos hablar. Pero no
busco una polémica con ellos. Admiro su trabajo de igual modo que
envidio la constitución del topo o la línea de una montaña: como algo
que no puedo alcanzar ni ser.

En un país corrompido por el mito enfermizo y por la falsa tradición; en un país en el que la tradición parece una invención cotidiana;
en un país que cuando no es pasional hasta el crimen es sentimental
hasta el suicidio, el teatro de ideas resulta particularmente difícil.
No porque los mexicanos no tengan ideas, sino porque habitualmente
las ponen a trasminar, o trasudar, en el barro de la pasión o del senti-
mentalismo. Y si el teatro de ideas es difícil aquí, no obstante su mexicanísima seriedad (esto es, su seriedad tan parecida a la que gusta de
atribuirse el mexicano), una comedia de ideas parece una vanidad o una
jactancia sin adjetivo existente. Mi profesor de dirección en Yale solía
aconsejar a los jóvenes millonarios de tendencias comunistas que no
habían dado un golpe en su vida: "Si quieren poner en mal a los capi-
talistas, hagan simplemente que el público ría a costa de ellos." La
fórmula es poco viable para un país de envenenada sonrisa de miel o de
carcajada alcohólica, escatológica, sexual o revolucionaria. Y, para
entrar en materia, el inspector de la policía federal que perseguía a los
católicos y tenía Virgen de Guadalupe con veladora y todo en la conyu-
gal recámara de su casa, decía con elocuencia en su actitud: "Yo me río
de arzobispos, curas y mochos de colores; pero esta Virgen es parte de
mi casa —una especie de techo— y el que la toque pone a bailar el gati-
llo de mi 45." ¿No sacudieron a México entero los encabezados de la
prensa reproduciendo una frase del presidente Calles ("Me río de los
pujidos del Papa")? Como político, sin embargo, sabía —y nunca
lo negó de viva voz— que la Guadalupana había sido patrona de armas
de Hidalgo y de Zapata. El reto para el dramaturgo es, pues, evidente.
¿Cómo tocar un tema que no sólo involucra la pasión, sino que representa la mística involuntaria y vegetativa del mexicano? Dista de ser
único el caso del avaro agonizante que, después de poner en orden convencional sus cuentas con Dios (haciéndole trampa), se sintió obligado
a restituir porque era la única manera de despedirse de la Virgen de
Guadalupe. ¿Cómo resolver esto sin tocar el mito en su progresivo
arraigo? Sólo a base de ideas. Pero así como, según el poeta francés, la
poesía nada tiene que ver con las ideas, cabe preguntar qué tienen que
ver las ideas con la fe. La fe podría clasificarse cómo una mística puramente animal y, por ello, maravillosa. Y, sin embargo, aunque es fácil
*sentir* la fe —o posible si no fácil— es prácticamente imposible *com-
prenderla*. Sólo puede pasar por la mente en el aspecto de sus proyecciones. No creemos en algo sólo porque lo sentimos, sino especialmente
porque nos hace sentir algo más. Y esto se aparta de la fe primitiva y
penetra en el dominio de las ideas. Así como la fe puede ser animal,
lo racional puede ser místico. Es una cuestión de proporciones. La Vir-

gen de Guadalupe y su mito representan en México una de las más prolongadas palpitaciones animales que se hayan registrado en pueblo alguno después de la instauración del mito cristiano. Viendo a los peregrinos, a los devotos, a los fanáticos que marchan de rodillas, cierran los ojos en llaga y abren los brazos en cruz en la Basílica, probablemente pensé que nuestro tiempo hacía imperativo colar el mito por el cedazo de las ideas y hacer ver a los hombres que tiene otra dimensión. El punto capital está en que, pasado por las ideas, el mito —al menos para mí— sigue adelante, pero con una conciencia que llamaría yo jurídica en un sentido superior: el sentido de la soberanía espiritual de México.

Podría simplificar la cosa y decir que he tratado el tema de un modo dramático —sacrificándolo todo a este interés— para protestar contra la ingenua inepcia de mis predecesores en su tratamiento. Pero creo que esto ya lo dije. Lo más importante para mí es inaugurar, con un tema mexicano vivísimo, la comedia de ideas en México para hacer olvidar tantísimas ideas sin comedia y tantísimas comedias sin la menor idea como padecemos. Pero hay algo más, de que los existencialistas tienen idea, y grande, y es el problema de un mundo privado de risa porque lo han enseñado a temer a Dios (en el existencialismo, Dios se llama soledad o angustia, como en otras civilizaciones Totem o Zeus), y Dios no es temible. O no sólo es temible. En cualquiera de sus avatares filosóficos y de sus expresiones místicas, en cualquiera de sus formas materialistas —en la persona misma, perecedera, de un Stalin— Dios es un impulso de vivir por la sencilla razón de que si no fuera eso no existiría. Cuando el ateo Voltaire dijo que si no había Dios era necesario inventarlo, puso, sin querer, el pedestal para Hitler. Los tiranos suelen inventar a Dios en sí mismos tal como muchos escritores suelen inventar el teatro.

Nuestra única conquista en este sentido —después de tantas atómicas— consiste en pensar que Dios no es un Dios de destrucción, sino de producción. La invención misma del infierno demuestra que es posible aprovechar el serrín o el remanente espiritual en una creación que nos dice que los fragmentos, por valiosos que sean, jamás hacen un todo, tal como el polvo de oro no compone un lingote de ley. Pero, sobre todo, si la Virgen de Guadalupe, Vicaria del Señor, no constituye una esperanza y, por ello, una alegría del Continente; si ha de ser una virgen triste y oscura, independientemente de su color, ¿para qué la querríamos o para qué nos serviría? El paraíso que promete el cristianismo no es de tono ceniciento, porque entonces el ígneo rojo del infierno resultaría maravillosamente atractivo para nosotros. Si Dios no nos hace ir del mal de nacer al bien de morir, ¿para qué morimos, razones biológicas aparte? El mal sería satisfactorio. Y puedo escribir doscientos sofismas semejantes pero no cambiar de idea: la Virgen de Guadalupe merece una comedia en el buen y estricto sentido genérico y profesional de la palabra; pero, como ya circula en la sangre del mexicano al modo de un elemento esencial, merece asimismo superar el mundo animal que domina y agarrar al hombre también por la idea. La santidad, como el sexo, para desembocar en el amor, necesita pasar por el cerebro. Y que Dios me perdone y las autoridades eclesiásticas competentes me excomulguen. Todavía no logro ver en qué difieren el connubio y el éxtasis, si no es en el clima y en los elementos. Una comedia, pues... Pero esto se dice pronto y se hace difícilmente, sobre todo si es uno mexicano. El mexicano vive la comedia pero no la escribe, y aquí principia su tragedia. El chiste —que llamaría yo canónico—, fuga y fuerza del mexicano, está más lejos de la comedia que el crimen pasional o que la grotesca paternidad que nos atribuye la quinta copa en la cantina. El chiste mexicano es sangriento, es una reencarnación de Huichilobos, una nueva y efímera —renovable sin fin por tanto— piedra de sacrificios. La comedia, en cambio, es armoniosa y equilibrada, surte sangre y alienta a vivir. La confundimos a menudo con la farsa porque somos un pueblo salvaje y principalmente político, pero en una forma que yo llamaría impolítica. Aquí la política nos hace sacrificar a los hombres en vez de aprovecharlos; asesinar en vez de conceder, enriquecernos en vez de dar riquezas. A la inversa de Inglaterra, por ejemplo, donde las voces se confunden y hacer política es hacer Inglaterra, aquí hacer política es fragmentar a México. Todos somos hijos de Huitzilopochtli: no podemos ser si no sacrificamos. Pero ocurre que también somos hijos espirituales de la Virgen de Guadalupe. Y esta Virgen, tan zarandeada por los curas del siglo XVIII, tan paseada de bandera por Hidalgo y Zapata, es para nosotros una especie de vacación o de baño místicos. Gutiérrez Nájera solía decir que él pecaba con los poetas franceses y hacía penitencia con los místicos españoles. Nosotros vivimos en Huitzilopochtli frente a la Virgen de Guadalupe, madre del mundo por ser. Su efigie preside y acompaña nuestros actos íntimos; pero no nos damos cuenta de que estamos de espaldas hacia ella. El clero cree que le basta que construyamos la Plaza de la Basílica; el chofer cree que le basta llevarla en el parabrisas para no chocar; el campesino y el obrero piensan que es suficiente llamar Lupes a sus hijas. Lo espantable es que tenemos el fuego en las manos y no nos quemamos —tal vez porque somos de fuego—; que su fe nos ha hecho y que seguimos siendo paganos: no hay mucha distancia entre Huichilobos y Apis. El oro es inmune a la sangre; el oro está siempre en las manos, y cuando se derrama se recobra. La sangre vertida se pierde, pero la derramamos por el oro.

No ha sido parte menor en el proceso de mi pensamiento la idea de que el hombre es un animal primariamente religioso, pero sujeto al oscuro destino de buscar fuera de sí los elementos de la fe que lleva dentro.

¿A qué continuar estas especulaciones? Hacer con parte de todo esto una comedia de ideas era el sueño. No sé aún —a esta distancia en el tiempo— si lo he logrado o no. Quizá no tengo otro mérito que el del intento.

## 8) Siempre la x de México

Pueblo privilegiado, dueño de una cultura cuyos extraordinarios vestigios y Rodríguez Lozano proclaman gemela de la egipcia y la griega, somos a la vez un pueblo de llagas y de miseria. Pueblo iluminado por una virgen cuyo Niño somos, somos a la vez adoradores de los políticos que nos enseñan a ganar en dinero lo que perdemos en espíritu. (Obsérvese que esto fue escrito durante el régimen alemanista.) Todo gran pueblo tiene problemas, como todo adolescente con un destino físico tiene enfermedades. Pero, ¿por qué nos abandonamos tan fácilmente al mal? No basta silbar la imagen del sonriente presidente proyectada en las pantallas de los cines; no basta hacer chistes sobre su pública vida privada. Hay que tener un propósito y hay que clavarse en él. No basta coquetear con la Virgen de Guadalupe: hay que desposarse con ella. Sin examinar la historia religiosa, puedo aventurar la opinión de que México es uno de los pocos países a los que se ha entregado una Virgen, y la impresión de que no la ha tomado. Somos un pueblo, en suma, que se deja querer. Un pueblo a paso de danzón de *gigolo*. Y esto no puede ser. Hay que poseer a la Virgen en un sentido superior, y dejarse poseer por ella, en un sentido del espíritu afín con la naturaleza y la esencia de las cosas. La Virgen de Guadalupe no es adorno: es destino.

## 9) El comunismo

Hablaba yo de hacer una comedia y me coloco en un plano levemente melodramático. Quizá me mueve a ello la negación materialista de las cosas. Escribo estas páginas al mismo tiempo que Diego Rivera reniega de varias de sus pinturas y, a ejemplo de José y María, pide posada al Partido Comunista. Pienso que lo hace para poder hablar mal nuevamente en libertad del Partido, o, como dice un político amigo, para lograr que lo expulsen porque hace tiempo que no se ha visto expulsado de ninguna parte. (Remito al lector al libro de Bertram Wolfe, en cuyas últimas páginas se describen el reingreso de DR al PC y su reconciliación con la Iglesia católica. 1964.)

Al pensar en esto, pienso que el stalinismo, por táctica, ha asesinado y revivido alternativamente a Dostoyevski; que ha perseguido y autorizado por turno a la Iglesia ortodoxa; que ha sido socio de Hitler y compañero de Roosevelt y Churchill; invasor de Finlandia y liberador a su manera de los países invadidos por el nazismo. Como mexicano, encuentro inaceptable esta conducta. Mi mentalidad me fuerza a escrutar razones políticas, me lleva al análisis de un millar de problemas; mi sensibilidad de mexicano me dice que ni una idea ni una pasión deben cambiarse como camisas ni teñirse como trajes viejos, y vaya al demonio la táctica. O tengo una fisonomía o no la tengo. No digo que esa fisonomía no pueda ser comunista un día, si se me convence; pero quiero decir que una vez que sea comunista esa fisonomía no volverá a cambiar

nunca de rasgos, porque es la fisonomía de un mexicano, hijo de la
piedra de sacrificios y vano prometido de una Virgen. Entretanto, espero, aunque siempre con la aspiración de que el mexicano cobre al fin
conciencia de esa prometida. El dilema es claro: o la asesina o la desposa. Si la desposa, tendrá que ponerle un Niño en las bellas manos
vacías. Un Niño que en el siglo XVI llamaban el Nuevo Mundo. Un Niño
que tiene cuatro siglos de gestación.

Y ahora, por si no me he explicado bien, aquí va la comedia, que
es una comedia que no explica nada.

## 10) LOS DILEMAS DEL OBISPO

El Dilema del Emperador y El Dilema del Obispo, fueron proyectos
desechados de examinar en forma dramática elementos que quedaron
fuera de la comedia. Encontré, a la reflexión, que esos dilemas están
claramente expuestos en la discusión que tiene lugar al través de los tres
actos. Decía GBS que Ibsen aportó la más alta contribución a la dramática moderna al cambiar sus elementos básicos de exposición, nudo y
desenlace, en exposición, nudo y discusión. Supongo que este criterio
fue el que lo hizo interesarse por mi comedia cuando se la relaté. Como
sea, en el epílogo dramático de que hablo, Zumárraga explicaría su
evolución y su catarsis en los términos que consigno, a título de curiosidad, a continuación:

"Viene a darle una madre al que la perdió, una novia al que la
busca, una hija al que la tendrá. Casi todas las mujeres de este pueblo
se llamarán como la Virgen de Extremadura, Guadalupe, y se olvidará a
aquella Virgen batalladora, dura como el diamante virgen, y se mirará
hacia el futuro y se verá a La Otra, a la que ahora ha aparecido a pesar
de nosotros."

Está todo implícito, creo, en la actitud del Obispo al final del tercer
acto, pero esto no me dispensa de escribir un segundo prólogo destinado a ajustar los errores cometidos en la creación original para dar al
lector, con absoluta lealtad, una radiografía cabal de los procesos de
elaboración por que he debido pasar. Es quizá una penitencia que me
impongo por haber dejado transcurrir tantos años sin terminar la comedia (una obra de teatro es cosa en la que debe trabajarse a diario aunque
sea durante medio siglo, sin lagunas, sin fugas, sin infidelidades), y por
haber alentado pasajeramente el orgullo de creer que la había llevado
al fin, en 1963, a una conclusión satisfactoria. También me permitirá
eso —espero— demostrar que se trata de una comedia de buena fe sobre la fe.

*Oslo, 5 de mayo de 1964*

R. U.

# SEGUNDO PRÓLOGO

## Ante la Historia

*When I realise how distorted even recent events have become, history as such only arouses my scepticism. Whereas a poetic interpretation achieves a general effect of the period. After all, there are more valid facts and details in works of art than in history books.*

CHARLES CHAPLIN, *My Autobiography*

*Esto es lo que dice un artista. Pero quisiera yo oír la voz de un historiador, así se le considerara un tránsfuga o un renegado de la fe en el simple hecho histórico, su punto de vista sobre la imaginación como elemento de perfección histórica, ya que la perfección tiene que ser inventada o elaborada para poder ser.*

EL AUTOR

INTRODUCCIÓN PERDIDA

Fiel a mi costumbre, y a mi promesa, consigno aquí todos los elementos de composición que han intervenido en el proceso de mi pensamiento.

30 de agosto, 1964. El Mar del Norte, en una de sus más desagradables exhibiciones. Temo que se jacta de ser más importante y temible que el Atlántico o el Pacífico. Allá él —pero en el comedor los cubiertos, vasos y tazas, viajan de un lado a otro de la mesa, vuelven a mí como esperando una bienvenida para la que no hay tiempo, ya que zarpan de nuevo en brevísimo lapso. Dicen que el Mar del Norte no es profundo; pero, igual que tratándose de japoneses y chinos para aquel general Domingo Arrieta, villista de primera clase, "como que se les parecen".

Vamos, entre dos oleadas, al dilema.

Conforme a lo apuntado en el último capítulo del Primer Prólogo, desde 1946 o 47 —acuciado sobre todo por la cauda de complicaciones inherentes al tema de la comedia— anticipé la necesidad de escribir un shaviano epílogo escénico para *Corona de Luz,* que soñé intitular *El Dilema del Emperador.* Después, al llegar a algún crucero de mi laberinto, me dio un aldabonazo en la frente —por dentro, y las puertas mentales, como las de la antigua Roma, se abren hacia afuera, así que es protocolar necesidad tocar fuertemente a ellas antes de abrirlas y dar sobre un transeúnte sin culpa— la idea de añadir, en forma escénica también, *Los Dilemas del Obispo.* Es indudable que estos dos

epílogos en acción, de esencia puramente defensiva por misterios
del inconsciente, hubieran acabado por hacer imposible toda idea de
representación de la comedia misma. Me salvó a tiempo de escribirlos
la comprobación de que todos los puntos fundamentales para la determinación de tales epílogos habían sido tocados ya en el contexto de la
comedia. *El Dilema del Emperador* aparece de cuerpo entero en el
primer acto: dar solución al problema de México optando entre la fuerza destructiva y la impostura constructiva. *Los Dilemas del Obispo:*
abandonar o no la sede, ejecutar o no las órdenes recibidas, son tópi-
cos que están tratados con amplitud y claridad en los actos segundo
y tercero.

(Me demoro, quizá por el vaivén de las olas, que es mucho más
ven y mucho más va de lo que las buenas maneras del mar permiten
en rigor.)

Ante la Historia

Tenía que suceder, natural, fatalmente, que me viera yo obligado
en un momento dado a enfrentarme a esa inmensurable pirámide de
México que es la Historia —con H—, y que es uno de los más permanentes y activos Mitos mexicanos —con inicial mayúscula también— que yo no venero aunque suela saludarla cortésmente y sin
reservas, quizá por trasponer sin deliberación el concepto shakespe-
riano sobre la fragilidad: *History, thine name es Woman,* aunque
el nombre parece ser neutro en inglés. Y quizá porque esta trasposición parte de, coincide con, o llega a la definición de mi viejo amigo
Leonard DeWit, que pretende que la cosa más limpia que se conoce
es la mente de las mujeres porque suelen mudarla con la mayor frecuencia comprobada.

(1º de septiembre, 1964. Hasta aquí el Mar del Norte, aunque la
cosa empezó, en realidad, en el Atlántico. Ahora estoy, nuevamente,
en tierra.)

La experiencia, como se sabe, tiene dos caras que son, sencillamente, su utilidad y su inutilidad igualmente verificadas o autenticadas
por ella misma. Ni nos inmuniza contra el error ni nos impide la rein-
cidencia en él, por lo cual viene a ser inútil, por una parte, aunque
así nos es útil para saber con claridad, por lo menos, que nos equi-
vocamos. Por la otra, nos permite advertir a persona o generación
más joven sobre la inconveniencia de incurrir en el error en que nosotros incurrimos antes, con la conciencia de que lo hacemos sobre todo
para que el error siga vivo y nuestros semejantes continúen incurriendo
en el mismo en que nosotros no podemos recaer ya, ay, lo cual la hace
parecer útil. Quizá si no previniéramos a la nueva generación, se aca-
baría el error.

Como sea, mi propia experiencia antihistórica me recuerda que, a
raíz de escribir —en trance de incontenible impulso y en cuatro o cinco
días— *Corona de Sombra,* estuve a punto de hacer pedazos mi manuscrito al recibir el impacto de una comprobación histórica menor pero

negativa. Nada más normal o natural, puesto que la obra es antihistórica. Sin embargo, el choque fue considerable a despecho de tratarse de un detalle nimio que, desprendido del conjunto como una vegetación espontánea se hipertrofiaba hasta hacer parecer a la pieza como una deleznable brizna de hierba o una atomizable mota de polvo. Así son mis circunvoluciones y no puedo remediarlo.

Pero, tal como ahora siento que me ha salvado no escribir los epílogos escénicos, entonces comprobé que me salvó el haber escrito el "Prólogo después de la Obra". Y la filosofía adjudicada a aquella primera pieza antihistórica sigue siendo válida para mí y me parece aplicable a esta comedia, también antihistórica:

"Si no se escribe un libro de historia, si se lleva un tema histórico al terreno del arte dramático, el primer elemento que debe regir es la imaginación, no la historia. La historia no puede llenar otra función que la de un simple acento de color, de ambiente o de época. En otras palabras, sólo la imaginación permite tratar teatralmente un tema histórico."

No es por demás recordar por concomitancia la diferenciación que hace Aristóteles entre la historia, o sea el relato de algo ya acaecido, y la tragedia, o sea la acción en proceso de acaecimiento. Hasta aquí, por consiguiente, estoy en orden, por lo menos en lo que se refiere al teatro y a mi conciencia. Pero esto es, en cierto modo, aparte. Hay otras cosas a considerar.

13 de septiembre, 1964. No que no haya yo anticipado tropiezos que son inevitables cuando se camina por entre tantísimos historiadores, árboles que impiden ver el bosque —la historia— como suele ocurrir en México. No por afán polémico, según parecen creer algunos, sino por escrúpulo, invité a varios cliólogos, o cliómanos, a la lectura de la comedia terminada que hice en Galerías Excélsior el 9 de julio. Ninguno concurrió, quizá porque al igual de otras muchas personas no recibieron la invitación a tiempo —misterios postales de la ciudad de México. Ya mi intensa correspondencia con don José María González de Mendoza me permitía prever censuras, objetivas unas, enconadas otras, de parte de los investigadores históricos. Recuerdo al paso una lectura del primer acto y las escenas iniciales del segundo en Querétaro, ante mis viejos amigos Leopoldo Martínez Cossío, Ignacio Herrera Tejeda (Terencio Higareda e Ijar, hombre anagramaniaco), Antonio Pérez y su esposa y otras personas. Poco hecho a lecturas de obras teatrales en apariencia, Ignacio me interrumpió en incontables ocasiones para esgrimir toda suerte de cachiporras históricas en mi contra, pero lo que lo montó en el desbocado corcel de la pasión fue mi osadía al establecer una relación de orden patronímico entre la Guadalupe de México y la de Extremadura. Con otras flamígeras razones adujo las raíces nahoas del nombre de la Virgen, desdeñando encarnizadamente todo parentesco arábigo. Quizá, no estoy seguro, trajo a cuento la fórmula del profesor McAfee —de quien no tengo otras referencias— en el sentido de que los traductores españoles del texto de Valeriano habían errado, por razones de oído, al entender Guadalupe donde dice *Te coatlaxopeuh* o sea "La [Toda Perfecta Virgen Santa María] que

abolirá o erradicará el culto de la serpiente de piedra", símbolo bien conocido de la paganidad en la época precortesiana de México. En todo caso, allí terminó una amistad de muchos años: Ignacio Herrera se marchó envuelto en las llamas de la historia sin despedirse siquiera de mí. Si esto me hizo un amigo, ¿qué puedo esperar de los historiadores que no me dispensan su amistad?

Gracias a mi nutrida correspondencia con el Abate de Mendoza (seudónimo o "túnica de Neso", dice él, en el que se recae siempre) y a sus cualidades excepcionales de atento y minucioso corresponsal, pude poner en claro varias cosas, algunas de primera importancia, que consigno en ese orden:

*1)* La problematicidad —pero no improbabilidad absoluta— de la presencia de Fray Bartolomé de las· Casas en México en 1531. Residía en la Isla Española, o Hispaniola, y no llegó a Yucatán sino bastante más tarde y ya obispo si no me engaño. Gravísimo obstáculo para mí, porque considero a Las Casas un personaje teatral incomparable, tan afirmativo en contra de la Conquista y los conquistadores y en pro de México, para mí, como negativo veo que lo hace aparecer, a más de enfermo, el señor Menéndez Pidal en su reciente libro. Sin embargo, partiendo de la ribera antihistórica, sobre la base real de que efectuó frecuente viajes de estudio a diferentes latitudes, no resulta *improbable* que uno de esos viajes lo llevara hasta Tenochtitlan, sobre todo si mediaba 'una urgente, misteriosa convocatoria del obispo Zumárraga. Tras larga reflexión, no encontré óbice en su presencia en el segundo acto.

*2)* "El indio que Fray Juan de Zumárraga, como inquisidor, condenó a muerte en la hoguera por haber hecho sacrificios humanos a los dioses aztecas después de bautizado, fue ejecutado en fecha posterior a 1531." *(J. M. G. de M.)* Esto no me preocupó particularmente por cuanto la alusión al hecho, por acronológica que sea, sirve a un propósito de caracterización, redondea la figura histórica del Obispo como la conocemos en la trayectoria de su vida en México y es, además, un dato recogido por la historia. El tiempo en el teatro tiene sus leyes propias e inmutables que permiten al poeta reconcentrar toda una época o una vida en una breve presencia escénica y englobar en ella todas las líneas maestras de la personalidad que presenta.

*3)* La misma regla es aplicable a la mención de la *Historia* de Fray Toribio de Benavente, iniciada sólo varios años después de 1531.

*4)* En el acto primero resultaban inevitables algunas imprecisiones cronológicas. Fuera de hacer aparecer, antihistóricamente, a Isabel de Portugal por ser otro elemento dramático *necesario* e insustituible para mí, se ofrecían muchas dudas sobre la posibilidad de que Carlos V hubiera podido pasar por Extremadura en 1529 y descubrir entonces el paisaje y el monasterio de Yuste. Pero la importancia de Yuste en la vida y la muerte del Emperador (como la frase "¡Ay, Jesús!", última que pronunció según la historia y primera que yo pongo en sus labios en la escena, por razones obvias) es absolutamente innegable. Me pareció correcto mi tratamiento de este episodio, y sólo después supe que la Emperatriz tenía predilección particular por esa región, y que en

Extremadura —a cuya Virgen de Guadalupe veneraba en realidad— vivió muchos años y murió al cabo de ellos, antes que su esposo. Hacerlos descubrir juntos el paisaje y el monasterio me pareció un hallazgo, una justa palma para la imaginación, con perdón de la historia o sin él. De la misma situación arrancaría lógicamente el que, en las supuestas, antihistóricas instrucciones que recibe el Obispo, se escoja específicamente para la aparición el nombre de la Virgen de Guadalupe, cuya mención por la Emperatriz pone en marcha la idea en el ánimo del Emperador.

5) En el acto tercero parecía presentarse como insostenible y sin fundamento la aseveración de que Hernán Cortés se dirige de su Real de Coyoacán al Obispado. No lo tenía allí entonces, parece, y sus palacios estaban en la Plaza Mayor de México y en Cuernavaca. En esto debía prevalecer, una vez más, la teoría del tiempo escénico. Ir de Cuernavaca al Obispado en la mañana del 12 de diciembre de 1531, requería un tiempo fuera de la medida teatral como lo requiere hasta hoy pese a automóviles y autopista —era *improbable*, en suma. En cambio, llegar de la Plaza Mayor al Obispado, a pie o a caballo, requería sólo unos cuantos minutos, o sea que el tiempo escénico era insuficiente. De los nexos *históricos* que unen la figura del conquistador con Coyoacán se desprende como *probable* el trayecto requerido para el desarrollo de la acción.

Estudiados estos puntos y algunos otros menores, mi conciencia artística, como mi conciencia antihistórica, quedaba nuevamente en paz.

Con lo que no contaba yo —y un poeta dramático debe prever siempre, al modo pirandelliano, todos los revirajes y todas las sorpresas—, fue con lo que me ocurrió, entre el 19 y el 24 de agosto, a bordo del vapor *Queen Mary*.

### Conversación con un historiador

Aparte de conocer de tiempo atrás su reputación profesional y la validez de su nombre y su obra, no traté personalmente al doctor Wigberto Jiménez Moreno sino desde que fui electo miembro titular del Seminario de Cultura Mexicana, por agencia e insistencia amistosas de Alfredo Gómez de la Vega y del pintor Antonio Ruiz, en 1951 (8 de septiembre). Desde entonces, compañeros de viaje a menudo en las jiras del Seminario, que tenían siempre la virtud de acercarnos y fomentar una grata y frondosa amistad entre todos y, para mí, la más extraordinaria de revelarnos los tesoros de sensibilidad y de conocimiento que guardan nuestras ciudades de provincia, nos tratamos con cierta frecuencia, cordial y cortésmente, aunque nuestros caminos personales de trabajo no se cruzaran nunca, ni siquiera de modo tangencial. En las conferencias que pude escucharle, Jiménez Moreno dio siempre evidencia luminosa de una profunda, sólida erudición, una bien disciplinada y activa memoria, un conocimiento absoluto de sus temas y una galanura de expresión que iba de la mano con la más completa claridad y con la objetividad más matemática.

Nuestro encuentro en el puente de paseo del *Queen Mary* (primer barco en que había yo ido a Europa durante la guerra, cuando era transporte militar y viajábamos en él quince mil soldados y oficiales, cien mujeres y cien civiles y éramos diez los que debíamos dormir en el camarote que me fue asignado), fue de lo más inesperado y agradable para los dos. Pasado el intercambio preliminar de noticias personales —penosas, porque él había perdido a su esposa y yo iba herido por pérdidas de las que no podía hablar— me dijo que se dirigía a Europa para asistir a un congreso de historia.

Desde el primer momento sentí que el encuentro no podía ser más afortunado para mí. De acuerdo con la frase que Nervo tomó de alguna fuente oriental, latina o cervantina, el hombre es siempre, desde siempre y para siempre, "el arquitecto de su propio destino". Resuelta la edición de *Corona de Luz* por el Fondo de Cultura Económica, me restaba sólo enviarles el segundo prólogo anunciado, y me había desazonado más de una vez la impresión de que, fuera de pequeñas aclaraciones históricas y antihistóricas, no tenía en realidad mucho que añadir. Pensé, pues, que una conversación con un historiador podría darme miga para algunas páginas y relaté a Jiménez Moreno la trama de *Corona de Luz* en sus líneas esenciales. Tomó el asunto con su seriedad característica y con lo que podría yo definir como el frío calor o el calor en frío del cirujano que se apresta a ejecutar una delicada intervención quirúrgica. La dimensión de su interés quedó desde luego definida en razón directa de la importancia del tema. Encontré que, nahuatlato a más de historiador, lo poseía a fondo y tenía mucho que decir sobre él.

Por larga experiencia sé que nada hay más difícil —es imposible en realidad— que lograr que una persona, por culta, informada y sensible que sea, pueda compartir un punto de vista relacionado con el teatro en cualquiera de sus aspectos técnicos o de sus razones configurativas, comulgar, en suma, con la idea teatral de cualquier asunto, a menos que haya podido verla en acción, en movimiento y a tres dimensiones en un escenario, o que sea hombre de teatro. Esto era un escollo para mí, sin duda, ya que siempre se tiene en esas ocasiones la impresión de sostener un diálogo en dos idiomas diferentes; pero lo más grave que surgió en nuestra plática fue la revelación de orden cronológico resultante de las investigaciones exhaustivas que en los últimos años han llevado a cabo WJM y algunos colegas suyos. Volví a mi camarote como cuando, al sonar las alarmas en tiempo de guerra, va uno en busca de su salvavidas. Había ya pedido a mi amigo el historiador que leyera la comedia y el primer prólogo antes de que lleváramos más lejos nuestra conversación, y él había aceptado. Desde luego hice una nota de los puntos sobresalientes de nuestra primera charla, los que me ofrecían mayor materia de reflexión. Aquí están:

1) La conquista de México fue, en realidad, una empresa privada, independiente de la Corona española.
2) *El Epistolario de la Nueva España* nos muestra que la penetración de la fe católica en los naturales procedió con una lentitud considerable.
3) Existe un estudio de WJM sobre *Los indios frente a la cristiandad*.

*4)* No hay sino una primera, y única, *Crónica india de la aparición de la Virgen de Guadalupe,* que es la de Antonio Valeriano. En ella se consigna que ocurrió en un Año Trece Caña que, de acuerdo con el calendario tenochca, que privaba en Tenochtitlan propiamente dicha y en su cultura particular, equivale al año cristiano de 1531, generalmente aceptado, primero por los eruditos y autoridades y luego por la población en general, como inequívoco.

*5)* Sin embargo, conforme a las indicaciones encontradas en los textos de Mendieta y Chimalpáin, puede afirmarse ahora que la aparición tuvo lugar en realidad en un Año Trece Caña correspondiente al calendario tlatelolca (o tecpaneca), o sea el cristiano de 1555.

*6)* En coincidencia con lo anterior, debe observarse que 1555 es el año en que se efectúa en la ciudad de México el primer Concilio Eclesiástico, presidido por el arzobispo Montúfar, y cuyos antecedentes preparatorios serían la primera Reunión Eclesiástica de 1532 (¿convocada por Zumárraga?) y la segunda, celebrada en 1544 y en el curso de cuyas reuniones fueron estudiadas o examinadas las leyes para los indios propuestas por Fray Bartolomé de las Casas desde 1532.

*7)* Conviene también tener presente que 1555 es el año en que el Emperador Carlos V se retira a Yuste y se prepara a bien morir.

*8)* Téngase asimismo en cuenta que el culto guadalupano se desenvuelve en México justamente entre 1555 y 1575, y que en el ínterin, después de establecida una capilla (¿la del Tepeyac?) para la Virgen, vino de España una misión encargada de investigar las razones por las cuales habían registrado una baja considerable los ingresos por limosnas y diezmos que, originalmente destinados (¿por qué?) a la Virgen de Guadalupe de Extremadura, se habían desviado en toda apariencia hacia el culto de la Guadalupe de México.

*9)* Con respecto a mi tesis de que para 1531, asesinado Cuauhtémoc y desaparecido con él el último vestigio de soberanía material y política del fascista imperio azteca, el indio había perdido la fe, WJM insistió en señalar la persistencia del paganismo, o de la adoración de los ídolos, en la vieja generación, contemporánea de la Conquista, en tanto que en la nueva —que viene veinticinco años después según la teoría generacionalista del propio WJM— se marca ya una resuelta predilección por la fe cristiana.

*10)* La imagen. Aun cuando yo no hablo en particular de la imagen guadalupana en el prólogo —por razones que explicaré— y me limito a sugerirla, invisible pero sensible para el público, en el acto tercero, conozco la tesis del pintor Jorge González Camarena (diario *El Nacional,* 12 de diciembre de 1934), que señala semejanzas que esa imagen guarda con la de la Letanía, ubicada en el convento de Huejotzingo. WJM, historiador católico y creyente guadalupano, va un poco más lejos que el pintor de izquierdas y sostiene que la imagen de la Virgen deriva en realidad de la de la Purísima Concepción, que tiene una contrapartida o un antecedente en Atotonilco, y la atribuye, sin reservas al indio Marcos. Por otra parte, ha venido a mi conocimiento, gracias al pequeño libro de la señora Helen Behrens (directora de la Oficina Británica de Información Guadalupana), el peritaje rendido en 1954 por el pintor Francisco Camps-Ribera, cuyos puntos esenciales son:

*a)* La tela es de fibra vegetal y parece corresponder al periodo de la aparición, es decir, a 1531.

*b)* No fue preparada con empaste y ningún pintor humano *(sic)* podría pintar sin preparar su tela. No aparecen huellas de pincel en ella.

*c)* Ningún pintor español, flamenco o italiano de la época pudo haber producido la fina sensibilidad de la imagen.

*d)* Es imposible creer que ninguno de los tres pintores nativos conversos de aquel tiempo —Marco Cipac, Pedro Chachalaca y Francisco Xinmamal— pudiera haber interpretado a la Virgen con un sentimiento cristiano tan auténtico.

*e)* Lo imponderable es que la imagen no presenta huellas de edad ni se hayan oscurecido ni opacado sus colores en más de cuatro siglos.

*f)* No se empleó fijador para adherir el polvo de oro, en gran cantidad, a la tela.

*g)* Cuando el espectador se aleja de la imagen, la figura se moldea "inexplicablemente" y se vuelve mucho mayor a los ojos.

El propio pintor Camps-Ribera, en una carta de fecha ulterior, dice: "Me alegra informarle que he estudiado cuidadosamente la fotografía del ojo [de la imagen] que me sometió usted. Percibo el rostro de un hombre de mediana edad en el iris del ojo, sin dificultad alguna. La frente, la nariz, las mejillas y la boca circundada por el pelo de bigote y barba, son claramente visibles. También el hombro derecho, que parece cubierto por una especie de túnica. La fotografía tan aumentada ($40 \times 60'' = 1:00 \times 1:50$ metros, o sea veinticinco veces) muestra claramente que no fue retocado el reflejo para hacerlo más visible. Puedo asegurar a usted que ha estado en estas mismas condiciones por un gran número de años."

En consonancia con lo anterior, la señora Behrens transcribe un dictamen firmado por el conocido oculista Ernesto L. Olmos: "En la amplificación fotográfica del iris de la pupila del ojo derecho de la Santa Virgen de Guadalupe, que tengo a la vista, la efigie de un hombre es claramente visible."

La señora Behrens llega a afirmar, documentalmente, la semejanza entre esa figura de hombre y el más antiguo retrato al óleo de Juan Diego.[1]

Quizá sea éste el lugar indicado para explicar por qué, a la inversa de mis predecesores en el tratamiento dramático del tema, no hice aparecer a una figura que, consagrada por la imaginación popular como Juan Diego, cuenta con tan gran número de adeptos y se ha convertido, a su modo y en su medida, en objeto de un culto especial. Entiendo

---

[1]   Las medidas especificadas se refieren a una amplificación fotográfica hecha para el Centro Británico de Información de la Basílica. Debo agregar que estos datos son obligadamente fragmentarios, y toca a los eruditos comprobar su exactitud o su erroneidad. Yo me limito a transcribirlos textualmente del libro citado de la señora Behrens, aunque los considero, como la información en general sobre la imagen, completamente extracomedia.

incluso que se han llevado a cabo gestiones en Roma tendientes a obtener su canonización.

La razón es posiblemente la misma que movió a Jules Supervielle a no incluir en su *Bolívar* la célebre frase derrotista y amarga: "He arado en el mar." Es decir, la independencia absoluta de que el poeta dramático debe gozar para seleccionar sus elementos. Aparte de constituir el lugar común predilecto en casi todo lo que se ha escrito sobre la aparición, Juan Diego vendría, sin duda, a bifurcar en cierto modo la anécdota: deberían intervenir y ser expuestos todos sus antecedentes personales y familiares, y esto no cabía en mi tercer acto sin perjuicio de la marcha del mismo. Por lo demás, es una figura controvertible y controvertida que tiene buen número de opiniones adversas o dubitativas, casi tantas como adeptos cuenta por el otro ángulo. Pero, sobre todo, presentarlo hubiera equivalido a complicar el conflicto esencial de la comedia, la lucha entre la fe y la falta de fe, con un subconflicto que nada podía agregar a mi personal visión de la aparición guadalupana. Opté por ello en distribuir las cuatro señales del milagro entre cuatro Juanes diferentes que constituyen un elemento de orden poético y vienen a dar a los sucesos una calidad de sueño que encuadra por igual con la duda y la violencia de Zumárraga y con la intención de la comedia.

En nuestras conversaciones sucesivas, fragmentarias siempre, si bien había leído ya en parte la obra y el primer prólogo, el doctor Jiménez Moreno me hizo diversas observaciones interesantes, coincidentes algunas con las del Abate de Mendoza, y curiosamente parecieron estar de concierto en la enfurruñada reprobación de una palabra que los molestó, pero que yo considero válida en razón de sus raíces latinas: *miscigeneración* no es, para mí, ni anglicismo ni barbarismo por ende, aunque pueda parecerlo. Si la Academia acepta *generación* y *miscible,* no creo que haya lugar a debate. Y que todo se reduce a una cuestión de gustos, y de expresión, personales. Para mí la importancia de las palabras está en que sean útiles al expresar lo que deben expresar. De allí el neologismo.

Muy importante, por ejemplo, fue el recordarme la posición abiertamente antiguadalupana de Fray Bernardino de Sahagún, concretamente expuesta en uno de los prólogos a la *Historia general de las cosas de Nueva España.* (No tengo el texto a mano.) En consecuencia, aunque esa posición estaba ya claramente implícita en el parlamento que al respecto pronuncia Sahagún en el acto segundo, la reforcé para no dejar lugar a duda alguna. Originalmente decía: "Pero, además, pensemos esto: hay los ídolos que apartaban de Dios al indio. ¿Qué mal puede haber en un ídolo que lo lleve a Dios?" Añadí: "¿Qué importa mientras la historia y nosotros sepamos que es un ídolo?" La concentración del diálogo dramático es *sui generis,* y su emisión por boca del actor en la escena suele aclarar los conceptos. Buena prueba de esto son los pasajes, a veces indescifrables a la simple lectura, mientras no los anima el intérprete, en textos de Shakespeare, Marlowe y Jonson.

Pequeña cosa, en fin, pero cura de una parte mínima de mi gran ignorancia de muchas otras, fue indicarme que el nombre profano de San Pablo es Saulo y no Saúl, como se inclina uno a traducir maquinalmente de la versión inglesa de la Biblia, que menciona a Saul y Paul. Otras aún, que he seguido atentamente: la pronunciación de la voz Motolinía y no Motolinia, como creí muchos años influido por una vieja polémica entre don Luis González Obregón y don Nicolás Rangel. El hábito de Fray Toribio, que debiendo ser pardo conforme a los ordenamientos de la regla franciscana, era azul por escasear en la Nueva España la tela parda. Fray Juan de Zumárraga se refiere en su largo parlamento a "franciscanos, dominicos y religiosos de otras órdenes". En realidad, al principio sólo están representadas las dos primeras, exceptuando el mercedario Fray Bartolomé de Olmedo, hasta 1533, en que llegan los agustinos. Esto, en todo caso, aunque encuentro correcto mencionarlo y dar el crédito a quien corresponde, por cuanto indica su atención, no repercute en modo alguno sobre la comedia. Enmendé también, a sugestión de mi erudito amigo, dos frases de Zumárraga: donde decía "¿Qué diferencia hay entre los ídolos y una virgen artificial?" sustituí "¿Qué diferencia puede haber, etc.?" y donde dice "la falsa virgen" reemplacé el adjetivo por "la supuesta virgen".

Quiero dejar con esto constancia de que seguí las observaciones del historiador con tanta atención como él analizó mi texto.

Más de una vez, debo señalarlo, en nuestras pláticas WJM, que es un hombre tan ponderado y tímido como valioso y resuelto en sus puntos de vista históricos, justificó sus observaciones indicándome que le parecía más leal y amistoso hablarme con absoluta franqueza que reservarse para escribir su opinión después de publicada la comedia, actitud loable sin duda y particularmente apreciable para mí, que he sufrido bastante en mi carrera de las sonrientes y pulidas reticencias de colegas de letras que, pudiendo prevenirme a tiempo contra algún error o una apariencia de error, optaban por esperar el hecho consumado para entonces hacer circular sus críticas, por posible pereza de escribir un artículo, aunque fuera sólo en los corrillos de la Escuela de Verano y en las mesas del Café París *(v. gr.* Xavier Villaurrutia y Enrique González Rojo, a quienes les parecía anfibológico el título de *México en el teatro,* 1932).

Hasta aquí, sin embargo, seguimos en terreno firme. El problema surgió cuando el doctor WJM, externando con toda honradez su personal opinión, me sugirió, con tanta finura como energía histórica y erudita, que emplazara yo la aparición, para ponerme a tono con la reciente cosecha de las investigaciones, en 1555, sobre la base de los datos que me había proporcionado y que podría ampliar al regresar a México. Declaré con toda gravedad que en principio estaba en desacuerdo, pero que, por respeto a su autoridad, iba a pensarlo. Y así fue como se me apareció de pronto el diablo: había yo tenido la idea de *El Dilema del Emperador* y *Los Dilemas del Obispo,* pero, con toda sencillez, nunca llegué a pensar por un segundo que tendría que hacer frente en este caso a otro dilema, de cuernos sin "rasurar" y tan grandes como lo describe Nietzsche.

## El dilema del autor

Cuando ha pasado uno diez y nueve años en la elaboración de una obra; cuando, aunque allí principie y termine toda veleidad de compararse a Miguel Ángel, y ha retocado uno sólo algunas frases, quitado o puesto una palabra, según hacía él con los pliegues de la túnica de Moisés, una sugestión como la que escuché y transcribo es por lo menos inquietante y desconcertante, y no carece de puntos de contacto con una proposición repentina para cambiar de planeta. (En realidad, ése es su fondo: sacrifique usted los valores del teatro a los valores de la historia.)

Razón de más, dice el criterio del historiador, si ha consagrado usted tantos años a su obra, para dedicar algún tiempo aún a ponerla en orden con la historia, o dentro del —por el momento— verdadero orden de la historia (nada es permanente), vista la trascendencia nacional y espiritual del tema.

Digno de consideración todo.

Es claro que, ante el problema de una *mésalliance* (creo que no tenemos equivalencia española en una sola palabra) entre la historia y el teatro, el historiador sacrificará gustosa, alegre y aun ferozmente al teatro, dominio de la imaginación, aunque condene a la historia a "quedarse para vestir santos" en este aspecto. Pero no es menos evidente que en el mismo caso el poeta dramático, con alacridad no menor, hará tabla rasa de las conveniencias de la historia y, ante la imposibilidad de un enlace apegado a ellas, optará por "robarse a la novia". Es uno de esos casos.

Ante esta nueva encarnación de Montescos y Capuletos, acuden a mí algunas citas que entrañan las experiencias de unos hombres de letras y otros bastante respetables:

Dice Ezra Pound:

> And even I can remember
> A day when the historians left blanks in their
>     writings.
> I mean for things they didn't know.[1]

Dice Gustave Flaubert:

> La poesía es una ciencia tan exacta como la geometría.

Dice James *(Ulises)* Joyce:

> La historia, dijo Esteban, es una pesadilla de la que estoy tratando de despertar.

---

[1] Y puedo hasta recordar / un día en que los historiadores dejaron blancos en sus escritos, / quiero decir para las cosas que no sabían.

Dice Friedrich von Schlegel:

El historiador es un profeta al revés (a la inversa o en reversa).

Dice Aristóteles:

La poesía es más filosófica y de más alto valor que la historia.

Dice Birrell:

Ese gran montón de polvo llamado la historia.

Dice Coleridge:

La poesía es ciertamente algo más que buen sentido, pero debe ser buen sentido en todo caso, así como un palacio es más que una casa, pero debe ser casa, por lo menos.

Dice Robert Walpole:

Todo menos la historia, pues la historia debe ser falsa.

Dice Voltaire:

Todas las historias antiguas, como decía uno de nuestros más brillantes ingenios, no son más que fábulas convenidas.

Dice Henry Ford:

*History is bunk.* (*Bunk: nonsense, poppycock, claptrap,* es decir: insensatez, dislate, tontería; *cuentos,* diríamos en México, si bien esto parece ir demasiado lejos ya.)

Hay otros puntos de vista desde luego. Dice Bolingbroke:

Ellos [Tucídides y Xenofonte] mantuvieron la dignidad de la historia.

Dice Dionisio de Halicarnaso:

La historia es la filosofía sacada de los ejemplos.

Dice Schiller:

La historia es el tribunal del mundo.

Dice Carlyle:

La historia es la esencia de innumerables biografías.

Pero en este círculo interminable surge la voz del hombre de la tesis, la antítesis y la síntesis. Dice Hegel:

Lo que la experiencia y la historia enseñan es esto —que los pueblos y los gobiernos nunca han aprendido nada de la historia, ni actuado sobre principios deducidos de ella.

No podría ser parcial sin embargo, ni he suscrito nunca a la actitud del Marqués de Bradomín: "El mundo está dividido en dos lados, en uno estoy yo, en el otro todos los demás."

Mi *Ensayo sobre la actualidad de la poesía dramática (El gesticulador,* segunda edición, 1947, pieza que también tiene sus escarceos con la historia de la Revolución mexicana), enarbola el texto que sigue:

"El historiador tiene que ver con altos potentados y abyectos mendicantes. Tiene que ver con San Antonios y Don Juanes, con Santa Catarinas y Mesalinas, con Akbars y Ahabs. Tiene que ver con héroes y con cobardes, con grandes aventureros y bajos chantajistas. Tiene que ver con palacios y con cabañas, con cortes y con cuevas de ladrones *(thieves' kitchens);* con las obras de los hombres de las más altas a las más bajas; con la naturaleza del hombre desde lo más elevado hasta lo más mezquino; con la mente del hombre desde lo más remontado y sensato hasta aquello que está poco alejado de lo insano. De todo esto, de las infinitas complejidades de su naturaleza y de la reacción de esas complejidades en ellos mismos y sobre los demás, que producen lo que se llama los acontecimientos de la historia, debe tomar cuenta y, habiendo tomado cuenta, debe consignar la verdad, hasta donde pueda juzgar de ella, no sólo respecto de los hechos sino de la significación de los hechos. Qué tan cerca de la verdad pueda llegar aun el mayor genio humano, es otra cosa enteramente. Pero es cierto que si un historiador no es un intérprete, no es nada más que un cronólogo. Tal es la función de la facultad crítica." Esto dice John Fortescue en *The Writing of History* y aquí parece asomar un amanecer de reconciliación entre el historiador y el poeta dramático, pues considero que se trata de uno de los mejores retratos que se haya trazado del segundo.

Curiosamente, sin embargo, llego a la conclusión de que aquí no se trata ya de un pleito o debate entre el teatro y la historia, sino entre la historia y la historia, que es mucho más grave, y en el que yo no puedo tomar partido. Antes de entrar en él —a ciencia y conciencia de los riesgos que pueden correrse— quisiera plantear mis interrogaciones, más bien que respuestas, a los puntos del historiador que considero más importantes:

1) ¿Hasta qué grado puede considerarse la Conquista como empresa privada o particular? De acuerdo con que la época es de mercenarios y de aventureros, pero así como aquéllos solían blandir la espada por Dios o por el diablo, según quien les pagara, éstos, para darse fuerza, dedicaban sus aventuras a la corona española, en pos de honores, de recompensas y, sobre todo, de fundos o bases administrativos —burocráticos, decimos ahora— de permanencia rigurosa. Esto aparte de que, según se ha repetido insistentemente, Cortés se apoderó

en La Habana de ciertos fondos oficiales que lo ayudaron a financiar su aventura privada.

*2)* La lentitud de la penetración de la fe católica en los indios parece embonar a la perfección con un aspecto de mi teoría personal, que designaré como teoría de la gradación necesaria. Pero ¿hasta qué punto fue lenta la penetración? Digo en mi prólogo que hay ideas que prenden inmediatamente y otras, como las de Plotino, que tardan siglos en difundirse sin lograr contagiar a todos los hombres. Y se ofrece a mis ojos, por algo que contiene el diario de hoy, la lentitud con que, desde que fueron lanzadas las primeras bombas atómicas en Hiroshima y Nagasaki hace casi veinte años, se desenvuelven en el mundo los progresos en materia nuclear, a pesar de la radiodifusión, de la TV, etc. La conclusión sería que la fe no es una bomba atómica que con sólo explotar penetre en el alma de una raza cuya teogonía elemental ha sido destruida. Sabemos, además, que los efectos de la radiactividad —por lo menos de la resultante de aquellas bombas que llamaremos primitivas— tardan varios años en tener manifestaciones indudables.

No puedo menos que observar una coincidencia interesante, a la vez que una contradicción también llena de interés, en las aserciones de mi amigo el historiador. Por una parte, con justo apego a lo que podría llamar la teoría de la incubación gradual de la fe, WJM ha escrito un texto relativo a la lenta penetración de la fe cristiana en los indios naturales. Esta tesis se acuerda con una teoría general aplicable al proceso de penetración de todo elemento, desde las ideas religiosas y filosóficas hasta las enfermedades infecciosas y los efectos de la radiactividad. O sea que siguen el orden de la naturaleza y tienen el carácter estacional de las siembras y las cosechas. O sea que si la aparición corresponde, según se había creído hasta ahora, al año de 1531, parece lógico que en 1575, aproximadamente dos generaciones más tarde, empezara a florecer la fe de Cristo entre los mexicanos. Por otra parte, sin embargo, justamente apoyándose en ese florecimiento comprobable el historiador subrayó una vez más la conveniencia de que emplazara yo mi acción en 1555, por parecerle más congruente que sólo pasaran veinte años entre la siembra y la cosecha. Pero, por otra parte, él mismo adujo la persistencia del paganismo en la vieja generación que tampoco podía ser totalmente estéril ni dejar de pesar en el ánimo de la generación inmediatamente siguiente, esto es, la de sus hijos.

Consciente de que también podría acusárseme de incurrir en contradicciones por cuanto en mi tercer acto una multitud de naturales se congrega frente al obispado gritando *tlamahuizolli* y Zumárraga de clara que ve correr la fe, la luz, como un río sin riberas en el pueblo mexicano, trataré de aclarar los dos puntos, que son equivalentes, en términos estrictamente teatrales, no históricos, sino antihistóricos. Como todo personaje superior o heroico del teatro, Zumárraga habla, en ese momento, como un vidente y no se refiere sólo a lo que puede tocar en el espectáculo de carne y hueso que se ofrece a su vista, sino a lo que será más adelante: por la fe que está naciendo allí, en ese momento, México dejará de pertenecer a España. El tiempo teatral —debo insistir en él porque es inevitable— exige que el milagro tenga lugar en el escenario, frente a los espectadores que presencian la representación, y no después de que el telón haya caído. Si no ocurre en escena, no pertenecerá al teatro, sino a la historia. Contra cualquiera acusación de inconsistencia, sobre todo en relación con el ejemplo de la bomba atómica, puedo decir que siento con claridad que lo que presento es la explosión, es decir, el nacimiento de la fe y que las profecías las emite el personaje investido de mayor autoridad: Zumárraga. Y si hago sentir la presencia de un contagio inmediato, es porque eso corresponde a la psicología de toda multitud: es su reacción instantánea que nada puede cohibir. Volveré todavía sobre estos puntos.

3) Según WJM, no hay sino una crónica de la aparición, escrita en náhuatl por Valeriano, y no es posible entresacar de las diversas crónicas aledañas a los dos lustros que van de 1531 a 1540, dato alguno, ni alusión siquiera, a la aparición guadalupana. En el libro citado de la señora Behrens se indica, sin embargo, que existen dos: la primera contenida en el volumen 132 bis de la colección de manuscritos en lengua azteca que se encuentra en la Biblioteca Nacional de México. "Es casi desconocida porque nunca ha sido presentada en forma de merecer estudio crítico." Es del siglo XVI y contiene una historia de las apariciones de María y un breve sumario de sus palabras. Puede ser debida a la pluma del intérprete Juan González, presente en la entrevista de Juan Diego con el Obispo, y describe sólo tres apariciones, figurando la final en el texto de Valeriano. La autora repetida indica asimismo que Fray Juan puso la imagen y la capilla en manos de Juan Diego y cita una nota de él a Hernán Cortés, reproducida en el folleto *Notable documento guadalupano* del P. Mariano Cuevas (1919). Menciona igualmente, en fin, alusiones de Motolinía al milagro y a la fe popular en 1537 y 1540. ¿Son dignos de consideración y de credulidad —y susceptibles de comprobación— estos datos? Mi deber consiste en hacer la pregunta y en dejar la respuesta a los expertos en historia, pero aclaro que carecen de interés específico para mi comedia y para mi personal posición en el asunto.

He querido, en realidad, hacer evidente mi atención a los motivos de la historia, pero nada de esto, siendo tan importante para los especialistas, tiene encaje en el teatro ni podría cambiar la circunstancia de que mi intención, y mi obligación, consisten en buscar la verdad dramática por caminos antihistóricos.

Analizadas atentamente, como puede verse, las observaciones de mi amigo historiógrafo, encuentro válidas las respuestas que anoté a raíz de nuestra primera conversación, y que explican mis razones para preferir el emplazamiento de la acción en 1529-31.

1) Considero teatralmente importante presentar la figura de Carlos V en el apogeo de sus batallas y viajes, a poco tiempo de pasado el Saco de Roma y de ir a recibir la corona de emperador de los romanos que en realidad le granjea aquél, cuando es todavía joven, desenvuelto

y ágil por ello, tiene dimensiones heroicas y está animado por una fe en sí mismo que es por lo menos igual a la que tiene en Dios.*

2) Isabel de Portugal está en vida.

3) Considero que los años mencionados representan la etapa heroica de las misiones catequizadoras, por cuanto vienen a operar en un verdadero nuevo mundo para ellas, que es un mundo partido en dos, un mundo sin diálogo posible entre sus dos mitades, pasado ya el único que se escuchó durante años y que era el de las armas solamente. Como lo he afirmado en relación con *Corona de fuego*, la Conquista es para mí, claramente, la recitación de dos monólogos alternados —ni siquiera de un punto y un contrapunto. Cortés ha demolido pirámides, derribado ídolos y dado muerte a Moctezuma II y a Cuauhtémoc. Los misioneros, en consecuencia, llegan a encontrarse, por un lado, al indio derrotado y sometido, pero todavía inconforme y amenazante, por el otro al español dominador y temido, pero todavía inseguro y amenazado; al indio ya sin dioses propios, cumplidas las profecías, pero todavía sin aceptar a un nuevo dios; al español ya enseñoreado de los bienes y riquezas, pero todavía voraz, codicioso, sin escrúpulos y sin trabas, ya que no lo contiene siquiera el respeto a la vida del indio, a quien no considera humano. Los "piadosos varones" tienen que luchar, pues, por igual, contra la falta de una fe cristiana en el indio, contra su animal aferramiento a su teogonía desaparecida, contra su soterrada, desesperada esperanza de que sus dioses regresan siquiera para permitirle destruir al español, aunque vuelvan a irse después; contra el español y su señorío impuesto por la destrucción y por la sangre, contra su sentido de superioridad racial —curiosamente prenazi— que le hace considerar al indio como a lo contrario de un "ser de razón", como a un animal de carga, en suma, si es hombre, o de placer si es mujer.

Lamento no poder aceptar las afirmaciones de WJM en el sentido de que esta situación persistía agudamente en 1555 y de que la tarea de los misioneros entonces requería mayor y más heroico esfuerzo. Quizá es sólo una cosa de sentimiento en mí.

---

* Es posible, si persisto en atribuir a Carlos la calidad de antena de que hablo en el primer prólogo y por consiguiente la idea del milagro, dar interés dramático en la misma línea a los últimos días de su vida y enlazar así esa idea con una iluminación de moribundo, con la penetrante sabiduría de un visitado por el Señor. Pero, ¿pensará entonces, sin Isabel, en la Virgen de Guadalupe? ¿O podría influir en su ánimo una imagen que no fuera la abstracta de Dios? No hablo de escribir solamente lo que puede pedir la fantasía de un autor —y todos, buenos y malos, la tienen—, sino de lo que fuera en realidad consistente con el carácter del personaje y con sus movimientos interiores. Por lo demás, cada edad tiene sus circunvoluciones psicológicas propias, que a menudo difieren y chocan entre sí con el paso del tiempo, a menos de emanar de ideas fijas e inflexibles, que suelen ser un síntoma de decrepitud o de chochez, un enceguecimiento *natural* por la pérdida de las facultades... digamos dialécticas de la juventud y de la madurez. Puede pensarse también en una visitación del fantasma de Isabel, estando Carlos ya en agonía, para dar el curso guadalupano a sus últimos pensamientos. Eficaz y legítimo recurso teatral; pero, ¿tendrá tiempo entonces de preparar lo necesario para el milagro? Señalaré, de paso, que ese tipo de recursos no me ha atraído nunca.

*4)*   La circunstancia de que en 1531 puedo presentar a Fray Juan de Zumárraga, espléndido personaje dramático, y a los que vivían aún. No tengo nada contra el Arzobispo Montúfar. Sencillamente no lo *veo* adoptando las actitudes ni esgrimiendo los razonamientos ni enarbolando la razón y la cólera de Fray Juan. Aceptemos por un momento —*suppose this supposition*— la línea de 1555: Acto I.—Carlos V, enfermo o moribundo en Yuste, preocupado por los informes que recibe de México, en particular del Arzobispo Montúfar, visitado en su lecho de agonía por el fantasma de su esposa, tiene la inspiración del milagro guadalupano y envía mensajeros de boca, monja clarisa y jardinero murciano, a Montúfar. Y, naturalmente, cierra el acto diciendo "¡Ay, Jesús!" y muriendo. Acto II.—Por una parte, Montúfar no tiene el mal carácter de Zumárraga ni sus razones para rebelarse ante las instrucciones del monarca. Por la otra no ha tenido que pasar por un largo periodo de impaciencia puesto que no ha sido necesario enviar mensajeros especiales para convocar a los misioneros sobresalientes: todos han sido requeridos de modo oficial, no confidencial, al primer Concilio Eclesiástico. Supongamos que antes de inaugurarlo celebra una conferencia privada con sus colegas principales: Motolinía, Las Casas, Sahagún, entre otros. (¿En qué suelo estará ya enterrado Fray Martín de Valencia para entonces?) Primer punto: Motolinía está ya más allá de su anterior ambición de montar autos sacramentales: lo hizo desde 1538 y 39. Aparte de que no le dicen mucho ya, la tradición parece interrumpida en 55. Segundo punto: las leyes de Las Casas han sido acogidas ya, su posición varía un tanto en consecuencia. Sahagún tendría que mostrarse en desacuerdo absoluto (¿en qué fecha precisa adoptó su posición antiguadalupana? Esto parece interesante). En otras palabras, desde el punto de vista de la acción y la discusión dramáticas, no se trataría ya de que los demás convencieran al Arzobispo de la inocuidad y la buena intención del experimento, en defensa y protección del indio, sino de que el Arzobispo los convenciera a ellos, para lo cual le basta hacer sentir toda su autoridad, elemento dramático o no según el enfoque. No obstante mi capacidad dialogística —de la que tanto se me acusa de abusar—, confieso que no podría, sobre la base de estos elementos, organizar un acto tan dramático como el que creo haber logrado con los otros. Por consiguiente, habría que buscar infinidad de elementos de acción y que discurrir episodios bastante numerosos y variados para sostener en pie el acto y llevarlo a una culminación, sin la cual saldría sobrando el tercero. Acto III.—A consecuencia de los cambios fundamentales en el precedente, éste debería ser modificado de todo a todo en su organización y movimiento, porque *a)* en el Arzobispo no hay *duda* (no la veo, ni en el sentido erasmista con respecto a los milagros ni en el dilema de abandonar su sede); *b)* lo único realmente dramático que me parece que podría ocurrir rebasaría sin duda los límites correctos de lo comédico y haría degenerar la comedia en farsa o en sermón de propaganda: digamos que Montúfar, al recibir la información y el mensaje del indio (puede ser Juan Diego, que murió viejo a lo que parece, u otro cualquiera), cree beatamente que sus órdenes se han cumplido y que el milagro elaborado ha tenido una feliz realización. Entonces le tocaría a Motolinía, o a otro personaje muy allegado a él, sacarlo de su error y tratar de hacerle sentir la realidad de un milagro inesperado. Su dilema se plantearía entre los dos milagros.

Es fácil ver después de este somero esbozo que nos encontramos ante el mismo problema: la fe; ante el mismo milagro, pero frente a otra comedia —de otro autor que RU, y desde luego no sería ya lo que más me importa: no sería *comedia* en rigor.

5) Reconozco, por otra parte, que la adhesión popular actual a la fecha aceptada como la de la aparición, es un elemento determinante en la planteación de mi comedia. El primer deber del poeta dramático es hacia el teatro y el segundo hacia su público. Puede controvertir con éste en ciertas materias, orientar o excitar sus opiniones, pero no en aquellas que representan una especie de tierra para él, sin provocar un terremoto de imprevisibles consecuencias, cosa que no ofrece interés si se trata sólo de un dato histórico, y que puede ofrecerlo únicamente cuando se trata de una idea. Sin llegar a la burda expresión de Lope:

> *Y escribo por el arte que inventaron*
> *los que el vulgar aplauso pretendieron,*
> *porque, como las paga el vulgo, es justo*
> *hablarle en necio para darle gusto,*

otros autores nos han dejado reflexiones que pertenecen a la misma familia y quizá descienden del gran monstruo:

> *The drama's laws, the drama's patrons give*
> *for we that live to please must please to live.*
>
> (Dr. Samuel Johnson)

No me mueve, sin embargo, el simple deseo de agradar —irrealizable a veces—, sino uno más importante, que es el de coincidir con el sentimiento popular. Después de escrita *Corona de Sombra* tuve la satisfacción inigualada de que me saliera al paso un corrido que planteaba el drama del Segundo Imperio en iguales términos que mi pieza. Situar mi comedia en la fecha que hasta ahora podemos llamar canónica, aunque los historiadores lleguen a rectificarla más adelante, es cosa que obedece a ese criterio general y a ese personal sentimiento.

6) Insisto en que conviene considerar el tiempo necesario de incubación de la fe resultante del milagro. Dos generaciones son siempre indispensables para el desarrollo de cualquier teoría de evolución social, y podemos ver que el marxismo, por ejemplo, no ha logrado establecerse de modo universal y permanente después de muy poco menos que un siglo de publicado *El Capital.*

7) De otra parte, aunque 1555 clausura en efecto el ciclo de Carlos V, no descalifica el año de 1531 como perteneciente a él. Tras reflexión previa, encuentro que el cambio de fecha, a más de requerir una comedia diferente en casi todos los ángulos, no tendría en realidad significación de fondo para la que he escrito.

*8)* Debo hablar nuevamente de la persistencia del paganismo en la generación coetánea de la Conquista, persistencia que me parece sólo refleja, como cuando nos negamos a creer que haya muerto alguien cuyo cadáver vimos, o como la sensación del paciente que, después de que le han amputado brazo o pierna, sigue sintiéndolos parte viva de su cuerpo. Encuentro interesante reiterar que, en efecto, el paganismo no había muerto —nada muere del todo y nada es totalmente estéril. Pero, a más de sobrevivir en el espíritu del indio y de moverlo a incorporar sus símbolos en la fábrica de iglesias cristianas y a conservar ciertos ritos, como el culto de la Muerte, del Quinto Sol, etc., parece haber sobrevivido en más de un sacerdote católico para fines de combate. ¿No es denunciada la Virgen como Tonantzin, india o simple ídolo por gran número de ellos hasta fines del siglo XVII, por ejemplo, y creo que todavía en el XVIII? Las ideas pueden crecer en todas las cabezas, y el paganismo, convertido en arrendajo y espantajo del infierno, fue arma blandida a menudo para instilar el temor en las almas de los fieles mexicanos.

*9)* Desde que se presentó en mí la idea de esta comedia, y con ella la necesidad ineluctable de incorporar a su acción la imagen de la Virgen, consideré —por razones de teatro y no sólo de respeto al sentimiento religioso del público— que era necesario hacerla sentir sin mostrarla. Entre los mandatos religiosos que sentaron tradición en la tragedia griega figura la prohibición de exhibir cadáveres en escena. Supongo que por respeto a la grandeza de la muerte. Gracias a este tabú la poesía dramática cuenta con admirabilísimas descripciones de asesinatos y muertes, que van desde los atenienses hasta Racine. (Baste evocar el perfecto relato de la muerte de Hipólito en *Fedra,* por el ayo Terameno) que estimulan la imaginación del espectador, lo nutren con bellezas de lenguaje y superan en tanto que forma artística la comisión del acto o la vista del cadáver en el escenario. Creo que este antecedente influyó en mi procedimiento. Pero, además, no lo necesitaba para sentir —aunque no soy hombre religioso— la inconveniencia de presentar visiblemente una imagen sacra en el teatro. Cuando se hace esto puede ocurrir una de dos cosas: o la imagen absorbe la atención del público y lo aparta del espectáculo de imaginación que presencia, o hay que colocarla en una situación inferior, en segundo o tercer término, con el consiguiente descontento de muchos de los fieles que también de este modo se alejarán de la obra. Es lo mismo que el ejemplo que incluyo en el primer prólogo: ni el actor caracterizado como sacerdote en un púlpito verdadero, ni el sacerdote de verdad en el tablado de un teatro entran verdaderamente en ambiente y en función, y los dos resultan inadmisibles y, sobre todo, ineficaces. La única forma viable, si la obra reclama que la imagen sea vista, sería seguir la lección de Max Reinhardt y convertir el teatro entero en una catedral, como hizo él con *El Milagro.*

Las discusiones en torno a la autenticidad de la imagen guadalupana o de su pintura por un artista extrahumano o por uno de los tres pintores nativos, o por un español, italiano o flamenco, son cosa totalmente fuera del territorio de la comedia y que no me interesa considerar siquiera por cuanto para mí la imagen, como las rosas, forma parte de la unidad del acontecimiento y de su fisonomía propia.

*Nota al margen:* Debo a mi amiga, la pintora Ione Robinson, que decora ya o decorará en breve la Capilla de Tlaxcuaque —y los dos a la señora Behrens— el descubrimiento de la mexicanísima estatua en piedra de la Virgen de Guadalupe sonriendo que, por imposibilidades técnicas de fidelidad reproductiva, no figura en esta edición.

*10)* El historiador se da como misión el desbaratar los conceptos erróneos, los datos imprecisos, las supersticiones o las leyendas infundadas de un pueblo. Si para ello debe privarlos de elementos pintorescos o tradicionales en su vida y en su espíritu —dolorosa amputación— se justifica con la verdad y con el hecho históricos que, en su concepto, deben prevalecer. Una actitud semejante ha presidido a la transformación de nuestros antiguos mercados, tan llenos de color, en una suerte de graneros funcionales. La higiene, como la verdad histórica, se impone, y éstas sí son cosas que podríamos llamar con justicia crímenes de los tiempos.

El deber, la vocación en realidad del poeta, es diferente: consiste en no mentir —la poesía es la expresión más alta de la verdad humana— sin que esto quiera significar que el historiador miente o que el higienista se vale de falacias. En no mentir, sino en interpretar con una verdad poética, superlativa por lo tanto, los sentimientos básicos de su pueblo, que son sus alimentos básicos. Para el poeta dramático en particular, la convencionalidad popular —que es una proyección de su sentimiento en forma de *manera de ser*— resulta preciosa e indispensable aunque la utilice sólo como un acento, el acento mágico que da a una esplendorosa apariencia de realidad a todo lo que, sórdido o sublime, se desarrolla en un escenario.

Agradezco a Wigberto Jiménez Moreno que me haya hecho enfrentarme con este dilema. Sin regatear mi respeto por las grandes virtudes de su importante trabajo de investigación, me quedo, sin embargo, por las razones tan prolijamente expuestas y por un sentimiento inefable, en 1531. ¿Por qué? Porque no soy historiador. Porque no hago un texto histórico. Trato, a lo sumo, de dar una visión dramática de un acontecimiento único en nuestra historia. Los defectos que mi intento pueda tener —los más graves— no serán de orden histórico sino dramático. Porque, en fin, no alcanzo a ver conflicto mayor entre la historia y *Corona de Luz*. Si alguno hay, es fuera de la comedia según puedo localizarlo, y seguiré con la más apasionada curiosidad las fases de su desarrollo, y ésta entre dos modalidades, interpretaciones o ponencias históricas.

De una manera u otra, *our play is done*. Glosando esto de Shakespeare, el célebre Abate René Vertot, a quien su *Sitio de Malta* le atrajo tantísimas críticas de historiadores que reclamaban que pusiera mil cosas en su punto, se rehusó a hacerlo y contestó: *Mon Siège est fait*.

Espero que no se me reproche por seguir, en esta ocasión al menos, las pisadas de un historiador.

Falta sólo

## La última palabra

Ésta no será, sin embargo, ni del historiador ni del poeta, sino del público, lo que quiere decir del pueblo, porque todas las clases sociales de México son guadalupanas por esencia, por creencia, por sentimiento o, simplemente, por espíritu revolucionario. Cabe, sin embargo, preguntarse si el público mismo (hablo del de México) no se encontrará, como el Emperador, como el Obispo o como el autor, ante un dilema. Parece que el único elemento que no tendrá que enfrentarse con uno es la historia —del teatro.

¿Cuál puede ser el dilema del público? Del modo que yo veo las cosas, no puede haberlo en lo que se refiere a una elección entre la comedia y la historia. Solamente los especialistas en materia cliometodológica cortarán el nudo gordiano y optarán por su especialidad, que para ellos es la más seria y bien fundada, teniéndoles sin cuidado el teatro y lo que pudiere hacer. El público puede aceptar o no la comedia —nada de teatro se sabe mientras no se alce el telón sobre ese mundo singular—, pero es dudoso que sus reacciones obedezcan a motivos historicistas. Si la acepta —o la parte de él que la acepte— lo hará porque, al comulgar con ella, verá la historia, él también, al través de la antihistoria. Pero su aceptación o su rechazo obedecerán sólo a imperativos de su fe.

Así, viene a resultar que su dilema sería el que, en realidad, le plantea el historiador: optar entre el Año Caña Trece tenochca, o sea 1531, y el Año Caña Trece tlatelolca o tecpaneca, o sea 1555. Mi sentimiento es que se quedará con el primero —quizá por explicable inercia, aunque no es improbable que la enseñanza sistemática de la historia apegada a los resultados de las más recientes investigaciones, vaya penetrando gradualmente en las generaciones nuevas hasta llegar a convencerlas de reconocer como realidad histórica el 1555. Este proceso puede tomar menor o mayor tiempo que el que requirió en el siglo xvi el cristianismo para penetrar y asentarse en la imaginación y en el espíritu de los descendientes del paganismo. Es un proceso semejante a una trasminación, por lo cual sería azaroso fijarle un término ya que depende por igual de la calidad del material penetrante y de la calidad del material penetrado.

Entretanto, ¿cuál será la postura de la administración eclesiástica? Los sacerdotes eruditos en historia, que muchos hay, ¿se dividirán también y tomarán partido por una u otra fecha? Si las investigaciones de que he venido tratando se limitan al año sin afectar el día del mes y en los dos casos se trata del 12 de diciembre (como ignorante en la materia, no puedo eludir la pregunta: si las cifras que condicionan los periodos anuales difieren en los calendarios tenochca y tlatelolca ¿hay razón para que no difieran las que se refieren a los días del mes y de la semana?), la solución parece menos problemática: lo más grave que puede ocurrir es que el próximo centenario sea celebrado en el año 2055, a menos que algún salomónico, hábilmente conciliador jerarca disponga, para dar gusto a todos "y a su padre", hacer dos celebraciones —en 2031 y en 2055. Todo puede ser.

En este sentido, en todo caso, también seguirá el pueblo su propia, infalible visión y la última palabra será suya, como siempre, según nos permite comprobarlo la lectura de la historia.

Pero, hablando con entera objetividad, considero que en esta ocasión particular los riesgos son todos de la historia y no del teatro. Destruir una tradición en el pueblo es despoblarle el alma —no importa que se trate de crear otra tradición. Y cuando una cosa así ocurre, no se sabe ya lo que irá a ser de ese pueblo, ni lo que ese pueblo irá a hacer.

RODOLFO USIGLI.

*Oslo, 2 de octubre 1964.*

# ACTO PRIMERO

## Prólogo político

*La acción el año de 1529, en el vestíbulo del monasterio de San Je-*
*rónimo de Yuste, fundado como ermita y establecido como capilla en*
*1407 por bula otorgada por el Papa Benedicto XIII; privado de ben-*
*dición por el Obispo de Palencia, y luego restituido a la posesión de*
*sus bienes y reorganizado como núcleo jerónimo con apego a las re-*
*glas de San Agustín. Está situado en Cáceres, en la región de Extre-*
*madura, medianera en la ruta que Carlos V de Alemania y I de*
*España sigue ese año para hacerse coronar en 1530, tras una lucha*
*sin tregua ni ley, emperador de los romanos.*

*Atardece, y al fondo de las arcadas puede percibirse una perfuma-*
*da visión de naranjos, como la sombra verde de un boscaje, fuera*
*del monasterio, y la luz, suave y densa a la vez, que los descubrido-*
*res flamencos de la pintura al óleo pueden comunicar todavía al visi-*
*tante de exposiciones y museos después de casi cinco siglos. El vestí-*
*bulo está desierto, y la profesional paz monástica cubre el ambiente*
*como aceite. Aquí no pasa nada, ni nada se mueve. El aire mismo se*
*desliza con suave servilidad incapaz de agitar una hoja, de suscitar un*
*deseo, de avivar una conciencia. De pronto se quiebra todo como un*
*cristal finísimo y muy grueso —cristal de roca— sobre el que alguien*
*dejara caer un enorme martillo. El aldabón resuena como una suce-*
*sión de cañonazos apenas espaciados. Uno-dos-tres-uno-dos-tres. Un*
*fraile alto y motilón, con el hábito de la Orden jeronimiana, emerge*
*del segundo término izquierda como una gran sombra en movimien-*
*to, y se dirige al enorme portón situado al centro del fondo. Su rosa-*
*rio suena, al ritmo de sus pasos, como la espada de un mercenario*
*contra una bota de trabajado cuero. Es el portero del monasterio.*
*Suenan tres nuevos golpes mientras el portero llega al portón y en-*
*treabre el ventanillo.*

PORTERO.—¡Ave María Purísima! ¿Quién es?
LA VOZ DEL MINISTRO.—Sin pecado concebida. Ya, ya. Abrid y os lo
   diré.

Portero.—Tengo que saber antes quién sois.
La voz del Ministro.—Abrid, ¡en nombre del Rey!
Portero.—Aquí no hay más rey que Dios Nuestro Señor. Implorad
por Él y decid qué buscáis.
La voz del Ministro.—¡Voto a...! Busco a Su Majestad el
Emperador.
Portero.—No lo conozco. Aquí...

*Otro fraile alto, vestido con un hábito y ornado con un rosario cuya
calidad, limpieza y orden delatan a un superior, aparece en segundo
término izquierda. Es el prior. Suena otro aldabonazo.*

Prior.—Abrid, abrid, hermano, o de otra suerte nos estropearán el
portón, que es de encino joven y no lo merece.
Portero.—Es algún loco, sin duda, que busca a no sé qué emperador
o cosa.
Prior.—Acogedlo, hermano. El hombre tiene siempre que abrirse
paso por el error. Ya le diremos, mirándole a los ojos, que fuera
de Dios aquí no impera nadie. Vamos.

*El portero abre la pesada puerta. Entra con airada premura el Minis-
tro, seguido por el emisario, que permanece arrinconado en la sombra.*

Prior.—¿Y adónde queréis llegar, señor, con tanto ruido? Habéis tur-
bado el silencio de esta casa.
Ministro.—*(Adelantándose mientras el portero cierra el portón.)*
Perdonad, Fraile. Preciso ver al Emperador. Sé que está aquí.
Prior.—¿Y quién, si os place, es ese emperador de quien habláis? El
único que conozco es el que está crucificado en la capilla de esta
casa: el que nos muestra que hay que morir para imperar.
Ministro.—Hablo de Su Majestad Carlos, que está...
Portero.—*(Irritado.)* Esto no es posada de una noche para nadie.
Prior.—Callad, hermano. *(Al Ministro.)* Aquí no encontraréis sino
una comunidad de monjes cuya única majestad es Jesús. Sere-
naos y decid...
Ministro.—¡Con veintidós de a caballo que...!

*El aldabón vuelve a sonar, mesurada, rítmicamente, con una especie de
serena autoridad.*

Portero.—¿Otra vez? Esto parece ya herrería si no posada. *(Otro aldabonazo.)*
Prior.—Pensad en la puerta de encino joven, hermano.

*Otro aldabonazo se escucha aún. El portero abre. Entra el Cardenal,
como quien lo hace en su casa, seguido por el fraile, que también per-*

*manecerá en último término, en el rincón sombrío opuesto al que ocupa el emisario.*

CARDENAL.—(*Airado.*) Me desplace ver que un monasterio menor hace aguardar a la púrpura. ¿Dónde está el Rey?

PRIOR.—No os conozco ni sé de qué habláis.

PORTERO.—El único rey que conocemos aquí está muy bien sentado en la capilla. Lo dijo ya el Padre Prior.

MINISTRO.—Señor Cardenal, tratad de hacer entender a estos buenos monjes...

CARDENAL.—¡Ya me figuraba que os encontraría aquí! ¿Su Majestad...?

MINISTRO.—Sé tanto como vos. Vi cerca de este lugar la real carroza con el eje de una rueda roto. Pregunté a los nobles, que nada sabían, y a los cocheros, que me dijeron que el Rey daba un paseo —¡a estas alturas! Caminé y no vi más casa que ésta en los alrededores. Pregunté, pero aquí contestan con acertijos, como podéis juzgar.

CARDENAL.—No hablo de eso. Salisteis de Salamanca después que yo, y sin embargo me adelantáis aquí.

MINISTRO.—Es que no llevo sotana, Eminencia. Tengo el paso más franco.

CARDENAL.—En todo caso, el Rey...

PRIOR.—Perdonad, pero de oír muchas cosas que no entiendo llego a la conclusión de que buscáis a alguien. Dejadme deciros que aquí no encontraréis un alma fuera de los hermanos de la Orden, que... (*Se detiene. Una súbita sospecha despunta en él.*) Hermano portero...

PORTERO.—Padre Prior...

PRIOR.—¿Habéis vuelto a permitir visitas a cambio de limosnas?

PORTERO.—Perdón, Padre Prior. Pensé que las obras del huerto...

PRIOR.—Pensáis demasiado para un religioso, hermano. ¿A quién habéis dejado pasar esta vez? ¿Por quién habéis vuelto a olvidar las reglas de la Orden y los ordenamientos de este monasterio? Aquí no se abre la puerta más que al hambriento.

PORTERO.—Perdón, pedí. Era un buen burgués con su esposa. Los dos parecían necesitar pan para el alma.

PRIOR.—¿Cuánto os dieron? (*El Portero le entrega con repugnancia visible varias monedas de oro.*) Ajá. Habrá que devolver esto. Aquí no somos franciscanos. (*Retiene las monedas y se vuelve hacia el Cardenal y el Ministro.*) Como habéis oído, señores que buscáis a no sé qué rey, aquí no ha entrado sino un burgués con su esposa. ¿Queréis dejar de interrumpir la paz de este monasterio y marcharos? Digo, a menos que tengáis hambre y sed.

MINISTRO.—Es que...

CARDENAL.—Monje, seas quien fueres, ¿no reconoces a un príncipe de la Iglesia?

PRIOR.—(*Altanero.*) Lo reconozco sólo por los clavos, y no los veo en tus manos, como no sean esos anillos de oro.

CARDENAL.—¡Impertinencia! ¿No te das cuenta de que...? Abrid pronto esa puerta y esperad sanciones de la Santa Iglesia.

*Mientras el Portero, a una señal del Prior, abre el portón, por primer término derecha aparece Carlos V llevando de la mano a Isabel de Portugal, su esposa. Ambos vienen absortos y meditativos y sonrientes con una contenida sonrisa hija de la paz y de la armonía del ambiente. Al ver al Cardenal, que sale seguido por el Fraile, Carlos detiene a su esposa y espera un instante mientras vuelve a cerrarse el portón.*

*Carlos V de Alemania y I de España viene vestido con un traje pardo de viaje y se asemeja mucho a sus mejores retratos. Es ya el padre de la cristiandad por encima de Clemente VII; el señor del mundo por encima de Francisco I y de Enrique VIII: lúcido, preciso, guerrero pacifista. Sin estas condiciones suyas, quizá el protestantismo no hubiera llegado a afirmarse en Europa. Es, además, el padre de la Nueva España, pero también el padre, por su nacimiento, de la Inquisición española y, sobre todo, el hijo de Juana la Loca. Es ya, en el haz de auroras de este momento del mundo, el hombre a quien el exceso de poder llevará, treinta años más tarde a la abdicación, para gozar también de la última posesión posible en la tierra: la renunciación. Su mente está ya formada para moverse y funcionar en un constante juego de luz y sombra, en una dualidad constante: flamenco, alemán y español; guerra y paz, religión y lucha con Roma; lucha contra, y tolerancia de, Lutero; heroísmo militar y misticismo —dualidad de la que Felipe II no heredará sino el cuadrante de sombra y las agujas de la sospecha y de la duda. Acaba de ganar otra batalla a Francisco de Francia, ya que se apresta a recibir la corona de los romanos; pero su ánimo y sus ideas están en otra, misteriosa parte.*

*Al cerrarse el portón tras el Cardenal y el Fraile, el Rey sonríe y adelanta unos pasos; pero su sonrisa se esfuma ante el profundo saludo del Ministro.*

CARLOS.—¡Ay, Jesús!

ISABEL.—¿Por qué decís tan a menudo esa frase, señor?

CARLOS.—No lo sé. Quizá porque es la primera que aprendí a decir en español. Quizá porque será la última que diré en mi vida.

ISABEL.—¡Señor!

MINISTRO.—(*Avanzando hacia él.*) Señor...

CARLOS.—Convenid en que es irónico. Gracias a ese accidente de la carroza, descubro el paisaje más extraordinario que he visto: el paisaje que reúne mi deseo de vida y mi esperanza de muerte, y descubro también este monasterio increíble —tan flamenco todo, dentro de España, tan fincado en mi piel, y... y veo salir al Cardenal y quedarse y saludar al Ministro. Tengo la mala suerte de cualquier monarca, señora, si no peor.

PRIOR.—(*Adelantándose.*) Aquí tenéis vuestro oro, que nada puede comprar en este sitio.

CARLOS.—Otra complicación.

PRIOR.—Y marchaos a otro lado. No importa que seais rey o burgués. Aquí la única moneda que circula es la del amor a Dios.

CARLOS.—Hablaré con vos después, padre. Soy el rey para el pueblo, y soy sólo un poco de polvo para Dios. Dejadnos ahora, os ruego, ya que el mundo me persigue hasta aquí, y dejadme esperar que no seré indigno de pisar estas losas —ni de besarlas.

PRIOR.—(*Al Portero.*) Venid hermano.

*Los dos salen lentamente por segundo término izquierda. Carlos se vuelve entonces al Ministro. El Emisario se oculta bajo un arco al fondo izquierdo.*

CARLOS.—(*Al Ministro.*) No me dejaréis gozar tampoco este lugar. También aquí tengo que estar a caballo y que pelear, y que juzgar y que destruir y que construir, en vez de disfrutar del aire de la tarde como cualquiera de mis campesinos.

MINISTRO.—¿Es culpa mía si sois señor del mundo?

CARLOS.—¿Es culpa mía si el mundo es mi señor? Un señor que no me da un solo instante de reposo. Dejadme dormir un poco al sol que se oculta, y os daré todo lo que pidáis.

MINISTRO.—Todo lo que yo os pido, señor, es que me dejéis dormir a mí, aunque sólo sea de noche.

CARLOS.—Eso es: quejaos. La queja del súbdito ahoga siempre la del monarca. Pero estoy cansado, y para vos, estoy en Roma, no aquí. Durmamos al mismo tiempo y eso lo resolverá todo. Que todo el mundo duerma a la vez: el siervo y el ministro y el cardenal y el rey. Haced un decreto real.

MINISTRO.—No nos engañemos, señor. En cuanto el pueblo de España sepa que tiene que dormir por decreto real, se dedicará encarnizadamente al insomnio.

CARLOS.—Yo haría lo mismo. ¿Qué es lo que pasa ahora, veamos, que me seguís hasta este sitio? ¿Flandes, Brabante, Alemania, el

Palatinado; Lutero, Francisco de Francia, Clemente, que va a coronarme en Roma, mi familia? ¿Qué?

MINISTRO.—Tratándose de cualquiera de esos problemas, lo habría yo resuelto en Valladolid y me hubiera ahorrado este innoble molimiento de huesos que me dejan los viajes en carroza. Pero no se trata de nada de eso.

CARLOS.—¿Algo nuevo bajo el sol al fin?

MINISTRO.—Señor Rey, se trata de América.

CARLOS.—(*Un paso adelante.*) ¿De qué?

MINISTRO.—De América, señor.

CARLOS.—¿Y qué puede ser eso? ¿Qué es América? Eso no existe.

MINISTRO.—Decid más bien que no existe más que el Nuevo Mundo, cuando fue descubierta. Pero ahora, gracias a los cosmógrafos alemanes y holandeses, vuestros súbditos, no sólo existe América, bautizada por el nombre de Américo Vespucio, sino que existen la América Septentrional y la América Meridional, en vez de lo que llamábamos el Nuevo Mundo.

CARLOS.—¡América! Disparate. No existe más que el Nuevo Mundo, que no es más que la Nueva España, pese a ese charlatán de Vespucio a quien Dios confunda como él ha confundido la cosmografía. Me siento tentado a veces de escuchar a mis aduladores cosmógrafos y llamar a esa tierra Carolandia, Carolia o Carólica. Después de todo, es obra mía.

MINISTRO.—No hay que olvidar a Isabel y Fernando, señor, que pusieron el dinero.

CARLOS.—Fue Isabel quien lo puso. Las reinas siempre se las arreglan para tener más dinero que los reyes. (*Se vuelve hacia Isabel.*) Ahorraos, señora mía, este fastidioso negocio que nos traen, y pasead un poco por el huerto, ¿queréis?

ISABEL.—Volveré pronto, señor. (*Sale, ante una inclinación del Ministro, por primer término derecha.*)

MINISTRO.—(*Ligando.*) Ni hay que olvidar al ignorante Colón, que creía seguir a Marco Polo y siguió a otro polo.

CARLOS.—¿Colón? Descubrir un continente es poco: lo difícil es administrarlo. ¿Qué sería del Nuevo Continente sin mis capitanes Cortés y Pizarro y Alvarado, y sin mis justicias, adelantados y obispos?

MINISTRO.—Lo inquietante más bien, señor, es saber lo que va a ser del Nuevo Continente con ellos. En todo caso, América…

CARLOS.—¿Otra vez?

MINISTRO.—Es inútil luchar contra la falsedad y la pereza de los hombres, señor. Por eso me someto al nombre inventado por la

*Introductio Cosmographicae* de Waldseemüller, o como se pronuncie.

CARLOS.—Política de mis enemigos. Me gustan los mapas, pero los verdaderos.

MINISTRO.—Es igual. Ya podemos desgañitarnos hablando de la Nueva España, de las Indias Occidentales y del Nuevo Mundo, que por cierto es bastante más viejo que éste: América es más corto, más engañoso, más vago, y por ello más susceptible de generalizarse. Quizá se hablará un día de la América española, para diferenciarla de la francesa o de la sajona, porque ni Francia ni Inglaterra van a abstenerse de efectuar exploraciones, ni a quedarse con las ganas de arrebatarnos aunque sea unas migajas de territorio y de poder en... (*Ante la mirada severa de Carlos, se detiene.*)

CARLOS.—¿En dónde?

MINISTRO.—En... en las Indias.

CARLOS.—¿Queréis decir en América? Dejémoslo allí. Ya sabéis que prefiero ceder a todo antes que tener discusiones de familia. Soy hombre de paz.

MINISTRO.—Vuestras guerras lo prueban, señor.

CARLOS.—¿Qué ocurre, pues, con América para que me detengáis así a medio viaje a Roma? (*Suspira y pasea mirando algún invisible punto del espacio mientras el Ministro lo sigue más lentamente.*)

MINISTRO.—Mejor será que lo oigáis de labios del propio mensajero, señor. Pero debo advertiros antes que la situación es compleja y reclama una atención y una meditación especiales.

CARLOS.—¿Hay alguna tarea de mi oficio que no las reclame? ¿Y para qué soy entonces esta especie de monstruo o hidra y tengo las cabezas de todos mis consejeros y ministros?

MINISTRO.—Con perdón de Vuestra Majestad, en primer lugar, sois un monarca absoluto...

CARLOS.—Mis súbditos me fuerzan a serlo, pero no me divierte.

MINISTRO.—...y en segundo, éste es un caso en el que vuestros ministros no pueden asumir responsabilidad alguna, porque no puede resolvérselo por medio de la inteligencia administrativa o política, sino quizá únicamente por medio de ese privilegio que la fantasía popular atribuye a los reyes, y que es la inspiración, hija de la gracia divina. Vuestros ministros no son reyes ni emperadores ni seres inspirados, sino simples animales mortales de estudio o de trabajo.

CARLOS.—En otras palabras, la responsabilidad que resulte deberá ser mía únicamente, como de costumbre.

MINISTRO.—La gloria, señor, la gloria.

CARLOS.—Quisiera ver por una vez un espíritu de iniciativa en mis ministros.

MINISTRO.—En cuanto lo vierais, señor, ellos dejarían de ver sus cabezas sobre sus hombros.

CARLOS.—¿Y no es eso una cobardía?

MINISTRO.—No es sino el deseo de serviros el mayor tiempo posible.

CARLOS.—No es nada halagüeño, especialmente considerando cuán poco sé del Nuevo... de las In... en fin, de la América.

MINISTRO.—Tratándose de política europea, señor, todos nos encontramos en terreno conocido, familiar en el más estricto sentido de la palabra. Los monarcas son familiares vuestros, por sangre o por alianza, a un grado nunca antes visto en Europa. Sois el monarca que más ha dilatado el círculo de familia porque sabéis por experiencia dos cosas: una, que la familia profesa a menudo intereses afines con los nuestros, pero siempre inconciliables con los de ellos; otra, que hay que vivir en familia para conservar viva la desconfianza en la familia. Un cortesano vuestro, buen cristiano, pero agudo y audaz, ha llegado a preguntarse por qué no establecéis una alianza de familia con Lutero, a fin de tenerlo más a mano.

CARLOS.—¡Sacrilegio y estupidez! Soy el padre de la cristiandad, ¿y queréis que introduzca en mi casa al diablo?

MINISTRO.—Los teólogos os dirán, señor, que tener al diablo en la casa de Dios es menos peligroso que dejarlo en la suya propia. Poco ha que murió en Italia un tal Maquiavelo que expresó ideas parecidas hablando de una alcachofa. No olvidéis, además, que si bien sois el padre de la cristiandad, Francisco I es el hijo predilecto de Roma.

CARLOS.—¡Ese saqueador de cuadros y de estatuas! He ahí algo que tendrá que arreglarse muy pronto. El Papa Clemente me ha dado ya muchas muestras de mala voluntad, y más de una vez me he preguntado si mi misión no consiste en acabar con el poder temporal de la Iglesia. Quizá lo habría hecho ya, si fuera idea mía y no de Martín Lutero.

MINISTRO.—También el Papa debería ser miembro de vuestra familia.

CARLOS.—(Agradablemente sorprendido.) Buena idea.

MINISTRO.—En suma, la política y el ambiente de Europa no son conocidos como cosa propia —aunque a veces la obra se vuelva contra sus creadores. América es el otro extremo del mundo, señor. Los informes que recibimos de las autoridades y las cartas mismas de Cortés, no bastan a ilustrarnos. Y no sabemos hasta qué punto es posible aplicar idénticas leyes ni imponer igual conducta a los indios que a los españoles. La medicina que salva a un enfermo a menudo mata a otro; y, lo que es peor, la medicina que mata a un enfermo con frecuencia salva a otro enfermo. El español mismo, una vez allá, parece sufrir un cambio, cobrar una idea excesiva de su propia importancia, conferirse un rango divino, y trata de reinar sobre el indio, a juzgar por los informes.

CARLOS.—¿Habéis dicho reinar? ¿Existe alguien, fuera de Dios y de mí, que pueda reinar en mis dominios?

MINISTRO.—De cada aventurero español, el descubrimiento y la conquista de América han hecho un rey. Pensad en Colón, señor, a quien hubo que hacer volver con prisiones en los pies y en las manos. Y pensad en Cortés, de quien mucho se ha dicho y más se dirá en el sentido de que aspira a ser emperador de las Indias.

CARLOS.—Cortés es el mejor soldado de España, después de mí, y es leal. Y si no lo fuera, ya sabemos cómo se llega a la América.

MINISTRO.—Puede que sea leal porque se siente más que rey.

CARLOS.—¿Cómo?

MINISTRO.—Que Dios me perdone, pero tengo noticias de que Cortés se siente Adán, señor rey, y se unió a esa india, la Malinche o doña Marina, lengua y Eva de Tabasco, como para fundar un nuevo paraíso. Pero… (*Carlos va a hablar. El Ministro se apresura a seguir.*) Pero cada soldado español, cada miembro del cabildo, cada encomendero, cada pequeño funcionario, cada comerciante, cada miembro de cada gremio, se atribuye esa situación cuasi divina —y esto es más ridículo que sacrílego, señor— con relación al esclavo indio. Y así será por muchos años.

CARLOS.—Ni sacrílego ni ridículo. Yo lo entiendo muy bien, como alemán sé por qué es así. Pero mis misioneros escapan a esa regla. Ellos llevan la fe y la luz y se conducen como iguales y hermanos de los indios.

MINISTRO.—Lo cual los hace más peligrosos, porque desarrollan así ese inconveniente sentido de igualdad en los naturales, y después porque todos, hasta vuestro hermano, dependen de Roma.

CARLOS.—La Orden franciscana sólo depende de Dios, y por lo tanto de mí. Son los únicos religiosos que no hacen política romana, y representan todo cuanto mi alma cristiana quiere de bueno para los habitantes de ese mundo. Es natural del soldado usar la fuerza; es natural del juez usar la ley, valerse de instrumentos sin los cuales parecerían hombres como los demás y serían destruidos, a la vez que el buen gobierno, por ellos. Pero contra la violencia necesaria, contra la justicia inevitable (*se oye golpear con auto-ridad el portón*) Dios nos ha dado la bondad y la fe, que son las armas del misionero. (*Nuevos golpes.*) Las armas, justamente, que, igualándolo a todos los hombres, dan el triunfo a su causa divina. (*Vuelven a llamar.*) Vamos, ved quién diablos está tocando así.

*Entre tanto, el Portero motilón ha sobrevenido con pasos presurosos y se dirige a abrir. Mientras lo hace, continúa hablando el Ministro, en tanto que el Cardenal franquea la puerta, escoltado por el Fraile, despide de un gesto al Portero, que sale, y se pone a escuchar con impaciencia.*

MINISTRO.—Desgraciadamente, señor, la cuestión de América no es una cuestión teológica: es una cuestión política, y afecta intereses que son vitales para España.

CARDENAL.—(*Adelantándose.*) Ya estáis allí, como siempre, hablando de las cosas materiales del mundo, que son las que os preocupan. ¿Y por qué no me hicisteis llamar sabiendo que buscaba yo a Su Majestad? ¿Y qué hacéis entretanto de todos los demás asuntos, señor Ministro? ¿Y qué es esto que acabo de saber y que me ha hecho venir de Salamanca a matacaballo? (*Los otros lo miran y se miran.*)

MINISTRO.—¿A cuál de tantas preguntas prefiere Su Eminencia que conteste?

CARDENAL.—Me dejasteis salir de aquí para adelantaros ante el Rey, sabiendo que...

CARLOS.—¿Qué es lo que os ha hecho venir, Cardenal?

CARDENAL.—La obra del demonio, señor, que continúa sin freno en México.

CARLOS.—(*Sorprendido.*) ¿Mé...xi...co?

MINISTRO.—La Nueva España, señor. Aparentemente los bárbaros naturales llaman a la ciudad capital, a más de Tenochtitlan, Méshico, o Mécsico, o Méjico, o cosa parecida.

CARDENAL.—Se me habla de incidentes sangrientos en México, en Tlacopan, en Tlaxcallan, en Tlatelolco, en Atzcapotzálcotl, en Cuyuacan mismo, donde Cortés ha fijado su residencia; en Teotihuacan y...

CARLOS.—Habría que simplificar esos nombres.

MINISTRO.—Vuestros súbditos lo harán por sí solos, señor. El español practica una orgullosa resistencia a hablar bien todos los idiomas, incluyendo el propio.

CARDENAL.—No he venido aquí para hablar al Rey de cuestiones de lenguaje, señor ministro. Los informes que recibo me prueban que los infelices naturales de la Nueva España se encuentran en peligro mortal, y nuestro deber cristiano es salvarlos.

MINISTRO.—Por una vez, Majestad, Su Eminencia y yo estamos de acuerdo: hay que salvar a los naturales de Nueva España.

CARDENAL.—Dios sea loado porque abre vuestros ojos. (*Dudoso de pronto.*) A no ser que *yo* sea el equivocado.

MINISTRO.—De ningún modo. Vuestra palabra se ha adelantado sólo un segundo a la mía.

CARLOS.—Veamos: ¿estáis de acuerdo, entonces, en que debo salvar a los indios?

MINISTRO.—¿Qué haríamos sin ellos? Si los indios llegaran a extinguirse…

CARDENAL.—Sería una mancha imborrable la que caería sobre la cristiana Majestad de Carlos V.

MINISTRO.—Eso sería lo de menos.

CARLOS.—¿Cómo?

MINISTRO.—Si los indios desaparecieran, ¿quién bajaría a lo profundo de las minas en busca de metales, quién acarrearía los bloques de piedra para levantar iglesias, conventos y palacios y casas habitables, quién cultivaría la tierra? No serían seguramente los españoles, que han ido a América para conquistarlo todo menos el trabajo, puesto que han ido como héroes y como aventureros. Y entonces todos nuestros proyectos para acrecer el poderío y la riqueza españoles caerían por tierra.

CARDENAL.—Ya sabía yo que no podíamos estar de acuerdo. No puedo tolerar más el tono ligero con que tratáis estas cosas. Yo hablo de las almas de esos infelices y de su salud eterna.

MINISTRO.—Y yo, Eminencia, hablo de sus cuerpos, y de la salud de España.

CARDENAL.—¿Y qué podréis hacer con sus cuerpos si perdéis sus almas?

MINISTRO.—Sed práctico: ¿qué diantres podréis hacer con sus almas si perdéis sus cuerpos?

CARDENAL.—¡Sacrilegio! ¡Blasfemia! Sólo el alma da vida al cuerpo.

MINISTRO.—Cebad las almas, Eminencia, engordadlas, y si no tienen cuerpo que habitar, no servirán más que para el paraíso, el purgatorio o el infierno, según su inclinación. Ayudad a vivir al cuerpo, y salvaréis el alma.

CARDENAL.—Eso es lo que resulta de aplicar las enseñanzas de los paganos griegos al mundo cristiano. Engordad y cebad los cuerpos descuidando las almas, y todas caerán en el fuego del infierno.

MINISTRO.—Dios hizo primero el Verbo, pero la Iglesia siempre quiere tener la última palabra.

CARDENAL.—Permitid...

CARLOS.—¿Queréis explicaros al fin? Una cuestión que parecía tan ajena y tan lejana hace un cuarto de hora, cobra, de pronto, proporciones increíbles —como si estos techos se desplomaran sobre nosotros. Habláis de perdición y de salvación; uno habla de cuerpos y otro de almas, y miro divididas a las cabezas de mi gobierno sin comprender por qué —cosa que no me agrada— y los dos parecéis olvidar la presencia del rey. Acabemos y decidme ya de qué demonios se trata. 

CARDENAL.—Señor, Vuestra Alteza comprenderá en cuanto yo le diga, en nombre de la Iglesia, lo que ocurre.

MINISTRO.—Con la venia de Su Eminencia, creo que lo más sencillo será que el Rey escuche la exposición de los hechos de labios del propio emisario.

CARDENAL.—(*Satisfecho.*) Iba yo a proponerlo.

MINISTRO.—(*Mirándolo con desconfianza.*) ¿Sí? Quizá sea yo quien se equivoca ahora. En todo caso...

*Se dirige con rapidez hacia el extremo del fondo en que está, oculto en la penumbra, el Fraile. El Cardenal, por su parte, se recoge la sotana y corre casi hasta el sitio en que, incorporado al muro de piedra, espera el Emisario. Los dos vuelven al frente sin mirar hacia atrás, gritando simultáneamente:*

CARDENAL Y MINISTRO.—¡Hola, mensajero!

*Carlos se da cuenta de la confusión y empieza a reír silenciosamente.*

MINISTRO Y CARDENAL.—(*Simultáneamente y sin volverse.*) Vamos, ¡hablad!

*El Emisario se adelanta hasta quedar frente al Cardenal, que parece ver visiones, y pone una rodilla en tierra.*

CARDENAL.—Ya sabía yo que este juego no era limpio, señor. Me han cambiado a mi mensajero, ¡me han hecho trampa!

*El Ministro, azorado, se vuelve para encontrar, detrás de él, al Fraile.*

MINISTRO.—Me parece que quien juega sucio es Vuestra Eminencia.

CARLOS.—(*Riendo.*) No hay nada como la precipitación y la violencia para que se haga uno trampa a sí mismo. Por mi fe, esto vale la pena de que lo vea la Reina. Llamadla, pues, señor Cardenal: estará en el huerto o en la capilla. Por allí.

*Furioso, el Cardenal hace señas de seguir al Fraile, y salen por primer término derecha. Carlos se vuelve al Emisario, que es un soldado, una primera edición del soldado cervantino, castellano, de aspecto noble, sereno y decidido. A la inversa del Manco de Lepanto, cuyo brazo quedara sólo inmovilizado, a éste le falta uno por completo (el izquierdo). La presencia del Emperador y Rey lo impresiona sin turbarlo, como un licor vivificante. Carlos le hace seña de levantarse.*

EMISARIO.—Dios guarde a Vuestra Alteza muchos años.

CARLOS.—¿Dónde perdiste el brazo?

EMISARIO.—En el mismo lugar donde gané el corazón, señor, peleando por los colores de España. Lo esencial no es que haya perdido un brazo por Vuestra Alteza, sino que haya ganado el corazón para servirla.

CARLOS.—¿Eres hombre de Cortés, de Alvarado o de Pizarro?

EMISARIO.—Soy hombre de España.

CARLOS.—Di quién te envía y dame en seguida tu mensaje.

*Isabel entra en ese momento por primera derecha, seguida por el Cardenal seguido a su vez por el Fraile, que es pequeño, enjuto y enérgico. Si pudiera, el Cardenal pasaría por delante de la Reina. Es tal su prisa que habla desde la entrada.*

CARDENAL.—Un momento, señor, os lo ruego. (*Carlos se vuelve. El Cardenal empuja al Fraile hacia delante.*) Hablad, hermano, hablad.

CARLOS.—(*Mirando lentamente al fraile.*) ¿Sabes quién soy, Fraile?

FRAILE.—Sí: un hombre.

MINISTRO.—Fraile, inclínate ante la majestad de Carlos V, Rey de España y Emperador de Alemania, Príncipe del Palatinado y Duque de Brabante, señor del Nuevo Mundo, emperador del Sacro Imperio Romano y jefe de la cristiandad.

FRAILE.—El cristiano no tiene más jefe que Cristo Vivo, y los reyes tienen más pecados que los hombres. Si yo saludo a Carlos como a un hombre, le rindo homenaje. Si lo saludara como a un monarca poderoso, tendría que ofrecerle hipocresía, y eso me lo prohíbe la Ley de Dios.

CARLOS.—Tienes la lengua acerba, Fraile, y eso me agrada. En mí el príncipe no ha podido acabar con el hombre.

EMISARIO.—Eso es porque sois español.

MINISTRO.—Príncipe español.

FRAILE.—Este hombre que pone adjetivos debe de ser un ministro, y si lo es debe saber que lo que Carlos tiene de príncipe es sólo lo que tiene de alemán.

EMISARIO.—Y que lo que tiene de hombres es lo que tiene de español. De acuerdo.

CARLOS.—Ya que estáis aquí los dos y que venís del mismo sitio —quizá debo decir del mismo mundo—, decidme quién os envía ante mí y cuál es vuestro mensaje.

FRAILE.—A mí me envía mi obispo.

EMISARIO.—A mí me envía el ejército de España.

CARLOS.—Habla primero tú, soldado.

FRAILE.—¿Y si yo te dijera que a mí me envía Dios?

CARLOS.—Ya lo dijo éste. (Por el emisario.) Dios se manifiesta en los hombres, no en un solo hombre fuera de Cristo.

CARDENAL.—¿Es decir que vos, Emperador Cristianísimo, haréis pasar a mi Iglesia en segundo lugar?

CARLOS.—Sólo al obispo de vuestra Iglesia, que por esta vez no es su piedra.

MINISTRO.—¡Ay, qué rey tengo! Como buen español tiene de héroe y de santo, de teólogo y de torero.

CARDENAL.—¡Adulación! ¿Dónde dejáis...?

CARLOS.—(Interrumpiéndolo.) ¿Qué es lo que habéis dicho?

CARDENAL.—Que os adulan, que...

CARLOS.—No, vos. (Al ministro, que tiene un gesto asombrado.) ¿Existe eso, o es que todavía no acabo de aprender el castellano? Esa palabra que habéis dicho.

MINISTRO.—¿Cuál entre tantas, Majestad? Soy verboso, lo reconozco, pero, ¿hay español mudo?

CARLOS.—(Haciendo memoria.) Dijisteis: to...re...ro.

MINISTRO.—¡Ah! Una palabra de mi invención, señor. Cuando veo a Vuestra Majestad, a los príncipes y a los nobles entregarse al juego peligroso y fascinador de alancear toros, pienso en los lidiadores de Roma, y pienso que un día el pueblo hará de ese entretenimiento un menester u oficio. Entonces, como se trata de combatir al toro, de torear, digamos, los llamo a veces toreadores, a veces toreros, para darles ese perfil de medalla que imprimen las palabras sobre los hombres.

CARLOS.—¡Palabras, palabras!

MINISTRO.—Pero, además, la lucha contra el toro llegará a ser un día como la lucha contra el diablo...

CARDENAL.—A ése lo dejáis fuera cuando aduláis al rey. Dijisteis santo, héroe, teólogo... ¿y el demonio, pues, que habita en todos los hombres, y más que en todos ellos en los reyes porque son edificio humano mucho más grande?

MINISTRO.—Lo he incluido en el teólogo, Eminencia. (*Ademán de protesta del Cardenal, que va a hablar.*)

CARLOS.—(*Situándose al centro de la escena y de los personajes con Isabel, a quien ha tomado de la mano.*) Callad, señores, que no es hora ya de las viejas disputas de Europa. El corazón me dice que principia la hora de América. Habla, soldado.

EMISARIO.—Señor, vuestro ejército sufre en el Nuevo Mundo porque ha sido engañado, traicionado y vendido. Se nos hizo creer que iríamos como héroes empeñados en una lucha titánica y gloriosa, y se no convierte todos los días en violadores, en asesinos y en verdugos. Se nos ha enfrentado a un enemigo que, aunque mayor en número; aunque experto en el conocimiento de sus montañas, de sus selvas y sus lagos; aunque provisto de flechas y de lanzas con puntas de obsidiana y de armas de piedra y rodelas de cuero; aunque dominador de la serpiente, del águila y del tigre cuyos nombres y símbolos ha adoptado como signos de jerarquía; aunque guerrero vencedor de otras tribus, subyugador de príncipes y sacrificador de hombres, estaba vencido de antemano por el rayo de nuestros arcabuces y morteros; por la carrera vertiginosa de nuestros caballos, que considera como a monstruos irreales; por la traición, que alienta siempre en él como un sexto sentido; por nuestro acero deslumbrador y por su orgías de sangre y de pulque, y por las profecías mismas de sus dioses elementales o de piedra; pero que nos recibió como a hermanos y no como a enemigos y nos dio sus pedrerías y sus plumas y nos sahumó con incienso y nos abrió sus palacios y sus jacales y nos ofreció a sus mujeres y doncellas. O que nos recibió como a enemigos y nos dio viril combate. Pero los hombres de la Iglesia han derribado sus pirámides y sus templos; han abolido sus placeres, sus juegos y sus tradiciones; han apartado sus estrellas y su luna, han detenido su sol y su viento, han escampado su lluvia, han dispersado su fuego, que ellos adoraban como a dioses, y los han hecho bajar a las minas y subir a las canteras obligándolos, en castigo de su paganidad, a construir la iglesia de Cristo con el oro y o la plata y el tezontle; y los han privado de su lenguaje y su comercio naturales y de sus fiestas y regocijos; les han quitado todas las armas que tenían para luchar como hombres, y los han hecho volverse contra nosotros y atacarnos con la celada y la sorpresa, que son las armas de los débiles y cobardes en que los han trocado. Y a nosotros nos han hablado de que hay que defender a la Iglesia de

Dios contra estos idólatras y sacrificadores y convertirlos en esclavos —a ellos, que son guerreros como nosotros y que podían haber luchado a campo abierto dándonos el ejercicio de la guerra y la gloria del triunfo de que necesitamos para respirar y vivir. Y como hemos sido atacados por la espalda, a causa de esto, nos hemos vuelto tiranos en vez de guerreros, capataces en vez de soldados, sin más enemigos que combatir de frente que aquellos que no podemos dominar: el clima y los elementos, la enfermedad y la embriaguez, el botín sin placer, la sangre sin triunfo, y que nos convierten en bestias más salvajes que ellos.

CARLOS.—Tú mismo has dicho que eran idólatras y gentiles, inferiores a vosotros.

EMISARIO.—Estaban dispuestos a idolatrarnos como a dioses a nosotros también; la Iglesia no lo permitió. Estaban dispuestos a combatirnos a muerte, y la Iglesia se lo prohíbe. Y nosotros queríamos vivir y morir como lo que somos: como soldados, y la Iglesia nos ha privado para siempre de hacerlo.

CARDENAL.—¡Anatema! ¡Anatema! ¿Qué veneno hay en ese país, que puede inspirar tan sacrílegos pensamientos a un soldado de España, a una criatura de Dios? ¿Y vais a tolerar, señor Rey, que se diga esto de la fe y de la Iglesia de Cristo?

CARLOS.—Habla tú, Fraile.

FRAILE.—Carlos, tu Orden franciscana ha sido traicionada y tu Iglesia vendida. Se nos dijo que teníamos que salvar al indio, pero no al español, que peca más que él y que, día tras día, nos impide realizar nuestra obra de misericordia. Es difícil cultivar la semilla de Dios en el hombre, no porque el hombre sea malo, sino porque está hecho sin ventanas que permitan el paso de la luz divina. Sólo el miedo y la angustia que le produce vivir lo apegan a la religión que le promete hacerlo revivir. La vida tiene que herirlo y que quemarlo, para que por cada herida o llaga manen el amor y el temor de Dios, que son su sangre, y bañen su cuerpo en vez de consumirse y ahogarse dentro de él. Pero cuando hablo de heridas no hablo de aceros; cuando hablo de fuego no hablo de cañones ni de incendios; cuando hablo de temor no hablo de destrucción ni de terror.

CARLOS.—Hablas, pero no hablas como un misionero sino como un inquisidor. Estarías mejor en el Santo Tribunal de la Fe, ¡por la mía!, juzgando y condenando a los que no abrazan nuestra religión, que inculcándola en América a los gentiles e idólatras por el amor franciscano de todos los seres. Si yo me estremezco al oírte, ¿qué no harán aquellos naturales? Hablas como tu Cardenal y como Roma, Fraile. Hablas con más dureza que este soldado, y tienes mayor severidad hacia el indio que tu rey, y más grande omnipotencia sobre el hombre que Dios. Eres soberbio. Hablas...

FRAILE.—(*Interrumpiéndolo.*) ¿Y me hablas así tú, el heredero natural de la Santa Inquisición española que fundaron Isabel y Fernando?

CARLOS.—Las necesidades políticas son cosas del hombre, no de Dios. Por eso los papas crearon la Inquisición; pero bastante mala fama nos da ya ese tribunal: más hombres mueren en un mes de romadizo o fiebre que ha matado la Inquisición desde que existe. Hemos quemado a tres judíos en tres años, y la gente habla ya de tres mil. ¿Y qué no dirá más adelante? Pero una cosa es el tribunal y otra el altar.

MINISTRO.—Dejad que la gente crea lo que quiera, señor. Sin un poco de terror en sus gobiernos los reyes estarían perdidos: no podrían convencer a nadie, por contraste, de que son bondadosos y magnánimos. Además, los tribunales absorben la culpa como la estraza el aceite, diferencian al Rey y lo hacen más amado mientras más temidos son ellos.

CARLOS.—Pero, ¿y los frailes? ¿Por qué han de hacer los frailes lo mismo que los reyes? Ésa es la influencia perniciosa de Roma. Tú, tú, Fraile, irás a administrar justicia en la Inquisición. No sirves más que para eso. ¿A qué Orden perteneces?

FRAILE.—¿No te lo dice mi hábito?

CARLOS.—El que llevas no es un hábito, sino un disfraz. Tienes alma de dominico, ¿cómo podrías ser franciscano?

FRAILE.—Soy franciscano a la española, no a la italiana. Si mi Orden me inclina a la bondad, España me empuja al fanatismo. ¿Y no sabes que no se puede ser misionero sin ser inquisidor? ¿Que hay que inquirir en lo profundo de las almas, y que eso es más doloroso que todo? ¿No sabes que un misionero es un físico de las almas y que debe purgarlas porque el hombre tiene miedo a ser bueno y sólo cree en su propia bondad cuando ha sufrido? ¿Y que hay que curar el miedo a la vida con el miedo a la muerte? ¿Y que el hombre tiene que sufrir naturalmente en su cuerpo y en su alma porque no hay otro medio de distinguir la salud de la enfermedad ni el bien del mal? ¿Y no sabes que cada uno de nosotros en México sufre por sí mismo y por los millones de infelices a quienes hay que salvar haciéndolos vivir? Pregunta cómo sufren Sahagún y Benavente, a quien llaman Motolinía, que significa "El Pobrecito"; y Alonso de la Veracruz y Andrés de Olmos y el de Las Casas y el de Gante, de quien se dice que es tu hermano y que vale más que tú. ¿Cómo vamos a enseñar la piedad y la fe cristianas a los pobrecitos indios, si los soldados quieren convencerlos de que son héroes, como dice éste, para poder parecerlo ellos? ¿Si tus administradores quieren convencerlos de que son bestias de carga o topos en las minas? ¿Cómo persuadirlos entonces de que son hijos de Dios y hermanos nuestros? Ya ahora tenemos que luchar, no sólo contra lo que hay de malo en su levadura porque sus bárbaros padres y abuelos les enseñaron a ignorar al verdadero Dios, sino también contra todo lo que hay de malo en la levadura del español, que es mucho, y que tus soldados ponen en ellos y ellos aprenden pronto. ¿Y qué será después, con todos los hijos que hacen concebir sin matrimonio a las mujeres los apetitos de héroes como éste? Que no se culpe a la Iglesia de lo que ocurre allí, sino a éste y a sus iguales, a los políticos y a los lucreros, a los encomenderos y a los justicias, a los aventureros de la guerra y a los codiciosos de sexo o de riqueza. Nosotros no queremos dar al indio sino la fe que salva, el Dios que es nuestro gozo y nuestra esperanza, en vez de sus ídolos y de su animal impiedad.

EMISARIO.—Queréis dárselo a la fuerza. Habéis destruido sus templos y expulsado a sus dioses.

FRAILE.—No hay más que un Dios, y cuando Ése llega, todos los que se dicen dioses desaparecen. Queremos que Dios llegue hasta el indio y que el indio levante la casa de Dios, para que la ame como a su obra. Eso es todo. ¿Qué hacéis vosotros, en cambio? Queréis que sigan siendo paganos, que adoren el caballo y la guerra, y les quitáis sus armas de pedernal; pero enseñándoles que hay otras que deben adorar porque son más nuevas, más destructoras, más mortíferas, como el acero, el arcabuz y el cañón. Vosotros no sois hijos de Dios ni servís a Carlos ni a España: sois los apóstoles y los misioneros de Nuño de Guzmán.

EMISARIO.—Realizamos la misión civilizadora de la guerra, que es la que hace progresar al mundo.

FRAILE.—Progresar en la ciencia de Caín. ¿Y lo que hacéis con las mujeres?

EMISARIO.—Hacemos hijos para mantener la vida en la tierra y la tierra en movimiento.

FRAILE.—¡Ciegos! Hacéis hijos que serán esclavos porque serán más indios que españoles, y ése será vuestro castigo. ¿No sabéis que si las cosas siguen así pronto pasará una de dos: o no quedará un indio vivo, o no quedará un solo español en pie para contarlo? Y no me digas que ésa es la ley de la guerra.

EMISARIO.—Te digo esto: que nosotros les quitamos sus armas bárbaras y desbaratamos su arte bélico, pero les mostramos otros mejores, les damos un objeto para vivir. Vosotros les quitáis a sus dioses de piedra y les dais en cambio un dios de palabras. Les quitáis la realidad que tocan y les dais un paraíso que no ven, un mañana que no llega.

CARDENAL.—¡Herejía! ¿Crees tú en Dios y por qué crees en Él?

EMISARIO.—Creo en Dios porque creo en España, porque España existe, porque España acabó con el moro infiel; porque veo a Dios en cada batalla ganada; en cada espiga de trigo que se mueve en los campos de Castilla; en cada palabra de mi lengua; en cada callejón de Toledo, y en cada pedazo de pan que como y en cada vaso de vino que bebo.

MINISTRO.—Y tú, Fraile, ¿crees en la bondad de tu monarca, en que quiere hacer del Nuevo Mundo un mundo cristiano?

FRAILE.—No, no lo creo. No lo creo porque veo al demonio poseído de cada soldado; al orgullo, enseñoreado de cada español; porque veo la codicia y la rapacidad de los hombres que buscan tesoros sólo en este mundo.

CARLOS.—¿Crees en España?

FRAILE.—Creo en Dios.

EMISARIO.—Y, sin embargo, no puedes hacer que el indio lo vea. Por eso no cree.

FRAILE.—El indio es de buena pasta: guarda las fiestas de los reyes y de Corpus y de San Hipólito, patrono de la Nueva España, y goza en las procesiones. Es dulce de maneras y de voz y no tiene ese orgullo del diablo. Son el soldado y el encomendero los que le impiden ver a Dios, y lo hacen embriagarse.

EMISARIO.—Yo lo he visto en las procesiones: goza porque se viste con plumas o se disfraza de mujer y danza sus viejas danzas y se embriaga. Y los he visto dejar en las fábricas de templos y de casas los signos de sus dioses y de su raza. Dejadlos ya que sean guerreros para acabar con ellos, o para que ellos acaben con nosotros.

FRAILE.—Cada quien ofrece a Dios lo que tiene. Dejadlos que sean cristianos y mansos, y quizá os enseñen a vosotros a serlo algún día.

CARDENAL.—Es menester, señor, que esos infelices vean a Dios.

EMISARIO.—Eso sí —pero un dios suyo, un dios mexicano. De otro modo, jamás volverán a ser hombres.

CARDENAL.—Dios no es de nadie y es de todos. Dios es universal.

CARLOS.—¡Tontería! ¿Por qué no decís de una vez que Dios es romano o francés, como queréis los de Roma hacer creer al vanidoso

Francisco? Dios es español, y no puede ser más que español. (*El Cardenal se santigua, escandalizado.*)

MINISTRO.—Eso convendría que lo supieran bien claro los aztecas.

CARDENAL.—¿Y cómo van a saberlo si vuestros soldados los excitan a pelear sólo para asesinarlos? ¿Y cómo van a creer en un Dios que los lleva sólo a la muerte?

EMISARIO.—¿Y cómo van a saberlo si vuestros frailes se lo impiden, como siempre? ¿Cómo han de ver a Dios detrás del Diablo, que es de quien les habláis?

CARLOS.—¿Y qué puedo hacer yo, que no soy más que el Rey?

FRAILE.—No dejes perecer a los indios si quieres salvar tu propia alma.

EMISARIO.—No dejéis asesinar a los españoles si queréis salvar a España.

CARDENAL.—Salvad las almas, señor.

MINISTRO.—Salvad los cuerpos, príncipe.

CARLOS.—Callad todos un poco. (*Pasea un momento. Se vuelve a Isabel, cuya mano toma.*) Decidme vos, señora, qué pensáis de todo esto y qué me aconsejáis.

ISABEL.—El consejo de la mujer suele caer en el hombre como la piedra en el pozo. ¿Para qué pedir mi opinión, señor, si acabaréis por hacer lo que queréis, como lo queréis y como siempre?

CARLOS.—Decidme al menos lo que pensáis.

ISABEL.—Todos ellos tienen razón: hay que dejar que los idólatras vean a Dios.

CARLOS.—Si lo vieran, estaríamos perdidos nosotros, en vez de ellos. Serían nuestros iguales, o algo peor. Y Dios es español, ya lo dije.

ISABEL.—¿Veis cómo no queréis oírme?

CARDENAL.—En nombre de Dios os pido que habléis, señora.

MINISTRO.—El Rey pide siempre vuestro consejo y lo tiene en mucho. En nombre de España, hablad, señora. ¿Qué pensáis?

CARLOS.—Dilo por amor mío, señora.

ISABEL.—Señor, todos los hombres sois como niños, y mientras más fuertes y más libres os creéis, más niños sois. Os he escuchado a todos, y no hay uno de vosotros que piense con la cabeza o que sienta con el corazón. Habláis como verdaderos tontos y separáis las almas de los cuerpos. ¿De qué serviría salvar los cuerpos sin salvar las almas? ¿De qué serviría salvar las almas sin salvar los cuerpos? ¿Y no sabéis acaso que Dios los hizo a los dos y que son como el esposo y la esposa, como la sangre y la piel? Y unos habláis de hacerlos ver a Dios, y el Rey dice que no hay que hacerlo porque Dios es español. Puede que lo sea. Como Reina de España, yo espero fervientemente que lo sea. Pero todos os ponéis en ridículo nada más con esas ideas. Ni vosotros (*Por el grupo general*) tenéis poder para mostrar a Dios, ni Carlos tiene poder para impedir que lo vean si Dios quiere mostrarse. ¡Niños!

CARLOS.—¿Entonces?

MINISTRO.—Señora, no se os esconde que España está en peligro. Políticamente sería un error acabar con los indios, porque entonces nada impediría a los españoles rebelarse contra el Rey, y nada impediría a Cortés hacerse emperador o dividir de otra manera el reino. Pero tampoco podemos permitir que los indios destruyan a los españoles, porque entonces ya nada impediría a Francia o a Inglaterra, o a toda la Europa, acabar con nosotros y dispensar a los cuatro vientos el poder de Carlos V, que es necesario al mundo. Tenéis razón: no está en nuestro poder ocultar o exhibir a Dios, pero está en nuestro deber salvar al Nuevo Mundo... para España. Y para hacerlo, necesitamos al igual del español y del indio. Es uno de esos casos.

CARDENAL.—Señora, yo no os hablaré de política. Es preciso que la fe cristiana no perezca. Es preciso, en efecto, salvar en esta hora por igual las almas de los españoles y las almas de los infieles. Atravesamos una época turbia y difícil, propicia al juego de los poderes infernales. Si el Nuevo Mundo se pierde para la fe, el demonio y Lutero se apoderarán del Nuevo Mundo y de Europa, y veremos tiempos de desgracia y de aflicción para todos, y volveremos a la oscuridad infiel y a la barbarie pagana.

CARLOS.—¿Puedo hacer algo yo?

ISABEL.—¿Podéis mover la hoja del árbol?

CARDENAL.—¿Qué puede hacer la Iglesia?

ISABEL.—¿Podéis mostrar a Dios?

MINISTRO.—¿Puede hacer algo el gobierno?

ISABEL.—¿Podéis sustituir a Dios?

CARDENAL.—La Iglesia puede transmitir la palabra de Dios.

ISABEL.—Que este fraile os diga si eso basta.

MINISTRO.—El monarca puede imponer su ley.

ISABEL.—¿Os ha dicho el soldado que basta la fuerza?

CARLOS.—¿Entonces?

ISABEL.—No podéis hacer nada, eso es claro: es una tarea de Dios. Esperad.

CARDENAL.—Entre tanto se perderán las almas de los indios.

ISABEL.—Poneos en oración.

MINISTRO.—Mientras oramos, se perderá el reino.

CARLOS.—Por Santiago, ¡qué situación! Todos mis parientes me envidian la posesión del Nuevo Mundo, a fe que se la cedería gustoso para salir del problema. Sin embargo, hay una cosa que no entiendo: si les he enviado capitanes y justicias, si les he mandado una misión compuesta por los hombres más buenos del mundo, ¿qué es lo que buscan esos infelices? ¿Por qué este descontento, esta inestabilidad que tienen que llevar perpetuamente a la sangre y a la destrucción?

ISABEL.—Mi señor, ¿habéis pensado en lo que sería de nosotros si los infieles nos hubieran vencido y conquistado? También ellos habrían enviado a sus mejores hombres, pero vos no estaríais contento y ningún español tampoco. Y habría sangre y habría destrucción.

CARLOS.—¿Cómo podéis comparar a los españoles con los indios? Acabamos al moro, que era una raza más fina y probablemente superior a nosotros. ¿Por qué no acabaríamos con el indio? Ésa es la verdadera solución entonces: acabemos con el indio, y todo sea por la sangre y la destrucción.

MINISTRO.—¿Acabamos realmente con el moro, señor? Cuando digo las voces alcázar, almohadón, alhóndiga y alcuza, alfarería y albarda, almohaza y almidón, y almendra y almirez y albedrío, y alharaca y aceite y aceituna y barullo, pienso: ojalá y de veras hayamos acabado con el moro. Y entonces caigo en cuenta de que he dicho *ojalá*. Cuando veo cómo tratan los españoles a sus esposas, velándolas no el rostro sino el alma y guardándolas prisioneras en sus casas y en su ignorancia, pienso que es más bien el moro el que ha acabado con nosotros después de tanta sangre y tanta destrucción.

CARLOS.—¡Disparate! Las alianzas de las palabras y de las lenguas son como las alianzas de los príncipes y monarcas: el más fuerte sobrevive, y merced a Dios Todopoderoso, nosotros hemos sobrevivido como reino y como fe y como poder, gracias a la sangre y a la destrucción.

CARDENAL.—¿No sabéis, señor —y esto me lo dicen los misioneros que componen los vocabularios— que el indio pronuncia el castellano más bien a la andaluza, que nuestra lengua se corrompe con nuevas voces y que el andaluz empieza ya a imitar al mexicano? ¿No sabéis que los indios, que tienen el sentido de la gracia de los colores y de la forma, pintan y esculpen ángeles e imágenes que no son ya españolas? ¿Y cómo acabar con esto con la sangre y con la destrucción?

ISABEL.—No. Ya no más sangre. Ya no más destrucción.

CARLOS.—Dame el remedio de contener la una y de impedir la otra.

ISABEL.—Yo no tengo más arma ni más fuerza que mi fe de mujer. Voy a ponerme en oración ante mi Virgen predilecta, que es la Guadalupe, para que interceda por ti.

CARDENAL.—Quizá, señor, si alguien —un príncipe de la Iglesia, digamos— fuera allá por vos, podríamos poner fin al conflicto. Pienso que yo...

EMISARIO.—No son frailes lo que se necesita. Ningún príncipe de la Iglesia sería mejor que un misionero, y éstos no pueden nada.

MINISTRO.—No es mala idea. Se trata de una costumbre vieja: cuando Dios no puede bajar a la tierra, envía a su vicario, a su Hijo o a su Arcángel, o a un santo cualquiera. Si enviarais a un político hábil, a uno de vuestros ministros, quizá...

FRAILE.—¿Y qué podría un político más que Cortés, que es todo astucia, sutileza y malicia, y a quien los indios atribuyen un rango superior? Tú no sabes, Rey, que en sus regocijos populares los indios se disfrazan y contrahacen a Cortés o Alvarado cuando quieren hacer pensar en un gran jefe o en un dios. No es así, no.

CARLOS.—¿Entonces?

ISABEL.—No hay más que un camino, señor, y ése no es para correrse por los pies del hombre. El único camino es el camino de un milagro.

CARDENAL.—La Reina tiene razón. Sólo un milagro de Dios puede salvar a los indios.

MINISTRO.—Sólo un milagro puede salvar a los españoles.

CARLOS.—¿Un milagro? No sabéis todos los que tenemos que hacer para mantener vivo y fluido el manantial de nuestra hacienda; para conservar al pueblo de España, que es de agricultores, en la costosa ilusión de que es un pueblo de guerreros. No. Nada de milagros.

EMISARIO.—¿Qué es un milagro, Fraile?

FRAILE.—No podrías entenderlo, porque no crees.

ISABEL.—Dices bien, Fraile: no hay más que un milagro, que es la fe.

CARLOS.—Por primera vez, yo, que he luchado contra Lutero y contra Roma, contra Francisco y contra Flandes y contra el mundo, me siento perdido. Todos me dais consejos contradictorios: esperar, orar, destruir; enviar un cardenal, enviar un ministro; dar la razón a la Iglesia o al ejército; hacer un milagro. No puedo más. Marchaos ahora todos y dejadme a solas. Quiero meditar sobre todo esto aquí, en este silencio, en esta paz. (*Al Ministro.*) Ved si quedó reparada la carroza y avisadme. Vos, cardenal, y tú, soldado, escoltad a la Reina. Tú, Fraile, llama al prior.

*Todos obedecen, dirigiéndose a los puntos de salida correspondientes.*
*Cuando Isabel va a trasponer el umbral, habla.*

CARLOS.—Isabel...

ISABEL.—(*Suspendiendo el paso en el umbral.*) Dime, señor y esposo.

CARLOS.—¿Cómo dijiste que se llama tu Virgen predilecta?

ISABEL.—No puedes haberlo olvidado, porque la reverencio desde niña, y tengo su imagen en mi oratorio: es mi Virgen de Guadalupe de Extremadura.

CARLOS.—Eso es, claro. Y es guerrera, además. Gracias, señora.

*Salen Isabel y el Cardenal por el fondo centro; el Emisario los sigue. El Fraile, por segundo término izquierda, va en busca del Prior. Carlos pasea de un extremo a otro, con los brazos extendidos hacia abajo, en tensión, las manos juntas, mientras sus ojos buscan en lo alto los últimos destellos del sol poniente. Queda abierto el portón del centro. Al cabo de un instante sobreviene el Prior. Tras él reaparece el Fraile, que sale por el fondo centro después de echar una última, indescifrable mirada al Rey.*

PRIOR.—Me llamasteis, hermano.

CARLOS.—No sé bien por qué, pero estoy seguro de que volveré a este lugar un día. Tenéis el convento que más me ha hecho pensar y el paisaje que más me ha hecho sentir. Quizá porque me recuerda a Gerónimo Bosco, que tan bien entendía y pintaba la sombra del paisaje. Volveré, quería decíroslo. Quizá vendré a morir aquí algún día.

PRIOR.—Dios fija el lugar de nuestra muerte, y su dedo lo vuelve un lugar lleno de luz.

MINISTRO.—(*Asomando al fondo centro.*) La carroza de Vuestra Majestad está lista. La Reina espera para despedirse de vos, señor, y volver con el Cardenal y conmigo a Salamanca.

CARLOS.—Hasta algún día, padre. (*Besa la mano del Prior.*)

PRIOR.—Os acompaño.

CARLOS.—Pasad.

*Salen. Carlos reaparece un instante después como si hubiera olvidado algo. Da una última ojeada al ámbito y mira al cielo. Una sonrisa familiar se dibuja en sus labios. Musita, como saboreando las palabras.*

CARLOS.—La Virgen de Guadalupe.

MINISTRO.—(*Asomando.*) Señor...

CARLOS.—Voy. (*Una última sonrisa, una última mirada en torno suyo.*) Eso sería un milagro. (*Sale rápidamente.*)

TELÓN

# ACTO II

## Los siete por México

*La acción en México, a principios de 1531.*
*La escena en el Obispado.*
*Cuarto de trabajo u oficina del flamante primer Obispo de la Nueva España, Fray Juan de Zumárraga, vasco, enérgico y testarudo, varón de palabra recia y, a pesar de todo, de pocas palabras. Simultáneamente con el ascenso del telón, Fray Juan, que está sentado ante su mesa de trabajo, empuja con violencia una bandeja que se encuentra frente a él, se levanta y sale por la izquierda con decisión, moviendo negativamente la cabeza y golpeando la puerta.*
*Un instante más tarde entra un frailecillo minúsculo, de edad indefinida, que porta el hábito de los franciscanos* propaganda fide. *Se trata de Fray Martín —Martincillo— especie de secretario privado, a látere o sirviente del Obispo, encargado de llenar las funciones características del papel secante cada vez que el temperamento de Su Ilustrísima gotea o chorrea la negra tinta del mal humor.*
*Al ver vacía la pieza, Martincillo se dirige a la ventana del fondo centro, que permite abarcar una gran arquería en proceso de construcción. Es de tarde, y un sol uniforme y voluptuoso invade la habitación encalada, matizando la blancura de las paredes con brillantes pinceladas de reflejos. El hermano Martín va a la mesa del Obispo. Contempla, con evidente expresión de reproche, la bandeja y la taza. Luego, sin mucha deliberación, procede a absorber el contenido de la taza, que bebe de un largo sorbo. Entonces toma una rebanada de pan que se encuentra también sobre la bandeja y la esconde en la manga de su hábito. No termina de apartarse de la mesa cuando se abre la puerta izquierda y reaparece el Obispo, aparentemente de peor humor que al salir. El hermano Martín adopta una actitud de beata inmovilidad, como un soldado de Cristo en espera de órdenes.*

MARTINCILLO.—Hoy tampoco habéis tomado vuestro chocolate, Fray Juan.
FRAY JUAN.—Podéis tomarlo vos.

MARTINCILLO.—No me lo permitiría yo.

FRAY JUAN.—Conozco la cantilena. Apuesto a que ya lo habéis tomado —como de costumbre.

MARTINCILLO.—¿Apostar un Obispo? Señor Dios, ¡qué tiempos!

FRAY JUAN.—(*Sin mirar.*) ¿Y qué habéis hecho del pan?

MARTINCILLO.—Ése lo guardo para mis indios.

FRAY JUAN.—¡*Vuestros* indios! Qué desenfado. ¿Tomáis a Dios por un necio? ¿Creéis que os perdonará el hurtar mi chocolate si hurtáis a la vez el pan para un indio?

MARTINCILLO.—No creo que tenga tiempo de meterse en esas cosas, pero Él nos recomienda el ahorro y la caridad, y San Francisco el *usus pauper et tenus* de los bienes.

FRAY JUAN.—Sois un leguleyo, no un fraile, hermano Martín.

MARTINCILLO.—Ya me lo tenéis dicho, pero vos mismo no lo creéis, hermano Juan.

FRAY JUAN.—¿Olvidáis que soy el Obispo de Nueva España para hablarme así?

MARTINCILLO.—Estáis de mal humor hoy, señor Obispo, puesto que así hay que hablaros.

FRAY JUAN.—Soy español, no soy santo.

MARTINCILLO.—(*A media voz.*) Si sólo fuera eso —pero sois vasco.

FRAY JUAN.—¿Qué decís?

MARTINCILLO.—No he dicho palabra.

FRAY JUAN.—Mentiroso además. Claro que soy vasco. Y eso, ¿qué?

MARTINCILLO.—Eso lo explica todo, Ilustrísima.

*Fray Juan va a responder, lo piensa mejor y se sienta ante su mesa.*

MARTINCILLO.—Hace días que estáis de mal humor y no entiendo por qué. Ya no tenéis confianza en mí como antes. Sois duro, pero me maltratáis menos que de costumbre. Algo os pasa, Fray Juan.

FRAY JUAN.—Perdonad si he sido duro, hermano Martín.

MARTINCILLO.—Si lo que pasa es que no puedo perdonaros... (*Fray Juan se yergue.*) ...porque no me habéis hecho nada. ¿Qué os atormenta, Fray Juan? ¿El recuerdo del indio que hicisteis quemar?

FRAY JUAN.—Si no calláis, me olvidaré de que soy franciscano y obispo para...

MARTINCILLO.—Para recordar que sois vasco. Ahora os reconozco mejor. Pero, en vuestro lugar, yo no me afligiría. Al quemar a ese pobre indio purificasteis su alma, de manera que se fue derecho al Paraíso del Señor. Y como todos los indios conversos seguirán

el mismo camino, cuando vos lleguéis al Paraíso no podréis reconocer al achicharrado: es imposible distinguir a un indio de otro.
FRAY JUAN.—(*Sonriendo un poco a su pesar.*) No me atormenta el recuerdo de ese indio, hermano. Lo que sufrió su cuerpo lo goza su alma. Se ha salvado, estoy seguro, y fue el camino de la salvación para mí porque nunca volveré a permitir que se queme a otro indio, y no descansaré hasta lograr que se los considere a todos seres humanos. Y Las Casas y Gante y Sahagún me ayudarán a ello.
MARTINCILLO.—¿Qué os pasa entonces?
FRAY JUAN.—Me pasa que el Rey mi señor... (*Se interrumpe, colérico otra vez.*) ¿Cómo os atrevéis a interrogarme? Id y dejadme en paz.
MARTINCILLO.—(*Pasando del regocijo al desconcierto.*) ¿No habláis? Bueno, otra vez será. (*Va a salir pero se vuelve desde la puerta.*) Me olvidaba yo. Allí afuera hay una comisión del gremio de los sastres, que quiere hablar con Su Ilustrísima.
FRAY JUAN.—¿De qué?
MARTINCILLO.—No es culpa mía, os lo aseguro, señor Obispo.
FRAY JUAN.—Decid ya.
MARTINCILLO.—De... la procesión de Corpus Christi.
FRAY JUAN.—Id y decidles que...
MARTINCILLO.—A mí no me creerán nunca, señor. Ya les he dicho todo, pero insisten en ver a Su Ilustrísima en persona.
FRAY JUAN.—(*Después de pausa.*) Bien, hacedlos entrar. (*Martincillo va a la puerta.*) No, esperad. Iré yo mismo.

*Se levanta y va lentamente a la puerta derecha, que queda abierta. Martincillo se santigua y se prepara a escuchar. Un instante después se oye, distinta, la voz enérgica del Obispo.*

VOZ DE FRAY JUAN.—Ya os he dicho que no, señores. ¿Cuándo me entenderéis? Sé por qué lo prohíbo y sé que tengo razón, "y cosa de gran desacato y desvergüenza parece que ante el Santísimo Sacramento vayan los hombres con máscaras y en hábitos de mujeres, danzando y saltando con meneos deshonestos y lascivos".
UNA VOZ.—Su Ilustrísima olvida que el Cabildo ha permitido...

*A la vez que se escuchan estas palabras, entra por la izquierda un fraile que, debiendo llevar hábito pardo, lo lleva azul como todos sus hermanos de Orden a causa de faltar la tela parda en Nueva España, según parece. Hombre delgado y ascético de facciones bondadosas y aire fatigado. Se dirige a Martincillo, que lo contiene y lo invita con el mismo ademán a escuchar.*

Voz de Fray Juan.—"Los que lo hacen, y los que lo mandan, y aun los que lo consienten, que podrían evitar y no lo evitan, a otro que Fray Juan de Zumárraga busquen que los excuse."

El Recién Llegado.—¿Qué pasa? ¿Está de mal talante el Obispo hoy?

*Martincillo alza los ojos al cielo.*

Voz de Fray Juan.—"Y no sería en poco perjuicio de su alma y de la doctrina que se enseña a estos naturales..."

Otra Voz.—Pero en España, Ilustrísima, en Italia...

Martincillo.—¡Ay, Fray Toribio, Fray Toribio!

Voz de Fray Juan.—"Y por sólo esto, aunque en otras tierras y gentes se pudiere tolerar esta vana y profana y gentílica costumbre, en ninguna manera se debe sufrir y consentir entre los naturales de esta nueva Iglesia."

*Una pausa. Fray Toribio de Benavente, llamado por los indios Motolinía o El Pobrecito, sonríe y se dirige hacia un sillón de cuero en el que se instala con un suspiro de alivio.*

Voces.—Os prometemos poner coto...
...a esas manifestaciones de los naturales, Ilustrísima...
...pero permitid que saquemos la procesión este año...
...Todos los gremios...
...además de los sastres y los orfebres...
...Permitid, Ilustrísima...

*Pausa. Martincillo tiene un gesto de escepticismo.*

Voz de Fray Juan.—Recordad que si no lo hacéis como Dios manda, a fe de Obispo que prohibiré para siempre las procesiones.

Rumor de Voces.—Gracias, mil gracias, Ilustrísima...
...Vuestra bendición, Ilustrísima...
...Con la venia de Su Ilustrísima, etc.

*Martincillo lanza un suspiro de desahogo y se dirige hacia Motolinía.*

Martincillo.—Parecéis cansado, Fray Toribio.

Motolinía.—El camino de Tlaxcallan es largo, hermano, pero el indio es caritativo y me dio hospitalidad y alimentos. ¡Él, que es más pobre que yo!

*Durante esta frase de Motolinía habrá entrado sin ser visto, deteniéndose en el umbral, un fraile domínico, con la figura llena de autoridad, gallardía y española cólera, siempre en estado de ebullición. En este hombre la bondad misma, que es el índice de su carácter, reviste un vigor y una fortaleza extraordinarios: es el prior Las Casas.*

LAS CASAS.—¡Ah, Fray Toribio! Por más que dejo de veros, no mejoráis. Siempre el mismo.

MARTINCILLO.—Bienvenido seáis, padre Las Casas.

MOTOLINÍA.—¿Qué queréis decir, hermano Bartolomé?

LAS CASAS.—(*Acercándose con deliberada lentitud a su sillón y levantando un índice lleno de firmeza.*) Vanidoso como un... como un dominico, digamos.

MOTOLINÍA.—(*Dolorido.*) ¿Yo? ¿Vanidoso?

LAS CASAS.—(*Mientras se sienta.*) Dios sea con vos, hermano Martín. (*A Motolinía.*) Tenéis, hermano, la mayor de todas las vanidades: la de la pobreza. ¡Y os jactáis! Siempre he creído que sois un franciscano por equivocación: un falso franciscano.

MOTOLINÍA.—(*Acalorándose.*) Vos, en cambio, sois un verdadero dominico.

LAS CASAS.—Nacisteis para obispo —pero acabaréis fraile.

MOTOLINÍA.—Y me alegro de ello. Vos en cambio, acabaréis obispo.

LAS CASAS.—Paz, hermano Toribio, paz. Todos somos unos infelices misioneros.

MOTOLINÍA.—¡Ah, pero yo...!

LAS CASAS.—(*Cortándolo.*) De acuerdo. Vos sois el más infeliz de todos: Motolinía. Hermano Martín, avisad...

MARTINCILLO.—¿Y desde cuándo dejé de ser Martincillo y tú para vos?

LAS CASAS.—Perdona. Martincillo, avisa a Fray Juan que estamos aquí. ¿O no está en casa?

MARTINCILLO.—Hace un instante estaba a punto de excomulgar al gremio de los sastres. Ahora debe de estar orando.

LAS CASAS.—(*Bonachón.*) ¡Silencio, mala lengua! Anda a ver.

*Martincillo sale por la derecha. Motolinía se envuelve en un silencio hostil. Las Casas sonríe.*

LAS CASAS.—Vamos, mi hermano Motolinía, no me guardéis rencor. Demasiado poco nos vemos para desperdiciarlo regañando.

MOTOLINÍA.—Primero me agredís, y luego se os olvida.

LAS CASAS.—Ha de ser porque tengo buen estómago: digiero en seguida las ofensas que hago. Y es cosa difícil, pero eso mismo os prueba que hablo sin veneno y para vuestro bien. Perdonadme. (*Motolinía no responde, aunque asiente en silencio.*) Me han dicho que escribís un libro. ¿Es verdad?

MOTOLINÍA.—Es vanidad. ¿Qué os importa eso a vos?

LAS CASAS.—(*Paciente, como con un niño.*) Temo que habléis mal de mí en él, si me detestáis como se murmura.

MOTOLINÍA.—¿Yo? ¿Detestar yo a nadie? Ni al sapo mismo, ni a la rana en su charca, ni a...

LAS CASAS.—Nunca creeré que sois pobre de sentimientos. Detestadme, pero decidme cómo intitularéis vuestra crónica.

MOTOLINÍA.—(*Vencido.*) Solamente *Historia de los Indios de Nueva España.* Me propongo referir en ella todas las maravillas que hemos descubierto aquí, pero no la daré por terminada hasta que hayamos convertido y salvado al último indio de esta generación. Aprendo la lengua y formo vocabularios con mis frailes y alumnos. Es un largo trabajo, pero es satisfactorio.

LAS CASAS.—La capacidad de aprender es la prueba más clara de la existencia de Dios en el hombre. Si alguien me hubiera dicho que yo aprendería las lenguas de los naturales lo bastante para orar en ellas...

*Entra por la izquierda Fray Martín de Valencia, el jefe original de los doce misioneros franciscanos, que lleva el hábito de los observantes. Es mayor que los otros y está ya consumido por la penitencia, la vigilia y el sacrificio de sí, pero todo lo que queda de él es fuego puro, cercano ya a no ser más que luz.*

FRAY MARTÍN DE VALENCIA.—Me agrada veros así, hermanos. ¿No regañáis ya como antes?

LAS CASAS.—(*Levantándose.*) ¡Martín de Valencia! Yo os hacía camino de España.

MOTOLINÍA.—(*Mismo juego.*) ¡Fray Martín!

*Los tres se abrazan.*

FRAY MARTÍN DE VALENCIA.—Y yo a vos en Puerto de Plata. Camino de España estoy, aunque es posible que llegue antes a otra ribera.

LAS CASAS.—¡Vamos! ¿Quién piensa en morir con tanto quehacer como tenemos en estas tierras?

FRAY MARTÍN DE VALENCIA.—Nadie elige su límite ni su hora. Y no morir sería una actitud de cismático.

*Se sientan los tres.*

LAS CASAS.—Sin embargo, tengo la impresión de que en España muere uno cuando Dios quiere, y aquí cuando uno elige. Esto es como otro planeta. Id primero a España, pero luego volved aquí.

FRAY MARTÍN DE VALENCIA.—Sí que iré a España para que todos estos horrores terminen. He enviado emisarios al Rey, pero el Rey no contesta.

LAS CASAS.—Yo también espero saber pronto de él. Nuño de Guzmán ha ido demasiado lejos en el pillaje y en el crimen. Por Dios vivo, os juro que acabaremos con estos conquistadores que tienen hipo de oro.

FRAY MARTÍN DE VALENCIA.—A menudo he pensado si no es un error predicar la pobreza al indio en un país tan rico, mientras los españoles se apoderan de todo.

MOTOLINÍA.—Hay que educar al indio ante todo, que es nuestro hijo.

LAS CASAS.—Nuestro igual, nuestro igual. Tan racional como nosotros.

FRAY MARTÍN DE VALENCIA.—Y quizá más aún, porque su razón le ha permitido hasta hoy vivir sin adorar a Dios, cuando la nuestra nos lo impediría.

*Regresa Martincillo.*

LAS CASAS.—¿Está orando el Obispo, Martincillo?

MARTINCILLO.—¡Fray Martín de Valencia, Dios os guarde! Está paseando, señor Prior Las Casas. Está paseando de un lado a otro como una fiera enjaulada. Quise hablarle y me ha enviado a todos los diablos.

FRAY MARTÍN DE VALENCIA.—No puede ser. Fray Juan no es capaz de desearos ese daño.

MARTINCILLO.—Lo hace para orar y pedir perdón después. Cree que si no peca no puede ser redimido. (*Las Casas ríe; Motolinía lo mira con reproche; Fray Martín de Valencia mueve la cabeza con una débil sonrisa.*) Lo que me preocupa es que hace días que no está en sí. No duerme, no come, parece estar en pena desde que mandé los emisarios a buscaros a todos, hermanos.

FRAY MARTÍN DE VALENCIA.—¿Qué puede ocurrirle? Me aflige esta noticia.

MOTOLINÍA.—Yo estoy más cerca de él que vosotros, y sé que tiene graves preocupaciones.

LAS CASAS.—¿Qué queréis que le ocurra? Lo mismo que a todos nosotros: el desaliento a veces, la cólera contra los soldados, los justicias y los mercaderes de España —las matanzas, la plagas que hacen presa de los indios...

MOTOLINÍA.—¡Oh, y la restauración de Tenochtitlan! La llaga más dolorosa de la familia indígena. Yo sé lo que sufre.

MARTINCILLO.—Pero todo eso se calla por bien sabido, hermanos. Esta vez es cosa diferente. Os apuesto...

FRAY MARTÍN DE VALENCIA.—¿Apostar?

LAS CASAS.—Tenéis alma de soldado, Martincillo.

MARTINCILLO.—El obispo me llama leguleyo, y el prior, soldado, vamos bien. Y bien que me apuesta mi obispo a mí. Pero hablo en sentido figurado. ¿Qué puede apostar un franciscano que no pasará de lego sino su hábito, y eso para mejor cumplir con las reglas de la Orden quedándose desnudo? Pero, ¿quién le aceptará la apuesta? Como tendría que apostar mi hábito, si quisiera apuesta, y se me prohíbe apostarlo, me desquito apostando sin apuesta, y sin apostar os apuesto a que se trata de otra cosa.

LAS CASAS.—Martincillo, eres el espíritu menos religioso que he visto, pero tienes gracia.

MARTINCILLO.—El consuelo de la fea.

*Entra Fray Juan, seguido por Pedro de Gante.*

FRAY JUAN.—¡Charlatán! Siempre os encuentro hablando, aunque sea con vuestra sombra. ¿Cuándo callaréis?

MARTINCILLO.—En cuanto queráis obligarme a hablar, señor Obispo.

FRAY JUAN.—Saludad a Fray Pedro y luego idos a...

MARTINCILLO.—¿Otra vez a todos los...?

FRAY JUAN.—Idos a la puerta, y cuando lleguen nuestros hermanos Don Vasco y Sahagún hacedlos entrar aquí y procurad que nadie nos interrumpa. Y no escuchéis a la puerta, o habrá castigo a pan y agua. (*Martincillo va a protestar.*) ¡Hablad, os lo mando!

MARTINCILLO.—Me... me callo. (*Sale.*)

LAS CASAS.—Cayó en su propia trampa.

MOTOLINÍA.—Alma de Dios.

FRAY JUAN.—¿Qué haría yo sin él?

*Abraza, uno por uno, a los frailes. Pedro de Gante lo imita.*

FRAY JUAN.—Sentaos, hermano. Ya he ordenado que se os prepare un refrigerio. Y ahora quiero daros a todos las gracias por haber acudido a mi llamado.

FRAY MARTÍN DE VALENCIA.—Nos veis llenos de la más honda preocupación por vos, Fray Juan. Todos tenemos el mismo trabajo, pero vos tenéis más dificultades, que van aparejadas a vuestro rango de primer Obispo de la Nueva España.

FRAY JUAN.—Os juro que preferiría yo ser Martincillo.

{LAS CASAS.—¿Cómo es eso? ¿Tan mal anda vuestro estómago?

{MOTOLINÍA.—¿Desmayáis acaso, vos?

PEDRO DE GANTE.—No desmayará, que es vasco. Pero yo lo comprendo bien, y por una vez en mi vida querría ser el rey para hacer en Nueva España lo que debe hacerse.

*Simultáneamente*

FRAY JUAN.—¿Desmayar? ¿Lo preguntáis vos, Fray Toribio? Construimos colegios en Tlaxcallan y en Tlatelolco, convertimos a diario a centenares de indios —¡bendígalos Dios!—, y estoy seguro de que nuestra gran tarea no encuentra obstáculo en el natural de esta tierra. Pero empiezo a creer que el demonio habita en España y que el demonio es español.

LAS CASAS.—¿Lo decís como vasco?

FRAY JUAN.—Lo digo como obispo. Todos habéis observado ya cuánto se asemejan los ritos paganos de estos gentiles a los de nuestra Iglesia, salvando el punto de la fe en el Dios verdadero, y el sacrificio humano.

*Se abre la puerta izquierda.*

MARTINCILLO.—(*Anunciando.*) Don Vasco de Quiroga (*Fray Juan se vuelve con un gesto airado...*) ...y yo... me marcho.

FRAY JUAN.—(*Levantándose y abrazando a Don Vasco.*) Bienvenido.

*Saludos apropiados.*

DON VASCO.—Interrumpí. Decíais...

FRAY JUAN.—Iba a decir que más que nuestros ritos y los paganos se asemeja el conquistador español a la plaga de la viruela y a Camaxtle y a Huitzilopoxtli.

PEDRO DE GANTE.—¿Podéis pronunciar vos esos nombres? A mí el flamenco me lo enreda todo. Nunca llegaré a lengua.

DON VASCO.—Os oí desde la entrada, y tiene razón Pedro de Gante. Es difícil el náhuatl, pero el tarasco es insondable. Todas las voces tienen tes y zetas combinadas, y para un español es imposible hablar en ese galimatías. ¿Podéis decir Tzintzuntzan?

PEDRO DE GANTE.—En realidad, Fray Juan, excusad mi aparente impertinencia. Os veo agitado y afligido y quise calmaros un poco.

FRAY JUAN.—No era levedad, lo sé. Y aunque el español no nació para lengua, os juro que primero aprenderá todas las del mundo que cambiará su carácter. Eso es lo que me desespera.

DON VASCO.—Pero no nos habéis convocado para tratar de algo que todos sabemos y sufrimos, Fray Juan. El tono de vuestra misiva era demasiado grave.

LAS CASAS.—Por eso vine yo también desde tan lejos. Hablad.

MOTOLINÍA.—Descargad vuestro pecho en nosotros, Fray Juan.

FRAY MARTÍN DE VALENCIA.—Decid si podemos ayudaros y en qué.

PEDRO DE GANTE.—Podéis contar conmigo para todo, lo sabéis.

*Pausa. Todos se instalan, menos Fray Juan, que permanece de pie. Mientras él habla se entreabre una vez más la puerta para dar acceso a Fray Bernardino de Sahagún.*

FRAY JUAN.—Os he llamado a todos, hermanos —especialmente a vos, Fray Pedro— para preguntaros quién soy. (*Todos se miran extrañados.*) ¿Quién soy, os pregunto? ¿Soy el primer Obispo de la Nueva España por la gracia de Dios y del Papa? ¿O soy el último lacayo adulador de mi rey? ¿Soy el pastor sobre quien pesa el deber de salvar a las almas de este hemisferio? ¿Soy, a la manera de San Pedro, la piedra angular de esta Iglesia? ¿O soy un mercenario? ¿Soy un hombre de fe o un descreído?

*Después de otra pausa llena de extrañeza, todos contestan como en una letanía, reflejo de la disciplina eclesiástica, con un poco de deformación profesional.*

MOTOLINÍA.—Sois Fray Juan de Zumárraga.

FRAY MARTÍN DE VALENCIA.—Sois un hombre de fe.

LAS CASAS.—Sois el Obispo de la Nueva España.

DON VASCO.—Sois la piedra angular de esta nueva Iglesia.

PEDRO DE GANTE.—Sois el pastor de almas de este hemisferio.

LAS CASAS.—Sois nuestro jefe.

FRAY MARTÍN DE VALENCIA.—Sois nuestro apoyo.

MOTOLINÍA.—Sois nuestra esperanza.

PEDRO DE GANTE.—Sois nuestro inspirador.

DON VASCO.—Sois nuestro guía.

FRAY BERNARDINO DE SAHAGÚN.—(*Muy dulcemente.*) Sois un obispo que quiere decirnos algo, y todos esperamos que lo digáis, hermano.

*Al escuchar su voz, todos los demás se vuelven. Abrazos presurosos en silencio.*

FRAY JUAN.—Gracias, Fray Bernardino. Quiero deciros que ha llegado para mí el gran momento de prueba, hermanos. Voy a pedir dispensa al Papa nuestro señor para renunciar a esta diócesis y retirarme a un convento de reformados en Italia o de recoletos en Francia.

*Simultáneamente*

FRAY MARTÍN DE VALENCIA.—¿Qué decís, Fray Juan?

DON VASCO.—¡Alabado sea Dios!

MOTOLINÍA.—¡San Francisco nos valga!

PEDRO DE GANTE.—¿Habéis perdido la cabeza?

LAS CASAS.—¿Qué diantres significa esto?

SAHAGÚN.—Hacéis historia, estoy seguro, pero la historia hay que contarla con claridad, con sencillez y con detalle. Os escuchamos.

FRAY JUAN.—Voy a explicároslo todo, hermanos, pero antes debo pediros vuestra promesa más solemne, vuestro juramento por la fe incluso, de que nunca diréis una palabra de lo que aquí hemos de tratar, y de guardar silencio para el mundo y para la historia toda la vida y toda la muerte. (*La extrañeza de todos llega a un nivel culminante. Juran, después de mirarse, haciendo la señal de la cruz y musitando la palabra: "Juro".*) Gracias, hermanos. Ahora venid conmigo. (*Se dirigen a la ventana.*) Asomad y decidme qué veis en ese patio.

LAS CASAS.—(*El primero en la acción.*) Veo un hombre vestido de marrón.

MOTOLINÍA.—Un seglar.

FRAY MARTÍN DE VALENCIA.—Se inclina sobre un macizo de verdura.

PEDRO DE GANTE.—A fe mía, parece un jardinero.

FRAY JUAN.—Es un jardinero venido de Murcia. Pero, os digo, ved más lejos, allá, al fondo.

DON VASCO.—(*Después de esforzar la vista.*) No puedo creerlo.

LAS CASAS.—¿Una monja?

FRAY JUAN.—Una monja de la Segunda Orden. Una monja de Santa Clara.

MOTOLINÍA.—La primera que viene a Nueva España.

FRAY JUAN.—La primera

FRAY MARTÍN DE VALENCIA.—Las hermanas clarisas podrían ayudarnos mucho en efecto, pero...

LAS CASAS.—¡Ah, no! Medrados estaremos si las mujeres empiezan a meter mano en el calvario de la evangelización. ¡Ah, no!

PEDRO DE GANTE.—Creo que sí podrían servir de mucho.

FRAY JUAN.—No ésta.

SAHAGÚN.—¿Para qué ha venido entonces? ¿Quién la envía?

*Fray Juan se aparta de la ventana.*

FRAY JUAN.—Sentaos, hermanos. Debo informaros de lo que ocurre.

*Mientras todos se sientan, Fray Juan va a las dos puertas para cerciorarse de que nadie escucha. Permanece de pie y se concentra antes de hablar. Todos esperan en un silencio que empieza a hacerse inquietante.*

FRAY JUAN[1].—No os recordaré, hermanos, los motivos que hicieron venir a las Indias a cada uno de nosotros. No os recordaré lo que

---

[1] Esta edición incluye dos parlamentos expositivos del Obispo Zumárraga por ser propósito del autor dejar al director en libertad de elegir el uno o el otro de acuerdo con el tiempo que tome la representación.

antes atrajo al capitán Cortés y a sus aventureros en guisa de soldados, y luego a los lucreros, a los justicias, a los mercaderes y
demás plaga inficionante de España y de México. Fray Juan de
Zumárraga, primer Obispo de la Nueva España, vuestro pequeño
y pobre hermano Juan, tampoco os recordará que franciscanos,
dominicos y religiosos de otras órdenes fuimos traídos a estas tierras por el soplo de Dios para sembrar en ellas su esencia y hacer
sonar su nombre entre los naturales, por la simple razón de que
ése es en el mundo nuestro trabajo de todos los días. Tampoco os
hablaré de la codicia, del afán de rapiña y de señorío del español,
contra quien batallamos a diario, ni de las violaciones a los man-
damientos divinos ni de la miscigeneración, ni de la destrucción
ni del horror. Os diré sólo esto: en apariencia nuestra labor no ha
servido de nada.

El indio huye de nosotros, y el español es —no doy con otra
expresión— incorruptible por el bien, ay. El campeón de la fe
cristiana en el mundo, que se ha enfrentado al propio Papa, nuestro señor rey y emperador —ay— parece haber tomado por su
cuenta los asuntos espirituales de la Iglesia a ejemplo y usanza
del propio Martín Lutero. Así es como los extremos se tocan,
hermanos, y, luterano de quintaesencia, Carlos V me ha enviado,
por emisario de boca, una orden que mis convicciones más arrai-
gadas, mi sentido de lo que debe ser la Iglesia en el tiempo moderno me constriñen a no obedecer. Yo creo en la Iglesia como
en un hecho fundado en almas y en piedra. Creo en Dios como
en una realidad absoluta, porque Dios es el sentido común y la
razón supremos. Y creo que nuestra tarea en la Nueva España
consiste en hacer que los infelices naturales, idólatras por fatalidad, toquen a Dios mismo para tocar en él la fe y la razón y el
sentido común que nos explican la existencia de Dios, que nos
gritan la igualdad ante Dios de todos los seres que Él ha creado.
¿Qué me ordena Carlos V, hermanos, no sólo luterano sino prelu-
terano amamantado por la loba de la penumbra de pasados siglos? Que haga yo un milagro. (*Movimiento general.*) Que me
sustituya a Dios Nuestro Señor y que haga aparecerse a una virgen que tenga una apariencia mexicana. (*Exclamaciones y signos
de cruz.*) Y esto, ¿para qué? Para dar al fin al español el señorío
definitivo, para privar a todas luces al indio de toda luz y de toda
esperanza, para que el indio se someta si se lo deja libre de adorar a una virgen suya. Y no sólo eso, que tan grave es ya, sino
para soliviantar a la Iglesia Católica misma, pues mientras más
crea el mexicano en una virgen india, más se apartará de la Igle-

sia de Cristo, y así la fusión de dos pueblos y de dos razas no se consumará nunca. El indio, tendrá a su virgen; el español tendrá a su Iglesia y a Cristo, y se ahondará y se prolongará sin fin la distancia entre los dos, aumentada la angustia por la nueva lucha entre dos credos —¿qué diferencia puede haber entre los ídolos y una virgen artificial?— y por la nueva matanza sin piedad que sobrevendrá sin remedio. Y para que la falibilidad del infeliz obispo no eche a perder el plan imperial, se me manda un jardinero de Murcia cuya tarea será hacer florecer rosales en campo yermo, y una monja clarisa que pasará por la supuesta virgen porque tiene alucinaciones y visiones y está loca de atar. Por esto mi decisión de deponerme y de retirarme a la paz monástica. Pero mido la profundidad de la situación, comprendo la importancia de todo esto, su peso en la salvación definitiva del inocente indio a quien debemos apartar de sus dioses de piedra, lavar de su impiedad, sacar de su oscuridad y de su error y conducir al mundo pío y luminoso de Jesús. Y por eso he querido consultar con vosotros antes de obrar. Porque vosotros, que trabajáis con el alma y con el espíritu, me diréis qué debo hacer —no en cuanto a mi decisión de retirarme, que está tomada después de una larga consulta con Dios, sino en cuanto a la forma de impedir que prospere esta idea que llamaría diabólica si estuviéramos en otra edad, pero que llamo abominablemente luterana en la nuestra. Porque hay que pensar y que tener presente que al retirarme yo, el Emperador mandará un nuevo Obispo, un obispo laico quizá, para cumplir sus órdenes, para que los rosales florezcan en el yermo y para que la Madre de Dios deje de ser la Madre de la humanidad y sea sólo el símbolo del indio condenado a perecer. Mi razón y mi escolástica se rebelan contra todo esto, pero quiero saber que no estoy solo, que cuento con vuestra fraternidad espiritual en la lucha que me apresto a acometer contra el Emperador. Y lucho, hermanos, lo digo con la brutal franqueza vasca, más que por la fe, por el sentido común y por la inteligencia y por el raciocinio, que son como la roca Tarpeya de donde la fe se deja caer para volar e iluminar al mundo.

FRAY JUAN.—Extraños tiempos vivimos en verdad, hermanos. Extraños y maravillosos tiempos de mundos nuevos, de almas que conquistar para Dios mientras los guerreros conquistan nuevas tierras para los monarcas. ¿Hubieran podido creerlo acaso nuestros abuelos, aunque fieles creyentes? Yo mismo creo apenas, aun palpándolo a diario como Santo Tomás, este fausto destino que nos ha tocado en suerte. Pensad en la situación de la Iglesia en Europa: dura, la lucha contra Lutero, una lucha cruenta en la que el enemigo malo suma victorias y arrebata almas a la fe verdadera. ¿Qué podíamos hacer allí nosotros más que nuestro deber de soldados de Cristo y luchar contra la impiedad de los hombres de nuestra propia raza? Y he aquí que el milagro se hizo de pronto como la luz y que nos fue ofrecido un mundo nuevo que conducir a Dios. Y así vinimos, en cierto modo, a disfrutar del paraíso en la tierra, que es tierra de promisión; del mejor paraíso concebible, que es el goce de sufrir sirviendo a nuestro Creador y a sus criaturas. No hablemos de la lucha cotidiana y sin fin contra el soldado de España: es parte de nuestra tarea de todos los días. La realicé con santa, encendida pasión, mientras pensé que el Emperador y Rey, príncipe cristiano por excelencia, estaba con nosotros. Sobre todo, con aquellos de nosotros que entendemos la fe de un mundo nuevo y racional —porque la razón es también miga del espíritu—, fuera de las supersticiones de otros tiempos que tanto daño hicieron a nuestra Iglesia y que fueron parte no menor en fomentar la apostasía del agustino renegado y la blasfemia de sus noventa y cinco tesis. Ay, es amargo el pan de la desilusión —hostia del Enemigo. Pasando por sobre la suprema autoridad de Roma, haciendo befa indigna de la Santidad del Papa y de sus dictados, el Rey y Emperador me ha ordenado... (pensé que mi lengua se paralizaría y enmudecería antes que dejar salir las atroces, increíbles palabras) me ha ordenado que prepare un milagro. (*Movimientos y exclamaciones*, ad libitum, in crescendo *por un instante*.) Os ruego que me dejéis terminar, hermanos: un falso milagro, un acto de herejía como ningún otro, un fraude contra la fe. Así, ese seglar, jardinero venido de Murcia, tiene órdenes de hacer florecer rosales en un lugar yermo. Así, esa infeliz hermana clarisa, que oye voces y que tiene visiones y que está enferma o loca —Dios la ampare—, debe representar el papel de una virgen, de una virgen mexicana, morena de tez como el indio, y aparecerse en un día solemne a uno de estos pobres naturales y hacerle creer que es la Madre de Dios y de los indios para que se consume al fin la conquista material de estas tierras y sus hombres, y quede bien establecida la superioridad del español. Para que, como yo lo veo, el español siga siendo un dios para el indio y lo aparte de nuestra Iglesia.

SAHAGÚN.—No es posible. ¡Una Tonantzin, ay! El retroceso de la historia.

LAS CASAS.—La resurrección de toda la idolatría indígena.

FRAY JUAN.—La anulación de todos nuestros esfuerzos por preservar al ser de razón entre los indios.

PEDRO DE GANTE.—¡La recaída en una edad periclitada, bárbara a su manera! Yo solía pensar en Carlos como en un monarca moderno —iluminado por la Razón Divina.

FRAY JUAN.—¿No decís nada vos, Fray Martín de Valencia?

FRAY MARTÍN DE VALENCIA.—No sé —no sé qué decir en verdad. Preferiría oíros antes a todos. ¿Fray Toribio?

MOTOLINÍA.—(*Pensativo.*) Yo no sé tampoco qué decir. Así, de pronto, la sacudida es ruda y desquiciante, y siento en mí un estremecimiento y un vértigo, como si la Iglesia se hundiera. Y a la vez, sin embargo, pienso posible que la idea no sea tan blasfema como estima Fray Juan.

FRAY JUAN.—¿Qué decís, hermano?

MOTOLINÍA.—Perdonadme. No he podido menos que relacionar... Digo que, como lo sabéis, he pensado siempre en la necesidad de organizar representaciones sacras para apresurar la evangelización de nuestros hermanos indios: la tentación y caída de Adán y Eva, la conquista de Rodas y la de Jerusalén para enseñar al indio cómo se abre paso la Cruz de Cristo en tierras infieles, las propias predicaciones de nuestro jefe San Francisco a las aves... Nos ayudaría tanto eso a cumplir con nuestra misión y tarea santa...

FRAY JUAN.—Os apartáis de...

SAHAGÚN.—Perdón, temo que no ha dicho todavía todo lo que piensa nuestro hermano.

MOTOLINÍA.—No pude evitarlo, Fray Juan: mientras hablabais, me apareció lo que decíais como una suerte de auto o misterio sacramental que podría ser útil a la fe, y...

LAS CASAS.—¡Absurdo, como todo lo de Motolinía! (*Subraya la voz nahoa con sarcasmo.*)

MOTOLINÍA.—¡Oh, hermano, duro sois! Los de mi Orden comprenderán que pienso sobre todo en la fe y... no sé bien, quizá en unas como a modo de *Florecillas* en acción...

LAS CASAS.—El pobrecito siempre. Pero vos no sois el de Asís, Fray Toribio.

MOTOLINÍA.—(*Dolido.*) ¡Prior Las Casas!

FRAY JUAN.—Tregua de disputas, os lo ruego. ¿Don Vasco?

DON VASCO.—A fe mía, Fray Juan, yo soy un hombre práctico. Quizá estoy más cerca de la naturaleza que de las cosas del espíritu. Por eso considero esto más bien como un experimento de siembra y de cultivo para poner a prueba la bondad de la tierra. ¿No podría esto ayudarnos a comprobar si el indio puede en verdad ser fértil de espíritu? En rigor no lo sabemos hasta ahora. Sus ídolos destruidos parecen proyectar todavía una gran sombra de la que ellos como que no quieren salir, pensando quizá que los protege contra España.

PEDRO DE GANTE.—(*Que habrá estado sumido en honda reflexión.*) Sí. Un retorno indudable y oscuro a viejas impiedades. Sí. Pero siento algo, hermanos. (*Adelantándose, sin saberlo, a Galileo.*) Y sin embargo, bajo la corteza repelente, esto vive, se mueve... se mueve en mí de un modo tal que parece como si el fondo de la idea no fuera maléfico.

FRAY JUAN.—Ya nos habéis oído, Fray Martín. ¿Qué pensáis?

FRAY MARTÍN DE VALENCIA.—Pienso, ante todo, que no podéis retiraros de esta diócesis, porque es el destino que os ha trazado el Señor. Que no podéis, como no puede ninguno de nosotros, abandonar al indio ni dar la espalda a la esperanza de salvar al indio. La voz de Dios es más fuerte que la del Emperador y Rey.

FRAY JUAN.—La voz de Dios es la voz de mi razón y de mi conciencia, Fray Martín, y mi razón y mi conciencia me ordenan...

FRAY MARTÍN DE VALENCIA.—Perdón. Cuando llegué, Fray Juan, dije a nuestros hermanos que voy a España a ver al Rey, a quien he enviado emisarios en vano, como vos, para que ponga un término a todos los horrores que vemos consumarse a diario aquí. Y tenéis razón, Las Casas, no puedo morir en esta tierra prodigiosa mientras quede un indio natural que padezca los infortunios de la dominación española. Soy viejo, y los viejos somos —Dios me perdone— a la manera de aquella deidad profana del latino que miraba a la vez hacia atrás y hacia adelante. Veo al mismo tiempo vuestras razones y las comprendo, y veo y comprendo las de Sahagún y Gante y Las Casas, y oigo al hermano Toribio y a Don Vasco y creo que los comprendo también. No sé si esto es una aflicción o una bendición, una blasfemia o un acto de Dios. Pero sé un cosa: sé que este mundo de oscuridad y de angustia que habitamos tendrá que recibir la luz y volverse habitable para el hombre, porque Dios sabe —¿quién si no Él?— que el hombre no pidió ser creado y que sólo espera haberlo sido para algún objeto benéfico y alto y luminoso, y que si la especie sobrevive es para que acabe la raza de Caín, para que reine el bien. Y me pregunto si esta acción, desmesurada, convengo en ello, del Emperador no es una respuesta a nuestros ruegos, una tentativa de ayudar a los naturales de acuerdo con los principios de la Iglesia.

FRAY JUAN.—(*Dolorido y angustiado —y obstinado.*) ¿Caben el frau-

de y el engaño y la impostura acaso en ellos? ¿Pueden sentarse al
lado de Dios Todopoderoso? Si es una respuesta a nuestros ruegos, no es la que mi razón esperaba. No. Sabemos que "ya no
quiere el Redentor del Mundo que se hagan milagros, porque no
son menester, pues está nuestra Santa Fe tan fundada por millares
de milagros como tenemos en el Testamento Viejo y Nuevo". ¿Y
lo quiere Carlos?

FRAY MARTÍN DE VALENCIA.—Eso puede valer, en efecto y razón, para
los pueblos que adoran a Dios hace siglos. No para estos naturales, ay. Y no neguemos, hermano Obispo, la necesidad de los milagros. Sois erasmista, lo sé bien, pero el propio tratadista que ci-
táis añade que "la vida perfecta de un cristiano es continuado
milagro en la tierra". ¿No queremos acaso esa perfección milagrosa para el indio? ¿Y sabemos si no es ésta la vía? ¿Sabemos
siquiera por qué y cuándo y cómo empieza un milagro? Todo lo
que sabemos es que no termina.

FRAY JUAN.—¿Y no es Dios acaso quien me da la razón que se opone
a esto?

FRAY MARTÍN DE VALENCIA.—Sé, sabemos, que sois recto y limpio,
inflexible en vuestras convicciones, insobornable en vuestra fe.
Pero no sé si esto hay que verlo más bien con los ojos del alma
que con los de la razón y con el corazón mejor que con la cabeza.
Un poco, si queréis, como los niños lo verían.

FRAY JUAN.—Para mí son una sola cosa, Fray Martín, y no podrían
existir separados: son sílabas de la misma palabra, y corazón
quiere decir sentimiento pero dice razón también. No puedo renunciar a mi criterio.

FRAY MARTÍN DE VALENCIA.—¿No es la renunciación el fundamento,
el primer acto del cristiano?

FRAY JUAN.—No la renunciación de Dios.

FRAY MARTÍN DE VALENCIA.—Detened. ¿Renunciáis acaso a Dios o a
su Idea por mostrar un camino desviado hacia Él a aquel que no
puede, que no sabe seguir el camino directo? ¿Mentís cuando decís al enfermo incurable que parte de esta vida, que la vida lo espera? Cierto que no lo sabéis, pero lo creéis. Y todos los caminos, largos o cortos, llevan a Dios. ¿Qué pueden importarle a Él
los errores de los reyes o de los hombres? Los deja cometerlos
porque es un derecho que les concedió para que puedan salvarse
rectificándolos, pero Él mantiene siempre en su sitio el fiel de la
balanza.

LAS CASAS.—Claro. ¿Dejo yo acaso de creer en Dios porque otros
lleguen a creer en Él? Pero seamos sinceros. A mí me heriría pro-

fundamente que Dios salvara a los conquistadores, y esto que se fragua parece el medio de hacerlo.

FRAY MARTÍN DE VALENCIA.—¿No son también sus hijos?

FRAY JUAN.—He ahí justamente, hermano, lo que me confirma mejor en mi razón. He ahí con lo que cuenta el Emperador, con lo que cuenta cada soldado español empezando por Cortés; la insondable mansedumbre franciscana, la dulzura del pobrecito de Asís con el propio lobo. Pero la fiera que se nos presenta ahora viene del infierno y de la Antigüedad pagana, de la propia idolatría de los naturales que debemos destruir. ¡Ah, no, el misionero no está hecho de alfeñique, hermanos, ni es un niño que juega con las cosas santas! Si algún soldado necesitó nunca un alma de acero bien templado, una voz clara y firme y un puño fuerte para blandir el látigo de Cristo, es el misionero. ¿Qué decís, Las Casas?

LAS CASAS.—En lo escolástico, en lo moral, en lo político, estoy con vos, Fray Juan. Ya es hora de que nos rehusemos a hacer el juego de los conquistadores y a bendecir las armas con que matan y a prometer el Paraíso al indio que muere de mala muerte.

FRAY MARTÍN DE VALENCIA.—En eso tenéis razón, hermano Bartolomé. Ya es hora de que tratemos de dar el paraíso al hombre en el mundo y no sólo en el más allá. Es enseñando a hacer el bien como se lo damos.

FRAY JUAN.—Fray Toribio hablaba de un auto sacramental...

LAS CASAS.—Disparate y levedad, insisto. Profanidad pura.

FRAY JUAN.—...perdón. Como si al modo de los paganos antiguos pudiéramos dar al indio un poco de pan y un poco de circo y salvar así nuestras almas.

MOTOLINÍA.—No hablé en ese sentido, Fray Juan, creedme, os ruego. No cambiaría el alma de un indio por las de diez españoles. Yo también estoy listo para blandir la espada contra el soldado y el látigo contra el mercenario, pero encuentro que es nuestro deber intentarlo todo, y que la bondad del fin que perseguimos no está en contra del medio que se nos propone.

FRAY JUAN.—¡Medio impío! ¡Irracional!

SAHAGÚN.—Así es como se entienden siempre las cosas: Fray Juan nos habla de la firmeza del misionero, y Fray Toribio demuestra que puede ser firme... contra Fray Juan o su opinión.

FRAY MARTÍN DE VALENCIA.—Yo no diría impío, hermano. Medio quizá imperfecto, limitado y falible, como humano, pero que no puede tocar de lejos ni de cerca a la Divinidad.

SAHAGÚN.—Pero, además, pensemos esto: hay los ídolos que apartaban de Dios al indio. ¿Qué mal puede haber en un ídolo que lo lleve a Dios? ¿Qué importa mientras la historia y nosotros sepamos que es un ídolo?

PEDRO DE GANTE.—En efecto. Creer que un árbol puede ser Dios no altera la esencia de Dios.

FRAY MARTÍN DE VALENCIA.—Vamos, Dios existe aun para los que no creen en Él.

MOTOLINÍA.—Si su Entidad no pierde con la duda, ¿cómo va a perder con la fe?

FRAY JUAN.—¡Ah, un momento! Nuestra sombra misma, nuestra duda —la mía ahora— es obra de Dios.

DON VASCO.—Yo no puedo discutir de teología con vosotros. Para mí, la representación de Dios está en la tierra que debe alimentar al hombre, y me siento obligado a probar todo abono para saber si puede dar producto.

PEDRO DE GANTE.—Perdonad, pero hay otra cosa. Todo esto que hablamos me da una idea. ¡Hay tanto que pensar en ello! Pero sé, siento que esta cuestión tiene un trasfondo que no hemos tocado.

FRAY MARTÍN DE VALENCIA.—Yo creo que sí lo hemos tocado, Fray Pedro: es la convicción fundamental de que debemos hacer todo lo que sea en bien de nuestra fe, aunque los medios parezcan a veces... heterodoxos.

PEDRO DE GANTE.—(*Flamenco, lento, con peso pero sin pomposidad.*) ¿Habéis pensado una cosa, hermanos? Si esa infición, esa plaga inficionante y maligna que es la Reforma llegara a apoderarse de Europa entera, si triunfaran las fuerzas oscuras de Lutero, ¿qué sería de nuestra Iglesia?

LAS CASAS.—Creo que os veo venir, Pedro, pero lo que más importa aquí es...

PEDRO DE GANTE.—Por favor. ¿No sería entonces por modo natural esta bendita tierra de la Nueva España el sagrario o sede de nuestra Santa Madre la Iglesia, la Nueva Tierra Santa, la Nueva Roma?

LAS CASAS.—¡Por mi hábito que adiviné que eso era! Pero creo que es ir demasiado lejos. No en vano es Roma la Ciudad Eterna de la Fe desde hace siglos; pero, sobre todo, conservemos los pies puestos en esta tierra.

PEDRO DE GANTE.—Entiendo, pero, ¿no os parece que por sólo esa posibilidad, quizá no tan remota, es digna de estudiarse la idea del Emperador?

LAS CASAS.—De acuerdo. Pensemos también en lo que apunta Fray Pedro. Vale la pena, porque todo lo que ayude en México a la fe es arma contra el bárbaro demonio conquistador.

FRAY MARTÍN DE VALENCIA.—(*Iluminado y arrebatado.*) Es verdad. ¿No se ha dicho que el Paraíso terrenal estuvo situado en estas latitudes? ¡Ah, si ésta pudiera ser la Nueva Casa del Señor por el medio que nos proponen!

SAHAGÚN.—No veo la menor posibilidad de una cosa así en el orden... histórico, digamos.

FRAY JUAN.—Seguir el método *ab absurdo* es racional, pero anticipar el triunfo de Lutero sobre Roma es un exceso de imaginación. Volvamos a esta tierra, como decía Las Casas, y a vuestro hermano Juan y su dilema.

LAS CASAS.—Os decía que estoy con vos y en todo lo que estoy con vos, Zumárraga. Pero he estado pensando que quizá esto puede darle al indio un arma espiritual contra el español. Lamento que la idea no saliera de un indio enterado en la leyenda de la Tonantzin, pero, claro, claro: a pobre indio, virgen india. No está mal. Por eso creo que no hay que precipitarnos, porque esto es un modo de Camino de Damasco, veis.

FRAY JUAN.—No os entiendo.

LAS CASAS.—¿Conocéis esas tierras? Si Saulo hubiera salido de otra ciudad con las cartas del Sumo Sacerdote para la Sinagoga, y una misión de muerte, quizá no habría tenido tiempo de convertirse. Pero el camino de Jerusalén a Damasco es largo aunque Damasco parece a menudo estar a corta distancia, pero en realidad está lejos y...

PEDRO DE GANTE.—Os ruego. Tocáis allí un milagro de la fe incomparable con esto que tratamos.

LAS CASAS.—Bien tocasteis vos el triunfo de Lutero y lo demás. Es porque creo que debemos también seguir un camino largo para examinar este asunto, hermano, aun cuando el de la discusión se alargue igualmente. Yo camino, camino, y empiezo a ver, sin que esto influya en mis convicciones, que la intención del Emperador puede tenerse por no sacrílega.

PEDRO DE GANTE.—Debo protestar. Nada tuvo que ver la conversión de San Pablo con la extensión del camino, y la Visión le apareció ya cerca de Damasco.

LAS CASAS.—Yo estoy convencido de que la Visión salió de Jerusalén con él y lo acompañó todo el camino. Dios estaba ya en él, pero Saulo necesitaba tiempo para verlo, como cualquier hombre —y Dios le dio ese tiempo en la larga jornada, y sólo cuando llegaba al final de ella se operó el prodigio exteriormente. Si el viaje hubiera sido más corto...

FRAY MARTÍN DE VALENCIA.—Os acercáis peligrosamente al error y a la blasfemia, hermano.

LAS CASAS.—Perdonad, no lo creo. Dios creó el tiempo, como todo, y sabe cuánto necesita a menudo el hombre para ver la luz. Repito, en todo caso, mi proposición de que caminemos más largo antes de...

FRAY JUAN.—¿Y creéis que no he seguido yo un larguísimo camino de reflexión, hermano? Quiero pediros sólo que no nos apartemos del problema inmediato, de lo que he decidido hacer, del consejo que requiero de vosotros. ¿Fray Bernardino?

SAHAGÚN.—De un modo u otro haréis historia, Fray Juan. ¿Qué es el hombre sino historia? Pero tened cuidado: siempre hay dos formas de hacer historia, y bien podéis hacer la de la dispersión de la fe en México si os retiráis ahora y dejáis el campo a los soldados. Cuando veo lo que padece el pobre indio, pienso que cualquier cosa que le demos para fortalecer su fe es buena, y ésa es la otra manera de hacer historia. No os retiréis. ¿Teméis que os reproche el indio...?

FRAY JUAN.—Temo sólo a Dios y a mi conciencia, que me dicen que esto es un grave delito —un fraude de la fe, del alma y de la razón. La mía no puede justificar la intención de Carlos.

SAHAGÚN.—Pero, ¿se trata en realidad de razón? Y lo dijo Fray Martín. ¿Acaso los hermanos legos y los frailes menores que no pueden ir a la universidad y que vegetan en pueblos y aldeas, no modifican a veces, esto es, no simplifican los sagrados textos para hacerlos comprender mejor a sus ignaros fieles y aun para comprenderlos ellos mismos? ¿No españolizan el latín a menudo, no...?

FRAY JUAN.—Ése es el peor delito que puede cometer un sacerdote. La verdad de Dios debe ser difícil de adquirir, debe costar trabajo, porque tiene que adquirirse como es, no simplificada, no... masticada.

FRAY MARTÍN DE VALENCIA.—En cuanto a eso, os aseguro que hay un estado de gracia que disipa todo error.

PEDRO DE GANTE.—Claro, pero emana del cielo, no del Rey. A pesar de todo, permitid, Fray Juan, que examinemos la cosa desde otro ángulo, desde el ángulo de... la representación, como diría Fray Toribio. Supongamos por un momento que acatáis la orden regia. ¿Cómo lo harías?

SAHAGÚN.—Buena idea, que nos permitirá ver los obstáculos.

FRAY JUAN.—Las imposibilidades.

LAS CASAS.—Y las posibilidades. Ése es el camino largo de que hablaba yo. ¿Qué perdemos?

FRAY MARTÍN DE VALENCIA.—Siempre ganaríamos algo. Dios es ganancia para el hombre siempre.

MOTOLINÍA.—¿Aceptáis, Fray Juan?

FRAY JUAN.—(*Después de una pausa nerviosa en que se oprime las manos con la vista en alto.*) Sea. Yo sé que lo he examinado todo, pero hablad, hermanos.

MOTOLINÍA.—Ante todo, necesitamos el tinglado primero. Supongamos... ¿Puedo preguntar cuáles son las instrucciones en detalle, Fray Juan?

FRAY JUAN.—(*Con un esfuerzo enorme.*) Hacer crecer rosas en un lugar yermo y hacer aparecer en él a la clarisa.

PEDRO DE GANTE.—¡No en un templo, espero!

FRAY JUAN.—En un yermo, dije.

MOTOLINÍA.—¡Cuidado! Será preciso escoger un lugar que no haya sido antes de culto idolátrico, que aquí abundan.

FRAY JUAN.—No. Ya he pensado en el único que podría ser, aunque...

MOTOLINÍA.—(*Con dulzura pero con firmeza.*) Nada os escapa. ¿Y después?

FRAY JUAN.—(*Siempre renuente y endurecido.*) Hacer aparecer a la... visión, digamos, en una fecha solemne, susceptible de impresionar por sí, y hablar con un natural previamente escogido.

LAS CASAS.—Un momento. Resuelto lo de las rosas, ¿entenderá el castellano ese indio?

SAHAGÚN.—¿O hablará en náhuatl la hermana?

MOTOLINÍA.—Puede enseñársele lo necesario a la una o al otro.

FRAY JUAN.—(*Sarcástico.*) Sí. Por allí empezará a descubrirse la impostura y a esparcirse el secreto. Os digo que lo he pensado todo.

MOTOLINÍA.—Perdón, pero yo podría tomar a mi cargo el enseñar lo preciso a la clarisa. Y supongo que tenéis confianza en mí.

FRAY JUAN.—La tengo. Pero, ¿y el indio?

LAS CASAS.—El indio debe ser inocente de todo y recibir por sorpresa el mensaje y la aparición, es claro, si ha de creer en ellos.

SAHAGÚN.—¿Y cómo escogerlo entonces?

MOTOLINÍA.—Quizá un escolar de Tlaxcallan o de Tlatelolco...

PEDRO DE GANTE.—No. Se pensaría en una maniobra si así fuera. Tiene razón Las Casas. Si llegara a hacerse esto, tendrá que ser un inocente absoluto.

FRAY JUAN.—¿Y quién lo encontrará?

FRAY MARTÍN DE VALENCIA.—Cualquiera encontrará a cualquiera. Para mí todos los indios son inocentes. ¿No tenéis fe, Fray Juan?

FRAY JUAN.—Sólo en lo verdadero, Martín de Valencia.

FRAY MARTÍN DE VALENCIA.—¿Necesita de fe lo verdadero?

FRAY JUAN.—Más que nada, ay. Si fuera fácil creer en la verdad, el mundo sería menos absurdo.

MOTOLINÍA.—(Mismo juego.) Tenéis razón siempre. Pero... ¿podemos seguir adelante? (Fray Juan inclina la cabeza no sin cierta repugnancia.) En ese caso...

SAHAGÚN.—Pero hablasteis de un mensaje, Fray Juan. ¿Os han enviado el texto?

DON VASCO.—Si lo enviaron, quizá conviniera rehacerlo. Están muy lejos y allá no saben gran cosa de lo de aquí, y nosotros conocemos la tierra.

FRAY MARTÍN DE VALENCIA.—Conocemos, es cierto, la palabra que debemos sembrar en los naturales. Como vos, Don Vasco, creo en la tierra y creo que no hay mejor tierra que el indio para nuestra semilla.

MOTOLINÍA.—Entonces, supongamos, hermanos, que tenemos ya el lugar de la acción, el escenario, los personajes y el diálogo. Se aparecerá una virgen a un indio inocente y le dará un mensaje para salvación de su alma y del alma de todos los naturales, ¿no es así? ¿Qué hará el indio entonces?

LAS CASAS.—Permitid: ¿una virgen a secas? No. El nombre del indio no importa, pero el de la Virgen... Yo quisiera saber...

DON VASCO.—Justo. Perdón, Fray Juan, en vuestras instrucciones, ¿se nombra, se designa a una cierta virgen o no?

FRAY JUAN.—(Después de una pausa destinada a reprimir su creciente impaciencia.) No entiendo por qué, pero se me hizo saber claramente que debía usarse el nombre de la Virgen de Extremadura.

FRAY MARTÍN DE VALENCIA.—¿La Guadalupe? ¡Ah, es una buena Virgen! Me alegro.

PEDRO DE GANTE.—¿Guadalupe? Sí, ya sé. Claro. (Evocativo.) Es morena. Sin duda por eso...

LAS CASAS.—(Como Carlos V, sin saberlo.) Es una virgen guerrera, además, buena para la batalla espiritual del indio.

MOTOLINÍA.—¿No tiene su nombre algún engarce con las raíces moriscas, lo mismo que el Guadalquivir?

SAHAGÚN.—Quizá porque ayudó en las batallas contra el moro. Pero las montañas del centro de España son llamadas de Guadalupe, y por la Virgen nombró así Colón a las dos islas que descubrió en las Indias Occidentales.

MOTOLINÍA.—(*Reflexivo.*) Es decir, ¿una Virgen que siendo española sea a la vez mexicana? Esto resulta más difícil de entender para mí.

FRAY JUAN.—(*Rompiendo al fin su silencio y empezando a dar rienda suelta a su impaciencia.*) Con vuestra venia. Como lo pensaba, os veo en esta plática alejar vuestros ojos del problema mismo y olvidar...

MOTOLINÍA.—(*Mismo juego de dulzura y firmeza.*) Sólo en apariencia. Los autos sacramentales, el teatro, en fin, suele alejar al hombre de sí mismo, Fray Juan, y lo hace olvidar el destino personal por el colectivo, la realidad por la ilusión. Por eso...

FRAY JUAN.—Un momento, Fray Toribio, os ruego. Hermanos, por veros ya partiéndose en el barco de una idea que mi razón repugna todavía, os pido que aplacemos esta discusión. Yo no podría seguirla ahora, porque todo es dar vueltas dentro de un mismo círculo. Antes de ir más lejos, considero indispensable rogaros que veáis de cerca a la hermana de la Orden de Santa Clara. Esto, creo, os mudará la opinión. Pero después podremos seguir hablando en todo caso.

FRAY MARTÍN DE VALENCIA.—¿Es decir que no aceptáis aún ni siquiera la posibilidad?

FRAY JUAN.—Soy vasco, hermano, por si no tengo otra disculpa a vuestros ojos. Pero vedla. Y si después de verla me decís, sabiendo que creo en vosotros como en mí mismo o más, que esto debe hacerse y que esto es bueno, entonces lo haré.

LAS CASAS.—Me parece lo más procedente.

DON VASCO.—Siempre es mejor saber quién arará el surco.

PEDRO DE GANTE.—Estoy de acuerdo.

FRAY MARTÍN DE VALENCIA.—Sobre todo, si nos lo pide Fray Juan, será mejor. Por todas las razones.

*Fray Juan va a tirar del cordón de la campanilla cuando se abre bruscamente la puerta derecha y un Indio Joven, un tanto descompuesto, entra precipitadamente, empujado bruscamente por un franciscano que es el Fraile del acto primero.*

FRAY JUAN.—Precisamente iba a haceros llamar, hermano Antonio. ¿Cómo es que entráis aquí sin...?

EL FRAILE.—Perdón os pido, Ilustrísima. Venía a deciros algo y aquí afuera encontré a este indio infeliz escuchando a la puerta. (*Lo empuja otra vez sin brusquedad, pero sin dulzura.)* ¡Anda, explícate!

*El Indio Joven, azorado, mira a todos los misioneros como si buscara un protector, un refugio.*

FRAY JUAN.—No le hagáis daño ni lo maltratéis, hermano.

EL FRAILE.—Es que me exaspera su mezcla de pasividad y de malicia. Escuchaba a la puerta como un demonio, y se deja hacer como un ángel.

FRAY JUAN.—¡Hermano Antonio! ¿Ignoráis lo que manda nuestra Orden?

EL FRAILE.—Nunca lo había hecho, señor Obispo, pero éste me ha sacado de quicio. No sé por qué. Será, como me dijo el Rey, que soy un inquisidor. Así me sentí.

FRAY JUAN.—Ese viaje a España os ha cambiado, hermano. Os oiré en confesión mañana.

EL INDIO JOVEN.—*(Optando al fin por Fray Juan, se arrodilla a sus pies, alza los ojos azorado hacia él.)* ¡Tata, tata!

LAS CASAS.—En caridad del Señor, Zumárraga, no le pongáis la mano sobre la cabeza, que así nos pintan ya.

FRAY JUAN.—Cálmate, hijo, cálmate. Aquí estás seguro y a salvo. ¿Qué hacías allí afuera? *(Acompaña la pregunta de mímica. El Indio Joven sonríe ampliamente.)* ¿Por qué escuchabas? ¿Qué querías? ¿Me comprendes?

EL INDIO JOVEN.—¡Tata, tata, tata!

EL FRAILE.—Es un idiota.

FRAY JUAN.—Reprimíos, Antonio.

MOTOLINÍA.—No habla español todavía el inocente.

LAS CASAS.—Y éstos también, hermano... Antonio, ¿no es eso? han de pensarnos idiotas a nosotros porque no hablamos la suya.

FRAY MARTÍN DE VALENCIA.—¿Qué importa que no hable nuestra lengua? Llamó tata al Obispo. En su conciencia reconoce al padre de su alma.

FRAY JUAN.—Eso es lo que me dice que podemos salvarlos a todos: su instinto del bien. Fray Toribio, ved si podéis entenderle algo y así sabremos qué buscaba.

*Motolinía se acerca al Indio Joven, lo toma suave y persuasivamente por un brazo y lo hace levantar y lo lleva hacia el fondo izquierda. En ese momento aparece, muy agitado, Martincillo.*

MARTINCILLO.—¿En dónde se ha metido ese indio de mis pecados?

FRAY JUAN.—¡Ah, aquí estáis al fin! ¿Dónde andabais y qué hacíais, que dejáis pasar a este pobre indio hasta aquí? ¿No os dije que no quería interrupciones? Me faltan las palabras para...

MARTINCILLO.—¡Vaya si me lo dijisteis, señor Obispo! Pero... ¿No tenéis palabras? Entonces, lo que ocurre es que soy un remiso, un omiso, un descuidado, un distraído, un tonto de capirote o un loco de la cabeza, y...

FRAY JUAN.—Basta. Ya no tengo nombres que daros. ¿Por qué lo dejasteis pasar?

MARTINCILLO.—¡Dejarlo! ¿Yo? ¡Quia, señor! Lo que pasa es que mientras yo daba un poco de pan y quería contarle un cuentecillo a sus compañeros, él se coló sin que lo notara.

FRAY JUAN.—¿Podéis explicar por qué?

MARTINCILLO.—Nada más fácil, señor. Ya sabéis que todos ellos quieren siempre ver al Obispo. ¿Tengo la culpa yo?

MOTOLINÍA.—(*Acercándose.*) Dice justo Martincillo, Fray Juan. En lo que he podido entender al inocente, quería nada más ver al tata Obispo.

FRAY JUAN.—Lleváoslo, hermano Martín, aseguraos esta vez de que se marcha, y dadle algo antes. Y no volváis a ser todo lo que habéis dicho o yo le pediré luces al Señor para encontraros otros nombres mejores.

*Un tanto corrido, pero mal tapando la risa, Martincillo toma por el brazo al Indio Joven y sale con él.*

FRAY JUAN.—¡Sea por Dios!

EL FRAILE.—Señor Obispo yo venía a...

FRAY JUAN.—Sí. Hermanos, Fray Antonio es el último mensajero que mandé a España al Cardenal para que éste lo llevara con el Rey. Y me trajo la respuesta del monarca. ¿Queréis repetirla, hermano?

EL FRAILE.—(*Con graduada amargura.*) Su Majestad estaba ocupado y prefirió oír primero al emisario de Cortés. Su Majestad me hizo el honor de desconocer mi hábito y de hablarme con dureza. Su Majestad dijo al fin que iba a meditarlo. Que respondería más tarde al llamado. Su Eminencia me aconsejó esperar. Volví al fin con la carta que escribió al señor Obispo.

FRAY JUAN.—No hay que tomar las cosas de ese modo, Fray Antonio.

EL FRAILE.—Perdón. Y que San Francisco me perdone, porque he pensado desde entonces si no erré el camino, y si no me fuera mejor ser soldado del Rey y no de Cristo. ¡Me sentí tan inútil, Ilustrísima!

FRAY JUAN.—Basta. Franciscano sin humildad no es franciscano. El Rey respondió como sabéis ya todos, hermanos. Fray Antonio, quería pediros que acompañarais hasta aquí a la hermana clarisa. Debo presentarla a los Reverendos Padres.

EL FRAILE.—De ella quería hablaros, señor Obispo. Está... no sé, en una suerte de trance, como si algo invisible la poseyera.

LAS CASAS.—¿Violenta?

EL FRAILE.—Al contrario —está como si no estuviera aquí— o como si otros y yo no estuviéramos cerca de ella.

FRAY MARTÍN DE VALENCIA.—¿En éxtasis quizá?

EL FRAILE.—No sé, padre. No me da esa idea.

FRAY JUAN.—¿Creéis que podrá venir hasta aquí?

EL FRAILE.—Si logro que me oiga.

FRAY JUAN.—Estoy cierto de que os oirá. Traedla luego. Con dulzura, hermano. La esperamos.

*El Fraile se inclina levemente y sale.*

LAS CASAS.—Este hermano, decidme, vuelve casi de España, ¿no?

FRAY JUAN.—Hizo el viaje con la hermana y con Alonso de Murcia, el jardinero.

FRAY MARTÍN DE VALENCIA.—¿Y está enterado en las instrucciones...?

FRAY JUAN.—No lo creo. No creo que el Rey o el Cardenal hayan creído necesario informarlo de nada. Y eso me hace pensar que siente que hay algo que no sabe, y que se amarga por ello.

PEDRO DE GANTE.—Pero dijisteis que os enviaron un mensajero de boca.

FRAY JUAN.—No fue él, que era uno de los mejores hermanos y ahora, tan cambiado, me hace temer por su salud eterna.

DON VASCO.—Me ocurre que quizá podríamos ver a la hermana uno por uno, para no alarmarla.

MOTOLINÍA.—Quizá se desconcertará al encontrarnos aquí a todos... ¿No pensáis...?

FRAY JUAN.—Prefiero no pensar ya muchas cosas, hermano. Será una prueba para ella, y la busco así porque eso os permitirá abarcar todo lo que he querido deciros. Pero lo busqué así porque también será una prueba para vosotros, hermanos. Soy franco.

FRAY MARTÍN DE VALENCIA.—Dios hace siempre sus caminos en nosotros, Fray Juan. Sin pico ni pala.

*Se escucha un breve, categórico golpe en la puerta.*

FRAY JUAN.—Adelante.

*Se abre la puerta y aparece el Fraile, solo.*

FRAY JUAN.—(*A Fray Martín de Valencia*.) Él os oiga, hermano. (*Al Fraile*.) ¿La hermana?

EL FRAILE.—Me sigue, Ilustrísima. A su paso. Al paso del Arcángel, al paso de la Virgen, que marchan siempre al paso de Dios, dice.

FRAY JUAN.—¿Está lo mismo?

EL FRAILE.—(*Alzando los ojos al cielo*.) ¿Trance o éxtasis? No lo sé, no lo entiendo. Quizá he perdido la Gracia de Dios.

FRAY JUAN.—De eso hablaremos. En cuanto entre aquí, me haréis favor de cerrar la puerta y de retiraros en penitencia hasta mañana.

EL FRAILE.—Eso me hará bien, Ilustrísima.

FRAY JUAN.—Gracias, hermano Antonio.

*Calla, como si se recogiera en sí mismo, aunque parece contener el impulso de decir algo más. Los misioneros se miran, irguiéndose un poco en sus asientos. Fray Martín hace ademán de levantarse.*

FRAY JUAN.—No, no. Sentaos. Os lo ruego.

*Fray Martín de Valencia vuelve a acomodarse. Todas las miradas se fijan al fin en la puerta abierta, en el lado exterior de cuyo umbral permanece el Fraile. Fray Juan recorre con la vista a todos sus colegas. Se nota que quisiera hablar, pero, ¿no está ya dicho todo? Al fin, como ellos, pone sus ojos en el límite de la entrada. Un instante después, el Fraile se hace a un lado y retrocede.*

EL FRAILE.—La hermana llega, Ilustrísima.

*Sobre el grupo solemne, silencioso y expectante de varones sin par, a la vez que entra de golpe la luz de la luna plena, cae rápido, el*

TELÓN

# ACTO III

## LA CORONA

*La acción en México, la mañana del 12 de diciembre de 1531.*
*La escena en el despacho del Obispo Zumárraga en el edificio*
*del Obispado de México, más avanzada ya su construcción que en el*
*segundo acto.*
*Mañana sombría, cielo lleno de nubarrones. La oscuridad am-*
*biente aumentará durante el curso del acto, despejándose repenti-*
*namente, como por efecto de un relámpago, en la culminación de la*
*comedia —que es la revelación de Zumárraga— para terminar bajo*
*un deslumbrador sol cenital.*
*Sentado ante su mesa, Fray Juan de Zumárraga escribe, inte-*
*rrumpiéndose para consultar notas y uno o dos libros de cuentas.*
*Algo lo incomoda. Se levanta y va a la ventana. Mira hacia afuera*
*un momento. El aire frío lo estremece, y mueve lentamente la cabeza*
*de un lado a otro. Se abre la puerta y entra, sin llamar, nuestro her-*
*mano Martincillo.*


FRAY JUAN.—(*Sin volverse.*) Mal tiempo tenemos esta mañana.
MARTINCILLO.—¿Qué decís, señor Obispo? En esta tierra no hay mal
    tiempo nunca. Mirad qué belleza de luz de mañana; como que se
    trata del Nuevo Mundo. Y qué cielo azul de este día de diciem-
    bre. No le falta más que el sol y las estrellas para ser perfecto.
FRAY JUAN.—(*Siempre sin volverse.*) Ah, impenitente charlatán que
    sois. Pero hoy sí hace frío.
MOTOLINÍA.—(*Entrando.*) Más de lo que es de uso en este clima por
    estos días, Fray Juan. Veo que el hermano Martín se olvidó de mí
    —como siempre.
MARTINCILLO.—(*Santiguándose.*) En el nombre del Señor, perdonad,
    Fray Toribio. Parece que le gusta que este su siervo sea distraído.
FRAY JUAN.—(*Volviéndose con los brazos abiertos.*) Bienvenido. Y
    doblemente por cuanto no esperado, Fray Toribio. Hermano Mar-
    tín, a los charlatanes y los distraídos no es Dios quien los hace.

Dejadnos antes de que os riña. Nuestro hermano os perdonará, que yo no.

MOTOLINÍA.—No tiene monta, Fray Juan. En verdad que he llegado a creer que el hermano Martín se indianiza y me considera, como los naturales, un pobrecito. Se lo agradezco.

MARTINCILLO.—No lo permita el cielo, Fray Toribio. Vuestra pobreza es un verdadero tesoro, y yo... (*Mirando a Fray Juan, nubloso como la mañana.*) ...y yo me vuelvo a mis quehaceres, que hartos son. (*Sale.*)

FRAY JUAN.—En fin, ahora podemos hablar sin el testimonio de este ángel simple de mis pecados, que Dios me ha mandado para castigarlos. ¿Qué os trae hoy a la ciudad Fray Toribio?

MOTOLINÍA.—Dijisteis que no me esperabais, Fray Juan. Sin embargo, yo pensé que acudía a vuestro llamado.

FRAY JUAN.—¿Cómo?

MOTOLINÍA.—Me dijeron ayer en Tlatelolco que queríais verme.

FRAY JUAN.—(*Reflexiona.*) No lo entiendo. Quizá el hermano Martín, que me ve preocupado por tantas cosas, pensó que vuestra presencia me aliviaría. Él es así y discurre más de la cuenta.

MOTOLINÍA.—(*Sonriendo.*) Quizá. Otra prueba de lo mucho que os quiere.

FRAY JUAN.—Con razón dicen que el amor es cuidado. No se lo preguntemos, en todo caso, porque hablará de más como suele. ¿Quién os dio el mensaje?

MOTOLINÍA.—Algún indio de la ciudad lo transmitió a uno de mis estudiantes.

FRAY JUAN.—Es extraño, Toribio. Se supone que nuestra educación religiosa nos lleva al conocimiento de Dios. Pero, ¿nos lleva realmente al conocimiento de los hombres, sobre todo si esos hombres son los indios encadenados todavía al paganismo?

MOTOLINÍA.—Yo pienso que sí. Yo pienso que todos nos encontramos en la adoración de Dios.

FRAY JUAN.—No sois un simple, hermano Motolinía. Sabéis de sobra que nuestros —ay— hermanos los conquistadores y los encomenderos se encuentran y se reúnen en la adoración del diablo. Del oro, diría nuestro hermano Las Casas, que os ama porque os critica.

MOTOLINÍA.—Ese dominico de mis pecados... Le deseo que llegue a santo, aunque temo que no lo perdonarán los españoles.

FRAY JUAN.—¿No os volvéis nunca contra alguna pared para gritar algunas malas palabras? Es bueno para la salud, sabéis. Cuando llegasteis escribía yo a España. Tengo, hermano Toribio, una impresión dolorosa, permanente como una llaga: no hacemos lo bastante por el indio, somos falibles y somos débiles. Y esta tierra tan vieja, tan nueva para nosotros, tiene en sus entrañas algo más que oro y plata y tepuzque. Me parece a veces como un enorme vientre preñado que va a dar a luz un día algo que allá Carlos y su corte no entienden ni prevén. Que quizá nosotros mismos no prevemos ni entendemos.

MOTOLINÍA.—En eso estoy de acuerdo. He sentido a menudo que nuestro hijo el natural, cuando nos mira y nos da su sonrisa —que no es taimada, sino humilde—, es más bien nuestro padre o nuestro abuelo.

FRAY JUAN.—Eso es, que está más cerca del principio del mundo que nosotros. Escribo a España, pues, para hablar de todo esto. En nuestro ejercicio tenemos que orar mucho y que trabajar mucho. No tenemos tiempo de reflexión, ocio de pensamiento. Pero a veces —ahora mismo antes de que llegarais me ocurrió— no puedo eludir la reflexión, y entonces pienso que este cielo nublado, que este aire frío y duro y lacerante, que nos hiere a todos, es como una protesta de la tierra contra nuestra presencia aquí.

MOTOLINÍA.—¡Fray Juan! ¿Cómo podéis pensar así, dudar de que Dios Nuestro Señor mismo nos haya enviado a México para el bien y la felicidad de los naturales de Nueva España? ¿Vos, nuestro obispo?

FRAY JUAN.—¿Creéis acaso que somos primavera para ellos? ¿Y no habéis pensado, como yo, que no somos nosotros los que testimoniamos la presencia de Dios, que Él no nos necesita para llevar a cabo sus divinos designios, que no somos más que polvo brevemente iluminado? ¿Vos, el más pobrecito de todos?

MOTOLINÍA.—(Herido.) No sé qué os ocurre, Fray Juan.

FRAY JUAN.—Yo no me encierro, hermano, en vocabularios y trabajos de la inteligencia, que son buenos y útiles y nobles y que ayudan a matar a nuestro enemigo el diablo tiempo. Hago frente a trabajos vivos y duros y difíciles —combatir plagas, reprimir blasfemas ambiciones en los hombres de espada y de calidad y Audiencia, tratar de unir al pobrecito rebaño de infieles bajo el signo de la Cruz. Pero a veces siento —hoy más que nunca— que no puedo nada —que todos, indios y españoles, estamos a la orilla de un abismo, y que si las cosas siguen así, los ejemplos de la historia cambiarán. Que no se dirá ya sólo Nínive y Babilonia, Sodoma y Gomorra, sino que se añadirá a España y a México.

MOTOLINÍA.—Permitid mi protesta, hermano Obispo. Lo que importa es la idea de Dios.

FRAY JUAN.—Dios no es idea, hermano. Es cuerpo, es sangre, es espíritu, es razón, es aire vivo —y aquí el aire no está vivo ni es limpio, aunque ésta sea la región en que los ojos reciben más su transparencia. En fin, comeréis conmigo y veremos cosas. He pensado mucho en vuestra idea de hacer autos sacramentales, y puedo deciros que… (*Se abre la puerta. Asoma Martincillo.*) ¿Qué pasa ahora en este molino?

MARTINCILLO.—Lo siento mucho, mi señor Obispo. Juro que lo siento. Pero allí está otra vez.

FRAY JUAN.—Hermano Martín, me echáis en cara a menudo el ser vasco. Así pues, conocéis también el límite de mi paciencia. No me hagáis jurar. ¿Quién está allí otra vez?

MARTINCILLO.—El indio, Ilustrísima.

FRAY JUAN.—Extraordinaria cosa: el único indio de esta tierra sin duda, según lo decís.

MARTINCILLO.—No, señor. El indio de las visiones. Ése que viene una vez por semana a lo menos para contarnos que habla con los santos cuando no con los ídolos.

FRAY JUAN.—Dadle algo de comer y algo de llevar a los suyos, y que vuelva cuando tenga otra visión.

MARTINCILLO.—No se puede, señor Obispo.

FRAY JUAN.—¿Cómo?

MARTINCILLO.—Está empeñado en veros, y en su lengua, que ya entiendo bastante aunque no podré hablarla nunca, alabado sea Dios, dice que ya la tuvo y dice que va a sentar sus reales en vuestra antecámara hasta que lo veáis.

FRAY JUAN.—¿Qué ya tuvo qué?

MARTINCILLO.—La nueva visión.

MOTOLINÍA.—Sea por Dios, Fray Juan.

FRAY JUAN.—¿Cómo se llama? ¡Y no vayáis a preguntarme quién!

MARTINCILLO.—Juan.

FRAY JUAN.—Me lo merezco. Hacedlo entrar, hermano.

MARTINCILLO.—No es culpa mía si se llaman todos como vos y no como Fray Toribio o como yo.

MOTOLINÍA.—En el fondo, ellos son los que nos bautizan a nosotros, creo. (*Sonríe.*) En secreto.

*Sale el hermano Martincillo. Fray Juan pasea; Motolinía se ajusta el hábito, y mira sus manos con una vaga sonrisa de comisura a comisura. Entra Martincillo con Juan I.*

JUAN I.—(*Besa la mano de Fray Juan, luego la mano de Motolinía.*) Juan… Juan… Juan…

FRAY JUAN.—¿Qué se te ofrece, Juan?

JUAN I.—(*Toma por un brazo a Martincillo y le habla con urgencia al oído.*)...

FRAY JUAN.—¿Qué dice, en fin?

MARTINCILLO.—No entiendo todo, señor Obispo, pero creo que esta mañana vio una luz (*Juan I asiente, reitera algo al oído de Martincillo.*)... Vio una grande luz. Y esto, entre Vuecencia y yo que se lo cuente a su abuela, que hoy hace nublado. (*Juan I le dice algo más al oído.*) Y quiere que el señor Obispo le diga si esa luz es cosa de los españoles y de la Iglesia, o es que ya los ídolos anuncian su regreso.

FRAY JUAN.—(*Sonríe, mira al cielo.*) Lleváoslo afuera, hermano, habladle largo como sabéis hacerlo vos, y decidle que la luz no puede hacerla más que Dios, el Dios único que nos trajo aquí para mostrarles la verdad y el Paraíso. Y sed elocuente, vamos. (*Su sonrisa se acentúa.*)

*Juan I entiende, sin la menor duda. Sonríe ampliamente. Besa la mano de Fray Juan, la mano de Motolinía y se dirige hacia la puerta con Martincillo.*

FRAY JUAN.—(*Con brusco buen humor.*) Ea, así les doy gusto a ambos y nos libramos de los dos. (*Motolinía sonríe, pero la sonrisa de Fray Juan se desvanece al volverse a la puerta, donde Juan I habla otra vez con tono urgente al oído de Martincillo. Con impaciencia.*) Y ahora, ¿qué?

MARTINCILLO.—(*Excusándose con un gesto un tanto exagerado de inocencia.*) Eso ya no lo entiendo Ilustrísima. Algo de voz, algo de flor... (*Interroga por mímica a Juan I, éste le señala la puerta y los dos salen. Fray Juan y Motolinía ríen brevemente, pero vuelven a ponerse serios en cuanto ven regresar a Martincillo con Juan I y Juan II, indio un poco más joven que el otro.*)

FRAY JUAN.—¿Qué significa...?

MARTINCILLO.—(*Mismo gesto exagerado de inocencia.*) Este otro, Ilustrísima, trae otra historia. Dice que vio la luz y que oyó voces.

FRAY JUAN.—Que se limpie las orejas y que nos deje en paz, ¡vamos! Tengo otras preocupaciones que...

MOTOLINÍA.—Perdón, Fray Juan, pero quizá haya una relación entre esa luz y esas voces. Podemos tratar de averiguar...

FRAY JUAN.—Temo, Fray Toribio, que la conquista no les ha dejado ya a estos infelices hijos nuestros más que la imaginación. ¡Si vierais el número de estas cosas que yo veo!

MOTOLINÍA.—Permitid. Haced por preguntarles, hermano Martín, de algún modo, dónde vieron lo que vieron y qué fue exactamente.

MARTINCILLO.—No es irreverencia, Fray Toribio, pero eso está muy difícil. ¿No podría Su Paternidad, que hace vocabularios...?

MOTOLINÍA.—Entre nosotros quede: mi pronunciación es... más pobre que yo, vamos. Esforzaos, hermano.

*Martincillo se prepara a hacer un interrogatorio mímico en grande, pero Juan II comprende el español bastante bien, señala con su mano derecha por sobre su hombro hacia atrás, que es el Norte, y dice:*

JUAN II.—Tepeyácatl.

FRAY JUAN.—Y eso, ¿qué es?

MOTOLINÍA.—No sé bien. He oído el nombre. Algún cerro —hacia el Norte, si no me equivoco, muy después de Tlatelolco.

FRAY JUAN.—Decidles que todo es obra de Dios, hermano Martín, que se tranquilicen y oren un poco. Y dadles algo.

*Juan I y Juan II dicen algo entre ellos, moviendo negativamente la cabeza. Motolinía presta el oído. Salen los dos Indios con Martincillo.*

MOTOLINÍA.—Espero que la noticia que voy a daros no os haga mala sangre, Fray Juan. Ya sabéis que entiendo bien la lengua nahoa y la otomí. Lo que estos inocentes acaban de decirse es que van a quedarse en vuestra antecámara, que no quieren irse, que no se irán.

FRAY JUAN.—¡Vamos! Con la paciencia a la chinesca de esta raza, se quedarán indefinidamente. Más de una vez he pensado que se parecen también un poco al árabe infiel, que se queda las horas muertas en el atrio de su mezquita. (*Toca una campanilla.*) Son un poco a la manera de la mosca de fines de verano, perdóneme Dios.

MOTOLINÍA.—¿No será que han perdido el impulso de moverse y de volar —por culpa nuestra quizá, como decíais?

FRAY JUAN.—¿Ya os ponéis de acuerdo? Lo celebro. (*Entra Martincillo.*) ¿Se fueron?

MARTINCILLO.—No, señor Obispo. Y no se irán. Hablan todo el tiempo entre ellos y se han sentado en el suelo como en un estrado.

FRAY JUAN.—Sea por Dios. Ofrecedles algún refrigerio. Y, ya que estáis aquí, decidme, hermano Martín —pero en pocas palabras—: ¿sois vos quien se permitió convocar aquí hoy a Fray Toribio? Y si así fue, ¿por qué razón, con qué objeto, con qué autoridad y con qué derecho? Decid pronto.

MARTINCILLO.—Perdón —pero eso no lo entiendo. Si me dejáis un punto para pensar, señor Obispo... (*Fray Juan alza los ojos al cielo.*)

FRAY JUAN.—Os va a tomar tiempo, que no tenéis práctica, hermano.

MOTOLINÍA.—Fray Juan, sois duro.

FRAY JUAN.—No más que conmigo mismo, Fray Toribio, no os preocupe.

MARTINCILLO.—¡Ah, ahora sí está claro todo!

FRAY JUAN.—Veamos.

MARTINCILLO.—Yo no tengo ni razón, ni objeto, ni autoridad ni derecho para permitirme convocar a Fray Toribio. Así, es claro que si lo hice fue porque vos me lo ordenasteis —ea.

FRAY JUAN.—¿Cuándo?

MARTINCILLO.—Eso no lo recuerdo, pero aunque lego no lo soy tanto y suelo anotar vuestras órdenes en un librito que yo me sé —para no pagar luego por obis... quiero decir, por pecador.

FRAY JUAN.—¿Y dónde está ese libro?

MARTINCILLO.—Perdonad. (*Se vuelve de espaldas, se levanta, bastante alto, el hábito y busca afanosamente haciendo púdicas contorsiones, pues al tratar de usar las dos manos en la búsqueda los faldones del hábito se le caen y tiene que volver a levantarlos. Fray Juan y Motolinía se vuelven a opuestos extremos para no mirarse sonreír.*) ¡Ah, aquí estamos! (*Se vuelve de frente y hojea un libro de pequeñas proporciones, encuadernado con cuero sin curtir. Sus superiores se vuelven a él mientras hojea el libro hacia atrás...*) Eso es —sí— estaba yo dispuesto a apostar (*Fray Juan carraspea enérgicamente.*), pero sólo conmigo, que tenía yo razón (*lee*): "Recordad a Fray Juan que se acuerde de convocar a Fray Toribio para lo de la representación." (*Suspira con alivio.*)

FRAY JUAN.—¿Y en qué fecha inscribisteis esa nota, hermano Martín?

MARTINCILLO.—(*Atragantándose un poco.*) Pues el... el... veintiocho de...

FRAY JUAN.—Decid la verdad ya.

MARTINCILLO.—El veintiocho de octubre, señor Obispo.

FRAY JUAN.—El veintiocho de octubre. Ah. ¿Y qué fecha es hoy, hermano Martín?

MARTINCILLO.—Pues... es la fiesta de Santa Constancia, de San...

FRAY JUAN.—¿Qué fecha?

MARTINCILLO.—Doce de diciembre, señor.

FRAY JUAN.—(*Haciendo un rápido cálculo.*) Es decir que hace cuarenta y seis días del Señor que anotasteis que debíais recordarme algo. ¡Cuarenta y seis días (*Estallando al fin.*) y jamás me recordasteis nada! Si servís a Dios como a mí, pocas esperanzas tenéis de llegar al Paraíso. ¿Por qué no me lo recordasteis?

MOTOLINÍA.—Vamos, Fray Juan. ¿Qué importa?

MARTINCILLO.—Lo olvidé, señor Obispo. Ésa es mi desgracia, Fray Toribio: en cuanto apunto algo, luego se me olvida.

FRAY JUAN.—Pero, en fin, convocasteis a Fray Toribio, después de todo.

MARTINCILLO.—(*Humilde.*) Sí.

FRAY JUAN.—(*Exasperado.*) ¿Cuándo?

MARTINCILLO.—(*Lo más de prisa que puede.*) Pues veréis, Fray Juan. Anteayer tuve que anotar otra cosa que no recuerdo ya tampoco y siempre que anoto algo leo lo que anoté antes. Entonces me di cuenta, y como uno de nuestros indios iba hacia Tlatelolco, le pedí que diera el recado a Fray Toribio —y Fray Toribio vino, y todo se arregló bien.

FRAY JUAN.—Es mejor que salgáis, hermano Martín —o no respondo de mí. (*Martincillo sale con celeridad.*)

MOTOLINÍA.—No os irritéis, Fray Juan. Será para bien.

FRAY JUAN.—Así lo espero.

MOTOLINÍA.—¿Y qué era eso de la representación?

FRAY JUAN.—(*Piensa un momento.*) Pues... la verdad es que no recuerdo. Y me adelanto a decir lo que estáis pensando: castigo divino.

MOTOLINÍA.—Dios me guarde.

*Ríen breve, pero francamente.*

FRAY JUAN.—¡Ah, claro! Lo que empecé a deciros antes sobre los autos sacramentales que tanto os...

*Se oye, afuera, un rumor creciente de voces que hablan agitadamente en otomí o náhuatl.*

Y ahora, Fray Toribio, ¿qué más pasa? Este bendito Obispado parece molino o tahona.

MARTINCILLO.—(*Entrando.*) Perdón, señor Obispo —pero allí está otro.

FRAY JUAN.—Otro ¿*qué*? Habláis siempre en enigmas.

MARTINCILLO.—Otro indio que se empeña en veros. Y yo no tengo la culpa.

FRAY JUAN.—¿Ha dicho qué desea, por qué tiene que hablar precisamente conmigo?

MARTINCILLO.—Sólo que lo que tiene que decir es para orejas de Obispo y no de lego. Éste chapurrea un poco el castellano.

FRAY JUAN.—Tratad de trabajar así, Fray Toribio.

MOTOLINÍA.—Os comprendo bien. Pero, ¿no son los pobrecitos nuestro principal trabajo?

MARTINCILLO.—(*Entre dientes.*) Eso digo yo.

FRAY JUAN.—Callad, que siempre os oigo. Y, en fin, haced entrar a este otro. También se llama Juan, ¿no? Otro ahijado. (*Motolinía sonríe.*) Y tenéis razón por supuesto, Fray Toribio: ellos son nuestro trabajo.

MARTINCILLO.—Sólo que éste se llama Juan Felipe. (*Abre la puerta y hace una señal afuera.*) ¡Pst!

*Entra Juan Felipe —Juan III—, en evidente estado de agitación, y antes de que Martincillo pueda evitarlo, se cuela de rondón Juan I y Juan II, que permanecen, silenciosos y expectantes, adosados al fondo, mientras Juan III avanza hasta el centro.*

FRAY JUAN.—Aquí me tienes, Juan Felipe. ¿Qué quieres, hijo mío?

JUAN III.—(*Sobreponiéndose con esfuerzo a su timidez y a su excitación.*) Tata Obispo, tata Obispo —yo hallo xóchitl que hace sangre. (*Tiende la mano abierta, en cuya palma enrojecida hay una flor. Motolinía se acerca. Fray Juan toma la flor y va a primer término derecha seguido por Motolinía. Los dos examinan la flor en silencio.*)

FRAY JUAN.—¿Veis lo mismo que yo, Fray Toribio?

MOTOLINÍA.—Veo una rosa. No es flor de Tenochtitlan.

FRAY JUAN.—(*Reflexiona un instante. De pronto su rostro se ilumina. Se vuelve a Juan III.*) Dime, Juan Felipe, ¿dónde encontraste esta... xóchitl?

JUAN III.—(*Sonríe.*) Arriba —Tepeyácatl.

FRAY JUAN.—¿Entiendes bien lo que te pregunto? ¿Entiendes bien español?

JUAN III.—Lengua de Dios —lengua de la Verdad.

FRAY JUAN.—(*Se vuelve un sí es no es desamparado a Motolinía.*) Quisiera claridad, hermano.

MOTOLINÍA.—Permitid. (*Lleva a un lado a Juan III y lo interroga brevemente en voz baja, seguido por la mirada general. Vuelve ajustándose el hábito.*) Se expresó bien, Fray Juan: encontró esa rosa del lado del Tepeyácatl, más allá del cerro, más al Norte.

FRAY JUAN.—Un momento. (*Va a su mesa de trabajo; en el cajón busca y encuentra al fin un papel. Vuelve a primer término, cerca de Motolinía y fuera del alcance del oído de los demás, sobre todo de Martincillo, que lo observan con creciente curiosidad.*) Es inútil —lo sé por experiencia— discutir con estos indios, seres imaginativos, seres siempre en fuga de la realidad… hay que decirlo, Fray Toribio, de la realidad española que les imponemos. ¿Recordáis nuestra reunión con Las Casas y Gante y Sahagún y los demás, los preparativos que acordamos al fin para cumplir la blasfema orden del Emperador?

MOTOLINÍA.—(*Dilata los ojos*.) El jardinero, Fray Juan…

FRAY JUAN.—Que debía sembrar las rosas en otro lado —hacia el sur. El jardinero. (*No duda mucho*.) Hermano Martín. (*Lleno de una vaga aprensión, pese a todo su desenfado, Martincillo se acerca a Fray Juan*.) Hermano, haced venir aquí en seguida a Fray Antonio. Y que venga con él el jardinero Alonso de Murcia, pero que espere afuera. Y tapiaos los oídos y cortaos la lengua. Es importante, ¿entendéis?

MARTINCILLO.—Ilustrísima, ahora queréis un cadáver por familiar.

MOTOLINÍA.—Hermano Martín, sed…

FRAY JUAN.—¡Hermano Martín!

*Azorado, Martincillo sale. Los tres Indios se repliegan al fondo. Con los ojos seguirán sin cesar a Fray Juan y a Motolinía tal como los fieles clavan la mirada en las imágenes del templo.*

MOTOLINÍA.—Os veo muy agitado, Fray Juan. ¿Qué pasa por vuestro ánimo?

FRAY JUAN.—(*Con lentitud*.) Tengo aquí una minuta de aquella malhadada reunión, Fray Toribio. En ella me dejé convencer por los hombres que más respeto en el mundo y por lo único que puede convencerme: por el servicio de Dios por sobre las intrigas palaciegas y políticas.

MOTOLINÍA.—Sé que hicisteis bien.

FRAY JUAN.—He llamado a Fray Antonio, ¿lo recordáis sin duda? (*Motolinía asiente*.) Ignora el verdadero fondo del asunto y sólo le he dejado entender que se trata de una ceremonia parecida, como dijisteis vos entonces, a un auto sacramental. No sabe más. Pero tengo aquí una minuta que me dice que el jardinero Alonso de Murcia recibió órdenes —os juro que con los dolores reales de los indios y los problemas de su vida, había olvidado esta farsa…

MOTOLINÍA.—¡Hermano Juan! En primer lugar, sé que hicisteis bien en dejaros convencer.

FRAY JUAN.—…este misterio o auto, si preferís —esta impostura para mi idea. El jardinero recibió órdenes de sembrar rosales en un lugar yermo, hacia el sur, que nombramos el pedregal de San Ángel —donde hace quizá siglos las fuerzas naturales de un volcán, movidas por los divinos designios, destruyeron la vida de incontables infieles.

MOTOLINÍA.—Os aconsejaría serenaros.

FRAY JUAN.—Y donde la piedra volcánica hace superflua toda posibilidad de siembra. Pero el jardinero se comprometió a lograrlo. Bien. Tengo aquí una minuta precisa y clara (*la exhibe.*) —y en esta otra mano, Toribio de Benavente, tengo una rosa cortada hacia el Norte, del lado del Tepeyácatl. ¿Qué puedo pensar?

MOTOLINÍA.—Entiendo. Pero la oración es pensamiento, hermano.

FRAY JUAN.—¡Ah, no! No me digáis eso. Oro todas las hora de mi vida y en este instante mis propias entrañas están en oración. Y mis entrañas me dicen que la mano del hombre, cuando se mete con las cosas santas, debe ser cortada, quemada, dispersada en cenizas a los cuatro vientos. Dios es verdad y razón, y la impostura humana debe sufrir todas las penas, todos los...

*Se abre la puerta un poco antes, y entra Fray Antonio seguido por Martincillo.*

MARTINCILLO.—Fray Antonio, Ilustrísima.

FRAY JUAN.—(*Recobrando su compostura y dignidad.*) Acercaos, Fray Antonio. (*El Fraile obedece en silencio y espera.*) Os pedí, cuando llegaron nuestra hermana clarisa y el señor Alonso de Murcia, que les hicierais constante compañía y los instruyerais en las cosas de Nueva España que no conocían. Los dos tienen tareas importantes que les ha encomendado nuestra Santa Iglesia, y tengo motivo para pensar que el jardinero no ha cumplido bien. ¿Sabéis si sale a menudo?

FRAY ANTONIO.—No me dijisteis que lo acompañara, Ilustrísima. Sé que ha tenido que ir muchas veces a un punto camino al sur, que él nombra el Pedregal.

FRAY JUAN.—Pero, ¿sale a otras partes, además?

FRAY ANTONIO.—No lo sé. Es seglar y como tal no tiene que seguir a la letra nuestras reglas, pero siempre ha regresado a tiempo para la oración vespertina.

FRAY JUAN.—Gracias. Os ruego que esperéis. (*Volviéndose a Martincillo, que permanece al fondo junto a los indios.*) Haced entrar al jardinero, hermano.

*Martincillo abre la puerta, se asoma y hace una señal hacia el exterior. Entra el jardinero. Los tres indios se aprietan en un grupo más cerrado, silencioso y observador.*

FRAY JUAN.—Acercaos, seor Alonso.

ALONSO.—(*Saludando en una rodilla y pidiendo la mano a besar.*)
Ilustrísimo señor...

FRAY JUAN.—Levantad. (*Alonso obedece.*) Al llegar aquí seor Alonso, nuestra autoridad os encomendó una tarea difícil para santos
fines (*Alonso sonríe*) sabiendo que podríais cumplirla porque sois
jardinero experimentado de Murcia, que es el vergel de España.
¿Cuál era esa tarea, seor Alonso?

ALONSO.—Sembrar rosas, Ilustrísima, que es la flor más extraordinaria y majestuosa, la flor reina de las flores. Y sembrarla en un lugar desértico. Era un reto a mi capacidad de humilde jardinero,
siervo ante todo de Dios y de su Iglesia.

FRAY JUAN.—¿Y la habéis cumplido?

ALONSO.—Señor, que los rosales que han prendido como fuego en el
yermo os lo confirmen. Enviad un emisario que os dirá el prodigio. No me jacto yo, no. Creo que esta tierra de Nueva España es
buena para todas las siembras, pero han nacido las rosas más her-
mosas que he visto. Y en el yermo.

FRAY JUAN.—¿A qué llamáis el yermo?

ALONSO.—A la latitud sureña que me indicasteis vos mismo, Ilustrísimo señor. Lo que estas buenas gentes de la meseta llaman el
Pedregal.

FRAY JUAN.—¿Estáis seguro?

ALONSO.—Como de la presencia sempiterna de Dios, señor.

MOTOLINÍA.—Todos somos, en tanto que humanos, falibles, seor
Alonso. Meditad bien vuestra respuesta.

ALONSO.—No tengo nada que meditar, con perdón de Su Paternidad.
Recibí órdenes y las cumplí como un soldado... de la jardinería
si no de los ejércitos, pero como un soldado de Cristo.

FRAY JUAN.—(*Dolorosamente.*) ¡Mentiroso!

ALONSO.—(*Herido.*) ¡Ilustrísimo señor!

FRAY JUAN.—Mentiroso, repito. Mentiroso. ¿Qué tengo aquí, qué veis
en esta mano?

ALONSO.—(*Demudado.*) Una rosa roja, señor, que se ha marchitado.
Perdonadme: la muerte de una flor me hiere tanto como la de un
cristiano.

FRAY JUAN.—(*Tajante.*) Esta rosa, seor Alonso, como vos la llamáis,
no viene, sin embargo, del Pedregal de San Ángel. (*Alonso se
turba grandemente.*) ¿Podéis decirme vos, sin mentir en Cristo,
de dónde puede provenir?

ALONSO.—(*A la defensiva.*) Juro que no lo sé, Ilustrísima.

MOTOLINÍA.—Atención, Alonso. El juramento en vano es irredimible.

FRAY JUAN.—¿Había rosas en Tenochtitlan antes de que, por designios que no quiero mencionar ahora, os trajera a esta tierra un navío militar? ¿Había rosas?

ALONSO.—No, señor. Estudié todos los huertos y jardines. No había rosas.

FRAY JUAN.—Entonces explicadme cómo ésta que se muere en mi mano y os da tanto dolor, pudo venir a mí desde la ruta del Norte, desde un punto que estos tres inocentes Indios llaman el Tepeyácatl.

*Conturbado y atormentado, Alonso de Murcia parece no atinar con la respuesta. Conciliábulo y movimiento entre los tres indios. Juan III se acerca a Motolinía y le habla al oído.*

FRAY JUAN.—Espero vuestra respuesta.

MOTOLINÍA.—Permitidme, Ilustrísima, y vos, seor Alonso de Murcia. Estos indios habitan hacia el lado del Tepeyácatl, pero, me dicen, muy más allá del *tepetl* —esto es, del cerro. Están acordes en que han visto al seor Alonso rondar por ese paraje y visitar una cabaña de indios. (*Alonso hace ademán de protestar.*) Es más: según este pobrecito Juan Felipe, la rosa que tenéis en la mano viene de allá.

ALONSO.—¡Mentira!

FRAY JUAN.—Mi oración cotidiana de todas las horas es por que Dios me permita ser benigno y ser justo, y conservar al pecador vivo para su redención, pero nunca sacrificar una vida humana que no puedo rehacer con mis manos. Seor Alonso, no empujéis mi paciencia cristiana hasta el tribunal de la Inquisición.

MOTOLINÍA.—Seor Alonso, pensad que la verdad es una flor más preciosa que las que vos sembráis y cultiváis y amáis tanto. Hablad, os lo ruego.

ALONSO.—(*Derrotado.*) Muy bien entonces, Ilustrísima. Soy hombre —soy criatura de Dios y del diablo. Sirvo altares y tengo apetitos. Mis apetitos me llevaron hasta una doncella india que habita más allá del Tepeyácatl, a dos leguas quizá. Una india que cree aún que los españoles somos como dioses, y que me pidió un a modo de milagro para entregarse. En la puerta de su jacal sembré un rosal muy pequeño que floreció al mismo tiempo que florecía su vientre.

FRAY JUAN.—¿Y confesáis así esa promiscuidad, ese connubio, esa...?

ALONSO.—Señor, no me dejáis otra salida. Y como los soldados y como tantos otros, di a Nueva España otro español.

MOTOLINÍA.—Que será indio sobre todo.

ALONSO.—¿Qué me importa si existe y nació de mí?

FRAY JUAN.—Hombre sois de vuestro tiempo —de este tiempo insensato, seor Alonso. Os veré en confesión y en juicio. No puedo nada contra esos contubernios, pero haber sembrado rosas allí es cosa grave. ¿Quizá dejasteis mujer en España?

ALONSO.—Sí, Ilustrísima —pero lo que soy de hombre vino aquí conmigo.

FRAY JUAN.—Pecador miserable. Dios os perdone. ¿Sembrasteis más rosas, en otra parte? Que esta vez venga la verdad, o pagaréis la mentira.

ALONSO.—Sólo en el Pedregal y en ese jacal de mi india, señor Obispo.

MOTOLINÍA.—¿Podéis jurarlo?

FRAY JUAN.—¿Estáis seguro de que en el Tepeyácatl mismo no...?

ALONSO.—Por la vida del hijo que engendré aquí, por la vida de España que late en mí como sangre —por las flores, que son mi razón de ser, por las rosas, si queréis. No sembré más, lo juro.

*Fray Juan pasea un poco. Mira la rosa que tiene en la mano y va hacia el balcón. Cierra la mano, aplasta la rosa y la deja caer y la pisotea. Se vuelve a Motolinía.*

FRAY JUAN.—Sois lengua o casi, hermano Toribio. Quiero que se vaya esta gente. Despedidla. Decidles que no ha pasado nada. Que ni Dios ni sus viejos ídolos muertos tienen que ver con esta flor nueva, que es sólo bendición de la naturaleza de que deben gustar porque es bella. Y que si sus espinas sacan sangre es porque Dios quiere que se la trate con ternura, que se protege, como ellos de nosotros. Y dejadme solo un rato; tengo que meditar. (*Motolinía se acerca a los indios y empieza a explicarles la voluntad del Obispo. Sus ademanes son tranquilos a la vez que imperiosos y los Indios parecen ceder.*) Hermano Martín. (*Martincillo atiende; Fray Juan le indica con una señal que haga salir a todos.*) Seor Alonso, me veréis mañana en confesión. Id todos ahora, id ya. Y no quiero volver a oír en mi vida el nombre del Tepeyácatl, o como se llame.

*Durante las últimas réplicas, ni visto ni sentido, habrá entrado Juan IV (Juan Darío), con su tilma recogida por la mano izquierda, sereno, dulce, no indeciso, sino como deslumbrado simplemente. Se incorpora al grupo, que adquirirá gradualmente el carácter de un retablo popular, y guarda silencio.*

*A las palabras de Fray Juan, Martincillo, tal un agente de tránsito del siglo XX, organiza el éxodo.*

FRAY JUAN.—No, pensándolo mejor, no vos, Fray Toribio. Meditaremos juntos si queréis. La meditación —¿dónde lo leí? —es cosa que requiere más de una cabeza.

*Motolinía suspende el paso. Bajo las direcciones manuales de Martincillo, Juan I, Juan II, Juan III y Alonso se dirigen hacia la puerta, abriéndose como un abanico. Entonces es cuando se revela a Fray Juan, Motolinía, Fray Antonio y el público la figura silenciosa de Juan IV, situado al centro de la entrada como un corredor que ha llegado a su meta.*

MARTINCILLO.—Y tú, ¿quién eres?

*A la voz de Martincillo, Fray Juan, que se había dirigido a su mesa para dejar en el cajón la minuta en cuestión, se vuelve lentamente. Motolinía lo imita. Fray Juan avanza con espacio hacia Juan IV y repite, maquinalmente, la pregunta del familiar.*

FRAY JUAN.—¿Quién eres tú?

JUAN IV.—*(Habla bastante bien el español, con sólo pequeñas lagunas sintácticas remediadas en lo posible con una sonrisa que emana tranquila seguridad.)* Soy Juan Darío, tata Obispo.

FRAY JUAN.—¿Y qué buscas aquí?

*Motolinía se acerca observando a Juan IV.*

JUAN IV.—Tengo encargo para ti, tata Obispo. No más para ti. Vengo de lejos.

MOTOLINÍA.—¿De dónde vienes, hijo?

FRAY JUAN.—¿Estáis fuera de vos, Fray Toribio? Temo que caigo en el pecado de Martincillo, pero os apuesto a que éste viene también del Tepeyácatl.

JUAN IV.—*(Prosternándose.)* Tú como Dios —sabes todo.

FRAY JUAN.—*(Amoscándose.)* Sí, claro. Soy su Obispo, y ya por sólo eso, infalible —y zahorí. ¿Qué es lo que buscas aquí, Juan Darío? Di pronto tu encargo.

JUAN IV.—Vivo en Tepeyácatl, junto cerro. A éste conozco. *(Señala a Alonso, que como todos los demás, se ha detenido a escuchar al ver que fray Juan interroga a otro Indio.)* Tiene mujer india. *(Fray Juan se vuelve a Alonso, que inclina con resignación la cabeza.)* Encargo sólo para ti.

FRAY JUAN.—*(Impaciente.)* Fray Toribio, ¿podéis hacer salir a esta gente para que terminemos ya?

MOTOLINÍA.—Pensaba, Fray Juan perdonadme, que son ya cuatro los indios que nos hablan del Tepeyácatl. Es como si se reunieran los cuatro puntos cardinales.

FRAY JUAN.—(*Con fatigada impaciencia.*) En efecto. De todos modos, ¿queréis probar a hacerlos salir?

*Motolinía se acerca a los indios y les habla en voz baja. Fray Juan y Juan IV aguardan como estatuas en un dúo misterioso. Los tres Indios mueven la cabeza negativamente y dicen algo. Quieren saber qué pasa.*

MOTOLINÍA.—Sé que no se irán, Fray Juan. Están impresionados por algo y son firmes. Ya podrían los conquistadores amenazarlos de muerte y aun matarlos, que no se moverían. Pobrecillos.

FRAY JUAN.—Sí; Motolinía. (*Reflexiona un instante.*) Juan Darío, diles que se vayan.

JUAN IV.—(*Sonriendo.*) Son hermanos. (*Va a ellos y los arenga. Enérgico movimiento negativo de cabeza de los tres Indios. Alonso, el Fraile y Martincillo permanecen a la expectativa. Vuelve al lado de Fray Juan.*) No quieren.

FRAY JUAN.—Entonces no podrás darme tu encargo. O bien, sal tú conmigo.

JUAN IV.—Ha de ser aquí —frente al Tata. (*Señala el crucifijo suspendido en la pared.*)

FRAY JUAN.—Haz que se vayan.

JUAN IV.—No tengo… (*busca la palabra.*) poder (*mira hacia el frente.*) Aquí. (*Avanza a primer término. Fray Juan, intrigado, lo sigue. Juan IV se arrodilla y habla en voz tal que no se piensa que pueda llegar a los oídos de los tres indios, el Fraile, Alonso y Martincillo. Motolinía permanece a media escena, pero observa atentamente.*)

FRAY JUAN.—(*Conmovido a pesar suyo.*) Habla, pues, Juan Darío.

JUAN IV.—Tata, en falda cerro señora hermosa muy hermosa dice a Juan Darío pobrecito dice Juan Darío aquí quiero casa hermosa muy hermosa. Soy tu madre pobre indio Juan Darío. Di a tata Obispo quiero aquí casa hermosa para Madre de Dios y de indios. Yo digo a tata Obispo.

FRAY JUAN.—(*Asimila lentamente. Va a su mesa y vuelve a tomar la minuta, que recorre con los ojos. Juan IV sigue arrodillado. Fray Juan se enfada.*) Vamos, levanta de allí hombre. Fray Toribio…

MOTOLINÍA.—Hermano… (*Se reúnen los dos, ahora al extremo izquierdo del primer término.*)

FRAY JUAN.—Esto es una maldición, Benavente. Y que Dios Nuestro Señor me perdone. Acabo de recordar que cuando tuvimos esa

junta —¿lo olvidasteis?— un indio escuchó detrás de la puerta.
¿Fue alguno de estos cuatro?

MOTOLINÍA.—(*Dudoso.*) Me sería imposible decirlo. Quizá Fray
Antonio...

FRAY JUAN.—Fray Antonio...

*El Fraile se desprende del conjunto y se acerca.*

FRAY ANTONIO.—¿Señor?

FRAY JUAN.—Pensadlo bien: ¿podría ser uno de estos cuatro indios
aquél a quien descubristeis una tarde escuchando a mi puerta,
cuando estaba yo con el Prior Las Casas y los...

FRAY ANTONIO.—¿El que dije que era idiota, Ilustrísima? No. Podría
jurar que no. ¿Hay algo que...?

FRAY JUAN.—Nada. Gracias. Apartaos. (*El Fraile vuelve a sumarse al
conjunto.*)

FRAY ANTONIO.—Hermano. Éste (*por Juan IV*) asegura que habló con
la *señora.*

MOTOLINÍA.—¡Ave María!

FRAY JUAN.—Ya hemos hablado de su imaginación, hermano. Y hay
que lidiar esto. (*Se vuelve con energía a Juan IV.*) ¿Cómo es que
hablas español, Juan Darío?

JUAN IV.—Aprendo en Tlatelolco. Motolinía enseña. No conoce porque aztecas todos iguales.

FRAY JUAN.—¿Lo conocéis?

MOTOLINÍA.—(*Sonriendo.*) Ya os lo explicó él.

FRAY JUAN.—Pero ahora vienes del Te... (*Se detiene.*)

JUAN IV.—Peyácatl. (*Baja la voz, se vuelve al frente.*) Señora hermosa dice...

FRAY JUAN.—Calla. ¿Dónde viste a esa señora, dime?

JUAN IV.—Al pie cerro. Parece señora india, pero hermosa.

FRAY JUAN.—¿Estás seguro de que no fue junto a la casa donde vive
la mujer del español? (*Indica a Alonso con la mirada.*)

JUAN IV.—No. Lejos —una legua— dos leguas.

FRAY JUAN.—¿Y en qué idioma, en qué lengua te habló?

JUAN IV.—No sé. Yo lo entiendo.

MOTOLINÍA.—¿Es un milagro de verdad, Fray Juan?

FRAY JUAN.—Soy creyente, hermano. Pero esta vez dudo. Y tengo razones para dudar. (*Recorre la minuta.*) El... auto sacramental que
se preparó contra toda mi voluntad quedó dispuesto para el Pedregal el día de San Silvestre, el 31 de diciembre. ¿Qué fecha es
hoy?

MOTOLINÍA.—El doce. Recordad que Martincillo...

FRAY JUAN.—Bastant o recuerdo, y doy gracias a Dios de su primer olvido, porque así os trajo a mi lado hoy. Seor Alonso...

ALONSO.—(*Acercándose.*) Ilustrísima...

FRAY JUAN.—Por el Santísimo Sacramento y so pena de excomunión, volved a decirme cuántos rosales habéis sembrado.

ALONSO.—(*Trémulo.*) Ya os lo dije, señor: tres grandes en el Pedregal, para algo que no se me dijo. Uno pequeño detrás y lejos del cerro del Tepeyácatl, para la india que va a darme un mesticillo de mi carne y de mi sangre.

*Fray Juan pasea un momento. Al fin hace restalllar los dedos cordial y pulgar de la mano derecha.*

FRAY JUAN.—Eso es. Debí darme cuenta antes. Bien sabía yo que nada bueno podía salir de una idea del Rey. Mezclar mujeres a estas cosas... ¡Dios! Dime, Juan Darío. ¿Cómo era esa señora?

JUAN IV.—(*Piensa, sonríe.*) Hermosa...

FRAY JUAN.—Sí. ¿Qué más?

JUAN IV.—Dulce. Voz de música entre cañas de lago. Dulce.

FRAY JUAN.—¿Qué más?

JUAN IV.—Y es como india pero con citlali... no, no, con luz. La veo. (*Así lo comunica su expresión.*)

FRAY JUAN.—Hay que acabar en seguida con esto, Fray Toribio. Ahora os diré lo que pienso. ¿Fray Antonio?

FRAY ANTONIO.—(*Volviendo a acercarse.*) Señor Obispo.

FRAY JUAN.—A conocimiento vuestro, ¿ha salido de esta casa alguna vez nuestra hermana clarisa?

FRAY ANTONIO.—No podría decirlo, señor. No lo sé.

FRAY JUAN.—Id al claustro del fondo con Fray Martín. Pedid dispensa para él y rogad a la hermana que venga aquí con vosotros. (*Martincillo, desde su lugar, quiere decir algo.*) Id sin replicar y volved luego.

*Mutis Fraile y Martincillo.*

MOTOLINÍA.—(*Perplejo.*) ¿Pensáis que...?

FRAY JUAN.—Pienso —Dios me perdone— que esta intrusión del poder temporal sobre el poder de la Iglesia está dando un mal fruto prematuro. Pienso que los hombres de espada, leales a Carlos y a sus intereses más que a Dios, pueden haber preparado todo esto. De algún modo conocían las intenciones del Emperador. ¿Qué pensáis vos?

MOTOLINÍA.—Si pensara yo, Fray Juan, quizá no creería. Y creo, sin base ninguna, sin asidero a la razón ni al conocimiento, que sucede aquí algo que está fuera de nosotros.

FRAY JUAN.—Todo mi esfuerzo, hermano, ha sido por atar los dos cabos, porque eso es para mí lo que nuestro tiempo pide: religión y razón. Si el ser humano debe ser, porque es, un animal de razón, es preciso que en él se fundan el sentimiento religioso sin el cual no sería más que un animal sin razón de ser, y el ejercicio de la razón, sin el cual la religión se volvería cosa animal, de instinto puro, para él. Lo temo todo de los valientes capitanes sacrificadores, hermano —de los Cortés que para dar muestra de autoridad hacían cortar las manos a los emisarios de los príncipes indios, y promiscuaban con las naturales como si la pelvis de una virgen pudiera distinguirse y separarse de otras sólo por el color. Y que aceptaban pasar por dioses ante el indio.

MOTOLINÍA.—Me da horror pensarlo —más aún, decirlo, pero os veo a la orilla de la apostasía, Fray Juan.

FRAY JUAN.—Sois un necio, hermano pobrecito. Dios es esencia, claro. Pero si Dios no es razón, querría decir que la razón es cosa del diablo. Vivid en vuestro tiempo y dejaos de vivir de limosnas del pasado.

MOTOLINÍA.—¡Fray Juan!

FRAY JUAN.—Protestad. ¿No os dais cuenta, entonces, de cómo se nos usa? Convertimos al indio a la fe de Nuestro Señor, le llenamos los oídos de himnos y el pecho de plegarias, les prometemos el Paraíso, ¿para qué? Para que vayan al fondo de las minas o a picar cantera para la construcción de unas cuantas iglesias y de unos muchos palacios. Para que revienten cantando el santo nombre de Dios. Y no vos, ni Las Casas, ni Gante, ni Olmos, ni Alonso de la Veracruz, ni Martín de Valencia, ni Sahagún, ni tantos más —pero cuántos de nuestros débiles hermanos en ejercicio de religión se dejarán llevar por la buena vida, el chocolate y el oro. No los que vemos de cerca aquí las cosas y tenemos a toda hora del día y de la noche la conciencia en cruz —sino tantos y tantos y tantos que se ríen de vos y de mí en España y, perdóneme Dios, quizá en Roma misma.

MOTOLINÍA.—Fray Juan, me hace daño oíros, veros tan lejos de nuestra fe. Llamadme insensato y necio y pobrecito si queréis, pero creo que estáis enfermo.

FRAY JUAN.—Claro que estoy enfermo. Enfermo, hermano, de un mal nuevo, mal de nuestro siglo, enfermo de una podredumbre que habrá de contagiarse a toda Europa y que se llama América o México.

*Un ruido de espuelas los hace volverse hacia la puerta, que se abre sin toquido previo a impulso de la mano de un alférez de burdas maneras y tosca voz.*

FRAY JUAN.—¿Qué significa esto y cómo osáis entrar aquí sin anunciaros?

ALFÉREZ.—(*Insolente, mirando en torno.*) Bien recibís indios y frailes, señor Obispo. Yo soy alférez y soy hijodalgo. (*Saluda burdamente.*) Vengo como adelantado del capitán general Don Hernando Cortés, que ha abandonado su real de Coyoacán para honraros con su visita.

FRAY JUAN.—(*Temblando de cólera, pero conteniéndose a dos puños.*) El capitán general de la Nueva España será bienvenido a esta obispalía como hijo respetuoso de la Iglesia —y como cualquier indio. (*El alférez va a hablar.*) Un momento. ¿A qué obedece esta visita?

ALFÉREZ.—El capitán general sabe todo lo que ocurre en sus dominios. Llegó a sus oídos muy temprano esta mañana que ocurren cosas en Tenochtitlan. Nubes de indios, que es como decir de moscas inficionantes, han rodeado su palacio para hablarle de qué sé yo qué cuento o fábula de una mujer que se aparece ante los naturales para sacar más diezmos para la Iglesia.

MOTOLINÍA.—¡Señor Alférez, no…!

FRAY JUAN.—Dejad, Fray Toribio. Este pobre hombre de espada no sabe que la lengua de un Obispo tiene más virtudes armadas que un ejército. Seor Alférez, seor hijo de… algo, salid de aquí cuanto antes, que mancilláis mi casa que es la casa de Dios, donde la espada no tiene voz ni fuerza. Cuando vuestro capitán general, hijo predilecto —no sé ya bien por qué— de la Iglesia cristiana, llegue aquí, será admitido a mi presencia. Pero él solo.

ALFÉREZ.—Perdonad que me ría, pero…

FRAY JUAN.—Si no sabéis lo que es un vasco, imaginad a un obispo vasco (*levanta el puño*) poseído por toda la cólera de Dios. Dije: salid.

ALFÉREZ.—Soy alférez del capitán ge…

FRAY JUAN.—Bajo estos techos a medio tender no cabe más ejército que el de Cristo. Cuando portéis sotana sin deshonrarla seréis bienvenido también vos. Dije: Salid.

*Se adelanta con toda su energía hacia el Alférez, que retrocede y sale colérico. Los Indios sonríen ampliamente.*

MOTOLINÍA.—Estáis fuera de vos, hermano. ¿Es conducta de obispo esa?

FRAY JUAN.—¿Deja un hombre —y un hombre de tierra vascongada además— de serlo porque es obispo? El episcopado no es cosa de uniforme, hermano, sino de atributos humanos. No es ornamento sino batalla, sobre todo aquí. ¿No lo veis todo ahora bien claro? ¿No veis que Cortés estaba preparado para lo que sin duda él mismo organizó? Ahora viene a cobrar los diezmos del milagro acusando de fraude a la Iglesia. No acabamos de oír a Juan Darío nosotros cuando ya en Coyoacán estaban informados. ¿No lo veis?

MOTOLINÍA.—Perdonad, Fray Juan, pero he visto incendios en el pasto. Prende un tallo o un brizna al calor del sol o a la chispa del pedernal, y todos los demás lo siguen, incendiándose como quisiéramos que se incendiaran los naturales bajo la llama de la fe cristiana. ¿Quién puede contener el fuego que se comunica, quién puede detener la sangre que mana, quién reprimir el agua que se desborda?

FRAY JUAN.—¿Queréis decir algo? Y si así es, Fray Toribio, ¿que queréis decir?

MOTOLINÍA.—No lo sé bien, Fray Juan —no lo sé. Pero sé que la cólera, aunque sea vuestro elemento natural, es una fábrica ciega de errores.

FRAY JUAN.—Eso es verdad. Juan de Zumárraga, Juan de Razón, Juan de Cólera. Nunca seré castigado lo bastante por la misericordia divina. Y observad, hermano Toribio, que la misericordia de Dios es el mayor castigo del pecador. Peor que su rayo, porque tenéis que vivir con ella —bajo ella siempre.

MOTOLINÍA.—(*Signándose.*) Él os perdone, Fray Juan.

*Regresa el Fraile, solo y en toda apariencia presa de una agitación incontenible y extraña.*

FRAY JUAN.—(*Volviéndose, accionado a su vez por otro motivo de enojo.*) ¿Habéis venido sin la hermana?

FRAY ANTONIO.—Perdonad, señor Obispo. No puedo más. Abandono la Orden, con o sin vuestra venia.

FRAY JUAN.—¿Qué es lo que ocurre ahora? ¿Habéis perdido todo sentido de...?

FRAY ANTONIO.—(*Interrumpiéndolo.*) Creo que sí, señor Carlos y su Ministro y nuestro propio Cardenal sacudieron extrañamente mi fe. Y luego, me he dado cuenta de ciertas cosas, y ahora esta monja loca...

FRAY JUAN.—¿Acabaréis de explicaros?

Fray Antonio.—Loca sin duda, que dice estar en éxtasis siempre y ser la Madre de Dios... No puedo cerrar ya los ojos. No quiero ser cómplice de un fraude, ni testigo de... Os lo pido, dejadme ir ahora mismo.

Fray Juan.—Ah, esto ahora. Bien. Me alegro, es lo mejor que puedes hacer, necio. Irás con los soldados. Pero ahora no tengo tiempo de esto. ¿Dónde está la hermana?

*Entra Martincillo, presuroso y lleno de azoro, y oye la pregunta.*

Martincillo.—La hermana me sigue, hablando sola, pero estoy más intranquilo que si hubiera maculado la sagrada hostia, señor.

Fray Juan.—¿Qué nueva necedad os ocurre ahora?

Martincillo.—Id al balcón, señor Obispo. Ved esa formación de indios allá abajo, que es cɔsa nunca vista, y si los italianos y los franceses y los andaluces la vieran pensarían que es cosa de procesión o de tumulto y holgaran de verla.

Fray Juan.—Callad ya, hermano.

*Se dirige al fondo de la escena. Los indios, el Fraile y Alonso se apartan, y entra la Monja. Es una sevillana joven, morena, de grandes ojos tan dilatados que se creería que sufre de bocio exoftálmico. Su hábito da la impresión de ser ligero y traslúcido. Junta sus manos en alto evocando a su manera la imagen sucedánea y sin niño de la Virgen de Guadalupe. Está, a todas luces, en un trance, provocado quizá por la conciencia de haber sido llamada y de enfrentarse a un grupo de varones. Los tres indios se prosternan pegando las frentes al suelo, y Alonso, supersticioso después de todo, acaba por imitar su ejemplo. Hay algo de santidad, de divinidad de ocasión que se desprende de la figura, nimbada dijérase, de la clarisa. Sólo Fray Juan, Motolinía, el Fraile erguido y exaltado, Martincillo a un lado y Juan IV permanecen de pie en sus lugares, observando a la recién venida. Sin una palabra, la Monja se adelanta hasta la mitad del escenario. Su sonrisa es de una beatitud absoluta. Su mirada se pierde en el espacio. Sus manos aletean brevemente y vuelven a juntarse. Su trance parece infinito, y totalmente extraterreno.*

Fray Juan.—(*Abarcando de un golpe toda la situación y resuelto a aclararla de una vez.*) Buenos días, hermana clarisa. (*La Monja no atiende. No parece escuchar siquiera.*) Buenos días, hermana clarisa. (*Silencio de la Monja. Fray Juan, con mayor énfasis y en voz más alta, repite:*) Buenos días, hermana clarisa.

La Monja.—(*Aparentemente sin salir del trance, hablando como una hipnotizada o médium, con voz suave y musical.*) Buenos días, hermano Obispo.

*Juan IV observa a la monja presa de una fascinación sin límite. Su mano izquierda oprime siempre sobre su pecho la tilma plegada.*

FRAY JUAN.—(*Con deliberación, como un cirujano que se apresta a cortar, con una frialdad de fuego maravillosa.*) Juan Darío, Juan Darío, Juan Darío. (*Juan IV vuelve al fin los ojos a él.*) Juan Darío, ¿es ésta la señora que viste al pie del cerro del Tepeyácatl? ¿Es ésta la hermosa señora?

*En medio del trance, la Monja sevillana posa lentamente la aterciopelada mirada de sus ojos dilatados, ojos negrísimos de prodigio, sobre Juan IV, que se conturba pero que no se prosterna ni desvía los ojos con que devora el espectáculo. Sus miradas se cruzan largamente.*

FRAY JUAN.—Mirad a los demás indios, Fray Toribio. (*Con amarga ironía.*) Condéneme Dios si no parecen los adanes de la Eva ignorada. Menos Juan Darío. ¿Es ésta, Juan Darío, la señora que viste? ¿La señora que te dio un encargo para mí?

JUAN IV.—(*Traga angustiosamente saliva. Con visible esfuerzo desprende sus ojos de la aparente visión. Lentamente.*) Parece —sí—. Parece. —Pero no es, tata Obispo.

*La Monja pretende que permanece en éxtasis, aunque se da cuenta de que Juan IV ha dejado de mirarla a los ojos.*

FRAY JUAN.—(*A Motolinía.*) Estaba cierto, sabéis, de que la hermana —bendita de Dios al fin— habría hecho un disparate y aparecídose antes de la fecha y en otro lugar. ¿Qué sabemos lo que pasa en un ánimo enfermo? (*A Juan IV.*) Piénsalo bien: ¿estás seguro Juan Darío?

JUAN IV.—(*Con igual lentitud, como si salmodiara oración o saboreara pastilla.*) Parece —no es, tata Obispo. No es.

FRAY JUAN.—¿Oíste su voz cuando me habló? ¿No es ésa su voz (*mímica expresiva ante la mirada interrogante de Juan IV*): la voz con que te habló? ¿La voz?

JUAN IV.—(*Mueve la cabeza con una dulce sonrisa.*) No.

FRAY JUAN.—¿Cómo puedes estar seguro?

JUAN IV.—Su voz —más… más dulce… más… luz. Y falta xóchitl.

MOTOLINÍA.—¿Flor? ¿Qué flor, qué xochitl?

JUAN IV.—Xóchitl que hace sangre. Ésta.

*Se vuelve de frente a Fray Juan, Motolinía, la Monja, los Indios, Alonso, el Fraile y Martincillo, quedando de espaldas al público y despliega su tilma. Con ambas manos entonces tenderá las rosas rojas, muchas, a Fray Juan y a Motolinía. Al mismo tiempo, ante la imagen desplega-*

*da, invisible al público, de la Guadalupana, la Monja se desploma
mientras dice:*

JUAN IV.—Señora dice: "Da xóchitl tata Obispo para que haga mi
casa aquí". Es señal que mando.

*A su vez el Fraile cae de rodillas. Sus labios forman en silencio la pa-
labra: "Milagro", y hace el signo de la cruz.
Empieza a oírse fuera de escena un rumor creciente de tumulto. La
luz crece gradualmente. Fray Juan medita con tanta intensidad como
opera el cirujano o ensaya veta el minero. Parece crecer con la meditación. El pequeño grupo de indios ha visto la imagen y vuelto a pros-
ternarse, menos Juan IV, que permanece arrodillado en una rodilla.
Alonso, de rodillas, examina con azoro las rosas.*

FRAY JUAN.—(*Al fin.*) ¿Qué es esto, Fray Toribio?

MOTOLINÍA.—Me tenéis tan asustado con vuestra violencia que casi
no oso decirlo, Fray Juan.

FRAY JUAN.—En fin, decid.

MOTOLINÍA.—Es un milagro (*ademán de Fray Juan*)... o parece ser
un milagro.

FRAY JUAN.—¿Milagro? ¡Superchería! ¡Blasfemia contra la fe y la
razón!

MOTOLINÍA.—Por favor, oídme. Lo habíamos fijado, como un auto
sacramental a ruego mío, para el 31 de diciembre, fiesta de San
Silvestre. Y en el Pedregal de San Ángel, hacia el sur. (*Nuevo
gesto de Fray Juan.*) Permitid, todo está en vuestra minuta. Y la
aparición ocurre el 12 de diciembre de 1531 al pie del cerro del
Tepeyácatl, hacia el Norte, en día no solemne. ¿Qué mayor claridad pedir?

FRAY JUAN.—Ahora estoy seguro. Esas gentes han usado a otra, ni siquiera religiosa, pues no hay más, quizá a una india... Inhumana,
sacrílega intriga, juego de Carlos V y de Cortés que habrá que
denunciar. (*Mira hacia el balcón, parece recoger todas sus fuerzas en sus puños cerrados y se dirige a él.*)

MOTOLINÍA.—¿Qué vais a hacer, Fray Juan, en el nombre de Dios,
qué vais a hacer?

*Fray Juan abre el balcón. El tumulto crece abajo sin que sea posible
distinguir lo que dicen las voces en nahoa. Poco a poco se precisa, repetida en ascenso, la palabra "Tlamahuizolli".*

FRAY JUAN.—¿Qué es lo que gritan, Toribio?

MOTOLINÍA.—(*Presta un momento el oído, sonríe.*) Ya. Gritan, Fray
Juan, *tlamahuizolli*, esto es, hecho sorprendente o suceso maravilloso. (*Fray Juan retrocede y se aparta del balcón llevándose las*

*dos manos a la frente. La luz aumenta.*) ¿Qué os ocurre, Fray Juan?

FRAY JUAN.—(*Después de agitar las manos un instante.*) Carlos o no Carlos, Cortés o no Cortés, ahora lo veo todo como si mi cabeza se hubiera abierto en dos para dejar pasar la luz, Benavente.

MOTOLINÍA.—No os entiendo. Tampoco ahora.

FRAY JUAN.—31 de diciembre, 12 de diciembre, ¿qué importa? Agencias humanas, ¿cómo existirían, cómo funcionarían sin Dios? Como un gran golpe de la cruz en el pecho siento algo, hermano, en esa nube de ruido que llega de la plaza.

MOTOLINÍA.—Os encarezco que os expliquéis.

FRAY JUAN.—No diremos nada, Benavente. Dejaremos que la orgullosa corona española piense que todo pasó como ella lo había dispuesto. Dejaremos que España crea que inventó el milagro.

MOTOLINÍA.—No estáis en vos.

FRAY JUAN.—No lo estaríais vos mismo si vierais lo que yo con estos ojos. Hay que ocultar la verdad a Carlos y a todos, hermano, porque a partir de este momento México deja de pertenecer a España. Para siempre. Y eso es un milagro de Dios.

MOTOLINÍA.—¿Ahora sí creéis en milagros?

FRAY JUAN.—No hay más que uno, y ése lo palpo ahora. Mi razón me lo dice a gritos.

UNA VOZ.—(*Fuera de escena.*) Se acerca el capitán general Don Hernando Cortés. ¡Paso! ¡Paso!

*Mientras la Monja permanece en el suelo, pero consciente y en oración ahora, los Indios, el Fraile, Alonso y Martincillo siguen a Fray Juan y a Motolinía hacia el balcón. Martincillo se santigua frenéticamente. Crece el tumulto de voces. Una luz cenital parece echar abajo las paredes e inundarlo todo. Juan IV pausadamente, tiene un movimiento como para volverse al público y mostrar su tilma. Algo lo detiene y como bañado por un pueril diluvio de bienestar, se dirige al balcón donde Fray Juan se prepara a bendecir al pueblo.*

FRAY JUAN.—(*A Motolinía.*) Veo de pronto a este pueblo coronado de luz, de fe. Veo que la fe corre ya por todo México como un río sin riberas. Ése es el milagro, hermano.

# ÍNDICE

Esta obra se terminó de imprimir y encuadernar
el 31 de enero de 2022 en los talleres de
Castellanos Impresión, SA de CV,
Ganaderos 149, col. Granjas Esmeralda,
09810, Iztapalapa, Ciudad de México